·国家社科基金特别委托项目·
本丛书由中国社会科学院世界社会主义研究中心编

世界社会主义研究丛书·研究系列 75

国家、阶级、民主与专政
中国话语权研究之一

STATE, CLASS, DEMOCRACY AND DICTATORSHIP

中国话语权研究课题组 /著

社会科学文献出版社
SOCIAL SCIENCES ACADEMIC PRESS (CHINA)

《中国话语权研究》前言

实现"两个百年"目标是中华民族近代以来最伟大的梦想，它承载着我们这个具有五千年悠久历史和灿烂文明的伟大民族的自尊与自强，凝聚了我们这个爱好和平的世界人口大国对人类美好生活的向往与追求。常言道：行百里者半九十。我们现在确实比历史上的任何时期都更接近实现民族振兴的宏大目标。越是这个时候，我们越要保持头脑清醒。金融帝国主义势力依然强大，给发展中国家的发展造成了巨大的压力。中国要坚持中国特色社会主义道路，就必须勇于探索，走前人没有走过的道路。无论是内部的需求还是外部的压力，都要求我们比以往任何时候都要清楚自己，认识外界，以做出正确的抉择。

"有话语权"通常被解释为有控制舆论的权力或者能力。我们主要关心的不是控制舆论的技巧，而是取得"话语权"的基础，如何与历史发展的大方向始终保持一致；从错综复杂的现象中看到本质与规律，并用以指导我们的实践。这就是世界社会主义研究中心决定编辑出版《中国话语权研究》系列丛书的初衷。

《国家、阶级、民主与专政》是《中国话语权研究》系列的第一本书。坚持无产阶级专政是"巴黎公社"时期留下的经验教训。苏联解体的教训再次警示我们坚持无产阶级专政的必要性。本书围绕这个重大问题展开，从多个角度深化这一主题。通过本书，读者可以全面了解我国人民民主专政在人民政权建设中的核心地位。

中国社会科学院世界社会主义研究中心
中国话语权研究课题组
2015 年 6 月 10 日

目 录

总 论

坚守中国共产党的马克思主义理论立场不动摇……………………… 3

一 理论篇

社会主义国家制度、国家治理、民主与专政及其实现形式 ………… 25
从社会形态看国家治理的阶级性 ……………………………………… 35
阶级斗争理论是马克思主义的基本理论 ……………………………… 43
必须正确估量社会主义社会的阶级斗争 ……………………………… 50
运用好把握历史规律和解决社会问题的"钥匙" …………………… 69
阶级分析法是社会主义战胜各种敌对势力的思想武器 ……………… 76
当前阶级斗争形式的新变化 …………………………………………… 83
必须旗帜鲜明地坚持人民民主专政 …………………………………… 92
人民民主专政是中国特色社会主义的传家法宝 ……………………… 97
对阶级斗争的几种错误认识应该澄清 ………………………………… 106
破除对阶级斗争的妖魔化倾向 ………………………………………… 117

二 苏共亡党与国际阶级斗争篇

苏共亡党的历史教训 …………………………………………… 129
"颜色革命"警示录 ……………………………………………… 192
俄罗斯人在诉说 ………………………………………………… 217
取消无产阶级专政必然导致亡党亡国 ………………………… 275
观察世界复杂现象依然离不开阶级分析 ……………………… 283

三 欧美观点扫描篇

发达资本主义国家共产党如何认识阶级和阶级斗争？………… 303
经济和社会危机：当代资本主义与阶级斗争 ………………… 309
阶级斗争或卷土重来 …………………………………………… 315
阶级斗争思想在西方回归 ……………………………………… 319
财政悬崖大战基本上是一场阶级斗争 ………………………… 322
美国需要阶级斗争 ……………………………………………… 324
上帝偏爱的百分之一
　　——关注经济平等就是期盼阶级斗争 …………………… 329
索罗斯新论述：全球阶级斗争不可避免 ……………………… 332
阶级斗争勇士——玛格丽特·撒切尔 ………………………… 334

四 观点商榷与网络热议篇

关于当前我国阶级斗争问题的若干理论思考 ………………… 339
评析《坚持人民民主专政，并不输理》一文引起的反响 …… 352
也谈"坚持人民民主专政，并不输理"
　　——同肖枫先生商榷 ……………………………………… 358
正确认识阶级斗争和人民民主专政 …………………………… 370
社会主义国家职能必须与国家本质保持一致 ………………… 375

附 录

《苏联解体亲历记》节选 …………………………………… 383

附　记 ……………………………………………………… 395

总 论

坚守中国共产党的马克思主义
理论立场不动摇

任何重大的理论争论，总是特定历史条件的反映。我们今天正处在一个新的历史起点。一方面，"我们比历史上任何时期都更接近中华民族伟大复兴的目标，比历史上任何时期都更有信心、有能力实现这个目标"；另一方面，"我们的事业越前进、越发展，新情况新问题就会越多，面临的风险和挑战就会越多，面对的不可预料的事情就会越多"。[①] 在这样一个特殊的关头，必须具有在理论自信、道路自信和制度自信基础上建立起来的强大战略定力，批判和抵制各种错误观念。

我们的理论自信表现在两个方面：一是我们坚信马克思主义是科学，其基本原理在今天仍然适用，因此，马克思列宁主义、毛泽东思想一定不能丢，丢了就丧失了根本。二是我们坚信马克思主义必定会随着时代、实践和科学的发展而发展，因此，坚持马克思主义、坚持社会主义，一定要有发展的观点，一定要以改革开放和我国现代化建设的实际问题、以我们正在做的事情为中心，着眼于马克思主义理论的运用，着眼于对实际问题的理论思考，着眼于新的实践和新的发展。毫不动摇地坚持马克思主义的基本原理，并具体运用到当代中国的实践中，在反对否定马克思主义基本原理的同时，防止简单照搬这些原理，这就是中国共产党的马克思主义明确而坚定的理论原则。

近年来有关马克思主义阶级理论的争论是对我们坚守上述理论原则的重大考验。马克思主义阶级理论的核心是坚持工人阶级领导权，在当代中国则

---

① 《十八大以来重要文献选编》（上），中央文献出版社，2014，第83、114~115页。

体现为坚持人民民主专政和中国共产党的领导,因而在今天坚持这一理论是理所当然的。有不同的声音很正常,可怕的是一些无端的联想和无稽之谈居然能够作为"常识"去封杀真理,例如,坚持马克思主义的阶级理论和阶级分析方法就是制造阶级斗争,坚持人民民主专政就是"以阶级斗争为纲",以经济建设为中心就是"告别革命"等错误推论,已成为一些人信奉的"常识"。正是这些"常识"所营造的社会氛围,使得一些正常的马克思主义基本原理的宣传,居然就可以引发一些人的大喊大叫、大动干戈,甚至还可能形成气候。这就一再警醒我们,在加强马克思主义基本原理宣传的同时,更需要结合新的历史条件,实际运用中国共产党的马克思主义进行更具发展性和创新性的宣传。

马克思主义阶级理论是马克思主义经典作家对阶级形成、阶级划分、阶级斗争、阶级消亡、阶级分析等思想的概括,为无产阶级进行推翻资产阶级的革命以及建立无产阶级专政提供了重要的理论武器。马克思主义阶级理论揭示了在阶级社会中阶级斗争是历史发展的主线,是生产关系调整的直接动力,通过无产阶级专政达到阶级消亡是历史发展的方向。在最终要实现共产主义的社会主义初级阶段,我们仍然要坚持马克思主义阶级理论。

一 在今天为什么仍必须坚持马克思主义阶级理论不动摇?

第一,马克思主义阶级理论是马克思主义的基本原理。确认马克思主义基本原理的文本依据是《共产党宣言》(以下简称《宣言》)。马克思、恩格斯指出:"贯穿《宣言》的基本思想:每一历史时代的经济生产以及必然由此产生的社会结构,是该时代政治的和精神的历史的基础;因此(从原始土地公有制解体以来)全部历史都是阶级斗争的历史,即社会发展各个阶段上被剥削阶级和剥削阶级之间、被统治阶级和统治阶级之间斗争的历史;而这个斗争现在已经达到这样一个阶段,即被剥削被压迫的阶级(无产阶级),如果不同时使整个社会永远摆脱剥削、压迫和阶级斗争,就不再能使自己从剥削它压迫它的那个阶级(资产阶级)下解放出来。"[①] 同时,马克思、恩格斯一贯强调:"这些原理的实际运用,正如《宣言》中所说的,随时随地都要以当时的历史条件为转移"。[②] 这一基本思想的概括,指

[①] 《马克思恩格斯选集》第 1 卷,人民出版社,2012,第 380 页。
[②] 《马克思恩格斯选集》第 1 卷,人民出版社,2012,第 376 页。

明了马克思主义唯物史观的精髓，即经济生产方式的历史基础地位、阶级斗争的历史主线地位和无产阶级专政的历史方向地位，从而完整地构成了原始社会解体以来人类社会发展的客观历史规律。我们不难看出，马克思主义阶级理论在其中处于主导地位，否定这一理论就是对唯物史观的根本性颠覆。

同时需要指出，马克思主义阶级理论的精髓不在于强调阶级斗争的作用，而在于强调通过无产阶级专政消灭阶级。马克思在1852年3月5日致约瑟夫·魏德迈的信中写道："至于讲到我，无论是发现现代社会中有阶级存在或发现各阶级间的斗争，都不是我的功劳。在我以前很久，资产阶级历史编纂学家就已经叙述过阶级斗争的历史发展，资产阶级经济学家也已经对各个阶级作过经济上的分析。我所加上的新内容就是证明了下列几点：（1）阶级的存在仅仅同生产发展的一定历史阶段相联系；（2）阶级斗争必然导致无产阶级专政；（3）这个专政不过是达到消灭一切阶级和进入无阶级社会的过渡……"[1] 这段话精辟地概括了马克思主义阶级斗争学说的基本原理，划清了这一科学理论同资产阶级思想家的阶级斗争理论的根本界限。它揭示了阶级的起源、本质和发展趋势，反映了阶级社会，特别是资本主义社会发展的客观规律，指出了无产阶级的历史使命和战略对策。在资本主义社会，无产阶级和资产阶级之间所进行的尖锐、复杂的斗争，都是围绕着各自的阶级利益进行的，然而，资产阶级的阶级利益是扩大本阶级的私利，而无产阶级的阶级利益是"消灭阶级"。因此，只有依靠工人阶级的领导，人类才能最终走向消灭阶级、消灭剥削的共产主义。在这一漫长的过程中，无产阶级及其政党在领导人民推翻资产阶级统治、夺取政权、建立社会主义制度以及镇压资产阶级和其他剥削阶级反抗的革命斗争中，所主要依靠的思想武器就是以马克思主义哲学和政治经济学为基础的阶级斗争学说。正是从这一角度，马克思、恩格斯把阶级斗争的规律称为"历史运动规律"，并认为运用这个规律是科学地理解阶级社会历史的"钥匙"[2]。

马克思主义阶级理论，由于其本身所包含的真理性和实践性，是适用于认识全部阶级社会，并有条件地适用于认识阶级和阶级斗争趋于消灭过程中的社会主义社会的，因而在整个马克思主义科学体系之中具有重要的、不可替代的地位。列宁认为："马克思的天才就在于他最先从这里得出了全世界历史所提示的结论，并且彻底地贯彻了这个结论。这个结论就是阶级斗争学

---

[1] 《马克思恩格斯选集》第4卷，人民出版社，2012，第425～426页。
[2] 《马克思恩格斯选集》第1卷，人民出版社，2012，第667页。

说。"①"阶级关系——这是一种根本的和主要的东西,没有它,也就没有马克思主义"②。列宁强调,在人类史上"出现过各种各样政治形式,各种各样的政治学说、政治见解和政治革命,要弄清这一切光怪陆离、异常繁杂的情况,特别是与资产阶级的学者和政治家的政治、哲学等等学说有关的情况,就必须牢牢把握住社会划分为阶级的事实,阶级统治形式改变的事实,把它作为基本的指导线索,并用这个观点去分析一切社会问题,即经济、政治、精神和宗教等等问题"。③"马克思主义要求我们对每个历史关头的阶级对比关系和具体特点作出经得起客观检验的最确切的分析。"④ 因此,"马克思主义者不应该离开分析阶级关系的正确立场"。⑤

第二,马克思主义阶级理论关乎中国特色社会主义道路的合法性。中国特色社会主义道路不是无源之水、无根之木,"它是在改革开放30多年的伟大实践中走出来的,是在中华人民共和国成立60多年的持续探索中走出来的,是在对近代以来170多年中华民族发展历程的深刻总结中走出来的"⑥,它是和中国革命、社会主义建设和改革开放紧密联系在一起的,是中国共产党领导中国人民用马克思主义重新观察中国命运的结果。

用马克思主义观察近代以来中国的命运,我们对于从近代以来中国历史的主题、任务及其实践方式就有了全新的认识。鸦片战争以后,中国逐步沦为半殖民地半封建社会,国家被肢解,人民受欺压。这一残酷现实表明,中国的现代化必定要分两步走,即首先要实现民族独立、人民解放,再进一步实现国家富强、人民富裕,因而"争取民族独立、人民解放,实现国家富强、人民富裕,成为中国人民必须完成的历史任务"⑦。包含两大主题的历史任务统一于"中华民族伟大复兴"的中国梦,而完成这一历史任务,从实践上看包括革命、建设和改革三个阶段,从理论上说包括毛泽东思想和中国特色社会主义理论体系这两大马克思主义中国化的成果,从历史主体上看则统一于"中国共产党领导的中国人民"这一历史活动的主体。中国共产党在领导中国人民为完成中国近代以来这两大历史主题的不懈奋斗中,得出了"只有社会主义能够救中国""只有中国特色社会主义能够发展中国"这

---

① 《列宁选集》第2卷,人民出版社,2012,第314页。
② 《列宁选集》第4卷,人民出版社,2012,第481页。
③ 《列宁选集》第4卷,人民出版社,2012,第30页。
④ 《列宁选集》第3卷,人民出版社,2012,第24页。
⑤ 《列宁选集》第3卷,人民出版社,2012,第27页。
⑥ 习近平:《在第十二届全国人民代表大会第一次会议上的讲话》,人民出版社,2013,第3~4页。
⑦ 胡锦涛:《在庆祝中国共产党成立90周年大会上的讲话》,《人民日报》2011年7月2日。

两大历史结论，支撑着我们的道路自信。

近代以来中华民族的深重灾难、屈辱命运和艰难抗争，无不和以"鸦片战争"为起始的西方列强的入侵紧密联系。如何看待这种入侵，成为全部道路之争的焦点。在唯心史观的鼓吹者看来，入侵尽管伴随着血腥和压迫，但其带来的现代文明代表着历史的进步，因而"西化"是唯一的出路，反抗侵略、搞革命和社会主义则背离了人类文明发展大道；而在马克思主义者看来，这种入侵虽然依靠了现代文明，却不能使被侵略国享受现代文明成果，因而不仅本质上是野蛮的，而且预示了资本主义文明的衰落和社会主义文明的兴起。马克思在谈到英国对印度入侵的后果时指出："印度人失掉了他们的旧世界而没有获得一个新世界，这就使他们现在所遭受的灾难具有一种特殊的悲惨色彩，使不列颠统治下的印度斯坦同它的一切古老传统，同它过去的全部历史断绝了联系。"① 处在没落阶段的资本主义，不仅自己逐步偏离了人类文明发展的主流，而且裹挟着依附于它的国家走上邪路。殖民地半殖民地国家不仅在政治、经济上是帝国主义宗主国的附庸，而且在文化上处在"无根"状态，既丧失了自己的文化传统，又无力建立新的文化根基，因而只能如殖民主义者所愿，奴性文化成为国民的普遍人格。这使得民族独立、人民解放的任务空前艰巨，不仅需要政治上、经济上的解放，还需要重铸民族之魂。

鸦片战争以来，先进的中国人为挽救国家危亡开始了不断向西方学习的过程，但均以失败告终。"在一个很长的时期内，即从一八四〇年的鸦片战争到一九一九年的五四运动的前夜，共计七十多年中，中国人没有什么思想武器可以抗御帝国主义。旧的顽固的封建主义的思想武器打了败仗了，抵不住，宣告破产了。不得已，中国人被迫从帝国主义的老家即西方资产阶级革命时代的武器库中学来了进化论、天赋人权论和资产阶级共和国等项思想武器和政治方案，组织过政党，举行过革命，以为可以外御列强，内建民国。但是这些东西也和封建主义的思想武器一样，软弱得很，又是抵不住，败下阵来，宣告破产了。"② 中国共产党正确运用马克思主义阶级理论分析了中国走"俄国人的路"的力量源泉，指出"一切勾结帝国主义的军阀、官僚、买办阶级、大地主阶级以及附属于他们的一部分反动知识界，是我们的敌人。工业无产阶级是我们革命的领导力量。一切半无产阶级、小资产阶级，是我们最接近的朋友。那动摇不定的中产阶级，其右翼可能是我们的敌人，

---

① 《马克思恩格斯选集》第1卷，人民出版社，2012，第850页。
② 《毛泽东选集》第4卷，人民出版社，1991，第1513～1514页。

其左翼可能是我们的朋友"①，并在此基础上制定正确的方针、政策和策略，通过阶级觉醒，引领人民和民族的觉醒，最终实现了新民主主义革命的胜利，建立了新中国。

"十月革命"对中国的意义，不仅在于"给我们送来了马克思列宁主义"，从此把中华民族的命运和社会主义、马克思主义紧紧连在一起，而且决定了中国革命胜利以后社会主义建设道路的方向。"十月革命"开创的建设道路，最为重要的是宣告了资本主义现代化的终结，而社会主义现代化则成为必然的历史选择。进入帝国主义时代以后，对于后发展国家，尤其如中国这样的后发展大国，由于一些初始条件的缺失（如没有形成统一的世界市场，没有形成稳固的势力范围，没有形成世界范围"核心－边缘"的二极结构等），要想作为一个统一的资本主义国家自发地走向现代化已无可能。从实践上看，后发展国家之所以在资本主义主导的世界格局中步履维艰，就是因为落后和受控使得资本主义国家所经受过的历时性矛盾挤压成共时性矛盾，因此各种矛盾错综复杂、各种恶果叠加显现。而且，西方发达资本主义国家利用与其经济政治实力相应的思想文化上的优势，不断制造言论说落后是因为没有实行所谓资本主义的神话，加剧了发展中国家的混乱和分裂。因此，为了避免西方资本主义的干涉，中国现代化之路必定是这样一条路，即在社会自觉力量的领导下，先取得政治独立和民族解放，继而取得经济独立和国家发展，再在此基础上参与国际竞争，全面走向世界，实现现代化目标。在这一过程中贯穿始终、起领导核心作用的自觉社会力量，就是中国共产党。从一定意义上说，正是人类历史活动走向自觉成为可能，才诞生了马克思主义，诞生了以马克思主义为理论基础的无产阶级政党，才确立了中国共产党的历史地位和活动空间。承认历史发展的规律性以及自觉利用历史规律的可行性，形成领导中华民族伟大复兴的政治核心力量，是中国特色社会主义形成的历史和理论前提。就此而言，马克思主义阶级理论，确实奠定了中国道路及共产党领导的国家制度的合法性。

第三，马克思主义阶级理论关乎国家前途和人类命运。在今天，决定当代人类前途和命运的，从根本上说，并不是"文明的冲突"或全球性挑战，而仍然是社会主义和资本主义的道路抉择。人类如果不能超越资本主义，走向没有阶级、没有剥削、共同富裕的共产主义社会，那么全人类的和解、多元文明的和谐及每一个人的自由全面发展都将是幻想。马克思主义的科学性和真理性，表现在其对资本主义的批判方式并不是简单依据当时的一些贫富

---

① 《毛泽东选集》第1卷，人民出版社，1991，第9页。

分化事实，更不是基于道德愤慨的情绪宣泄，而是立足于揭示资本主义的客观本质，并最终归结为无产阶级和资产阶级的斗争。具体表现如下。

首先，马克思是从人类历史发展的客观规律出发批判分析资本主义。与空想社会主义不同，马克思不是从"邪恶程度"而是从"革命作用"的角度分析资本主义，从而把批判建立在对资本主义否定封建主义历史规律的准确把握上。"资产阶级在它的不到一百年的阶级统治中所创造的生产力，比过去一切世代创造的全部生产力还要多，还要大。"[1] 这就是说，马克思把对资本主义的否定，建立在历史的客观必然性而不是人类理性的所谓"迷误"上。

其次，马克思主义批判了资本主义的自我否定过程。资本主义设定了自身的发展极限，表现为自我否定的过程。马克思批判资本主义的又一个原则，是内在否定原则，即自我否定。内在矛盾是事物变化的根据，资本主义的最终否定力量来自资本本身。《共产党宣言》中有这样一个判断："资产阶级除非对生产工具，从而对生产关系，从而对全部社会关系不断地进行革命，否则就不能生存下去。"[2] 马克思后来在《资本论》中进一步阐述了这一观点，指出资本的本性和生命力就在于，通过追逐超额利润而获取最大的剩余价值，因而需要永不停步地自我扩张，而使其止步的不可逾越的界限却又恰恰就是资本自身。

最后，马克思依据当时资本主义暴露的典型问题，首先是经济危机这一典型事实，揭示了资本主义发展的基本矛盾和历史趋势。事实证明，资本主义永远解决不了两极分化和人的异化这两大对抗矛盾，而社会化大生产终究要引领人类跨越这一历史界限。引领人类社会实现这一历史性跨越的社会领导力量，就是工人阶级。因此，《共产党宣言》庄严地宣告资产阶级的灭亡和无产阶级的胜利同样是不可避免的。正如习近平指出的："事实一再告诉我们，马克思、恩格斯关于资本主义社会基本矛盾的分析没有过时，关于资本主义必然消亡、社会主义必然胜利的历史唯物主义观点也没有过时。这是历史发展不可逆转的总趋势，但道路是曲折的。"[3]

苏联解体以十分尖锐的方式告诉我们，丢掉了马列主义基本原理就丢掉了社会主义的根本。虽然对苏联解体的原因众说纷纭，但是美国前驻苏联大使小杰克·F. 马特洛克的观点值得我们深思。他认为，在西方诱导以戈尔

---

[1] 《马克思恩格斯选集》第1卷，人民出版社，2012，第405页。
[2] 《马克思恩格斯选集》第1卷，人民出版社，2012，第403页。
[3] 《十八大以来重要文献选编》（上），中央文献出版社，2014，第117页。

巴乔夫为首的领导集团发生思想演变时,"其中最重要的莫如马克思主义的阶级斗争学说"。当他观察到苏共领导人戈尔巴乔夫等人在内政外交有关问题上,发表了超阶级的观点之后,曾写道:"这是《共产党宣言》以及《资本论》中的马克思主义吗?当然不是。""如果苏联领导人真的愿意抛弃这个观念,那么他们是否继续称他们的指导思想为'马克思主义'也就无关紧要了。这已是一个在别样的社会里实行的别样的'马克思主义'。这个别样的社会则是我们大家都能认可的社会。"① 戈尔巴乔夫放弃马克思主义阶级理论的"改革"是苏联社会主义体系崩塌的直接原因。马克思主义阶级理论关乎国家前途和人类命运,我们在改革开放过程中必须始终坚持。正如邓小平指出的:"在改革中坚持社会主义方向,这是一个很重要的问题。我们要实现工业、农业、国防和科技现代化,但在四个现代化前面有'社会主义'四个字,叫'社会主义四个现代化'。""坚持社会主义,是中国一个很重要的问题。如果十亿人的中国走资本主义道路,对世界是个灾难,是把历史拉向后退,要倒退好多年。"② 用马克思主义阶级理论区分现代化的两条道路,坚持社会主义现代化的发展方向,的确事关中国和世界的前途命运。

二 坚持马克思主义阶级理论,必须从当代中国的实际出发

1. 由于我们始终坚持现代化和改革开放的社会主义方向,因而在经济持续高速发展的同时并未出现阶级分化

社会主义现代化和改革开放是当代中国的基本实践,在这一过程中由于我们始终坚持公有制为主体和共同富裕的发展道路,因而在经济持续高速发展的背景下有效地防止了两极分化和走资本主义邪路。这是我们必须认同的当代中国的最大实际。对此邓小平做出了以下判断:"对于我们党的十一届三中全会提出改革开放,当时国际舆论特别是西方世界的舆论,以为我们是搞资本主义,或者以为我们这样搞最终要走到资本主义。经过这几年改革的实践,他们慢慢懂得了,我们是坚持社会主义的。"③ 现在人们思想上的一个疑惑是,我国私营企业主阶层和民营经济迅速扩大,是否意味着新的资产阶级已经出现?的确,截至2013年年底,我国登记注册的私营企业达到

---

① 〔美〕小杰克·F. 马特洛克:《苏联解体亲历记》(上),世界知识出版社,1996,第162~169页。
② 《邓小平文选》第3卷,人民出版社,1993,第138、158页。
③ 《邓小平文选》第3卷,人民出版社,1993,第157~158页。

1253.9 万户，注册资金 39.3 万亿元，从业人员达到 1.25 亿人①。有人据此认为当前的私营企业无论是数量还是规模都远远超过 1956 年公私合营时期的民族资产阶级②，从而认定中国已经出现了一个新的"资产阶级"。我们认为这种简单的类比是不可取的，在理论上也站不住脚。

且不说我国现在的经济规模和 1956 年根本不可同日而语，从根本上说，1956 年公私合营之前，我们还没有强大的国有经济，没有社会主义公有制的主体地位，当时的民族资产阶级及其经济体系，是独立的私有制，并依附于国际资本，和社会主义格格不入，因而必须进行改造。而今天在社会主义市场经济条件下的民营经济，依附于社会主义公有制经济，民营企业家也属于中国特色社会主义的建设者。社会主义公有制这个普照的光使得民营经济的性质发生了一种双重性的变化，它主流的一面是为社会主义经济发展服务的，因而属于中国特色社会主义经济的重要组成部分。"改革开放以来，我国的社会阶层构成发生了新的变化，出现了民营科技企业的创业人员和技术人员、受聘于外资企业的管理技术人员、个体户、私营企业主、中介组织的从业人员、自由职业人员等社会阶层。……他们与工人、农民、知识分子、干部和解放军指战员团结在一起，他们也是有中国特色社会主义事业的建设者。"③

此外，社会主义市场经济条件下出现的某些剥削现象与新中国成立前的剥削阶级对劳动人民进行剥削的现象在本质上是不同的，它是"一定政策"允许下出现的剥削现象。这种现象是有利于发展社会主义的生产力的，在社会关系层面大体上也属于可调控的非对抗性矛盾，不存在社会对抗全面激化的可能性。"个别资产阶级分子可能会出现，但不会形成一个资产阶级"④，因此不但需要而且可能对私营企业家进行引导和教育，让他们为发展和繁荣社会主义市场经济做贡献。

不仅如此，判定一个阶级是否形成，经济并非唯一的依据，政治意识、社会组织等也是考量的因素。马克思在分析 19 世纪法国农民时明确指出："小农人数众多，他们的生活条件相同，……就这一点而言，他们是一个阶级。……他们利益的同一性并不使他们彼此间形成共同关系，形成全国性的

---

① http://www.chinairn.com/news/20140301/100409426.html.
② 新中国成立初期我国以资本 2000 元、工业雇 13 人、商业服务业雇 12 人以上的标准划定私营企业，认为其是民族资产阶级，并对其进行"和平赎买"。
③ 《江泽民文选》第 3 卷，人民出版社，2006，第 286 页。
④ 《邓小平文选》第 3 卷，人民出版社，1993，第 139 页。

联系，形成政治组织，就这一点而言，他们又不是一个阶级。"① 因此，一个阶级，只有经历从经济上形成，进而从政治上形成的过程，才算是一个完整的阶级。从这个角度来说，我们确实不能简单地仅从经济规模的量上就轻言出现了新的资产阶级。

但是我们丝毫不否认必须严防两极分化、出现新的资产阶级。在社会转型的过程中，伴随着阶层的分化和多元化，不同阶层之间、不同区域之间、城乡之间的贫富差距有扩大的趋势，值得高度重视。北京大学中国社会科学调查中心在发布的《中国民生发展报告2014》中指出，中国的财产不平等程度在迅速升高：1995年我国财产的基尼系数为0.45，2002年为0.55，2012年我国家庭净财产的基尼系数达到0.73，顶端1%的家庭占有全国1/3以上的财产，底端25%的家庭拥有的财产总量仅在1%左右。② 我们要时刻警醒："如果我们的政策导致两极分化，我们就失败了"。③ 马克思主义阶级理论为我们指明了解决问题的方向，即逐步缩小贫富差距、消灭阶级阶层间的社会差别。所以，我们坚持马克思主义阶级理论，就是要充分发挥民营企业的积极作用、限制其消极作用，坚定不移地维护公有制的主体地位，坚定不移地维护各种所有制经济共同发展，防止出现两极分化。

2. 由于我国坚持社会主义市场经济条件下的社会主义核心价值体系建设，因而大部分的社会矛盾和问题歧见已不具有阶级斗争的性质，但在一些根本性问题上阶级分析仍不可替代

在社会主义初级阶段，剥削阶级作为阶级被消灭以后，阶级斗争还将在一定范围内长期存在的根源在于："这不但因为历史上的剥削制度和剥削阶级在各方面的遗毒不可能在短时间内清除干净，而且因为我们祖国的统一大业还没有最后完成，因为我们还处在复杂的国际环境中，资本主义势力以及某些敌视我国社会主义事业的势力还会对我国进行侵蚀和破坏。我国经济和文化还比较落后，年轻的社会主义制度还有许多不完善的地方，还不可能完全防止某些社会成员以及我们党的某些党员发生腐化变质的现象，不可能杜绝极少数剥削分子和各种敌对分子的产生。"④ 因此，"我们必须作好长期斗争的精神准备，坚持人民民主专政国家的专政职能，坚持用马克思主义的阶级观点处理当前我国带有阶级斗争性质的社会矛盾和社会现象"。⑤

---

① 《马克思恩格斯选集》第1卷，人民出版社，2012，第762页。
② 谢宇等：《中国民生发展报告2014》，北京大学出版社，2014。
③ 《邓小平文选》第3卷，人民出版社，1993，第111页。
④ 《十二大以来重要文献选编》（上），人民出版社，1986，第37页。
⑤ 《十二大以来重要文献选编》（上），人民出版社，1986，第37页。

但是，我们坚持马克思主义的阶级观点并不是用它"分析一切，观察一切"，而是用它来分析那些带有阶级斗争性质的社会矛盾和社会现象，分析那些关乎国家前途和民族命运的根本性问题。首先，在根本制度的建构上不能放弃阶级分析。我国《宪法》规定："社会主义制度是中华人民共和国的根本制度。禁止任何组织或者个人破坏社会主义制度。""中国人民对敌视和破坏我国社会主义制度的国内外的敌对势力和敌对分子，必须进行斗争。"邓小平在分析"八九风波"时指出："事情一爆发出来，就很明确。他们的根本口号主要是两个，一是要打倒共产党，一是要推翻社会主义制度。他们的目的是要建立一个完全西方附庸化的资产阶级共和国。"① 因此，对公然反对四项基本原则，企图颠覆我国社会主义制度的行为，必须进行斗争。

其次，在道路问题上不能放弃阶级分析。道路关乎党的命脉，关乎国家前途、民族命运、人民幸福。"九十多年来，我们党紧紧依靠人民，把马克思主义基本原理同中国实际和时代特征结合起来，独立自主走自己的路，历经千辛万苦，付出各种代价"，② 开创和发展了中国特色社会主义道路，从根本上改变了中国人民和中华民族的前途命运。在道路问题上必须坚持阶级分析的观点，对那些迷恋封闭僵化的老路或力图走改旗易帜的邪路的言行，必须进行斗争。

再次，在维护国家领土和主权完整问题上不能放弃阶级分析。"维护国家主权和领土完整是国家核心利益。世界上只有一个中国，中国主权和领土完整不容分割。"③ 对西方资本主义干涉中国内政、危害中国领土和主权完整的霸权主义和强权政治行径，对"台独"、"藏独"和"疆独"等危害国家统一和领土完整的分裂势力与分裂活动，必须进行斗争。

最后，在世界观和价值观问题上不能放弃阶级分析。当前，工人阶级的世界观和资产阶级的世界观仍然居于支配地位，"无产阶级要按照自己的世界观改造世界，资产阶级也要按照自己的世界观改造世界。在这一方面，社会主义和资本主义之间谁胜谁负的问题还没有真正解决"。④ 所以，在世界观和价值观问题上必须坚持阶级分析的方法，必须看到经济领域的犯罪活动、部分领导干部贪污腐败等行为的根源不在于社会主义制度和共产党的领

---

① 《邓小平文选》第3卷，人民出版社，1993，第303页。
② 胡锦涛：《坚定不移沿着中国特色社会主义道路前进　为全面建成小康社会而奋斗——在中国共产党第十八次全国代表大会上的报告》，人民出版社，2012，第10页。
③ 《十七大以来重要文献选编》（上），中央文献出版社，2009，第844页。
④ 《毛泽东文集》第7卷，人民出版社，1999，第230页。

导,而是资本主义剥削制度的遗产。所以,马克思主义的阶级和阶级分析的观点与方法"始终是我们观察社会主义同各种敌对势力斗争的复杂政治现象的一把钥匙"①。

同时,必须看到,我国当今社会生产生活广大领域所存在的问题和矛盾,大多并不具有阶级斗争的性质,因而必须严格把握阶级分析的界限。不但要善于用不同的方法处理不同的矛盾,防止阶级斗争扩大化,而且要努力探索最大限度增进社会和谐、减少社会冲突的途径,不断推进和完善社会治理。

3. 由于当代中国始终坚持"一个中心、两个基本点"的基本路线,我们在坚持和发展中国特色社会主义的道路上得以不断胜利前进,今后如果没有世界大战一类的世界大变局,我们不会改变以现代化建设为中心的大方向

以经济建设为中心,是我国在发展实践中付出惨重代价后总结出的宝贵历史经验。1956年对农业、手工业和资本主义工商业的社会主义改造的完成,标志着我国社会主义制度的确立。1956年党的八大在全面分析国内外形势的基础上指出:"我们国内的主要矛盾,已经是人民对于建立先进的工业国的要求同落后的农业国的现实之间的矛盾,已经是人民对于经济文化迅速发展的需要同当前经济文化不能满足人民需要的状况之间的矛盾。""党和全国人民的当前的主要任务,就是要集中力量来解决这个矛盾,把我国尽快地从落后的农业国变为先进的工业国。"② 八大对我国现阶段主要矛盾和主要任务的表述已经蕴含了我国现阶段的主要矛盾是人民日益增长的物质文化需要同落后的社会生产之间的矛盾的思想,以及党和国家的中心任务是经济建设的思想。可是此后由于受到匈牙利事件、反右斗争等事件的影响,阶级斗争扩大化的思想开始在党内发展起来。毛泽东对我国主要矛盾和中心任务的看法发生了变化,进而提出"以阶级斗争为纲"的错误主张,最终导致全党中心工作的转向和"文化大革命"的发生,中国社会主义建设遭受到严重的挫折。

"无产阶级取得国家政权以后,它的最主要最根本的需要就是增加产品数量,大大提高社会生产力。"③ "社会主义的任务很多,但根本一条就是发展生产力,在发展生产力的基础上体现出优于资本主义,为实现共产主义创造物质基础。"④ 党的十一届三中全会之后,我们党重新认清了"我们的生

---

① 《江泽民文选》第3卷,人民出版社,2006,第83页。
② 《建国以来重要文献选编》第9册,中央文献出版社,1994,第341页。
③ 《列宁选集》第4卷,人民出版社,2012,第623页。
④ 《邓小平文选》第3卷,人民出版社,1993,第137页。

产力发展水平很低，远远不能满足人民和国家的需要，这就是我们目前时期的主要矛盾，解决这个主要矛盾就是我们的中心任务"①。"在社会主义国家，一个真正的马克思主义政党在执政以后，一定要致力于发展生产力，并在这个基础上逐步提高人民的生活水平。"② 确认这一基本国情之后，我国实现了党和国家工作重心向以经济建设为中心的战略转移，开创了改革开放和现代化建设的新的历史时期，中国的面貌开始发生巨大而深刻的变化。党在社会主义初级阶段"一个中心、两个基本点"的基本路线，是党和国家的生命线，必须坚决维护。

但是必须指出，坚持以经济建设为中心并不意味着否弃马克思主义阶级理论，相反，这是在新的历史条件下的特殊运用，是坚持社会主义发展方向的重要理论基础。"社会主义有两个非常重要的方面，一是以公有制为主体，二是不搞两极分化。"③ 因此，我们坚持马克思主义阶级理论和阶级分析方法，并不是要否定"以经济建设为中心"的中心工作，而是要坚持"以公有制经济为主体多种所有制经济共同发展"的中国特色社会主义市场经济的发展方向和原则，坚持"初次分配和再分配都要兼顾效率和公平，初次分配要注重效率，创造机会公平的竞争环境，维护劳动收入的主体地位；再分配要更加注重公平，提高公共资源配置效率，缩小收入差距"的社会主义初级阶段的分配原则。④ 作为"四项基本原则"重要理论依据的马克思主义阶级理论，在当代中国，不是游离于党的中心工作之外的累赘，而是有机融入中国特色社会主义的组织部分。

三 坚持马克思主义阶级理论，必须着眼于其在当代中国的实际运用

1. 在新的历史条件下要实现民主和专政的统一，必须要坚持共产党的领导和工人阶级领导地位的统一。在突出社会主义民主政治建设的同时不否定专政，在强调中国共产党领导作用的同时，不断加强其阶级基础，扩大其群众基础

我们从维护宪法规定的国家国体出发，在突出社会主义民主政治建设的同时，更需要维护国家的专政功能，强调民主专政的内在统一。"国家的根

---

① 《邓小平文选》第 2 卷，人民出版社，1994，第 182 页。
② 《邓小平文选》第 3 卷，人民出版社，1993，第 28 页。
③ 《邓小平文选》第 3 卷，人民出版社，1993，第 138 页。
④ 《十八大以来重要文献选编》（上），中央文献出版社，2014，第 140 页。

本制度和根本任务，国家的领导核心和指导思想，工人阶级领导的、以工农联盟为基础的人民民主专政的国体……等等，这些宪法确立的制度和原则，我们必须长期坚持、全面贯彻、不断发展。"① 虽然总结我国社会主义建设正反两个方面的经验以及世界社会主义的教训，必须加强社会主义民主法制建设，但前提是维护人民民主专政的国体。也就是说，我们要建设的不是西式的自由民主国家，而是人民民主专政的国家。而这一国体是在马克思主义阶级理论的基础上建立起来的。否定了这个理论前提，社会主义国家的宪法及其确立的民主法制就没有合法性。

我们还不断探索新的历史条件下，国家专政功能的实际运用。毫无疑问，不断扩大和发展人民民主是我们面临的新任务。邓小平在总结中国无产阶级专政的经验时指出："马克思主义理论和实际生活反复教育我们，只有绝大多数人民享有高度的民主，才能够对极少数敌人实行有效的专政；只有对极少数敌人实行专政，才能够充分保障绝大多数人民的民主权利。"② 党的十八大报告中再次强调："必须继续积极稳妥推进政治体制改革，发展更加广泛、更加充分、更加健全的人民民主"。③ 同时，我们要看到，现如今国际共产主义运动处于低潮时期，我国仍被资本主义国家包围，在国内也还存在破坏祖国统一和领土完整的敌对分子，因此发展人民民主必须坚持并正确发挥专政职能。"这种专政是国内斗争，有些同时也是国际斗争，两者实际上是不可分的。因此，在阶级斗争存在的条件下，在帝国主义、霸权主义存在的条件下，不可能设想国家的专政职能的消亡，不可能设想常备军、公安机关、法庭、监狱等等的消亡。它们的存在同社会主义国家的民主化并不矛盾，它们的正确有效的工作不是妨碍而是保证社会主义国家的民主化。"④

我们还充分吸取了苏联在进行"民主化"过程中放弃了无产阶级专政而导致解体的教训，始终坚持民主和专政在新的历史条件下的统一。邓小平强调指出："依靠无产阶级专政保卫社会主义制度，这是马克思主义的一个基本观点。马克思说过，阶级斗争学说不是他的发明，真正的发明是关于无产阶级专政的理论。历史经验证明，刚刚掌握政权的新兴阶级，一般来说，总是弱于敌对阶级的力量，因此要用专政的手段来巩固政权。对人民实行民主，对敌

---

① 习近平：《在首都各界纪念现行宪法公布施行30周年大会上的讲话》，人民出版社，2012，第6~7页。
② 《邓小平文选》第2卷，人民出版社，1994，第373页。
③ 胡锦涛：《坚定不移沿着中国特色社会主义道路前进　为全面建成小康社会而奋斗——在中国共产党第十八次全国代表大会上的报告》，人民出版社，2012，第25页。
④ 《邓小平文选》第2卷，人民出版社，1994，第169页。

人实行专政,这就是人民民主专政。运用人民民主专政的力量,巩固人民的政权,是正义的事情,没有什么输理的地方。"① 改革开放以来,中国在坚持发展社会主义民主的同时始终注意发挥专政的功能,保卫和巩固了社会主义政权,使改革开放沿着正确的方向前进,没有重蹈苏联解体和东欧剧变的覆辙。

如何进一步巩固和发展社会主义国家制度,在扩大党执政的群众基础的同时坚持党的阶级基础是个难题。中国共产党的成功在于:可以在坚持党的阶级基础的同时扩大党的群众基础,党可以在向全体人民开放的同时保持工人阶级先锋队的性质;可以在坚持指导思想、共同理想的同时不断解放思想、与时俱进,在广泛吸纳各种思想资源和文化成果的同时坚持工人阶级的阶级意识和党性立场。这里的马克思主义方法论依据是,在存在着阶级划分的社会,不存在抽象的人民性,只有先进阶级才能最大限度地代表广大人民,工人阶级的阶级性在今天依然是人民性的基础。

中国共产党在这方面有两大创新:一是党对于"工人阶级"的把握并不拘泥于其产业特征(如"大工业"一类)和职业身份(如"蓝领工人"一类),而是注重其"社会特征"(是不是社会化大生产的代表、资产阶级社会瓦解的根据)及历史使命(是不是共产主义社会的建设者),即注重从先进性上把握其阶级性。二是在坚持统一的指导思想的同时,推动指导思想的不断创新。在我国的治国思想中,一脉相承的是立场、观点和方法,是马克思主义基本原理,但同时也依据国情和时代特征的变化不断解决重大实践问题,创新和发展理论,不断开创马克思主义发展的新境界。这就是将坚持马克思主义基本原理和坚持推进马克思主义中国化、时代化和大众化相结合。这样,我们党的执政基础在实现全社会覆盖的同时,依然保持了中国工人阶级先锋队的先进性和纯洁性。

2. 在当代中国坚持马克思主义阶级理论,就是要不断认识和探索社会主义初级阶段阶级斗争的特殊规律,对我们的实践经验进行理论上的新概括

恩格斯在谈到马克思和他的理论时曾经多次说过:"我们的理论是发展着的理论,而不是必须背得烂熟并机械地加以重复的教条。"② 马克思主义理论不是凝固的、一成不变的,它必须同具体的历史实践密切结合、不断发展,如果它脱离实际、脱离实践,"停止了,老是那么一套,它就没有生命了"③。所以,我们坚持马克思主义阶级理论,并不是要简单重复和教条式

---

① 《邓小平文选》第 3 卷,人民出版社,1993,第 379 页。
② 《马克思恩格斯选集》第 4 卷,人民出版社,2012,第 588 页。
③ 《毛泽东文集》第 7 卷,人民出版社,1999,第 281 页。

地遵循马克思主义经典作家关于阶级理论的一般表述，而是要突出我们对于马克思主义阶级理论在当今中国的创造性运用和探索。

"如果要说我们的经验，那就是：制定和执行正确的战略和策略要根据本国的具体情况，特别是对阶级和阶级斗争的情况，要作深入的了解。"①邓小平在认清我国仍然处于并将长期处于社会主义初级阶段是现阶段我国最大的国情后，指出："我们的生产力发展水平很低，远远不能满足人民和国家的需要，这就是我们目前时期的主要矛盾，解决这个主要矛盾就是我们的中心任务。"② 阶级斗争必须服从和服务于这个主要矛盾的解决。"发展一点个体经济，吸收外国的资金和技术，欢迎中外合资合作，甚至欢迎外国独资到中国办工厂，这些都是对社会主义经济的补充。"③ 改革开放以来，我们一直试图探索出一条在共产党领导下、在社会主义制度保障下，能充分地利用资本的活力，同时最大限度限制资本消极作用的道路，这是一条通过劳动调动引领资本发展的社会主义发展道路，也是我们今天对马克思主义阶级理论的创造性运用。

社会主义市场经济既要求体现劳动者的主体地位，又要求充分发挥资本要素对发展生产力的积极作用，这就决定了社会主义的劳资关系不仅存在着对立，而且也存在着可调和性，这是我们坚持不断探索建立与资本主义劳资关系有着本质区别的新型劳资关系的依据。所谓新型的劳资关系就是要实现"劳动报酬增长和劳动生产率提高同步""提高劳动报酬在初次分配中的比重""完善劳动、资本、技术、管理等要素按贡献参与分配的初次分配机制"。④ 改革开放以来，我国相继出台了《劳动合同法》《就业促进法》《劳动争议调解仲裁法》等法律、法规，从完善劳动合同、尊重劳动者的权利和地位等方面，在逐步淡化雇佣劳动的剥削性、不平等性的基础上，探索出走向新型的、和谐的社会主义劳资关系的道路，这是我们今天对马克思主义阶级理论的重大创造性运用。

当代中国的改革发展已经进入一个新阶段。分配方式、组织形式、价值观念的多样化更加明显，社会分化和利益分层日益凸显，信息化时代的思想多元、多样、多变以及相应的求新、求变、求异，考验着共产党的执政能力和中国特色社会主义的凝聚力，挑战着社会主义意识形态的话语权和影响

---

① 《邓小平文选》第 1 卷，人民出版社，1994，第 340 页。
② 《邓小平文选》第 2 卷，人民出版社，1994，第 182 页。
③ 《邓小平文选》第 3 卷，人民出版社，1993，第 138 页。
④ 胡锦涛：《坚定不移沿着中国特色社会主义道路前进 为全面建成小康社会而奋斗——在中国共产党第十八次全国代表大会上的报告》，人民出版社，2012，第 36 页。

力。因此，不断探索通过大众化的、人类化的甚至是非意识形态化的话语来表达我们坚定的、鲜明的阶级立场和社会主义价值取向，在大众易于、乐于接受的情况下内化于心，是我们今天对马克思主义阶级理论的又一个创造性运用。中国梦思想是这一创造性运用的最新表述，它既体现了社会主义意识形态话语中理性与感性的统一，又体现了社会主义意识形态话语中集团性与个体性的统一，同时还体现了社会主义意识形态话语中政治性与生活性的统一。①

只要我们坚持马克思主义阶级理论的实际运用，在坚持和发展中国特色社会主义这个大主题下，坚持走共同富裕的道路，阶级斗争在我国的发展趋势就必然是范围不断缩小、程度不断缓解、作用不断下降，并最终导致阶级彻底消亡。

3. 应着眼于用历史唯物主义揭示人类社会发展的理论逻辑，支撑共产主义理想信念，不断解决"西强我弱"条件下的理想信念问题

在今天的历史条件下，解决共产主义理想信念问题，对于中国共产党而言，既是重中之重，又是难中之难。"对马克思主义的信仰，对社会主义和共产主义的信念，是共产党人的政治灵魂，是共产党人经受住任何考验的精神支柱。"② 而党的十七届四中全会指出的"一些党员、干部忽视理论学习、学用脱节，理想信念动摇，对马克思主义信仰不坚定，对中国特色社会主义缺乏信心"等一系列问题，是党在今天首要存在的不适应性问题。解决这些问题的困难在于，共产主义的实现是一个相当漫长的历史过程，在缺乏足够经验依据的前提下，如何确立共产主义的科学根据？今天的现实状况是"西强东弱"，世界社会主义依然处于低潮，我们如何确立必胜信心？答案是必须借助唯物史观所揭示的人类社会发展的理论逻辑。

理想信念和哲学世界观紧密相关。"一些人认为共产主义是可望而不可即的，甚至认为是望都望不到、看都看不见的，是虚无缥缈的。这就涉及是唯物史观还是唯心史观的世界观问题。我们一些同志之所以理想渺茫、信仰动摇，根本的就是历史唯物主义观点不牢固。"③ 这种不牢固根本就在于对无产阶级必然战胜资产阶级、社会主义终将战胜资本主义将信将疑，甚至完全不信。事实证明，树立《共产党宣言》中提到的"资产阶级的灭亡和无产阶级的胜利是同样不可避免的"（即"两个必然"）的信念，离不开马克

---

① 郝保权：《中国梦的意识形态话语创新》，《中共中央党校学报》2014 年第 5 期。
② 《十八大以来重要文献选编》（上），中央文献出版社，2014，第 115 页。
③ 《十八大以来重要文献选编》（上），中央文献出版社，2014，第 116 页。

思主义的阶级理论。信仰共产主义，必须相信共产党，而相信共产党，则必须坚定地站在工人阶级立场。

马克思关于现代无产阶级分析的基本方法论，不是主观的、纯经验性的评价，即不仅不以其他阶级、阶层和个人的评价为依据，甚至也不以无产者当下的自我感受为依据，而是从人类历史发展的客观过程中定位现代无产阶级，从资本主义社会的矛盾体系中确定无产阶级的历史地位。因此，马克思关于现代无产阶级的分析是一个重大的理论发现。

马克思看好工人阶级有四个理由，一是现代无产阶级是工业化大生产的产物，是社会化大生产的实际承担者，是现代社会物质财富的创造者，是先进社会生产力的代表，因此，它的本质特征不是"一无所有"，而是（如同考茨基所说的）"现代社会的养活者"。二是现代无产阶级有一本质特点，就是它是唯一与生产资料没有直接联系的阶级，因而其解放不能通过个人直接占有生产资料的方式，而必须通过"联合起来的个人"重新拥有生产资料来进行，这就决定了它是新的生产关系的代表，代表了社会化占有的生产关系发展的趋势。毫无疑问，历史上所有的剥削阶级都直接占有生产资料，而被剥削阶级也不同程度地与生产资料有直接的联系。奴隶作为"会说话的工具"与其他劳动工具直接结合，农民阶级也因拥有少量生产资料而与生产资料有着直接的联系。其他阶级的阶级意识（如果有的话）都是巩固和扩大本阶级的利益，只有无产阶级的阶级意识是"消灭阶级"，马克思也因而称无产阶级为"非市民社会阶级的市民社会阶级"[1]。不与生产资料发生直接联系而又是社会化大生产的实际承担者的无产阶级的大量出现，表明了社会化占有的生产关系发展的趋势，更表明了"私有制和阶级社会的解体"。三是现代无产阶级是人类历史上第一个有文化的被剥削阶级，也是唯一可能形成阶级意识的被剥削阶级，因而是唯一可能成为革命阶级并上升为统治阶级的劳动者阶级。加上自觉的知识分子转向无产阶级革命立场以及一些破产的资产阶级分子的不断加入都给工人阶级的队伍注入了文化的血液，使得作为劳动阶级代表的无产阶级终于打破了剥削阶级对文化的垄断。四是现代无产阶级经历了资本主义社会化大生产那样具有严密分工、严格纪律、严酷生活的训练，成为一支可以被组织的政治力量，这就是说，现代无产阶级虽然是可以"自由"出卖劳动力的自由人，但它并没有农民阶级的散漫性和奴隶阶级的依附性。这正是工人阶级可能成为革命领导阶级的重要依据。

---

[1] 《马克思恩格斯选集》第1卷，人民出版社，2012，第15页。

有了坚定的工人阶级立场，才能有纯洁的党性和崇高的情怀，才能坚定共产主义理想信念。"一个共产党员，应该是襟怀坦白，忠实，积极，以革命利益为第一生命，以个人利益服从革命利益；无论何时何地，坚持正确的原则，同一切不正确的思想和行为作不疲倦的斗争，用以巩固党的集体生活，巩固党和群众的联系；关心党和群众比关心个人为重，关心他人比关心自己为重。这样才算得一个共产党员。"① 我们坚持马克思主义阶级理论和阶级分析方法，是要让全体党员特别党的领导干部认清作为无产阶级政党党员应坚持的阶级立场和党性原则，要"加强党性修养，常修为政之德、常思贪欲之害、常怀律己之心"。

总而言之，从目前的情况看，马克思主义阶级理论的价值可以表述为以下几点。第一，从历史叙述看，阶级斗争是我们分析有文字记载以来历史的基本方法和根本性话语。历史领域历来充斥着无数相互冲突的意志、无数杂乱无章的事实、无数堆积如山的史料，只有寻找到令其变化绵延的客观依据，历史才能成为科学。如果说唯物史观开创了历史科学的航道，那么其阶级斗争理论就是这一航道上的航标灯。由于我们今天远远没有超越阶级社会的历史，因此，历史的叙述必须以社会经济形态为依据，以阶级斗争为主线展开，而不能用某些局部的、例外的情况模糊以致根本否定这一叙事方式。

第二，从当今现实看，运用马克思主义阶级理论必须内外有别。就我国今天的社会现实而言，阶级斗争已经不是主要矛盾，但阶级斗争在一定范围内还将长期存在，如果处理不当，还有重新激化的可能性；就当代世界的整体格局而言，不是所谓"文明的冲突"或所谓"全球性问题"决定历史的方向，而是社会主义和资本主义两条道路、两种社会制度的斗争决定着当代人类命运和出路，因而依然是当代世界的主要矛盾。现在几乎可以肯定，西方资本主义将长期陷入经济和社会危机，这表明当代资本主义的寄生性、腐朽性在增加，其冒险性和侵略性在积累和上升。马克思主义关于帝国主义本性的判断依然是我们观察当代世界变动的锐利思想武器。

第三，从我国实际运用上看，必须着眼于坚持和丰富中国特色社会主义理论体系。作为马克思主义中国化第二次历史性飞跃的理论成果，中国特色社会主义理论体系运用马克思主义的基本原理，创造性地回答了在中国这样一个十几亿人口的发展中大国应如何摆脱贫困、加快实现现代化、巩固和发展社会主义等一系列重大问题，是指导党和人民沿着中国特色社会主义道路不断前进，不断巩固、改革和完善中国特色社会主义基本制度的正确理论。

---

① 《毛泽东选集》第2卷，人民出版社，1991，第361页。

马克思主义阶级理论在这一理论体系中的实际运用，至少表现在以下方面：一是从剥削阶级作为一个阶级在我国已不复存在的国情出发，在慎提慎用"剥削阶级"以及"剥削"、"压迫"一类提法的同时，不仅不削弱，反而强化工人阶级的领导地位及其阶级意识，在不断扩大中国共产党群众基础的同时，不断强化其作为中国工人阶级先锋队的阶级基础；二是从阶级斗争已经不是我国主要矛盾的实际出发，在强调具体矛盾具体分析、着眼于化解人民内部矛盾、慎将社会矛盾上纲为"阶级斗争"的同时，在重大社会矛盾（例如防腐倡廉建设）的观察分析上，不放弃马克思主义的阶级分析方法；三是从坚持和推进中国特色社会主义的大局出发，牢牢把握社会主义现代化的政治方向，在不断推进改革开放、允许一部分人先富起来，不轻言贫富差距过大或存在分配不公现象为"两极分化""阶级分化"的同时，坚定不移地防止两极分化、贯彻共同富裕，不断实践社会主义的本质，体现社会主义制度的优越性。

（侯惠勤）

一 理论篇

社会主义国家制度、国家治理、民主与专政及其实现形式

党的十八届三中全会明确提出全面深化改革的总目标是完善和发展中国特色社会主义制度，推进国家治理体系和治理能力现代化。坚持和实现全面深化改革的总目标，即坚持和发展中国特色社会主义制度，实现国家治理体系和治理能力现代化，这就涉及社会主义国家制度、国家治理体系、民主与专政及其实现形式等重大问题。为了搞清楚这些重大问题，有必要重温马克思主义的国家和无产阶级专政学说。

一 马克思主义国家学说的基本观点和精神实质

民主与专政、无产阶级专政与人民民主专政，这些问题都涉及怎样认识国家的起源、发展与消亡以及国家的本质与作用等基本问题，这就需要我们重温马克思主义国家学说的主要内容和基本观点，恢复马克思主义国家学说的本来面貌。

第一，国家是历史发展到一定阶段，阶级矛盾不可调和的产物。

国家是从哪里来的、怎么产生的？

国家是一个历史的范畴。从国家的起源来看，恩格斯在《家庭、私有制和国家的起源》中指出，国家不是从来就有的，在人类之初的原始共产主义社会，没有剥削、没有阶级，也就没有国家。当人类社会生产力发展到一定阶段，有了剩余劳动和剩余产品，出现了私有制，社会分裂为经济利益互相冲突的对立阶级，出现了剥削者和被剥削者、压迫者和被压迫者、统治者和被统治者的分裂和对立，统治阶级就需要一种"表面上凌驾于社会之

上的力量"来统治被统治阶级,以缓和冲突,于是国家就产生了。社会分裂为阶级之后,才出现了国家。国家不是外部强加给社会的某种力量,也不是像黑格尔所说的"伦理理念的现象"①,更不像封建统治阶级宣传的那样,是上帝赐给的。国家是社会发展到一定阶段,出现了阶级和阶级对立,为了使统治阶级不至于在阶级冲突中与被统治阶级同归于尽应运而生的。

国家是阶级分裂、阶级斗争的产物,是随着阶级的产生而产生的。国家是"从社会中产生但又自居于社会之上并且日益同社会相异化的力量"②。"国家是阶级矛盾不可调和的产物和表现。在阶级矛盾客观上不能调和的地方、时候和条件下,便产生国家。反过来说,国家的存在证明阶级矛盾不可调和。"③ 科学地讲,国家是人类社会生产力发展到一定阶段阶级和阶级斗争不可调和的产物,即它不是从来就有的,也不是永恒需要的。

第二,国家是阶级统治的机关,是一个阶级剥削、压迫另一个阶级的工具。

国家到底是什么?国家的性质和本质是什么?国家起着什么样的作用?

国家又是一个政治的、阶级的范畴,国家是一种政治组织,是统治阶级的权力组织,是建立在一定经济基础之上的政治上层建筑,是上层建筑中最主要的部分,是阶级统治的暴力工具。国家的核心是政权。自从国家产生以来,历史上的统治阶级从来都把国家描绘成至上的、绝对的、不可侵犯的,同时又是超历史的、超阶级的力量。譬如,封建君主宣称"朕即是国家",而"朕"则是上天派来的"天子",在封建君主眼里,国家是"家天下"。资产阶级则把国家说成是代表全民利益的超历史、超阶级的全民国家,把国家说成是阶级调和的工具。这些说法都掩盖或歪曲了国家的阶级本质,国家既然是阶级斗争的产物,那么国家就不可能是超历史的、超阶级的、全民的,而是具有阶级性的本质。历史上,有奴隶制国家,也有封建制国家,还有资本主义国家、社会主义国家,但从来就不存在超历史的、超阶级的抽象民主或抽象全民的国家。实际上,国家是建立了一种社会秩序,使统治阶级的压迫合法化、固定化,而这种秩序的建立不是阶级调和,而是一个阶级压迫另一个阶级的表现。

在阶级社会中,国家对内的主要职能是依靠暴力和强制机关统治被统治阶级,以保证统治阶级的经济基础、政治地位和根本利益。对外的主要

---

① 黑格尔:《法哲学原理》,商务印书馆,1961,第253页。
② 《马克思恩格斯选集》第4卷,人民出版社,2012,第187页。
③ 《列宁选集》第3卷,人民出版社,2012,第114页。

职能是抵御外来侵略，保护本国利益不受侵犯。剥削阶级国家还担负对外侵略和掠夺的作用。除了这些主要职能外，国家还担负调整国内各阶级阶层关系、维护秩序、组织生产、发展经济、繁荣文化、统一道德、保障公平等职能。

说国家是阶级斗争的工具，主要是就国家的阶级实质、主要特征而言。恩格斯说，官吏既然掌握着公共权力和征税权，就作为社会机关而凌驾于社会之上。① 剥削阶级之所以能对劳动人民进行剥削，是因为这个最强大的、在经济上占统治地位的阶级借助于国家而在政治上也成为占统治地位的阶级，因而获得了镇压和统治被统治阶级的新手段。列宁指出："如果阶级调和是可能的话，国家既不会产生，也不会保持下去。"② 同时，列宁还认为，国家是占统治地位的阶级用来剥削被压迫阶级的工具，一切剥削阶级的国家都是剥削劳动人民的工具，是一个阶级对另一个阶级进行统治的工具。奴隶制国家是奴隶主压迫统治奴隶的工具，封建制国家是封建地主阶级压迫统治农民阶级的工具，资产阶级国家是资产阶级压迫统治工人阶级的工具。

就拿最"民主"的现代资产阶级民主国家来说，它虽然表面上披上了全民选举、普遍民主的全民外衣，但实际上却是资产阶级统治工人阶级和广大劳动人民最可靠的政治形式。恩格斯分析指出，在民主共和国内，资产阶级掌握着财富即资本，通过两种方式间接地、更可靠地运用它的权力：一种是"直接收买官吏"③，使官吏为资本家增值资本的目的服务；另一种是"政府和交易所结成联盟"④，例如，政府通过证券交易所推销公债，证券交易所凭借公债向政府提供资金，并利用公债券投机倒把，牟取暴利。这两种方法使资产阶级更可靠地控制了国家政权并通过国家政权剥削广大劳动人民。列宁认为，在垄断资本主义时代，资产阶级把这两种方法发展到非常巧妙的地步。资产阶级的政治精英竭力帮助资本家掠夺人民，借军事订货盗窃国库，而资本家则给予政治精英高额奖赏。这是资本家和官吏勾结的典型例子。

当代资本主义已把这种勾结运用到天衣无缝的地步，让人民总以为政府是为全民，而不是为少数资本家服务的。财富的无限权力在民主共和制下之所以更可靠，是因为资本一旦与民主制相结合，"就能十分巩固十分可靠地

---

① 《马克思恩格斯选集》第 4 卷，人民出版社，2012，第 188 页。
② 《列宁选集》第 3 卷，人民出版社，2012，第 114 页。
③ 《马克思恩格斯选集》第 4 卷，人民出版社，2012，第 189 页。
④ 《马克思恩格斯选集》第 4 卷，人民出版社，2012，第 189 页。

确立自己的权力"①，无论人员、无论机构、无论政党的任何更换，都不会使这个权力动摇。所以，资产阶级民主制和普选制看似能代表和体现主体人民的意志，看似抹杀了国家的阶级本质，实际上，它们不过是资产阶级国家统治的一种形式和工具，仅仅是表现工人阶级成熟程度的标志，不可能提供更多的东西。当然，资产阶级的民主形式也为无产阶级国家提供了可借鉴的手段和工具。

关于国家的本质，毛泽东坚持和发展了马克思主义国家学说，他指出："军队、警察、法庭等项国家机器，是阶级压迫阶级的工具。对于敌对的阶级，它是压迫的工具，它是暴力，并不是什么'仁慈'的东西。"②

第三，特殊的军队、监狱、法院、警察是国家政权的主要强力工具。

国家的主要特征是什么？它的主要构成成分是什么？

恩格斯指出，国家同原始社会比较，有两个基本特征，一是原始氏族社会是按血缘来区分它的居民，而国家则是按地区来划分它的国民；另一个是氏族社会有自己的武装组织，没有军队、警察和官吏等专门从事统治和压迫的社会权力，而国家却设立社会权力，构成这种权力的不仅有武装力量，而且还有监狱和各种强制机关。③ 列宁认为，被恩格斯称为国家的那个"力量"，"主要是拥有监狱等等的特殊的武装队伍"，"常备军和警察是国家政权的主要强力工具"④。军队是社会分裂为敌对阶级时产生的，是统治阶级维护统治的工具。由于社会分裂为不可调和的敌对阶级，统治阶级为了维护其统治地位，建立了专门用以镇压被统治阶级的特殊的武装队伍、法庭、监狱、警察等强力工具，且特殊的武装队伍等强力工具随着剥削阶级国家国内阶级矛盾的尖锐化和对外侵略竞争的加剧而日益加强起来。关于国家的特征和主要成分，毛泽东一语道破："从马克思主义关于国家学说的观点看来，军队是国家政权的主要成分。谁想夺取国家政权，并想保持它，谁就应有强大的军队。"⑤

第四，国家随着阶级的消失而消亡，而国家的最终消亡必须经过无产阶级专政国家的过渡。

国家是不是永恒的？是不是要消亡？怎样才能消亡？消亡的条件是什么？

---

① 《列宁选集》第 3 卷，人民出版社，2012，第 120 页。
② 《毛泽东选集》第 4 卷，人民出版社，1991，第 1476 页。
③ 《马克思恩格斯选集》第 4 卷，人民出版社，2012，第 187 页。
④ 《列宁选集》第 3 卷，人民出版社，2012，第 116 页。
⑤ 《毛泽东选集》第 2 卷，人民出版社，1991，第 547 页。

按照唯物辩证法的观点来看,任何一个事物都是一个过程,都有生、有死。无论是自然界的事物,还是社会领域的事物,都是如此,国家也不例外。恩格斯在《反杜林论》中深刻地揭示了国家产生、发展和消亡的经济根源,指出国家是随着阶级的产生而产生的,也将随着阶级的消亡而消亡。国家不是永恒的,不是永存的。马克思主义认为,国家消亡的前提是阶级消亡,阶级消亡的前提是生产力高度发展,并在高度发展的生产力基础上,建立公有制的经济基础,国家阶级压迫的职能不需要了,国家才可以消亡。可见,国家完全消亡的经济基础就是共产主义公有制和社会化大生产的高度发展。

列宁论述了由社会主义过渡到共产主义的经济条件,指出在社会主义阶段,光靠生产资料转为公有财产,光靠剥夺资本家,还不能立刻消除工农之间、城乡之间、脑体之间的对立,只有发展到打破了旧的分工、消灭了脑体之间的对立,从而把劳动变成"生活的第一需要",才能为实现"各尽所能,按需分配"的原则创造条件。当社会实现"各尽所能,按需分配"原则时,也就是说,当劳动生产率已经大大提高,人们已经十分习惯于遵守公共生活的基本原则,能够自愿地尽其所能来工作的时候,国家才会完全消亡。只有到了共产主义,也就是社会生产力高度发展、"三大差别"已经消亡的时候,国家才会消亡。

但有人曲解恩格斯关于国家消亡的思想,认为资产阶级国家也可以"自行消亡"。列宁坚决反对这种观点,认为这种观点"是对马克思主义最粗暴的、仅仅有利于资产阶级的歪曲"[①]。列宁认为,资产阶级国家是不会"自行消亡"的,而要由无产阶级在革命中消灭它。因为国家是"实行镇压的特殊力量",资产阶级国家由无产阶级国家代替,绝不能靠"自行消亡"来实现。

恩格斯所说的"自行消亡"的国家是指实行了社会主义革命以后的无产阶级国家。列宁根据马克思在《哥达纲领批判》中的分析强调指出,由于国家是阶级统治进行阶级压迫的工具,在从资本主义过渡到共产主义的整个历史时期,必须坚持无产阶级专政,只有到了共产主义阶段,无产阶级专政的国家才可以"自行消亡"。国家消亡是需要一定的经济基础的,一定要把国家消亡同社会经济基础联系起来考察。当社会发展到不再有需要加以镇压的任何阶级的时候,也就不再需要国家这种实行镇压的特殊力量了。那时"国家"的政治形式是最完全的民主,而最完全的民主也只能自行消亡,这

---

① 《列宁选集》第 3 卷,人民出版社,2012,第 124 页。

就根本不需要国家了。在社会主义条件下，由于社会主义经济基础的建立，实现了生产资料公有制和按劳分配制，社会主义民主将进一步发展，劳动群众参与国家管理和经济管理，学会管理社会生产和社会事务，这就逐步为国家消亡创造了条件。

二　无产阶级专政是新型的国家

　　马克思主义的阶级斗争和国家学说告诉我们：阶级的存在仅仅同生产发展的一定历史阶段相联系；阶级斗争必然导致无产阶级专政；这个专政不过是达到消灭一切阶级和进入无阶级社会的过渡。马克思主义指明了无产阶级反对资产阶级的斗争必然导致无产阶级专政，无产阶级专政担负着最终消灭阶级与国家的历史使命。在《哲学的贫困》《共产党宣言》等关于国家问题的论述中，马克思、恩格斯指出，无产阶级用暴力推翻资产阶级统治而建立自己的统治；无产阶级革命的第一步就是使无产阶级变为统治阶级，争得民主；无产阶级国家即"组织成为统治阶级的无产阶级"。这些表述表达了马克思主义在国家问题上的一个最卓越最重要的思想，即"无产阶级专政"的思想。无产阶级在历史上革命作用的"最高表现就是无产阶级实行专政"[1]，其具体表现为：无产阶级要求建立的国家就是"组织成为统治阶级的无产阶级"[2]；只有无产阶级才能推翻资产阶级，使自己成为统治阶级；只有使无产阶级变为统治阶级，实现无产阶级专政，才能消灭资产阶级；无产阶级专政必须有以马克思主义为指导的无产阶级政党的领导。

　　1871年，巴黎无产阶级举行武装起义，建立巴黎公社。这是人类历史上建立无产阶级专政的第一次伟大尝试。马克思科学总结和分析了巴黎公社的革命经验，在《法兰西内战》中提出"工人阶级不能简单地掌握现成的国家机器，并运用它来达到自己的目的"[3]，认为这是对《共产党宣言》必须做的唯一"修改"[4]。马克思总结的巴黎公社这个基本原则具有重大意义。马克思的意思是说工人阶级应当打碎、摧毁"现成的国家机器"，而不只是简单地夺取这个机器。所谓"现成的国家机器"，就是指资产阶级的"官僚军事国家机器"。用什么来代替被打碎的资产阶级国家机器，就是用新型的国家政权来代替之，由无产阶级专政代替资产阶级专政。无产阶级专政实质

---

[1] 《列宁选集》第3卷，人民出版社，2012，第132页。
[2] 《马克思恩格斯选集》第1卷，人民出版社，2012，第421页。
[3] 《马克思恩格斯选集》第3卷，人民出版社，2012，第95页。
[4] 《马克思恩格斯选集》第2卷，人民出版社，1966，第460页。

是无产阶级政权,是"生产者阶级同占有者阶级斗争的产物,是终于发现的可以使劳动在经济上获得解放的政治形式"。[①]

列宁强调指出:无产阶级专政"对介于资本主义和'无阶级社会'即共产主义之间的整整一个历史时期都是必要的,——只有懂得这一点的人,才算掌握了马克思国家学说的实质"。"从资本主义向共产主义过渡,当然不能不产生非常丰富和多样的政治形式,但本质必然是一样的:都是无产阶级专政。""谁要是仅仅承认阶级斗争,那他还不是马克思主义者,他还可以不超出资产阶级思想和资产阶级政治的范围。""只有承认阶级斗争,同时也承认无产阶级专政的人,才是马克思主义者。"[②]

无产阶级专政是作为统治阶级的无产阶级实行阶级统治的工具,是新型的国家,是由剥削阶级国家到消灭阶级、消灭国家的必经阶段。不经过无产阶级专政的阶段,就不可能消灭阶级,乃至最终消灭国家。

无产阶级专政的国家也是阶级统治的工具。不过它在阶级性质、历史使命、基本内容上都同以往一切剥削阶级专政根本不同。它是为无产阶级消灭剥削阶级、建立社会主义、向共产主义过渡创建条件的主要工具。

无产阶级专政是新型的国家,之所以是新型的,因为它在根本性质上不同于奴隶主阶级专政的国家、封建地主阶级专政的国家和资产阶级专政的国家,它是占统治地位的无产阶级及广大劳动人民对少数反动分子实行专政的国家,是工人阶级、劳动人民享有最高程度民主的国家,是新型民主与新型专政的统一体,即对无产阶级和广大劳动人民实行最广泛的民主,对一切反动阶级、敌对分子实行专政。无产阶级专政的核心问题是无产阶级通过它的先进组织——共产党,掌握国家政权。

无产阶级专政有着不同的政权组织形式。由于各国情况的差异和历史条件的不同,无产阶级专政的国家政权可以有不同的形式。从历史上来看,有巴黎公社无产阶级专政组织形式的最初尝试,有列宁总结俄国革命经验所肯定的俄国无产阶级专政最适宜的形式——苏维埃共和国,有中国工人阶级和人民大众经过长期革命斗争建立起来的工人阶级领导的、以工农联盟为基础的人民民主专政的国家政权形式等。

无产阶级专政具有两个基本职能和属性,一是担负对内镇压被统治阶级、对外抵抗外来侵略的阶级工具职能,具有鲜明的阶级属性;二是具有组织生产、发展经济、协调关系、保证公平、繁荣文化、统一道德、提供保障

---

① 《马克思恩格斯选集》第3卷,人民出版社,2012,第95~102页。
② 《列宁选集》第3卷,人民出版社,2012,第139~140页。

等公共服务职能，具有公共服务的属性。无产阶级专政是建立在消灭了阶级对阶级的压迫基础上的，阶级矛盾和阶级斗争不是主要矛盾的社会主义制度条件下的新型国家。无产阶级专政新型国家的阶级工具职能，其范围和作用会逐步缩小、减少，而公共服务职能会逐步扩大、加重。但这不等于放弃阶级工具的职能，在某些特殊情况下，这个职能也有可能加重、加大。比如，当出现大规模的外国军事侵略的情况时，当外部敌对势力与内部敌对力量相互勾结，严重威胁社会主义国家安全，包括意识形态安全时，无产阶级专政阶级压迫的作用丝毫不能减轻。

三　实行人民民主专政是我们的主要经验

毛泽东把马克思主义关于国家和无产阶级专政的一般原理同中国具体实际相结合，发展了无产阶级专政的学说，提出了人民民主专政的思想。他指出："总结我们的经验，集中到一点，就是工人阶级（经过共产党）领导的以工农联盟为基础的人民民主专政。这个专政必须和国际革命力量团结一致。这就是我们的公式，这就是我们的主要经验，这就是我们的主要纲领。"[①] 人民民主专政是我国社会主义国家政权的实质和主要内容，坚持人民民主专政是我国社会主义制度的基本保障，是中国特色社会主义必须坚持的一个基本原则。

人民民主专政是中国特色的无产阶级专政。这是中国人民在中国共产党领导下，根据中国具体国情，对新中国国家本质及其形式的唯一正确的政治选择。旧中国是半殖民地半封建性质的国家。中国共产党在中国要取得社会主义的胜利，就要打碎旧中国的国家机器，建立一个新型的国家机器，而要做到这一点，必须把革命的实际行动分作两步：第一步进行新民主主义革命，第二步进行社会主义革命。通过革命战争，打碎旧中国的国家机器，建立新的国家机器，这个新型的国家机器就是人民民主专政。中国社会的性质决定中国新民主主义革命的敌人是封建主义、官僚资本主义和帝国主义，领导阶级是工人阶级，革命的主要同盟是农民阶级，其他同盟还有城市小资产阶级和民族资产阶级，只有结成最广泛的统一战线，集中全民众的力量，才能战胜压在中国人民头上的"三座大山"。中国新民主主义革命的胜利，历史地导致不仅仅只是无产阶级的专政，而是以无产阶级为领导的、以工农联盟为基础的，包括城市小资产阶级和民族资产阶级的最广泛联盟的人民民主

[①]《毛泽东选集》第 4 卷，人民出版社，1991，第 1480 页。

专政。人民民主专政的实质还是无产阶级专政，但它不是单一的无产阶级的专政，而是以工人阶级为领导的、以工农联盟为基础的，包括最广泛同盟者的对少数敌人的专政。

毛泽东科学地阐明了人民民主专政的任务、目的和作用。他说：在中国现阶段，人民是什么？是工人阶级、农民阶级、城市小资产阶级和民族资产阶级，这些阶级在共产党领导下，团结起来，共同奋斗，赢得了新民主主义革命胜利，建立自己的国家，即人民民主专政的国家。人民民主专政的国家在人民内部实行民主，对人民的敌人实行专政，这两个方面是分不开的，把这两方面结合起来，就是人民民主专政。人民民主专政是专政与民主的辩证统一。人民民主专政的基础是工人阶级、农民阶级、城市小资产阶级和民族资产阶级的联盟。当然，人民民主专政必须由工人阶级领导，主要基础是工农联盟。

马克思主义无产阶级专政学说和毛泽东人民民主专政思想告诉我们，不能把民主与专政割裂开来、对立起来，认为专政是对民主的否定，讲专政就是不要民主，从而否定人民民主专政的根本性质和作用。对敌人的专政是对人民民主的保障，坚决打击敌人的破坏和反抗，才能维护人民民主，才能保卫社会主义民主。当然，也不能认为民主是对专政的否定，讲专政就是否定民主，从而否定社会主义的民主本质，对人民民主是对敌人专政的前提，只有在人民内部充分发挥民主，才能有效镇压敌人。没有广泛的人民民主，人民民主专政就不能巩固。人民民主专政作为政治手段、阶级工具的第一个任务，就是压迫国家内部的反动阶级、反动派和反抗社会主义的势力，对于蓄意破坏和推翻社会主义制度的各种敌对分子实行专政；第二个任务就是防御国家外部敌人的颠覆、"和平演变"、西化、分化活动和可能的侵略，对企图颠覆和推翻社会主义制度的外部敌对势力实行专政。因此，必须强化军队、警察、法庭、监狱等国家机器，以巩固社会主义制度，保证全体人民和平劳动，将我国建设成为一个具有现代工业、现代农业、现代国防和现代科学文化的社会主义国家，最终达到消灭阶级、消灭"三大差别"、实现共产主义的目的。

组织社会主义经济建设、政治建设、文化建设、社会建设、生态文明建设，发展科学、文化、教育和社会保障事业，大力发展社会生产力，建设社会主义物质文明、政治文明、精神文明和生态文明，走共同富裕道路，是人民民主专政长期的、根本的任务。

人民民主专政的要义为：第一，坚持以工人阶级为领导阶级，以工人阶级的先锋队中国共产党为领导核心；第二，坚持以马克思主义、中国化的马克思主义作为人民民主专政的理论基础和思想指南；第三，坚持以工人阶级和农民阶级联盟为最主要的基础；第四，以一切热爱祖国、热爱社会主义事业的社会主义建设者为最广泛的联盟；第五，对少数敌人实行专政，对大多数人民群众实行最广泛的人民民主；第六，通过社会主义法制实施民主与专政。

人民民主专政是中国特色社会主义须臾不可离开的法宝。今天，我们中国特色社会主义国家仍然处于马克思主义经典作家所判定的历史时代，即社会主义与资本主义两个前途、两条道路、两种命运、两大力量生死博弈的时代，这个时代仍贯穿着无产阶级与资产阶级、社会主义与资本主义阶级斗争的主线索，这就决定了国际领域内的阶级斗争是不可能熄灭的，国内的阶级斗争也是不可能熄灭的。在这样的国际国内背景下，人民民主专政是万万不可取消的，必须坚持，必须巩固，必须强大。否则，不足以抵制国外反动势力对我西化、分化、私有化、资本主义化的图谋，不足以压制国内敌对力量里应外合的破坏作用。必须建设强大的国防军，必须建设强大的公安政法力量，以人民民主专政的力量保卫和平、保卫人民、保卫社会主义。

以美国为首的西方势力从来没有放弃强化自己的军事机器，从来没有放弃用武力解决一切由他们的利益和意识形态所引发的问题。在国际上，他们可以随时随地动用武力，干涉别国内政，推行他们的"普世价值"，推动以西方民主为导向的"颜色革命"。在国内，他们可以随时随地出手镇压触动他们根本利益的言论和行动，出动大规模警备力量镇压"占领华尔街"运动就是例证。这难道不是资产阶级专政的表现吗？实施资产阶级专政，他们绝不手软。

当然，在巩固人民民主专政的同时，必须大力发展社会主义民主。建立高度的社会主义民主，是社会主义的本质，是社会主义政治上层建筑的基本内容，是中国特色社会主义的根本目标和根本任务之一。没有民主，就没有社会主义。

坚持人民民主专政，保障社会主义民主，必须加强社会主义法制建设。社会主义法制是人民民主专政的国家所制定的各种法律、法令等法的规范，以及按照法律规定建立起来并贯彻实施的种种法律制度，它的实质是工人阶级及其领导的广大人民当家作主、管理国家、进行社会主义建设的共同意志的集中体现。执政党、参政党和一切参加社会主义建设的人民群众都必须在宪法和法律规范内活动，任何违反法律的行为，都要受到法律的制裁。

（王伟光）

从社会形态看国家治理的阶级性

实现国家治理体系和国家治理能力的现代化是时代赋予我们的新课题。而实现国家治理现代化这一"好"的价值目标,必须依靠"好"的制度,但对现代国家究竟以何种制度来实现善治,却有不同的理解和答案。2013年11月,党的第十八届三中全会提出了"完善和发展中国特色社会主义制度,推进国家治理体系和治理能力现代化"的改革总目标,这一表述实际上提出了社会主义制度与国家治理之间的逻辑关系问题,即社会主义作为中国国家治理体系现代化的最终目的和归宿,究竟应该用什么样的理论以及什么样的治理方式来完善和发展社会主义制度。

一 国家形态与治理属性

国家治理是伴随着国家而出现的,人类社会自奴隶社会后期开始出现国家时,如何治理国家的问题就开始产生了。从历史上看,国家的社会历史形态不同,国家治理的内容、方式也就各不相同。按照马克思主义的经典表述,社会形态是关于社会运动的具体形式、发展阶段和不同质态的范畴,是同生产力发展一定阶段相适应的经济基础与上层建筑的统一体[1]。社会形态包括社会的经济形态、政治形态和意识形态,是三者历史的、具体的统一。

由于经济形态是社会形态的基础,生产资料所有制关系具有决定性的意义,因此,社会形态与经济的社会形态往往被统一使用,以说明生产关

---

[1] 《马克思主义基本原理概论》,高等教育出版社,2010,第109页。

系总和是社会形态的本质方面。而竖立于经济基础之上的上层建筑是社会形态不可分割的组成部分。一定的社会形态总是要以一定的社会制度形式呈现出来,所以,社会制度也被视为社会形态的同义语。人类社会的不断发展,社会的根本变革和进步就是通过社会形态的更替而推进的。一般来说,工业化社会以前的阶级社会形成了一种权威型的治理策略。如长老权威,家长制权威;后工业化社会则形成法理权威。在奴隶社会和封建社会中,治理普遍被赋予了"上帝之法授予国王对国家统治之权"的含义。[1]在封建的专制制度中,治理则被赋予控制、引导和操纵的含义。[2] 在崇尚法治的现代社会,"利用政治权威和合法性资源的形式以管理社会问题的事务"[3] 则被视作现代国家治理的含义,因同时涵盖了法治、科学、民主的精神而被广泛采用。

1. 资本主义国家治理理论及其阶级属性

从人类社会迄今所经历的社会形态来看,资本主义社会及其治理策略曾经产生巨大的影响力。资本主义社会"在它的不到一百年的阶级统治中所创造的生产力,比过去一切世代创造的全部生产力还要多,还要大"。[4]进入 20 世纪以来,"垂死的""腐朽的"资本主义虽然历经危机,但总是能够通过对生产关系进行局部调整,引领科技革命,以及依靠在国际市场上攫取的巨额利润获得新的发展。更为重要的是,由于西方国家率先实现了工业、农业、科技等诸多领域的进步,产生了"凡是富贵之乡必是真理之地"的示范效应。资产阶级高举的"民主""科学""法治"旗帜,形成的"三权分立""权力制衡"的国家政治体制,减弱政府权限的自由放任的市场经济模式,以及构建公民社会"三位一体"的国家治理体系和框架,被冠以普世性的价值,受到其他发展中国家的顶礼膜拜。

但是,无论西方学者鼓吹的治理策略多么具有普世性,马克思主义学说一开始就揭示了资本主义国家治理策略的阶级本质及困境。在马克思看来,从圈地运动、欧洲地理大发现时期的对外殖民掠夺,到资本主义经济危机,都是对剩余价值的攫取,资本主义国家治理策略无非是实现阶级统治的工具。进入现代,资本主义发展开始与所谓的资本主义民主制度结合在一起,

---

[1] WELLER, P., "In Search of Governance," in DAVIS, G., Keating, M., *The Future of Governance*, Sydney: Allen & Unwin, 2000.
[2] 王诗宗:《治理理论及其中国适用性》,浙江大学出版社,2009,第 2 页。
[3] World Bank, A Decade of Measuring the Quality of Governance, 2007, http://siteresources.worldbank.org/NEWS/Resources/wbi2007 - report. pdf.
[4] 《马克思恩格斯选集》第 1 卷,人民出版社,1995,第 277 页。

宪法被作为资本主义国家法律制度的核心,"私有财产不可侵犯"是资产阶级最强烈要求保障的权力,"以前所有一切宪法,以至最民主的共和宪法的精神和基本内容都归结在所有制这一点上"[①]。而"主权在民"的原则主要体现在由选民每隔数年进行一次议会或者总统选举或者公民投票,以决定谁来统治、管理国家的政治形式,但是这种民主形式并未改变国家权力实际上是直接或者间接控制在资产阶级手中。正如马克思所指出的那样,资本主义国家政权"不过是管理整个资产阶级的共同事务的委员会罢了"。虽然"资产阶级在历史上曾经起过非常革命的作用"[②],资本主义国家治理体制在不危及资本主义国家安全和资产阶级根本利益的前提下,给予民众一定的选举、言论、出版、集会、结社、游行示威、自由迁徙等权利和自由,资本主义的民主乃至于资本主义的治理策略,都无法掩盖维护其统治阶级利益的实质。

2. 社会主义国家治理理论及其阶级属性

社会主义国家的治理以马克思的思想为指导。马克思的国家治理思想为我们带来新的视角。这些思想引导我们从历史唯物主义的角度出发,探讨人类社会不同历史时期国家治理的本质。从生产资料所有制关系上讲,人类社会被分为原始(共产主义)社会、奴隶(主)社会、封建(主)社会、资本主义社会等不同性质的阶级国家。国家自产生之日起,就是一种同时具有政治统治和社会管理职能的有组织的力量。国家职能"既包括执行由一切社会的性质产生的各种公共事务,又包括由政府同人民大众相对立而产生的各种特殊职能"[③],即统治职能和社会管理职能。

国家的政治统治职能在于维护秩序和国家安全。一方面,国家依靠法律、军队、法庭、监狱等强制性或者暴力手段以及征收赋税来维护一定的经济关系并实现长久统治。另一方面,国家有时会有脱离统治阶级控制的潜在自主性,[④] 即有时会以统治阶级的利益为代价而向被统治阶级让步,甚至会和被统治阶级一道来遏制统治阶级的利益。尽管不同性质的国家在治理内容和方式上存在差异,但在马克思看来,"至今一切社会的历史都是阶级斗争的历史"[⑤]。

---

① 《列宁选集》第4卷,人民出版社,1995,第122页。
② 《马克思恩格斯选集》第1卷,人民出版社,1995,第274页。
③ 《马克思恩格斯选集》第2卷,人民出版社,1995,第510页。
④ Theda Skocpol, *A Comparative Analysis of France, Russia, and China*, Cambridge University Press, 1979, pp. 29, 31.
⑤ 《马克思恩格斯选集》第1卷,人民出版社,1995,第272页。

在强调国家阶级属性的基础上，马克思指出，国家虽然是阶级矛盾不可调和的产物，政治统治是其基本职能，但"政治统治到处都是以执行某种社会职能为基础，而且政治统治只有在它执行了它的这种社会职能时才能持续下去"①。国家的社会管理职能在国家产生以前的原始社会就已经存在，国家产生之后，这项职能就被保留了下来。国家的社会职能是国家阶级统治的不可分割的组成部分。

马克思关于国家职能论述的意义在于，社会职能在不同历史条件下是不断变化的。但是，当国家实施社会管理职能时，尽管"有时会有脱离统治阶级控制的潜在自主性"，如治理是以民主、人权、自由、法治的面目出现，但不能抹杀其强烈的阶级性和意识形态属性。它并没有失去其维护阶级统治的本性。这是我们在研究、借鉴西方治理理论与实践时必须警惕的。实际上，西方各类"客观""中立"的善治研究的背后，折射出的是日益激烈的国际话语权较量以及更深层次的政治斗争。当前流行于全球的西方治理理论，是建立在资本主义私有制和雇佣劳动基础上的，与中国所处的历史背景和具体国情有着根本的区别，正确地加以认识、甄别，才能够做到为我所用。

二　社会主义实现国家治理的现实路径

从以上可以看出，无论国家处于哪种社会形态，在治理过程中都存在两个方面的职能：统治职能和社会管理职能，而阶级性是国家的统治职能的题中之义。社会主义国家，作为与资本主义的阶级基础和阶级立场完全不同的国家，其实现国家治理的现实路径包括以下几个方面。

1. 甄别国家治理理论的不同属性

马克思的国家管理思想告诉我们，从治理问题产生以来，国家治理就被分为统治职能和社会管理职能，并表现出两种属性。

一是社会管理职能。它在很大程度上体现出了国家管理策略中符合社会发展规律的自然属性，如政府决策过程中的民众参与制度、责任政府构建中的权力监督机制，在市场化改革进程中普遍采用的宏观调节手段和微观经济规制，为促进社会稳定、和谐所采用的具有科学性的社会管理体系等，这些值得现代国家在各自的治理进程中相互借鉴与交流，是每一个类型的国家在治理中都可以借鉴的。

---

① 《马克思恩格斯选集》第3卷，人民出版社，1995，第523页。

二是国家统治职能。它具有强烈的阶级性和意识形态属性,即在阶级社会中,国家作为阶级矛盾不可调和的产物,终究要为自己的经济基础服务。目前,西方世界标准制定权和话语权,在国家治理中具有强烈的意识形态属性,与此相关的宪政问题、公民社会问题等,最为值得警惕。

社会主义作为先进的国家制度,是符合历史发展规律的、具有强大生命力的社会形态,在实现其崇高理想的过程中要吸收借鉴一切文明的成果。应当看到,西方的国家治理理论经过漫长的发展探索,其理论成果能够反映一定国家的社会发展规律,其所总结的国家治理步骤,有科学性和可操作性的一面。但同时应该看到,在人类历史上没有一个民族、没有一个国家可以完全抹杀治理的阶级性而实现所谓无阶级治理。马克思指出:"理论在一个国家实现的程度,总是决定于理论满足这个国家的需要的程度。"[①] 资本主义标榜的抹杀阶级性的"普世性"的理论是不存在的。"一切划时代的体系的真正的内容都是由于产生这些体系的那个时期的需要而形成起来的。"[②] 在现代社会,阶级国家的治理策略是国家治理实践活动的内容,又是国家实现治理的结果。

2. 保持国家治理阶级性的现实路径

社会主义国家是人类历史上迄今为止最先进的社会形态。要实现消灭剥削阶级和剥削制度、消除两极分化、最终达到共同富裕的政治理想,就要坚持党的领导、人民当家作主;坚持依法治国的中国特色社会主义的政治发展道路,就要坚持解放和发展生产力的经济改革道路。

第一,国家治理体系需要坚持党的领导核心地位。国家治理实际上是在政权属于人民的前提下,中国共产党代表和领导人民执掌政权、运行治权的体系和过程。从中国革命和建设的历程来看,无产阶级政党的领导不仅是中国在革命时期取得胜利的重要法宝,而且是在社会主义国家建设期间国家治理的领导力量。进入21世纪,中国共产党十六大、十七大报告均将"党领导人民治理国家的理念"作为一项重要的治理原则加以强调和实践。这是新时期坚持马克思主义政党在国家治理中领导地位思想的具体体现。当前,马克思主义政党的力量和作用,既取决于党员数量,更取决于党员质量,必须建设高质量的党员队伍,为实现中华民族的伟大复兴提供坚强的组织保证。2014年6月,中共中央办公厅印发了《中国共产党发展党员工作细则》[③],以此把

---

① 《马克思恩格斯选集》第1卷,人民出版社,1995,第11页。
② 《马克思恩格斯全集》第3卷,人民出版社,1960,第544页。
③ 《中共中央办公厅印发〈中国共产党发展党员工作细则〉》,《中国组织人事报》2014年6月11日。

住发展党员的入口,保证发展党员的质量。这充分体现了党要管党、从严治党的方针,体现了社会主义国家治理实践的新探索。

第二,人类文明源于人的生命意识和对生命的重视。"社会主义的经济是以公有制为基础的,生产是为了最大限度地满足人民的物质、文化需要,而不是为了剥削。"① 社会主义国家治理的最终成效要体现在维护人民群众的根本利益上,是否维护人民利益是评价国家治理绩效的最高标准。人民群众是社会实践的主体,是推动历史发展的决定性力量。治理要与人民的根本利益相符,这是社会主义的价值原则所在。

第三,社会生产力是一切社会发展的前提性、先决性条件。人类是靠自己的能力,特别是社会生产能力而生存和发展的。社会生产力是人类生命活力的机制体现,是人类自己最大的财富,也是构成社会的物质基础。社会生产力的发展,构成了社会进步最核心的内容,也构成了社会评价的根本标准,是"最硬"的社会事实。评价社会制度和政策,以及社会治理的绩效,都应当把社会生产力放在基础地位。

3. 治理要符合国家的基本国情

现代国家治理和传统不是二元对立的关系。从实践来看,成功的国家治理是基于传统的内生性演化而来的。从20世纪初社会主义国家作为先进的社会形态诞生伊始,就在世界上形成了与资本主义泾渭分明的国家治理制度和模式——社会主义制度和"全能主义"国家治理模式。在社会主义建设初期,以苏联为代表的社会主义国家工业化、现代化的历史起点相似,在政治发展进程中面临的任务相近。中苏两国的治理模式表现出相似的特征,即指令性经济、权威主义管理和完善的社会管理网络。邹谠将这些特点归结为"全能主义"的国家治理模式。② 即在这种模式下,"国家－社会－市场"的框架变成了"国家－单位－个体"的形式,整个社会成员处于一种相对均衡的格局之中。国家通过单位实现了对全体公民在教育、文化、卫生、社会福利方面的资源供给,实现了"国家化"、"全覆盖"和"低水平"的社会保障。并通过这些制度安排,将整个社会成员整合到行政控制体系中,形成政治、经济和社会高度统一的社会结构。以中国与苏联为代表的"全能主义"的国家治理模式,如果按照西方"善治"理论来看,其前景是不容乐观的。这种模式在20世纪既取得了辉煌的成就,如用短短几十

---

① 《邓小平文选》第2卷,人民出版社,1994,第167页。
② 邹谠:《二十世纪中国政治:从宏观历史到微观行动视角看》,香港牛津大学出版社,1994,第235~238页。

年完成"赶超",走过了西方上百年的工业化发展历程,但也遇到了发展的瓶颈,如体制缺乏活力,束缚了经济的发展。20世纪80年代中期,苏联在经济增长乏力、外部世界制度竞争激烈的挑战下,最终选用了"华盛顿共识"作为其实现"善治"的最佳治理模式并进行改革,最终导致国家走向解体。

伴随着20世纪国际共产主义运动的潮起潮落,中国的社会主义建设之所以能在各种"危机"中站稳立场,抵制苏联解体、东欧剧变的"多米诺效应"和全球性金融危机的压力,使中国的崛起成为21世纪最令人瞩目的事件,从根本上说,这是立足现实国情、继承历史文化传统、勇于探索的结果。正因为没有拄别人的拐棍,国家治理正在走向变整治为疏导、变刚性为柔性、变命令为协商、变指挥为指导、变监管为服务、变强制为利导的良性创新之路。中国及其形成的颇具特色的国家治理策略,正在受到前所未有的重视:"中国过去30年的经济运转良好,证明其发展模式是有效的。"[①]"中国特色社会主义道路"或"中国特色社会主义理论体系"由于开创了人类历史上发展势头最猛、经济实力提升最快的纪录,正在受到前所未有的重视。

以西方国家治理模式为直接指导的苏联国家的治理,在当代西方政治学家眼中是有发展前途的。然而,在实践过程中,正是"在西方民主治理体系的指导下,苏联在戈尔巴乔夫治理下成了一个失败型国家"[②]。更值得反思的是,叶利钦治理下的俄罗斯更是成为勾结性和掠夺性的国家。首先是在走向市场化的过程中,由于过分强调政府从经济与社会中退出,使政府在规范现代市场经济体制和秩序方面没有发挥应有的作用,分权的结果并没有使政治权力的性质和功能发生变化,而"权力"的含金量更没有因此减少。俄罗斯政坛官员与商人的双重错位,官员与商人的特殊联姻,造成社会分配天平的人为倾斜,市场调节机制发生严重的扭曲,经济寡头、社会利益集团俘获政治的现象不断发展,从典型的"最小政府"转化为"俘获政府"。其次是社会精英不仅没有成为民主制度的维护者,反而成为俄罗斯民主社会发展的枷锁。在刚刚独立的俄罗斯,新兴的资产阶级要么动用资源搞街头政治,最终形成"'民主斗士'挑战'民主政权'、政治精英操纵'街头政治'、'利益集团'掠夺公共资源的现象"[③],公民社会也由此被狭隘的利益

---

① 斯蒂芬·罗奇:《扩内需促消费已成当务之急》,《参考消息》2010年9月9日。
② 杨光斌、郑伟铭:《国家形态与国家治理——苏联-俄罗斯转型经验研究》,《中国社会科学》2007年第4期。
③ 徐海燕:《国家治理与社会稳定》,《当代世界与社会主义问题》2011年第2期。

集团所裹挟，成为俘获型政府的工具。2013年9月，普京曾对苏联解体初期的俄罗斯做出描述："20世纪发生的国家灾难所造成的结果是，民族文化和精神与传统和历史的一致性决裂，社会道德败坏，社会互信和责任感缺失，成为产生许多紧迫问题的根源。"[①] 因此，在将现代西方治理理论拿来"为我所用"时，一定要关注这一理论所产生的国情基础，否则，就会出现"南橘北枳"的局面。

（徐海燕）

[①] ИдеологияПартииоснованананаконсерватизме, 19 сентября 2013 года, http://edinros.er.ru/er/text.shtm？l 32471/110022.

阶级斗争理论是马克思主义的基本理论

习近平总书记2014年2月17日在省部级主要领导干部专题研讨班上的讲话中指出,观察问题"必须坚持马克思主义政治立场。马克思主义政治立场,首先是阶级立场,进行阶级分析"。[①] 有人说这已经落后于时代了,这种观点是不对的。我们说阶级斗争已经不再是我国社会的主要矛盾,并不是说阶级斗争在一定范围内不存在了,在国际大范围中也不存在了。改革开放以来,我们党在这个问题上的认识一直是明确的。这是针对新的实际,对我们党改革开放以来一直坚持的观点的重申。此前,2000年6月,根据邓小平的有关论述和党的十一届六中全会的结论,江泽民同志就讲过:"我们纠正过去一度发生的'以阶级斗争为纲'的错误是完全正确的,但这不等于阶级斗争已不存在了。只要阶级斗争还在一定范围内存在,我们就不能丢弃马克思主义的阶级和阶级分析的观点和方法。这种观点和方法始终是我们观察社会主义同各种敌对势力斗争的复杂政治现象的一把钥匙。"[②] 这些论断有重大的理论意义和实践指导意义。

一 阶级斗争理论是马克思主义的基本理论之一

马克思主义的阶级斗争理论对于科学地认识社会历史与现实具有极为重要的指导意义。正如列宁所说:"马克思主义提供了一条指导性的线索,使我们能在这种看来扑朔迷离、一团混乱的状态中发现规律性。这条线索就是

[①] 转引自刘世军《中国政治学研究新时代的到来》,《文汇报》2014年6月30日。
[②] 《江泽民文选》第3卷,人民出版社,2006,第83页。

阶级斗争的理论。"① 人类几千年的文明史，从社会发展的直接动力来说，就是阶级斗争的历史。离开了阶级斗争理论，就无法理解阶级社会的发展。这是社会历史发展中的客观事实。正是客观事实本身所具有的顽强力量，处于资本主义上升时期的资产阶级历史学家和经济学家在马克思以前就发现了阶级斗争，并在一定程度上叙述过阶级斗争的历史发展和根源。例如，梯叶里、基佐、米涅等法国复辟时期的一批历史学家在自己的著作中，从资产阶级立场出发，提出法国社会存在着阶级对立和阶级斗争。认为阶级斗争是了解中世纪以来法国历史发展的关键，是政治事变的发条，是理解资产阶级革命的钥匙；各阶级生存条件的不同，是社会上各阶级斗争的基础，阶级斗争是社会发展的力量。资产阶级经济学家如法国的重农主义者魁奈和杜尔哥以及英国古典经济学家亚当·斯密和大卫·李嘉图等人，对各阶级的存在做过经济分析。魁奈曾经把社会阶级分为土地所有者阶级、生产者阶级（即从事农业生产的所有人员）、不生产者阶级（即从事工商业活动的所有人员）。这在一定程度上反映了资本主义社会中雇佣工人和资本家两大阶级的情况，初步明确了划分阶级的经济基础和标准。

亚当·斯密和大卫·李嘉图在阶级划分问题上较前人有更大的进步。斯密把资本主义社会的基本阶级划分为工人阶级、资本家阶级和地主阶级。与此相适应的收入有工资（劳动的收入）、利润（资本的收入）、地租（土地的收入）三种。李嘉图提出工资、利润和地租这三种资本主义社会的基本收入，要以地租、利润和工资的形式在土地所有者、资本家及工人之间进行分配。这种分析，在一定程度上研究了资本主义生产关系的内在联系及相应的阶级对立关系。

马克思肯定了这些资产阶级学者发现资产阶级社会中阶级存在及其彼此之间斗争的功劳，肯定他们揭示了历史斗争和历史发展过程的根源，同时指出了资产阶级学者阶级斗争学说的局限性：资产阶级学者关于阶级斗争学说的理论基础是历史唯心主义的，集中表现为从人的本性和人的情感、思想道德、精神上解释财产关系的来源；只承认资产阶级反对封建主义的斗争，否认当时列入"第三等级"的各个社会集团之间利益上的对立，竭力证明资产阶级起着第三等级中一切成分的代表者的作用，而视无产阶级反对资产阶级的斗争为"社会的灾难"。因此资产阶级学者并没有创立起科学的阶级斗争学说。

马克思、恩格斯创立的科学的阶级斗争学说，做出的新的贡献是：

---

① 《列宁选集》第 2 卷，人民出版社，1995，第 426 页。

"（1）阶级的存在仅仅同生产发展的一定历史阶段相联系；（2）阶级斗争必然导致无产阶级专政；（3）这个专政不过是达到消灭一切阶级和进入无阶级社会的过渡……"① 这种新的贡献完全以历史唯物主义为基础。它从历史发展规律性的高度，把阶级斗争及其发展的必然趋势——无产阶级专政紧密联系起来，表明"只有承认阶级斗争，同时也承认无产阶级专政的人，才是马克思主义者"②。这样，不仅把马克思主义阶级斗争（包括无产阶级专政理论在内的）学说与平庸的小资产阶级者（以及大资产者）之间的最深刻的区别，划分得一清二楚，而且提出了检验是否真正理解和承认马克思主义的试金石。阶级斗争理论理所当然地成为马克思主义基本理论之一。

二 社会主义时期的阶级斗争问题

人类社会进入社会主义时期以后，是否还存在阶级和阶级斗争？进而整个社会主义时期是否始终存在阶级和阶级斗争？这是社会主义发展中面临的重大理论和实践问题，对这个问题的正确认识和回答，关系着社会主义的前途命运和生死存亡。然而这又是一个难度很大的问题，它涉及对社会主义生产方式的本质和整个社会结构及其发展规律的科学认识、对社会主义国家生存的国际环境的科学认识。正是这样，在国际共产主义运动的发展中，人们在理论和实践上对这个问题进行了长期的双重探索，取得了重要成果，又留下许多经验和有待继续探讨的问题。

马克思、恩格斯对未来社会进入到什么具体发展阶段才消灭阶级和阶级斗争，只做了一般的预示，没有做具体阐明。列宁在1918年10月写的《无产阶级革命与叛徒考茨基》中说："从资本主义过渡到共产主义是一整个历史时代。"③ 只要这个时代没有结束，就存在阶级和阶级斗争。但没有讲生产资料社会主义改造完成以后还存不存在阶级斗争。斯大林领导苏联社会主义建设时期，明确断定社会主义条件下，人们在政治上、道义上完全一致，没有矛盾冲突和阶级斗争，但是实际上存在着的阶级斗争的发展导致了苏联的演变。这表明，阶级斗争作为一种客观存在，必定会按其运动规律发生作用，并不以人们是否承认、是否揭明它为转移。毛泽东同志肯定社会主义时期存在阶级斗争，提出了正确区分两类不同性质的矛盾学说和正确处理人民

---

① 《马克思恩格斯选集》第4卷，人民出版社，1995，第547页。
② 《列宁选集》第3卷，人民出版社，1995，第139页。
③ 《列宁选集》第3卷，人民出版社，1995，第612页。

内部矛盾的学说，这是他在这方面做出的重大理论贡献，但是他对阶级斗争形势的估量有误，处理的方法也失当，曾提出和坚持"以阶级斗争为纲"的口号，发动了多次政治运动（尽管有的是不可避免的），出现阶级斗争扩大化的错误，留给我们深刻的历史教训。

进入改革开放新时期，邓小平在总结正反历史经验的基础上指出："社会主义社会中的阶级斗争是一个客观存在，不应该缩小，也不应该夸大。实践证明，无论缩小还是夸大，两者都要犯严重的错误。"[①] 以此为基础，党的十一届六中全会对社会主义社会中的阶级斗争做出决定："在剥削阶级作为阶级消灭以后，阶级斗争已经不是主要矛盾。由于国内的因素和国际的影响，阶级斗争还将在一定范围内长期存在，在某种条件下还有可能激化。既要反对把阶级斗争扩大化的观点，又要反对认为阶级斗争已经熄灭的观点。"[②] 应该说，这是总结上述国际国内正反两方面经验教训做出的科学结论。

这个结论的重大意义在于，它确认了进入社会主义时期，剥削阶级消灭以后阶级斗争不是主要矛盾的客观事实，同时确认了"阶级斗争还将在一定范围内长期存在，在某种条件下还有可能激化"的客观事实。此后，这个结论一直被写入中国共产党的党章。我国宪法也载明："在我国，剥削阶级作为阶级已经消灭，但是阶级斗争还将在一定范围内长期存在。"这个结论所肯定的两方面的客观事实表明，社会主义历史时期的阶级斗争不同于过去历史上的阶级对阶级的斗争，"但仍然是一种特殊形式的阶级斗争，或者说是历史上的阶级斗争在社会主义条件下的特殊形式的遗留"。[③] 对这种特殊形式的阶级斗争要有全面正确的认识，包括许多理论上和实践上复杂和困难的问题，它究竟具有哪些新的特点，需要深入地展开研究。

经过改革开放30多年的观察和研究，人们日益清楚地认识到，在我国社会发展的现阶段，一定范围内存在的阶级斗争，在社会主义改革中集中表现为坚持四项基本原则与资产阶级自由化的斗争。斗争的实质是坚持还是反对社会主义道路。按邓小平的概括，就是两种改革观的根本对立："某些人所谓的改革，应该换个名字，叫作自由化，即资本主义化。他们'改革'的中心是资本主义化。我们讲的改革与他们不同，这个问题还要继续争论的。"[④] 这里说的"一定范围内"，不是就其领域，而是从阶级斗争已不是主要矛盾来说的。就领域说，它反映在多个领域。在经济领域，表现为是坚持

---

① 《邓小平文选》第2卷，人民出版社，1994，第182页。
② 《三中全会以来重要文献选编》（下），中央文献出版社，2011，第169页。
③ 《邓小平文选》第2卷，人民出版社，1994，第169页。
④ 《邓小平文选》第3卷，人民出版社，1993，第297页。

还是反对社会主义基本经济制度，焦点是坚持公有制的主体地位，还是要彻底私有化；在政治领域，表现为是坚持还是反对社会主义根本的和基本的政治制度，焦点是坚持人民民主专政的国家制度和人民代表大会政治制度，还是要搞西方宪政民主；在思想文化领域，表现为是坚持还是反对马克思主义指导地位，焦点是坚持马克思列宁主义、毛泽东思想和中国特色社会主义理论体系的指导，还是坚持以新自由主义、民主社会主义、历史虚无主义和儒化当代中国的错误思潮的指导。改革开放30多年来这几方面的斗争不仅一直没有停止过，而且有时显得特别激烈。

我国一定范围内存在的阶级斗争，有深刻的根源。马克思主义认为，一个社会所包含的生产资料所有制关系的内部结构，是这个社会基本的阶级的依据。一定历史类型的生产关系总要体现为一定的阶级关系，或者社会集团的关系。马克思要求用客观态度去分析资本主义社会中整个阶级所处的地位，并且同对整个阶级的发展条件的分析结合起来。这给我们认识社会主义时期的阶级关系提供了科学方法论的指导。在我国社会发展的现阶段，一定范围内存在的阶级斗争的经济根源是，社会主义初级阶段的生产资料所有制关系的内部结构。我国虽然进入了社会主义，但还是发展不成熟的社会主义。与社会生产力的发展状况相适应，将长期存在私有制经济，加上国际的因素，一定范围内存在的阶级斗争就不可避免。正是基于这种客观事实，习总书记和江泽民同志做出了关于社会主义社会阶级斗争的论断；也是基于这种客观事实，邓小平反复强调，在四项基本原则中，坚持人民民主专政这一条不低于其他三条。

三 必须坚持马克思主义的阶级分析

近些年来，新自由主义、民主社会主义、历史虚无主义、普世价值、西方宪政民主等错误思潮渗透，社会主义公有制受到严重削弱，社会主义意识形态领域和政治领域受到影响。其斗争形式，有的时隐时现，有的明火执仗（如拉萨的"3·14"事件，乌鲁木齐的"7·5"事件）；有的提出尖锐的政治口号表达自己的政治诉求（如"民间修宪""零八宪章"）；有的则以学术面貌出现忽悠群众。令人深思的是，面对客观存在的阶级斗争，我们部分共产党员，包括有些领导干部却头脑昏昏，是非不分，甚至自觉不自觉地做出某种呼应。正如邓小平指出："自由化的思想……不仅社会上有，我们共产党内也有。"[①]

---

① 《邓小平文选》第3卷，人民出版社，1993，第124页。

造成这种状况的原因有多方面，但有一点很明显，就是一个时期以来，人们忌讳讲马克思主义的阶级观点和阶级分析，结果使我们的一些干部和群众失去了观察社会主义同各种敌对势力斗争的复杂政治现象的钥匙，不能从纷繁复杂的各种社会关系中把握每个阶级以至一个阶级内部各个集团或阶层所处地位及其政治态度。列宁早告诫我们："马克思主义者不应该离开分析阶级关系的正确立场。"① 事实教育我们，离开了分析阶级关系的正确立场，就不能保持政治上的清醒，不能不犯错误。

　　提出这样的问题，也许有人会指责说，重申阶级分析，是不是会挑起阶级矛盾和阶级冲突。实际上，如前所说，在阶级社会和有阶级存在的社会里，"没有一个活着的人能够不站到这个或那个阶级方面来"。② 真正的问题只是在于，究竟是站在先进的、革命的阶级一边，还是站在落后的、反动的阶级一边。"所谓党性，要求在对事变作任何评价时都必须直率而公开地站到一定社会集团的立场上"③。实际上，某些严肃的资产阶级思想家也是承认这个真理的，只不过是从反面的立场来说明而已。现代西方最著名的资产阶级经济学家凯恩斯早就声明："如果当真要追求阶级利益，那我就得追求属于我自己那个阶级的利益。……在阶级斗争中会发现，我是站在有教养的资产阶级一边的。"④ 美国经济学家、诺贝尔经济学奖获得者索洛也无所顾忌地承认："社会科学家和其他人一样，也具有阶级利益、意识形态的倾向以及一切种类的价值判断。但是，所有的社会科学的研究，与材料力学或化学分子结构的研究不同，都与上述阶级利益、意识形态和价值判断有关。不论社会科学家的意愿如何，不论他是否觉察到这一切，甚至他力图回避它们……"⑤ 站在哪一边，为谁服务，在阶级社会和阶级斗争还在一定范围存在的社会里，是根本无法回避的客观事实。

　　进行阶级分析，要求马克思主义者全面地分析各阶级在社会政治经济生活中所处的地位，主要是占有生产资料和支配劳动成果的情况，以及对于国家政权的影响力；分析各阶级的政治态度和思想观念；分析各阶级中不同阶层的区别和矛盾，以及由此而产生的不同政治倾向；分析各阶级之间的复杂阶级关系，以及阶级力量对比的历史性和变动性；科学区分有阶级性和不带

---

① 《列宁选集》第3卷，人民出版社，1995，第27页。
② 《列宁选集》第1卷，人民出版社，1995，第135页。
③ 《列宁全集》第1卷，人民出版社，1984，第363页。
④ 〔英〕凯恩斯：《劝说集》，商务印书馆，1962，第244~245页。
⑤ 〔美〕索洛：《经济学中的科学和意识形态》，载克伦道尔、埃考斯编《当代经济论文集》，波士顿利特尔·布朗公司，1972，第11页。

阶级性的社会矛盾的差别；等等。借以准确把握各阶级之间的关系和阶级力量的对比，把握社会运动和社会生活的脉搏。其中一个要点是，在判断一切代表性人物和事件时，必须善于看出它反映着哪个阶级的利益，为哪个阶级的利益服务。列宁说，在拉丁语中有"对谁有利？"这样一句话，"要是一下子看不出是哪些政治集团或社会集团、势力和人物在维护某些提议、措施等等，那总是要提出'对谁有利？'这个问题的"。[①] 对谁有利？这是判别一切观点、提议、措施反映哪个阶级利益，为哪个阶级利益服务的鲜明标准。

在社会主义制度下，由于阶级斗争是历史上的阶级斗争在社会主义条件下的特殊形式的遗留，与此相应，进行阶级分析也不能生搬硬套，而要认真研究，具体分析，把握好特点。这里重要的是，在对敌视社会主义的分子在政治上、经济上、思想文化上、社会生活上进行的各种破坏活动，保持高度警惕和进行有效斗争的同时，要正确认识我国社会内部大量存在的不属于阶级斗争范围的各种社会矛盾，要采取不同于阶级斗争的方法来正确地加以解决。具体到今天推进全面深化改革中，一是不要回避阶级分析。因为任何改革都是具体的。改什么，不改什么，怎么改，向哪个方向改，事实上都有一个对谁有利，对谁有害的问题。制定深化改革的指导思想，确定深化改革的路线、方针、政策，不站在某个立场上是不可能的。明确提出阶级分析，可以防止党和国家的工作人员见物不见人，只顾技术性操作的问题，不顾坚持社会主义方向、不顾为谁服务的本质问题。二是必须坚定地站在人民立场上。如习近平总书记所讲："推进任何一项重大改革，都要站在人民立场上把握和处理好涉及改革的重大问题，都要从人民利益出发谋划改革思路、制定改革举措。"[②] 站在人民立场上的标准是什么？笔者以为这与判断改革得失成败的"三个有利于"标准是统一的："要有利于巩固社会主义制度，有利于巩固党的领导，有利于在党的领导和社会主义制度下发展生产力。"[③] 这是由中国共产党的根本性质和根本宗旨决定的。我们在创造性运用马克思主义阶级立场、阶级分析方法时，坚持党性和人民性、站在党的立场上和站在人民的立场上，即站在党性和党的基本理论、基本路线、基本纲领、基本经验、基本要求的立场上是完全统一和高度一致的。

（梅荣政）

---

① 《列宁全集》第23卷，人民出版社，1990，第61~62页。
② 习近平：《切实把思想统一到党的十八届三中全会精神上来》，新华网，http：//news.xinhuanet.com/politics/2013-12/31/c-118787463.htm。
③ 《邓小平文选》第3卷，人民出版社，1993，第241页。

必须正确估量社会主义社会的阶级斗争

一　阶级观点和阶级分析方法是观察复杂政治现象的一把"钥匙"

王伟光同志《坚持人民民主专政，并不输理》一文，本来只是讲了一些马克思主义的基本常识，却引起了一场轩然大波，受到了质疑和围攻。这在共产党领导的社会主义国家里，是一件不可思议的事情。出现这种现象的原因大概有两个：一是王伟光同志的文章，触到了敌对势力的软肋，他们最害怕讲阶级斗争、讲人民民主专政，所以一提起这个问题就进行围攻，造成一种氛围，以后谁也不敢再讲这个问题；另一个原因是，我们多年不讲阶级、阶级斗争了，在舆论界，阶级、阶级斗争无形中成为一个禁区，谁的文章里提到"阶级"两个字，往往认为是犯忌的，必须删去。其实这是马克思主义的基本原理，应该经常讲的。

江泽民曾指出："我们纠正过去一度发生的'以阶级斗争为纲'的错误是完全正确的，但这不等于阶级斗争已不存在了。只要阶级斗争还在一定范围内存在，我们就不能丢弃马克思主义的阶级和阶级分析的观点和方法。这种观点和方法始终是我们观察社会主义同各种敌对势力斗争的复杂政治现象的一把钥匙。"[①] 这是一个十分重要的、马克思主义的论断，它应该成为我们一切工作，尤其是意识形态工作的指导思想。

既然阶级观点、阶级分析方法是"我们观察社会主义同各种敌对势力斗争的复杂政治现象的一把钥匙"，我们就应该运用阶级观点、阶级分析方

[①]　《江泽民文选》第3卷，人民出版社，2006，第83页。

法这把"钥匙"来解开我们社会出现的重大问题的"锁",用它来研究复杂政治现象的实质和解决办法。绝不能把阶级、阶级斗争作为禁区,而是应广泛运用阶级观点、阶级分析方法来研究社会现象,这应该成为理论工作的常态。

二　必须正确估量社会主义社会的阶级斗争

我们必须运用阶级观点、阶级分析方法来观察、分析重大问题,这是因为社会主义社会在一定范围内还存在阶级斗争。如果没有阶级和阶级斗争,也就用不着运用阶级观点和阶级分析方法来分析问题。所以,讨论这个问题的前提是要正确估量社会主义社会的阶级斗争。

社会主义社会还有没有阶级斗争?怎样估量社会主义社会的阶级斗争状况?这是社会主义国家必须解决的一个重大理论和实际问题,无法回避。同时这也是一个崭新的问题,书本上找不到现成的答案,需要在实践中总结经验才能回答。回顾历史可以看到,对于这个问题,我们经历了一个漫长的探索过程才逐步得出比较正确的认识。

首先是苏联的历史教训。在俄国十月革命胜利,无产阶级掌握了政权,建立了社会主义制度以后,列宁曾预见到阶级斗争还将在一个历史时期里长期存在,而且有时会相当激烈。他指出:"从资本主义过渡到共产主义是一整个历史时代。只要这个时代没有结束,剥削者就必然存着复辟希望,并把这种希望变为复辟尝试。"他们会"以十倍的努力、疯狂的热情、百倍的仇恨投入战斗",力图恢复他们失去的"天堂"。[①]

但是,苏联在生产资料所有制社会主义改造完成以后,就宣布阶级被消灭了,因此阶级矛盾和阶级斗争也不再存在了。他们认为,社会主义在各个领域都取得了决定性的胜利,社会主义同资本主义两条道路之间的斗争已经一劳永逸地解决了,资本主义制度已经不可能再在社会主义国家里复辟。社会主义社会是完美无缺的,矛盾(更不用说阶级矛盾)也消失了。推动社会主义社会向前发展的,不再是矛盾对立统一的运动,而是政治上、道义上的一致。这显然是一种形而上学的观点,是违反辩证法的,然而却曾在国际共产主义运动中占统治地位。当时人们对社会主义的前途和命运持一种过于乐观的情绪,一旦社会上出现矛盾,尤其是出现阶级矛盾,他们就简单地归结为是外部原因,归结为是帝国主义派遣来的间谍所为。否定阶级斗争的存

---

① 《列宁选集》第3卷,人民出版社,1995,第612页。

在，使苏联吃了大苦头。

回顾戈尔巴乔夫上台的历史会发现，那时，苏联的政局变化无常，政治性事件层出不穷，今天这里罢工，明天那里罢课，时不时爆发流血冲突。政治组织不断产生，宣言满天飞。在纷繁复杂的局势面前，人们不知所措。由于苏联共产党长期否定阶级斗争的存在，从根本上抛弃了阶级分析方法，加上戈尔巴乔夫鼓吹"人道的民主社会主义"，推行"民主化""公开性""多元论"，反对马克思主义的阶级斗争理论，反对无产阶级专政，把思想搞乱了，因而根本看不清楚问题的实质，也找不到对付复杂局面的正确方法。

回顾一下苏联演变的过程，我们不能不承认，这是社会主义条件下一场激烈的阶级斗争，斗争的核心是政权问题。苏联演变的实质是敌对势力（即所谓的"民主派"）在西方帝国主义的支持下，在共产党内的新修正主义分子（即"人道的民主社会主义"分子）的鼓励和纵容下，三者相互配合，沆瀣一气，向无产阶级和其他劳动人民夺取政权的过程。这一过程显示这样的"三部曲"：第一步，敌对势力从意识形态入手，制造反共反社会主义舆论。他们抓住社会主义实践中某些失误和弊病做文章，污蔑和否定党的历史和社会主义实践，动摇党员和人民群众对党的信任以及对马克思主义和社会主义的信念，搞乱民众的思想，涣散党的组织。习近平同志在总结苏联演变的教训时指出，否定苏联历史、否定苏共历史、否定列宁、否定斯大林，一路否下去，"城头变幻大王旗"就在一夜之间。这就是说，否定革命斗争历史的历史虚无主义是会导致亡党亡国的。"灭人之国，必先去其史"，这是颠扑不破的真理。第二步，敌对势力利用党员和人民群众思想混乱、组织涣散的机会，煽动群众，不断组织游行、示威、集会、罢工、罢课等活动，并成立各种各样的政治组织，制造政治动乱，一步一步地夺取地方政权和中央政权，直到解散苏共、肢解苏联。第三步，敌对势力利用夺取到的政权的力量，对公有财产实行私有化，恢复资本主义的经济制度。这样的"三部曲"在一定程度上反映了通过阶级斗争，社会主义向资本主义演变的规律性，值得我们深思。

从政治斗争的角度看，苏联演变大体上经历了以下几个回合。第一回合，敌对势力成立各种"非正式组织"，公开地进行反共反社会主义活动；第二回合，为了在政治舞台上同共产党相抗衡，敌对势力得寸进尺地要求正式成立政党，实行多党制；第三回合，在"自由选举"的旗号下，敌对势力一步一步地夺取地方政权，进而夺取全国政权；第四回合，借"8·19"事件失败之机，解散苏共，肢解苏联。从此世界上第一个社会主义国家从世界政治地图上消失了，资本主义复辟在苏联疆域内成为现实。

回顾苏联演变的过程，谁都不能否认这是一场激烈的阶级斗争。在这场斗争中，我们可以看到，敌对势力是多么猖獗，他们步步进逼，咄咄逼人，而苏联共产党在否定阶级斗争的"民主社会主义"思想的指导下，却是不断妥协，直至让出政权、自动解散。这一过程真是惊心动魄！

其次是毛泽东的艰苦探索。毛泽东运用彻底的唯物辩证法，批判了这种形而上学的观点，对社会主义社会的阶级斗争进行了艰苦探索。他根据矛盾普遍性这个辩证法的一般原理，正确地指出社会主义社会仍然存在矛盾，只是矛盾的性质和状况同资本主义社会不同罢了。那么，在社会主义社会里还有没有阶级矛盾和阶级斗争？怎么估计阶级斗争的状况？毛泽东花了很大的精力来探讨这些问题。尤其是在中苏十年论战中，如何看待社会主义社会的阶级斗争，成为论战的焦点之一。毛泽东在这个问题的探讨过程中，既有重要的贡献，给我们留下了宝贵的理论财富；也有严重的失误，导致人为的阶级斗争，以至发动"文化大革命"，给国家带来灾难性后果。这是一个十分复杂的问题，我们应该采取科学的态度冷静地进行分析，既要对其中错误的东西引以为戒，又要从中吸收有益的东西。

毛泽东曾经明确指出，社会主义制度建立以后，阶级斗争并没有结束，"社会主义和资本主义之间谁胜谁负的问题还没有真正解决。……如果对于这种形势认识不足，或者根本不认识，那就要犯绝大的错误，就会忽视必要的思想斗争"。[1] 这一论断，当时国际共产主义运动中很多人不理解，甚至遭到坚决反对。改革开放以来，这一论断在我国国内也曾遭到一些人的非议。然而我国1989年的政治风波，人民民主专政的政权险遭颠覆，用邓小平的话来说，"给我们上了一堂大课"[2]，而苏联解体、东欧剧变则用资本主义复辟这一活生生的事实证明了毛泽东这一论断是多么正确、多么具有预见性。

苏联的解体表明，毛泽东关于社会主义与资本主义谁胜谁负的问题远没有解决，其关于社会主义社会仍然存在资本主义复辟的危险的判断，是完全正确的。早在苏联演变这一事件发生之前35年，毛泽东就做出这样的论断，显示出他的战略眼光。

不可否认，毛泽东对我国社会主义社会的阶级斗争的估计也有过于严重的一面，最终酿成"文化大革命"这样的带有全局性的错误。他提出，社会主义制度建立以后，阶级矛盾仍然是社会的主要矛盾，甚至把这一论断发

---

[1] 《毛泽东文集》第7卷，人民出版社，1999，第230~231页。
[2] 《邓小平文选》第3卷，人民出版社，1993，第325页。

展成为无产阶级专政下继续革命的理论。在实际工作中,他坚持以"阶级斗争为纲",集中主要精力抓阶级斗争。他对当时我国阶级斗争的形势的估计是,一大批资产阶级代表人物、反革命的修正主义分子,已经混进党里、政府里、军队里和文化领域的各界里,相当多的单位的领导权已经不在马克思主义者和人民群众手里,党内已经形成了一个资产阶级司令部。同时,解决问题的方法也是错误的,采取怀疑一切、打倒一切的做法,既脱离了党的组织,又脱离了广大群众,党的各级组织普遍受到冲击并陷于瘫痪、半瘫痪状态,各级领导干部普遍受到批判和斗争,这给一些阴谋分子、野心家以可乘之机。对"文化大革命"理所当然地应该予以否定。然而这不等于说,毛泽东提出的在社会主义国家里仍然存在阶级斗争、必须采取措施防止资本主义复辟的思想是错误的。恰恰相反,苏联解体、东欧剧变这一事实证明,毛泽东这一思想具有战略意义,绝不能因为"文化大革命"的错误而予以否定。对这个问题应该做科学的分析,切忌把小孩子和水一起泼掉①。

邓小平同志在总结"文化大革命"的教训时,特地指出:"搞'文化大革命',就毛主席本身的愿望来说,是出于避免资本主义复辟的考虑,但对中国本身的实际情况作了错误的估计。"② 薄一波同志也有类似的看法。他指出:如果实事求是地对"文化大革命"进行具体分析,"就可以清楚地看到,毛主席当时提出这些问题的出发点是好的,他的这一战略思想有不少重要之处,至今仍不失深远意义,这是应该肯定的;同时也可以清楚地看到,毛主席对当时形势的估计有重大失误之处,由此带来的许多做法则是应该加以抛弃的"。③ 这一分析是科学的、实事求是的。

无数事实表明,在现实生活中,社会主义国家里阶级斗争是一种客观的存在。第一,在社会主义国家里,即使在生产资料所有制社会主义改造完成、基本上消灭了剥削制度以后,敌对势力仍然会利用一切机会、尽一切努力制造政治动乱,推翻社会主义的政权。近年来出现的《零八宪章》这一类颠覆我国人民民主专政的纲领,以及最近有人想把东欧、中亚、北非的"颜色革命"引到我国来制造街头政治,就是一个证明。"树欲静而风不止",这是不以人们意志为转移的。此外,随着非公有制经济的发展,人民内部的阶级矛盾也有所发展,处理不当,也会尖锐化。第二,由于在历史发展的实际进程中,社会主义革命是在一个或几个经济文化比较落后的国

---

① 《列宁选集》第 2 卷,人民出版社,1995,第 193 页。
② 《邓小平文选》第 2 卷,人民出版社,1994,第 346 页。
③ 薄一波:《若干重大决策与事件的回顾》(下),中共中央党校出版社,1993,第 1137 页。

家里首先发生的，在相当长的一段历史时期里，世界上将会延续社会主义与资本主义并存的局面，而且资本主义在经济上、科技上、政治上、军事上乃至意识形态上处于优势，社会主义国家是在被资本主义包围的环境下存在和发展的。国际垄断资产阶级出于阶级本性，总是想推翻社会主义制度，处心积虑地要恢复资本主义一统天下的局面。在这种情况下，对我国来说，国际阶级斗争就更为激烈。国际范围内的阶级斗争必然反映到国内来。从这个意义上说，也许只有到了国际上阶级斗争的力量对比发生根本性的变化，社会主义拥有了相对于资本主义的优势时，复辟资本主义的危险才会从根本上消除。

对社会主义社会的阶级斗争问题必须有一个科学的、实事求是的估量。邓小平指出："社会主义社会中的阶级斗争是一个客观存在，不应该缩小，也不应该夸大。实践证明，无论缩小或者夸大，两者都要犯严重的错误。"①实事求是地说，改革开放前，主要的错误倾向是夸大阶级斗争，酿成了严重后果；目前主要的错误倾向则是缩小甚至否定阶级斗争，如果不予以纠正，那同样也会导致严重后果。

我们党在总结国际国内历史的经验教训后明确指出，在社会主义国家里，一方面，阶级矛盾已经不是社会的主要矛盾，不能把阶级斗争形势夸大了，在实际工作中不能再"以阶级斗争为纲"；另一方面，"由于国内的因素和国际的影响，阶级斗争还将在一定范围内长期存在，在某种条件下还有可能激化"。因此，"既要反对把阶级斗争扩大化的观点，又要反对认为阶级斗争已经熄灭的观点"。② 这是科学的论断。两方面一起讲，才能全面反映社会主义社会的阶级矛盾、阶级斗争的状况。

习近平同志也是这样分析的。他强调："必须坚持马克思主义政治立场。马克思主义政治立场，首先是阶级立场，进行阶级分析。"③ 有人说这已经落后于时代了，这种观点是不对的。我们说阶级斗争已经不再是我国社会主要矛盾，并不是说阶级斗争在一定范围内不存在了，在国际大范围中也不存在了。改革开放以来，我们党在这个问题上的认识一直是明确的。

不能不看到，这个结论，是我们党经过长期探索才得出来的，来之不易，应该倍加珍惜。在彻底消灭阶级之前，我们必须始终坚持这一论断，不能动摇。当前，理论界弥漫着一种否定阶级和阶级斗争的氛围，我们更

---

① 《邓小平文选》第 2 卷，人民出版社，1994，第 182 页。
② 《三中全会以来重要文献选编》（下），中央文献出版社，2011，第 169 页。
③ 转引自刘世军《中国政治学研究新时代的到来》，《文汇报》2014 年 6 月 30 日。

应该重申这一科学的结论，理直气壮地宣传马克思主义的阶级斗争理论，坚持用马克思主义的阶级观点和阶级分析方法来观察和分析有关的政治生活现象。

三 必须坚持马克思主义的阶级斗争理论

阶级斗争理论是马克思主义的基本理论，我们必须坚持。在存在阶级的社会里，就重大问题来说，如果离开阶级观点和阶级分析方法，什么问题也说不清楚。

"所谓阶级，就是这样一些大的集团，这些集团在历史上一定的社会生产体系中所处的地位不同，同生产资料的关系（这种关系大部分是在法律上明文规定了的）不同，在社会劳动组织中所起的作用不同，因而取得归自己支配的那份社会财富的方式和多寡也不同。所谓阶级，就是这样一些集团，由于它们在一定社会经济结构中所处的地位不同，其中一个集团能够占有另一个集团的劳动。"[1] 不同阶级在社会关系中的地位不同，利益也不同，它们之间必然存在着矛盾和斗争，所以，《共产党宣言》开宗明义地指出，"至今一切社会的历史都是阶级斗争的历史"[2]。

在人类历史上，阶级斗争是客观存在的社会现象。不是阶级斗争理论引起阶级斗争（包括使用暴力的阶级斗争），而是客观上存在阶级和阶级斗争，才产生揭示阶级斗争规律的理论，即阶级斗争理论。

其实，阶级斗争理论并不是马克思的发明。在资本主义发展的初期，资产阶级学者就提出了阶级斗争的理论。阶级斗争理论在资产阶级反对封建贵族的斗争中曾经起过重要作用。只是随着资产阶级统治的稳固，资产阶级与无产阶级的矛盾上升为社会的主要矛盾，资产阶级学者逐渐不再提，甚至反对阶级斗争理论了，因为这时再强调阶级斗争，就会威胁到资产阶级的统治。但是，阶级、阶级斗争是一种客观存在，不是人们主观上不承认就会消失。

在目前条件下，我们为什么要坚持阶级斗争理论，坚持阶级观点、阶级分析方法呢？

阶级斗争理论是分析阶级社会复杂现象的指导性线索。在阶级社会里，社会的发展呈现出纷繁复杂而又不断更换的现象，似乎混沌一片，无法把

---

[1] 《列宁选集》第4卷，人民出版社，1995，第11页。
[2] 《马克思恩格斯选集》第1卷，人民出版社，1995，第272页。

握。马克思主义给我们提供了一条指导性的线索，使得人们能在这种看起来迷离扑朔的状态中发现规律性，这条线索就是阶级斗争理论。阶级斗争是阶级社会历史发展的基础和动力，因而阶级斗争理论是了解和把握阶级社会发展的一把钥匙。列宁指出："必须牢牢把握住社会划分为阶级的事实，阶级统治形式改变的事实，把它作为基本的指导线索，并用这个观点去分析一切社会问题，即经济、政治、精神和宗教等等问题。"[1] 马克思主义者在谈论阶级社会的一切社会问题时，始终不能离开分析阶级关系的正确立场，不能离开阶级观点和阶级分析方法，因为"阶级关系——这是一种根本的和主要的东西，没有它，也就没有马克思主义"[2]。只要存在阶级，列宁的这一论断就不会过时。

毛泽东也是这样看的。《毛泽东选集》第一卷第一篇文章讲的就是这个道理。他说："谁是我们的敌人？谁是我们的朋友？这个问题是革命的首要问题。……我们要分辨真正的敌友，不可不将中国社会各阶级的经济地位及其对于革命的态度，作一个大概的分析。"[3] 毛泽东是把阶级观点、阶级分析作为解决革命首要问题的方法提出来的。

在有阶级的社会里，阶级斗争理论是整个马克思主义理论体系的核心内容之一，也是指导革命斗争实践的锐利武器。

正是通过阶级斗争，社会主义才能成为现实。许多世纪以来，人类早就幻想过消灭一切剥削和压迫的大同世界。空想社会主义者曾经详细描绘过建立在合乎人的理性的、真正进步的原则基础上的未来社会。然而，正如列宁指出的："在全世界千百万被剥削者联合起来进行彻底的、坚决的、全面的斗争，以争取按照资本主义社会自身的发展方向来改变这个社会以前，这样的愿望只是愿望而已。只是当马克思的科学社会主义把改变现状的渴望同一定阶级的斗争联系起来的时候，社会主义的愿望才变成了千百万人争取社会主义的斗争。离开阶级斗争，社会主义就是空话或者幼稚的幻想。"[4] 不通过阶级斗争就不可能实现社会主义，不通过阶级斗争，社会主义也不可能得到巩固。考察一下马克思主义诞生以来社会主义运动的历史，我们还可以看到，一切背叛社会主义事业的人，都是从抛弃阶级斗争理论，侈谈什么超阶级的、全人类共同的、抽象的人道主义、民主、自由、公平、正义、人权等开始的。

---

[1] 《列宁选集》第4卷，人民出版社，1995，第30页。
[2] 《列宁选集》第4卷，人民出版社，1995，第481页。
[3] 《毛泽东选集》第1卷，人民出版社，1991，第3页。
[4] 《列宁选集》第1卷，人民出版社，1995，第658页。

正是阶级斗争的存在，决定了共产党组织的存在并发挥领导作用的必要性。任何政党都是一定阶级的根本利益的集中代表。在资本主义社会里，无产阶级开展反对资产阶级压迫和剥削、争取建立社会主义制度的斗争，只有组织成为独立政党（这个政党是与有产阶级建立的一切政党相对立的），才能作为一个阶级来行动。无产阶级组织政党是为了"保证社会革命获得胜利和实现革命的最高目标——消灭阶级"。[①] 列宁有过一句名言："无产阶级在争取政权的斗争中，除了组织，没有别的武器。"[②] 在无产阶级取得政权的社会主义国家里，之所以还需要有共产党的组织，还需要有共产党的领导，从根本上说，是因为国际国内依旧存在阶级斗争，社会主义与资本主义两种社会制度"谁胜谁负"的斗争仍未最终解决。粉碎帝国主义"和平演变"的战略，巩固和发展社会主义，最终战胜资本主义，没有共产党的领导是不可能实现的。一旦阶级消灭了，阶级斗争消失了，世界实现了大同，作为无产阶级进行阶级斗争工具的共产党也将随之消亡。但这是未来的事。

正是阶级斗争的存在，决定了坚持无产阶级专政的必要性。社会主义取代资本主义、社会主义公有制取代资本主义私有制，必然遭到资产阶级殊死的反抗。只有用铁的手腕，打碎维护资产阶级利益的国家机器，建立无产阶级专政，才能实现由资本主义向社会主义的过渡。无产阶级夺得政权以后，阶级斗争并没有停止，而是在另一种环境下，采取另一种形式继续着。在这种条件下，无产阶级专政是十分必要的。而如果没有无产阶级专政的捍卫，在当今世界范围内资本主义在政治上、经济上、技术上、军事上、意识形态上占优势的条件下，社会主义制度就很容易遭到颠覆，难以继续存在。

正是阶级斗争的存在，决定了我们处理社会主义国家与资本主义国家之间关系的根本原则。社会主义和资本主义，作为两种社会制度，是根本对立的，两者之间是一种取代关系。因此，自从世界上出现社会主义国家以来，帝国主义始终把消灭社会主义作为根本的战略任务。十月革命胜利后的14国对苏维埃俄国的武装干涉，第二次世界大战期间法西斯德国对苏联的侵犯，以及战后爆发的朝鲜、越南战争，就是很好的例证。当军事方法不能达到这一目的时，帝国主义就采用"和平演变"的方法。东欧剧变、苏联解体正是其"和平演变"战略的得手。方法会随着条件的变化而改变，但消

[①] 《马克思恩格斯选集》第 2 卷，人民出版社，1995，第 611 页。
[②] 《列宁选集》第 1 卷，人民出版社，1995，第 526 页。

灭社会主义这一目的是不变的。当然，出于现实经济利益的考虑，帝国主义需要同社会主义国家进行接触、打交道、发展关系，但是正如一位美国外交官表白的，"全面接触、发展关系"是为了"对社会主义国家的政治产生影响，促进各种思想向社会主义国家自由流通，能更多地把美国的文化和价值观带进社会主义国家，从而导致他们更多地接受西方的价值观"。一句话，是为了使社会主义国家发生"和平演变"。在这种情况下，我们同以美国为首的西方国家打交道时也必须有两手：一方面要清楚地认识到帝国主义消灭社会主义的本性是不会改变的，必须抵制和粉碎他们的西化、分化战略，在原则问题上开展针锋相对的斗争；另一方面，要发展同资本主义国家的经济贸易关系，吸收和借鉴资本主义国家对我们有用的东西，对外开放的目的是壮大社会主义经济，赢得对资本主义的相对优势，巩固和发展社会主义制度，以便最终战胜资本主义。看不到国际范围的阶级斗争，不能清醒地以革命的两手对付帝国主义的两手，势必堕入帝国主义"和平演变"的陷阱。

资产阶级学者也敏锐地觉察到，抛弃阶级斗争理论可以导致社会主义向资本主义演变。

值得注意的是，垄断资产阶级代表人物以他们特有的政治敏感性，对阶级斗争理论在整个马克思主义中的地位有着十分明确而清醒的认识。美国最后一任驻苏联的大使马特洛克写的一本回忆录《苏联解体亲历记》就是一个证明。马特洛克当然是不赞成马克思主义阶级斗争理论的，他这本书中有一个小标题叫作"阶级斗争与历史'垃圾箱'"，这就表明了他对阶级斗争理论的厌恶。这是很自然的。承认阶级的存在，承认阶级斗争的不可避免性，对资本主义制度的稳固来说是可怕的噩梦，因为这会启发、动员无产阶级和劳动人民来反对资本主义的剥削和压迫，进而推翻资本主义制度。马特洛克懂得这一点。

然而马特洛克的高明之处并不在于他反对阶级斗争理论，而在于他把是否坚持阶级斗争理论看作判断苏联是否改变政治方向的标志。他提出，考验戈尔巴乔夫的，最重要的莫如如何对待马克思主义的阶级斗争理论了。他在《苏联解体亲历记》一书中说："阶级斗争理论是列宁主义者的国家结构演进观及同西方发生冷战所依据的中心概念。没有它，冷战的理由就不复存在，一党专政的理论基础也就随之消失。"他进一步指出："我注意到了逐渐修正或废除这一理论的种种迹象。在这一理论真正由官方抛弃之前，表明我们之间关系好转的任何变化都可能是虚幻的，最多也是暂时的，只要共产党坚持阶级斗争不放，就很难想象共产党会轻易放弃政权上的垄断地位，或者容忍党内派别羽翼丰满。因此，改变苏联国内政策的风险很大。"正因为这样，他密切注视着苏共内部有关阶级斗争理论的争论，哪怕是从字里行间透露出来的信息也不放过。而且他通过外交活动，含蓄地表示："继续坚持阶级斗争理论会使两国之间的关系改善变得步履艰难。"他公开支持像谢瓦尔德纳泽、雅科夫列夫这样一些主张抛弃阶级斗争理论的人。马特洛克明确表示："如果苏联领导人真的愿意抛弃阶级斗争观念，那么他们是否继续称他们的指导思想为'马克思主义'也就无关紧要了，这已是一个在别样的社会里实行的别样的'马克思主义'。这个别样的社会则是我们大家都能认可的社会。"所以，当戈尔巴乔夫1988年12月在联大发表讲话，宣布把全人类共同利益作为其外交政策的基石后，马特洛克放心了，因为他完全确认：戈尔巴乔夫已"明确无误地抛弃了阶级斗争观念"。①

马特洛克的确抓住了一个要害问题：抛弃了阶级斗争理论就从根本上抛弃了科学社会主义，抛弃了马克思主义，从而必然导致向资本主义演变。他准确地把握了阶级斗争理论在科学社会主义的理论和实践中举足轻重的地位，因此他一看到戈尔巴乔夫抛弃了阶级斗争理论，就预感到苏联很快就会变成另外一种社会，即美国可以认可的社会，这当然是资本主义社会；只要抛弃了阶级斗争理论，再谈什么马克思主义，也就无所谓了，因为那已是别样的马克思主义了，这当然已是修正主义了。事实证明，马特洛克的这一预感的理论逻辑是对的。

四　不能把坚持阶级观点、阶级分析方法同"以阶级斗争为纲"混为一谈

一谈到阶级斗争、阶级观点、阶级分析方法，有人就说"以阶级斗争为纲"又来了，甚至说，又要搞"文化大革命"了。他们故意把阶级斗争同"以阶级斗争为纲"混为一谈，制造混乱。

首先要搞清楚"以阶级斗争为纲"的含义。"纲"是指党的中心工作，通过抓中心工作来带动其他工作，这就叫"抓纲带目""纲举目张"。这是一种工作方法。"以阶级斗争为纲"，说的是把抓阶级斗争作为党的中心工作，通过抓阶级斗争来带动其他工作。

选择什么作为党的中心工作，取决于社会的主要矛盾。社会是一个复杂的矛盾综合体，党在任何时候都要善于找出并抓住主要矛盾，只要抓住主要

---

① 〔美〕小杰克·F. 马特洛克：《苏联解体亲历记》（上），世界知识出版社，1996，第162、164、167、169、176页。

矛盾，其他矛盾就可以迎刃而解。例如，在抗日战争时期，中华民族与日本侵略者之间的矛盾是中国社会的主要矛盾，党的中心工作就是抗日，那是"纲"。当社会主要矛盾是阶级矛盾的时候，党的中心工作应该抓阶级斗争，通过解决阶级矛盾来带动其他矛盾的解决。但是，我国在生产资料所有制社会主义改造完成，剥削制度和剥削阶级基本消灭，大规模阶级斗争已经过去以后，社会主要矛盾已经不再是阶级矛盾，而是落后的生产力与人民群众日益增长的物质文化需要之间的矛盾，这时，党的中心工作就应该转移，即把工作的重心转移到经济建设上来，集中精力把经济搞上去，在此基础上才能解决其他社会矛盾。我们的失误在于，当社会主要矛盾发生了变化，党的中心工作却没有随之转移，在相当长一段时间里，仍然"以阶级斗争为纲"，甚至在这种思想指导下发动了"文化大革命"，给社会主义建设事业造成了损失。党的十一届三中全会果断地抛弃"以阶级斗争为纲"，提出"以经济建设为中心"，这是完全正确的。

坚持阶级观点、阶级分析方法是另一回事。在社会主义社会里，尽管阶级矛盾不再是社会的主要矛盾，但由于国内的因素和国际的影响，阶级矛盾还将在一定范围内长期存在，一定条件下还会激化。这是客观存在的社会现象，是不以人们意志为转移的。只要还存在阶级和阶级斗争，我们就必须坚持用阶级观点、阶级分析方法来研究和处理有关问题。抛弃阶级观点和阶级分析方法，就不能透过现象把握事物的本质，预见未来的走向，提出正确的对策。然而，近年来阶级和阶级斗争的观念淡薄了，理论界几乎无人提起，好像这一原理过时了，不应该再讲了。"阶级"两个字成了犯忌的字眼，更不用说阶级斗争了。有的人明明知道阶级斗争理论的重要性，但不敢触及，仿佛一提阶级观点和阶级分析方法就是"以阶级斗争为纲"，就是要搞"文化大革命"。因而超阶级的非政治化、非意识形态化泛滥起来，甚至把"和合哲学""普世价值"作为分析问题的指导思想，抹杀客观存在的矛盾和斗争。例如，只讲国内多种经济成分的合作，不讲它们之间利益的矛盾和冲突；只讲科学技术进步、知识经济等生产力发展的因素，而不讲生产关系（尤其是所有制）的作用；只讲各种资源的流动和配置，不讲它们背后的阶级利益的驱动；只讲各国之间的对话、接触、经贸往来，不讲不同社会制度之间的对立和斗争；如此等等。这种理论动向，应该引起我们重视。

必须把阶级斗争同"以阶级斗争为纲"区分开来。这是不同的两回事。前者是客观存在的社会现象，后者是主观确定的工作方针。否定"以阶级斗争为纲"，只是否定这种工作方针，并不能否定在一定范围内存在阶级斗争这种客观现象，也不能否定阶级观点和阶级分析方法。

国家、阶级、民主与专政

五　必须坚持人民民主专政

　　与阶级斗争相联系的，还有一个问题，即如何看待无产阶级专政（在我国叫人民民主专政）。现在有一种倾向，都愿意讲民主，而不愿意提专政。仿佛讲民主，表明自己"开明"；一讲专政就是"专制""独裁"，就输了理。这是不正常的。应该明确指出，坚持人民民主专政并不输理。

　　建立无产阶级专政是社会发展的客观规律。工人阶级取得政权以后，必须实行无产阶级专政，这是社会发展规律的客观要求，也是马克思主义的一个基本原理。

　　马克思总结了巴黎公社的经验，指出无产阶级革命必须打碎旧的国家机器，建立同旧政权相对立的无产阶级专政。他说，"阶级斗争必然导致无产阶级专政"，而"这个专政不过是达到消灭一切阶级和进入无阶级社会的过渡"，他把这一点看作是他对阶级斗争理论添加的新内容。①

　　建立无产阶级专政的政权，并不是出于人们主观的想象，而是由阶级斗争客观地决定的。无产阶级要获得解放，消灭阶级，消灭压迫和剥削，必须剥夺资产阶级占有的生产资料，建立社会主义的生产资料公有制，这就涉及资产阶级的根本利益，势必引起资产阶级的强烈反抗。没有强有力的无产阶级专政的政权来镇压剥削阶级的反抗，社会主义制度是建立不起来的，建立了也无法得到巩固。所以，无产阶级专政是向无阶级社会过渡过程中必不可少的。

　　列宁在同第二国际修正主义进行斗争时，针对考茨基关于工人阶级的政权应该实行"纯粹民主"的观点，指出："只有承认阶级斗争、同时也承认无产阶级专政的人，才是马克思主义者。"他把是否承认无产阶级专政，当作检验"是否真正理解和承认马克思主义"的试金石，也就是检验真假马克思主义的试金石。②

　　我们党在新中国成立前夕，面临着一个重大问题：我们要建立什么样的国家？这是一个涉及国体的带根本性的问题。毛泽东根据马克思主义的国家学说，总结中国人民几十年革命斗争积累起来的经验，明确指出，我国必须实行以工人阶级（经过共产党）领导的以工农联盟为基础的人民民主专政。人民民主专政实质上就是无产阶级专政。在人民内部，实行广泛的民主，而

---

① 《马克思恩格斯选集》第4卷，人民出版社，1995，第547页。
② 《列宁选集》第3卷，人民出版社，1995，第139页。

对反动派则实行专政，两者密切结合在一起。他强调，对敌对势力，我们绝不施仁政。有人说，这是"极权政府"，毛泽东旗帜鲜明地指出，对反动派来说，千真万确是这样的，这一点应该写进宪法。他说，人民民主专政"对于胜利了的人民，这是如同布帛菽粟一样地不可以须臾离开的东西。这是一个很好的东西，是一个护身的法宝，是一个传家的法宝，直到国外的帝国主义和国内的阶级被彻底地干净地消灭之日，这个法宝是万万不可以弃置不用的。越是反动派骂'极权政府'，就越显得是一个宝贝"。[①] 1956年，针对国际共产主义运动中有人打着民主、自由的旗号否定无产阶级专政、反对列宁主义的情况，毛泽东特地指出，"无产阶级政党和无产阶级专政，现在非有不可，而且非继续加强不可。否则，不能镇压反革命，不能抵抗帝国主义，不能建设社会主义，建设起来也不能巩固"。列宁关于无产阶级专政的理论，"决没有像有些人说的那样'已经过时'。无产阶级专政不能没有很大的强制性"。[②]

在改革开放的新形势下，邓小平提出必须坚持四项基本原则，并把它规定为立国之本。坚持无产阶级专政就是四项基本原则中的一项，而且它的地位"不低于其他三条"。他指出："无产阶级专政对于人民来说就是社会主义民主，是工人、农民、知识分子和其他劳动者所共同享受的民主，是历史上最广泛的民主。……但是发展社会主义民主，决不是可以不要对敌视社会主义的势力实行无产阶级专政。……我们必须看到，在社会主义社会，仍然有反革命分子，有敌特分子，有各种破坏社会主义秩序的刑事犯罪分子和其他坏分子，有贪污盗窃、投机倒把的新剥削分子，并且这种现象在长时期内不可能完全消灭。同他们的斗争不同于过去历史上的阶级对阶级的斗争（他们不可能形成一个公开的完整的阶级），但仍然是一种特殊形式的阶级斗争，或者说是历史上的阶级斗争在社会主义条件下的特殊形式的遗留。对于这一切反社会主义的分子仍然必须实行专政。不对他们专政，就不可能有社会主义民主。这种专政是国内斗争，有些同时也是国际斗争，两者实际上是不可分的。……没有无产阶级专政，我们就不可能保卫从而也不可能建设社会主义。"[③]

邓小平总结资产阶级自由化泛滥的教训，明确指出："坚持四项基本原则中为什么要有一条坚持人民民主专政？只有人民内部的民主，而没有对破

[①] 《毛泽东选集》第4卷，人民出版社，1991，第1502～1503页。
[②] 《毛泽东文集》第7卷，人民出版社，1999，第35～36页。
[③] 《邓小平文选》第2卷，人民出版社，1994，第168～169页。

坏分子的专政，社会就不可能保持安定团结的政治局面，就不可能把现代化建设搞成功。"① 这是因为，"无产阶级作为一个新兴阶级夺取政权，建立社会主义，本身的力量在一个相当长时期内肯定弱于资本主义，不靠专政就抵制不住资本主义的进攻。坚持社会主义就必须坚持无产阶级专政，我们叫人民民主专政"②。"运用人民民主专政的力量，巩固人民的政权，是正义的事情，没有什么输理的地方。"③

江泽民也指出："对国际敌对势力的渗透、破坏活动，对敌对分子颠覆中国共产党的领导和社会主义制度的政治图谋，对民族分裂主义势力的分裂活动，对暴力恐怖活动，对严重危害人民群众生命财产安全的严重刑事犯罪，对残害生命和危害国家政权的邪教，对严重危害国家和人民利益的腐败现象等，我们必须依法坚决予以防范和打击，用人民民主专政来维护人民政权，维护人民的根本利益。在这个问题上，要理直气壮。我们社会主义政权的专政力量不但不能削弱，还要加强。在这个问题上，切不可书生气十足。"④

事实证明，在当前条件下，人民民主专政确实是我们须臾不可离开的法宝。我国必须坚持人民民主专政，这是为实践一再证明的客观真理。

然而，正是在这样一个重大问题上，对于人民"须臾不可离开的法宝"，我国理论界不断出现杂音，要求取消人民民主专政、实行所谓"宪政"的种种言论屡见报端。记得 2004 年就有一场"民间修宪"的闹剧，一些自由化分子十分活跃，又是召开研讨会，又是上书中央，又是发表文章，中心意思就是要求把"人民民主专政"从宪法中删去，改变我国国体，即改变我国政权的根本性质，一时间还颇为热闹。2008 年年底，一批境内外自由化分子相互勾结，又炮制了一份所谓《零八宪章》，把西方资本主义的"民主、自由、人权、宪政"等称为"普世价值"，要求我国放弃人民民主专政，实行资本主义的政治经济制度。这类事情时隐时现，从来没有停息过。可以说，在我国改革过程中，尤其是在政治体制改革过程中，要不要坚持人民民主专政，始终是我们同敌对势力进行斗争的一个焦点，捍卫人民民主专政是一项迫切而现实的任务。

不可否认，在要不要坚持人民民主专政的问题上，在人民内部也有一些模糊认识，需要澄清。

---

① 《邓小平文选》第 3 卷，人民出版社，1993，第 154 页。
② 《邓小平文选》第 3 卷，人民出版社，1993，第 365 页。
③ 《邓小平文选》第 3 卷，人民出版社，1993，第 379 页。
④ 《江泽民文选》第 3 卷，人民出版社，2006，第 222~223 页。

有人把"三个代表"重要思想同坚持人民民主专政对立起来，仿佛人民民主专政是与"三个代表"重要思想相矛盾的。一位"著名经济学家"说："'三个代表'意味着共产党执政基础的扩大，包括个体户、私营企业主在内的新出现的社会阶层，都是社会主义事业的建设者，对他们的合法权益都要保障。在这种情况下，现行宪法中关于中华人民共和国是'人民民主专政，实质上即无产阶级专政'等规定，就显得不合时宜了。"另一位"著名法学家"则认为，"现在已经不是阶级斗争为中心的时代，也不是一个阶级专另一个阶级政的时代"，再提人民民主专政就不妥了。"专政是阶级对阶级的专政，显然它与'三个代表'的精神不一致"。这种似是而非的说法其实不值得一驳。人民民主专政本身就包含两个含义：对广大人民实行最广泛的民主，而对敌对势力实行专政。当年毛泽东指出："人民是什么？在中国，在现阶段，是工人阶级，农民阶级，城市小资产阶级和民族资产阶级。这些阶级在工人阶级和共产党的领导之下，团结起来，组成自己的国家，选举自己的政府，向着帝国主义的走狗即地主阶级和官僚资产阶级以及代表这些阶级的国民党反动派及其帮凶们实行专政，实行独裁，压迫这些人，只许他们规规矩矩，不许他们乱说乱动。如要乱说乱动，立即取缔，予以制裁。"① 经过50多年的社会主义革命和建设，阶级斗争形势发生了很大变化，人民的范围和敌对势力的范围与1949年那个时候相比，都有一定的差异。但是毛泽东这段话的基本精神仍然是适用的。共产党要代表最广大人民的根本利益，总不能代表那些一心想要推翻人民民主专政、颠覆社会主义制度的政治势力的利益吧！现在，在建设中国特色社会主义的情况下，共产党的执政基础扩大了，但不能把所有的人，不管是不是赞成社会主义的人，都算作自己的执政基础。既然阶级斗争还在一定范围内长期存在，人民民主专政就仍是必不可少的，而不是什么"不合时宜"的。

有人把发扬社会主义民主同坚持人民民主专政对立起来，仿佛讲专政就妨碍了人民的民主权利。据他们说，"公民权利高于一切"，因此必须把人民民主专政改为"人民民主宪政"。毛泽东在《论人民民主专政》中早就回答了这个问题。他强调民主与专政是统一的。他针对国内外关于"你们独裁"的攻击，理直气壮地回答说："可爱的先生们，你们讲对了，我们正是这样。中国人民在几十年中积累起来的一切经验，都叫我们实行人民民主专政，或曰人民民主独裁，总之是一样，就是剥夺反动派的发言权，只让人民

---

① 《毛泽东选集》第4卷，人民出版社，1991，第1475页。

国家、阶级、民主与专政

有发言权。"① 在阶级社会里,"全民民主"是不会有的,对一个阶级讲民主,必然要对同它相敌对的阶级讲专政。在我国,只有绝大多数人民享有高度的民主,才能够对极少数敌人实行有效的专政;只有对极少数敌人实行专政,才能够充分保障绝大多数人民的民主权利。事物的辩证法就是如此。

今天,我们要像毛泽东、邓小平那样,明确地同时也是理直气壮地回答那些企图取消人民民主专政的自由化分子:我们绝不能放弃人民民主专政,如果不对反社会主义分子实行专政,听任甚至纵容他们起来颠覆社会主义制度,人民就会丧失民主的权利。看一看20世纪80年代末90年代初苏联政局剧变、制度演变的悲剧吧!那时戈尔巴乔夫提出,无产阶级专政是反人道主义的、不民主的专制制度,"导致了专横和无法无天",要求"排除任何阶级的专政",放弃无产阶级专政。在他的支持和纵容下,反共反社会主义的"非正式组织"如雨后毒蘑菇般冒了出来,他们公开地举行反共反社会主义的集会、游行、示威、罢工、罢课,并在此基础上成立反共政党,逐步夺取政权(先是地方政权、后来是全国政权),而共产党在取消无产阶级专政的思想指导下,不是针锋相对地进行斗争,而是一味妥协、步步退让,最终酿成了亡党亡国的悲惨结局。这一切恰恰是在"民主化"的旗号下发生的。然而工人阶级和广大劳动人民丢失了政权,就从根本上丧失了民主的权利。正是由于人民被剥夺了民主权利,社会主义制度遭到颠覆,俄罗斯在相当长时间里陷入了经济下滑、政局动荡、社会混乱、人民生活大幅度下降的局面。普京明确指出,这是20世纪最大的地缘政治灾难。殷鉴不远,我们应该认真吸取这个教训。

有人以俄罗斯实行多党制、议会民主这一套资产阶级民主制度为例,说俄罗斯走上了没有专政的"民主"道路。那是骗人的,需要的时候拿出来掩人耳目,一到"要命"时刻,一切民主外衣都可以抛开。1993年10月的"炮轰白宫"事件,人们记忆犹新。当议会反对派威胁到叶利钦的统治时,叶利钦就出动部队包围议会大厦("白宫"),打死150多人,宣布解散最高苏维埃,中止宪法。这不是赤裸裸的资产阶级专政又是什么?

在阶级社会里,没有专政的民主,古今中外都找不到!对统治阶级讲民主,必然对被统治阶级讲专政。只有对奴隶实行专政,才能有奴隶主内部的民主;同样,只有对劳动人民实行专政,才会有资产阶级的民主。这是客观的、必然的现象,不过资产阶级学者往往故意掩盖这一点罢了。民主与专政,是一件事情的两个方面,犹如一个硬币的两面一样,谁也离不开谁,既

---

① 《毛泽东选集》第4卷,人民出版社,1991,第1475页。

没有离开专政的民主，也没有离开民主的专政。

有人把构建社会主义和谐社会同坚持人民民主专政对立起来，仿佛人民民主专政是与构建和谐社会相矛盾的。这是对构建和谐社会的极大误解。我们提出构建和谐社会，不仅反映了广大人民的愿望，也是社会主义社会发展的客观要求。随着社会主义制度的建立，大规模的群众性的阶级斗争已经过去，对抗性的阶级矛盾已不再是社会的主要矛盾。大量的社会矛盾是人民内部矛盾，而人民内部矛盾是在根本利益一致基础上的矛盾，因而从性质上说，是非对抗性的矛盾，它可以在社会主义制度的范围内，通过民主的、协商的、说服教育的方式，按照"团结—批评—团结"的公式，予以解决。在非对抗性矛盾占主导地位、基本上消除了人与人之间的对立和冲突的社会主义社会里，就有可能提出构建和谐社会的任务。目前，我国尚处在社会主义初级阶段，对抗性的阶级矛盾仍在一定范围内存在，其中少数反社会主义势力同人民之间的矛盾仍然是敌我矛盾。敌我矛盾必须用专政的方法来解决。对敌对势力实行专政，是构建社会主义和谐社会必不可少的条件。

但是，在社会主义条件下，社会和谐并不能自然而然地实现。社会主义制度的建立，只是为构建和谐社会奠定了必要的制度基础，要把社会和谐变为现实，还需要做艰苦的工作，还需要正确处理各种矛盾。应该看到，和谐状态是动态的、变化的，而不是静止的、不变的。一个矛盾解决了，实现了和谐，新的矛盾又出现了，又需要去解决。正是在不断出现矛盾而又不断解决矛盾的过程中，社会主义社会内部的统一与和谐才能得到巩固和发展。和谐，绝不是意味着维持现状，更不是否认矛盾、掩盖矛盾；恰恰相反，只有承认矛盾，并揭露矛盾、解决矛盾，才能实现和谐。不敢正视矛盾，在社会矛盾面前缩手缩脚，掩盖矛盾，让社会矛盾积累下来，就有可能导致矛盾尖锐化，甚至使本来非对抗性的矛盾向对抗性矛盾转化，这样就不可能建设和谐社会。可以说，承认矛盾并正确加以处理，则和谐关系存；否认矛盾、回避矛盾，则和谐关系亡。

我们只有通过人民民主专政的政权，正确处理两类不同性质的矛盾，才能够构建社会主义和谐社会。如果听任矛盾积累和发展，尤其是听任敌对势力进行反共反社会主义活动而不加以制止，那么必然像20世纪80年代末90年代初的苏联那样，政局动荡、社会动乱、阶级斗争尖锐化，最终导致人民的政权遭到颠覆，社会制度发生演变，哪里还谈得上什么"构建和谐社会"！

最后，我们必须正确对待国体与政体的关系。我们在谈到中国特色社会主义政治制度同西方资本主义政治制度的区别时，强调必须坚持人民代表大会制度，绝不搞三权分立，这是十分必要的。但是，就政治制度来说，国体是第一位的，政体是第二位的。人民代表大会制度是人民民主专政的实现形式，相对于人民代表大会制度，人民民主专政更是本质性的东西。从当前斗争的实践来看，国内外敌对势力不仅反对人民代表大会制，要求搞三权分立，而且把矛头指向人民民主专政，并为此炮制了种种似是而非的"理论"，搞乱人们的思想。因此，联系近年来敌对势力制造的一系列事件，加强坚持人民民主专政的宣传和教育，是一项迫在眉睫的任务。

（周新城）

运用好把握历史规律和解决
社会问题的"钥匙"

阶级观点,是马克思主义唯物史观和政治学说的重要观点;阶级立场,是马克思主义政治立场的集中体现;阶级分析方法,是马克思主义观察和处理社会问题的根本方法。从这个意义上说,"阶级关系——这是一种根本的和主要的东西,没有它,也就没有马克思主义"[①]。科学对待和坚持马克思主义和社会主义,正确看待和解决中国特色社会主义的重大问题,正确制定和执行党的政治路线、纲领、方针和战略,必须正确坚持和运用马克思主义的阶级观点和阶级分析方法。

一 掌握历史规律和解决社会问题的"钥匙"和"指导线索"

马克思主义的阶级观点和阶级分析方法,是马克思主义科学理论体系中不可或缺、不可替代的重要组成部分,是马克思主义世界观和方法论在阶级社会中的具体运用和集中体现,是区分马克思主义与非马克思主义的根本特征和标志。宣告马克思主义诞生的《共产党宣言》开宗明义:自原始氏族社会解体以来,"至今一切社会的历史都是阶级斗争的历史"[②],这构成了历史唯物主义"核心的基本思想"[③]。马克思和恩格斯把自己阐明的阶级斗争规律称为"历史运动规律",认为运用这个规律是科学地理解阶级社会历史

---

① 《列宁选集》第4卷,人民出版社,1995,第481页。
② 《马克思恩格斯选集》第1卷,人民出版社,1995,第272页。
③ 《马克思恩格斯选集》第1卷,人民出版社,1995,第257页。

的"钥匙"①。作为"马克思主义的百科全书"的《资本论》，正是运用包括阶级观点的唯物史观分析资本主义社会，创立了剩余价值理论，揭示了资本家阶级剥削工人阶级的秘密，成为"工人阶级的圣经"，书中结论"日益成为伟大的工人阶级运动的基本原则"。②关于阶级观点和原则、阶级分析方法的重要地位和意义，列宁将其概括为共产党人"全部学说和全部政策的基础"③，"马克思主义提供了一条指导性的线索，使我们能在这种看来扑朔迷离、一团混乱的状态中发现规律性。这条线索就是阶级斗争的理论"④。

马克思主义的阶级观点和理论，阶级斗争的原理和原则，是科学性、真理性、历史性和阶级性的高度统一。它的提出和重申，绝不是源于马克思主义创始人的"道德愤慨"、"偏爱斗争"和"主观设计"，而是基于对历史发展进程及其规律的深刻把握，基于"顽强的经济事实"和深厚的经济基础。马克思、恩格斯认为，这种"阶级对立是建立在经济基础上的，是建立在迄今存在的物质生产方式和由这种方式所决定的交换关系上的"。⑤社会物质生产的发展，在这个基础上发生的生产关系与生产力、经济基础与上层建筑之间的社会基本矛盾运动，是社会发展进步的根本动力。这种根本动力在阶级社会中，要通过人与人、阶级与阶级的关系体现出来，因而阶级斗争成为阶级社会发展的直接动力。"只要有利益相互对立、相互冲突和社会地位不同的阶级存在，阶级之间的战争就不会消灭。"⑥马克思得出的结论是："当文明一开始的时候，生产就开始建立在级别、等级和阶级的对抗上，最后建立在积累的劳动和直接的劳动的对抗上。没有对抗就没有进步。这是文明直到今天所遵循的规律。"这是不以人的意志为转移的客观存在和客观规律，如果否认和抛弃它，"那就是撇开阶级对抗，颠倒整个历史的发展过程"。⑦

马克思主义的阶级理论是一个内容丰富的整体，包含着诸多紧密相连、相辅相成的具体观点。比如，关于"阶级的存在仅仅同生产发展的一定历史阶段相联系"⑧的观点，关于阶级社会的基本矛盾必然地表现为阶级和阶

---

① 《马克思恩格斯选集》第1卷，人民出版社，1995，第583页。
② 《马克思恩格斯全集》第44卷，人民出版社，2001，第34页。
③ 《列宁全集》第15卷，人民出版社，1988，第38页。
④ 《列宁选集》第2卷，人民出版社，1995，第426页。
⑤ 《马克思恩格斯全集》第5卷，人民出版社，1958，第533页。
⑥ 《马克思恩格斯全集》第11卷，人民出版社，1995，第264页。
⑦ 《马克思恩格斯全集》第4卷，人民出版社，1958，第104页。
⑧ 《马克思恩格斯选集》第4卷，人民出版社，1995，第547页。

级斗争的观点，关于阶级斗争是阶级社会发展的"直接动力"①的观点，关于无产阶级反对资产阶级的阶级斗争的"最高表现就是全面革命"的观点，关于"阶级斗争必然导致无产阶级专政"②的观点，关于无产阶级专政"是阶级斗争在新形式下的继续"的观点，关于无产阶级专政"不过是达到消灭一切阶级和进入无阶级社会的过渡"③的观点，关于无产阶级的阶级地位和历史使命的观点，关于无产阶级自身只有组织成为革命政党"才能作为一个阶级来行动"④的观点，关于"只有承认阶级斗争、同时也承认无产阶级专政的人，才是马克思主义者"⑤的观点，等等，构成了马克思主义科学的"阶级斗争学说"⑥。运用关于阶级和阶级斗争的学说及其基本观点来认识、分析、解决社会现象和社会问题，就是马克思主义的阶级分析方法。

共产党人如何正确地坚持和运用马克思主义的阶级观点和阶级分析方法？一方面，它所具有的科学性和实践性，要求共产党人"对每个历史关头的阶级对比关系和具体特点作出经得起客观检验的最确切的分析"⑦，从这个意义上说，离开了分析阶级关系的正确立场，就离开了马克思主义。对于不承认或否定这一正确理论和立场的人，马克思、恩格斯曾严肃声明"不可容忍"，"我们决不能同那些想把这个阶级斗争从运动中勾销的人们一道走"⑧。另一方面，同马克思主义其他观点和理论一样，它不是"必须背得烂熟并机械地加以重复的教条"⑨，而是行动的指南。它要求人们根据它的基本原则和基本方法，不断结合变化着的实际和条件，结合时代特征和实践发展加以正确地运用，并不断赋予其新的内容和形式。

二 正确认识和对待社会主义社会的阶级矛盾和阶级斗争

社会主义社会还存不存在阶级矛盾和阶级斗争？还需不需要用马克思主义阶级观点和阶级分析方法的"钥匙"和"指导线索"来观察和分析社会问题？这是一个不能回避的重大理论和实际问题。有些观点认为，马克思主

---

① 《马克思恩格斯全集》第19卷，人民出版社，1963，第189页。
② 《马克思恩格斯全集》第4卷，人民出版社，1995，第547页。
③ 《马克思恩格斯选集》第4卷，人民出版社，1995，第547页。
④ 《马克思恩格斯全集》第17卷，人民出版社，1963，第455页。
⑤ 《列宁选集》第3卷，人民出版社，1995，第139页。
⑥ 《列宁选集》第2卷，人民出版社，1995，第314页。
⑦ 《列宁选集》第3卷，人民出版社，1995，第24页。
⑧ 《马克思恩格斯全集》第34卷，人民出版社，1972，第384页。
⑨ 《马克思恩格斯选集》第4卷，人民出版社，1995，第681页。

义的阶级观点和阶级分析方法只适用于无产阶级革命夺取政权时期，不再适用于已经取得政权的社会主义时期；只适用于阶级矛盾是社会主要矛盾的时期，不适用于以经济建设为中心的时期；只适用于领导暴力革命和阶级斗争的革命党，不适用于领导经济社会建设、致力于和平发展的执政党；只适用于对敌对势力实行镇压和专政，不适用于发展人民民主、社会和谐和法治建设，等等。这些观点是片面的、错误的，它们是主观唯心主义和形而上学思维的体现，割裂了马克思主义科学性与革命性、真理性与阶级性、历史性与现实性的统一，因而在理论和实践上是有害的。

马克思主义的阶级观点和阶级分析方法之所以适用于社会主义社会，是因为这个社会仍然是阶级社会，还客观地存在着阶级、阶级矛盾和阶级斗争。同时，阶级矛盾和阶级斗争存在的环境与条件、性质和状况、内容与形式都发生了很大变化，这要求共产党人实事求是地判断形势，把握态势，掌握主要矛盾，制定正确的路线方针政策。《中国共产党章程》规定："由于国内的因素和国际的影响，阶级斗争还在一定范围内长期存在，在某种条件下还有可能激化，但已经不是主要矛盾。"《中华人民共和国宪法》申明："在我国，剥削阶级作为阶级已经消灭，但是阶级斗争还将在一定范围内长期存在。中国人民对敌视和破坏我国社会主义制度的国内外的敌对势力和敌对分子，必须进行斗争。"这要求我们既要反对阶级斗争扩大化，又要反对阶级斗争熄灭论；既不能重搞过去的"以阶级斗争为纲"，又不能忽视阶级斗争在一定范围内长期存在、在某种条件下可能激化的情况；既要始终坚持以经济建设为中心、解放和发展生产力，又要坚持"两个基本点"，坚持包括人民民主专政在内的四项基本原则；既要聚精会神搞建设、一心一意谋发展，又要防止和警惕国内外各种敌对势力推翻中国共产党领导、颠覆社会主义制度的图谋。

历史和现实都表明，社会主义国家的阶级斗争是必然事实和客观存在。这是因为，当今时代仍然处于马克思主义经典作家所判定的从资本主义向社会主义过渡的历史时代，即社会主义与资本主义两个前途、两条道路、两种命运、两大力量生死博弈的时代，这个时代仍贯穿着无产阶级与资产阶级、社会主义与资本主义阶级斗争的主线索，这就决定了国际领域内的阶级斗争不可能消失，国内的阶级斗争也不可能消失。国际上，两大社会制度共存竞争和斗争，国际垄断资产阶级总是想推翻社会主义制度，实现资本主义的全球霸权，这具体表现为国外敌对势力颠覆、渗透、西化、分化社会主义国家，采取军事进攻、发动"冷战"、推行"和平演变""颜色革命"等。在国内，危害国家安全和社会稳定、破坏社会主义建设和改革的势力及活动，侵害他人权益和生命财产安全等违法犯罪活动，危害国家统一和领土主权完整的分裂势力与分裂活动，一些领导干部贪污腐败的犯罪行为，在政治和意识形态上公然反对四项基本原则、否定共产党领导和社会主义制度的行为等，都是具有不同程度阶级斗争因素与性质的活动，都是人民民主专政的对象。而且，国内一定范围的阶级斗争与国际范围的阶级斗争相互交织、紧密勾连，使阶级斗争形势趋于尖锐化和复杂化。

在这样的国际国内背景下，在阶级矛盾和阶级斗争还在一定范围内存在并有可能激化的社会条件下，我们必须正确坚持和运用马克思主义的阶级和阶级分析的观点与方法。科学的、实事求是的态度与方法，就是邓小平同志曾指出的："社会主义社会中的阶级斗争是一个客观存在，不应该缩小，也不应该夸大。实践证明，无论缩小或者夸大，两者都要犯严重的错误。"① 改革开放以来，我们党在这个问题上的认识一直是明确的。看待政治问题，必须坚持马克思主义的立场观点方法，这首先就是阶级立场、阶级观点、阶级方法。有人认为这已经落后于时代了，过时了，这种观点是完全错误的。我们说阶级斗争已经不再是我国社会的主要矛盾，并不是说阶级斗争在一定范围内不存在了，在国际大范围中也不存在了。马克思主义者对待政治问题，不能只看现象不看本质，而是要善于透过现象看本质。马克思主义的阶级观点和阶级分析方法，仍然是我们观察社会主义与各种敌对势力斗争的复杂政治现象的有效"钥匙"和根本的"指导线索"；实行人民民主专政，仍然是我们捍卫和巩固社会主义、维护人民政权、维护人民根本利益的"不可以须臾离开的法宝"。

三　正确运用阶级观点和阶级分析方法分析解决当前重大问题

当前，中国特色社会主义发展进入一个新的时期。改革发展稳定总体形势向好，取得的成绩举世瞩目。但改革发展稳定任务之重前所未有，面对的矛盾风险挑战之多前所未有。改革进入攻坚期和深水区，全面建成小康社会、实现中华民族伟大复兴进入关键阶段和决定性阶段。面对国内国际复杂多变的形势，党中央反复向全党重申必须准备进行具有许多新的历史特点的伟大斗争。这些斗争中，当然包括与阶级矛盾和阶级斗争密切相关的各种问题、竞争和斗争。因而在全面深化改革的新阶段，共产党人必须讲政治、讲

---

① 《邓小平文选》第2卷，人民出版社，1994，第182页。

立场、讲方向，坚持和运用好马克思主义的阶级观点和阶级分析方法这把"钥匙"和这个"指导线索"，从林林总总的表象中发现本质，认清长远趋势，不畏浮云遮望眼，以制定正确的路线方针政策，更好地应对各种风险和挑战。

我们要充分认识当前各种矛盾和问题的尖锐性、复杂性和长期性，看清、看准、看透关系党和国家长治久安和前途命运的重大问题、一些大是大非原则问题的性质和实质。比如在经济领域，有人把我们党提出市场在资源配置中起决定性作用，解读为全面推行西方的自由化、私有化改革；把发展混合所有制经济，解读为取消公有制经济主体地位、把国有经济逐步改造成为私有经济。在政治领域，把我们党推进国家治理体系现代化，歪曲为取消共产党的领导与"统治"、削弱国家管理而实行西方的"公共治理"，甚至提出国家治理的改革方向是实行西方多党轮流执政、三权分立、两院制；把我们党依法治国、依宪执政的治国理政方略歪曲为推行西方的"宪政"，提出若不放弃共产党的领导，中国就不是法治国家；认为十八届四中全会中没有提"专政"，表明我们党放弃了人民民主专政，放弃了阶级斗争和阶级分析方法；割裂党的领导与依法治国的统一，渲染"党大还是法大"的命题；把依法独立公开行使司法权歪曲为西方的"司法独立"。在社会领域，把社会体制改革和创新社会管理说成是构建西方的"公民社会"，制造党、政府与社会之间的对立。在思想文化领域，鼓吹西方自由、民主、人权等"普世价值"；将社会主义核心价值观混同于"普世价值"观，认为我们党倡导的民主、自由、平等、公正就是走上普世道路、融入西方现代社会，等等。

在国际上，敌对势力从没有放弃西化、分化中国的战略图谋，总是不断变换战略、手段和方式。随着中国的快速发展和崛起，有人鼓吹"中国威胁论""中国掠夺论""中国崩溃论"等，"丑化"和"妖魔化"中国。国际敌对势力暗中支持"疆独"分子、"藏独"分子、"民运"分子和宗教极端分子等，实际上是为了分裂中国，推翻中国共产党的领导和社会主义制度。最近发生的香港"占中"活动得到国外敌对势力的策划支持，抗衡中央，冲击政权，带有浓厚的"颜色革命"色彩。国内出现的一些否定四项基本原则、攻击党的领导和社会主义制度的挑战，也与国际敌对势力的活动密切相关。

上述国内国际种种问题和挑战，当然不能全部归结为阶级矛盾和阶级斗争。但事实确凿无疑地表明，在我国社会主义初级阶段，在改革发展的关键时期，阶级斗争在很多领域还是客观存在的，在一定条件下激化的可能性也是客观存在的。列宁曾经指出:"马克思主义要求我们对每个历史关头的阶级对比关系和具体特点作出经得起客观检验的最确切的分析。"[①] 只有坚持运用马克思主义的阶级观点和阶级分析方法的"钥匙"和"指导线索",对各种重大问题进行实事求是的、确切的观察和分析,我们才能认清国内国际各种政治斗争、意识形态斗争现象发生的原因、本质和规律。邓小平也曾强调:"马克思主义的思想理论工作是不能离开现实政治的。我这里说的政治,是国内外阶级斗争的大局,是中国人民和世界人民在现实斗争中的根本利害。"[②] 正确地坚持和运用马克思主义阶级观点和阶级分析方法,是马克思主义政党立足现实政治、认清大局、服务于中国人民的根本利益和中华民族的长远利益的必然要求。唯有如此,才能为坚持和发展中国特色社会主义、为实现中华民族伟大复兴中国梦提供坚强有力的理论与政治保障。

(姜 辉)

[①] 《列宁选集》第3卷,人民出版社,1995,第24页。
[②] 《邓小平文选》第2卷,人民出版社,1994,第179页。

阶级分析法是社会主义战胜各种敌对势力的思想武器

阶级矛盾和阶级斗争不仅是阶级社会客观存在的重要事实，而且是社会历史发展的直接动力。阶级分析是马克思主义揭示阶级社会的本质特征和发展规律，指导无产阶级政党制定和实行政治纲领、路线和战略策略的科学方法。然而，近年来否认阶级斗争，反对阶级分析方法的人多起来了，甚至一提阶级、专政，就立即遭到嘲讽、围攻。在我们这样一个以马克思主义为指导、坚持人民民主专政的社会主义国家里，出现这类问题很不正常，令人深思。

一 阶级分析在马克思主义理论中的地位和作用

原始社会解体以来，社会划分为阶级以及各阶级之间的斗争，是不以人的意志为转移的客观存在。在阶级社会里，生产力与生产关系、经济基础与上层建筑的矛盾必然通过阶级斗争表现出来，并不同程度地推动社会进步甚至社会革命。马克思主义创始人认为："一切重要历史事件的终极原因和伟大动力是社会的经济发展，是生产方式和交换方式的改变，是由此产生的社会之划分为不同的阶级，是这些阶级彼此之间的斗争。"[①] 只有在共产党的组织和领导下，无产阶级联合广大人民群众，通过各种形式的革命斗争，推翻资产阶级统治，建立无产阶级专政，完成经济基础和上层建筑的根本变革，促进社会生产的高度发展和人们精神境界的不断提升，才能最终消灭阶

[①] 《马克思恩格斯选集》第3卷，人民出版社，1995，第704~705页。

级，进入无阶级社会——共产主义。因此，马克思和恩格斯总是把"还有阶级的时期和已经没有阶级的时期非常严格地区别开来的。……一向毫不客气地讥笑那些以为在共产主义以前阶级就会消失的思想、言论和假设"。①

只有把握阶级关系和阶级斗争的重要事实，用阶级分析的观点和方法观察社会问题，才能透过错综复杂、千变万化的社会现象，认清阶级社会的本质规律，顺应人类历史发展的趋势潮流。列宁明确指出："马克思主义提供了一条指导性的线索，使我们能在这种看来扑朔迷离、一团混乱的状态中发现规律性。这条线索就是阶级斗争的理论。"② 在阶级社会中，"阶级关系——这是一种根本的和主要的东西，没有它，也就没有马克思主义"。③ 阶级分析方法要求我们深入考察不同阶级的历史与现状，弄清现实社会中各阶级的经济地位、政治立场和文化观念以及阶级关系和阶级力量的对比，把握阶级斗争规律及其在不同历史条件下的表现形式，从而正确处理阶级矛盾和阶级斗争，推动世界历史和人类文明的发展进程。

阶级分析方法是马克思主义理论体系的核心内容和国际共产主义运动的重要指针。千百年来，我们的祖先对没有剥削压迫的"大同世界"满怀憧憬，空想社会主义者也描绘过合乎人的本性、实现人的解放的"乌托邦"。然而，在全世界无产者联合起来进行坚决的、全面的斗争，改变资本主义旧社会以前，这些愿望都只是想象而已。只有当马克思主义把改变现状的渴望同一定阶级的斗争联系起来的时候，社会主义才实现从空想到科学的发展。"离开阶级斗争，社会主义就是空话或者幼稚的幻想。"④ 马克思主义诞生160多年来，一些否定马克思主义理论、背叛社会主义事业的政党及其领导人，也大多是从抛弃阶级分析方法，鼓吹抽象的人性论和人道主义，奢谈超阶级的民主、自由、人权等开始的。

美国最后一任驻苏联大使马特洛克在《苏联解体亲历记》中写道："阶级斗争理论是列宁主义者的国家结构演进观及同西方发生冷战所依据的中心概念。""由于亲身经历过苏联70、80年代坚持阶级斗争理论所带来的后果，我注意到了逐渐修正或废除这一理论的种种迹象。在这一理论真正由官方抛弃之前，表明我们之间关系好转的任何变化都可能是虚幻的，最多也是暂时的。只要共产党坚持阶级斗争不放，就很难想象共产党会轻易放弃政权上的垄断地位，或者容忍党内派别羽翼丰满。"他公开支持谢瓦尔德纳泽、

---

① 《列宁全集》第41卷，人民出版社，1986，第89页。
② 《列宁选集》第2卷，人民出版社，1995，第426页。
③ 《列宁全集》第41卷，人民出版社，1986，第92页。
④ 《列宁选集》第1卷，人民出版社，1995，第658页。

雅科夫列夫等主张抛弃阶级斗争理论的人，认为如果苏联领导人真的愿意抛弃阶级斗争观念，"那么他们是否继续称他们的指导思想为'马克思主义'也就无关紧要了，这已是一个在别样的社会里实行的别样的'马克思主义'。这个别样的社会则是我们大家都能认可的社会。"[1] 从上述描述中不难看出抛弃阶级分析方法和阶级斗争理论，是苏共垮台、苏联解体的一个思想根源。这方面的惨痛教训值得我们正确总结和吸取。

二 社会主义战胜各种敌对势力的思想武器

无论对剥削阶级占统治地位的阶级社会，还是对一定范围内存在阶级斗争的社会主义社会，无论是革命战争年代，还是和平建设时期，能否正确把握和运用阶级分析方法，处理各种阶级矛盾、阶级斗争及其与经济建设的关系，是一个能否坚持革命、建设和改革的正确方向，克服"左"或右的错误倾向的根本问题，是一个事关党和国家前途命运、事关社会主义事业兴衰成败的重大问题。

对共产党人来说，承认阶级斗争理论和阶级分析方法对于认识阶级社会，进行革命战争的重要意义，大多具有基本的共识。但对处于向无阶级社会过渡之中的社会主义社会的阶级斗争问题，则有一个反复探索和重新认识的过程。20世纪30年代，苏联共产党在社会主义改造基本完成不久，就宣布阶级消灭了，阶级斗争不存在了，社会矛盾也没有了，推动社会主义社会向前发展的动力，是全体人民政治上、道义上的一致。毛泽东运用唯物辩证法，批判了这种形而上学的观点，指出社会主义社会仍然存在各种矛盾和阶级斗争，只是矛盾和斗争的性质、状况同资本主义社会不同罢了，要区分敌我矛盾和人民内部矛盾，将正确处理人民内部矛盾作为党和国家政治生活的主题。这是他对马克思主义理论与共产主义运动的一个重大贡献。但是，在1956年我国基本完成社会主义改造以后，毛泽东仍然坚持"以阶级斗争为纲"，导致阶级斗争扩大化，甚至发动"文化大革命"，给党和国家造成灾难性后果。这就犯了"左"的教条主义错误。

党的十一届三中全会以后，我们党果断地停止使用"以阶级斗争为纲"的口号，将全党工作重点转移到经济建设上来，做出了改革开放的伟大决策，坚持"一个中心、两个基本点"的基本路线，成功开辟了中国特色社

---

[1] 〔美〕小杰克·F. 马特洛克：《苏联解体亲历记》（上），世界知识出版社，1996，第162、164、169页。

会主义道路。邓小平在1979年党的理论工作务虚会上指出："社会主义社会中的阶级斗争是一个客观存在，不应该缩小，也不应该夸大。实践证明，无论缩小或者夸大，两者都要犯严重的错误。"他还强调："社会主义社会目前和今后的阶级斗争，显然不同于过去历史上阶级社会的阶级斗争，这也是客观的事实，我们不能否认，否认了也要犯严重的错误。"① 党的十一届六中全会通过的《关于建国以来党的若干历史问题的决议》（以下简称《决议》），对我国社会主义时期的阶级斗争问题做出了一个科学判断："在剥削阶级作为阶级消灭以后，阶级斗争已经不是主要矛盾。由于国内的因素和国际的影响，阶级斗争还将在一定范围内长期存在，在某种条件下还有可能激化。既要反对把阶级斗争扩大化的观点，又要反对认为阶级斗争已经熄灭的观点。对敌视社会主义的分子在政治上、经济上、思想文化上、社会生活上进行的各种破坏活动，必须保持高度警惕和进行有效的斗争。"② 改革开放30多年的伟大实践，特别是历次反对资产阶级自由化，抵制"西化""分化"图谋的斗争实践证明：邓小平的这些重要论述和《决议》中的上述论断，符合我国社会主义初级阶段的实际情况，是完全正确的，我们必须长期坚持。

还应该注意，要把"以阶级斗争为纲"同阶级分析方法区分开来。"纲"是指党的中心工作，抓住中心工作，带动其他问题的解决，这叫"纲举目张"。"纲"的确定，取决于对社会主要矛盾的判断。在社会主义改造基本完成、社会主义制度已经建立的情况下，大规模群众性的阶级斗争已经过去，社会主要矛盾转变为人民群众日益增长的物质文化需要同落后的社会生产之间的矛盾，党的中心工作相应转到经济建设上来。在这个历史时期仍提"以阶级斗争为纲"是错误的。然而，由于国内的因素和国际的影响，阶级斗争仍将在一定范围内长期存在，在一定条件下还会激化，因此，我们还必须坚持马克思主义的阶级分析方法。正如江泽民同志所说："我们纠正过去一度发生的'以阶级斗争为纲'的错误是完全正确的，但这不等于阶级斗争已不存在了。只要阶级斗争还在一定范围内存在，我们就不能丢弃马克思主义的阶级和阶级分析的观点和方法。这种观点和方法始终是我们观察社会主义同各种敌对势力斗争的复杂政治现象的一把钥匙。"③ 在坚持以经济建设为中心，全面建成小康社会、全面深化改革开放、全面推进依法治国

---

① 《邓小平文选》第2卷，人民出版社，1994，第182页。
② 《三中全会以来重要文献选编》（下），中央文献出版社，2011，第169页。
③ 《江泽民文选》第3卷，人民出版社，2006，第83页。

和全面推进从严治党的进程中，要十分注意警惕和防范国内外敌对势力的渗透、颠覆活动。这是我们进行具有许多新的历史特点的伟大斗争，毫不动摇坚持、与时俱进发展中国特色社会主义必须深入研究和正确解决的新课题。

三 哲学社会科学研究必须坚持和运用阶级分析方法

与自然科学不同，哲学社会科学研究的对象是人们的经济关系和政治权利、社会矛盾和法律制度以及道德、宗教、艺术等社会意识。在存在阶级划分和阶级斗争的历史条件下，它必然直接或间接地反映某个阶级或政治集团的利益和意志。就连美国经济学家、诺贝尔经济学奖获得者索洛都承认："社会科学家和其他人一样，也是有阶级利益、意识形态倾向以及一切种类的价值判断。但是，所有的社会科学的研究，和材料力学或化学分子结构的研究不同，都与上述阶级利益、意识形态和价值判断有关。不论社会科学家的意愿如何，不论他是否觉察到这一切，甚至他力图避免它们，他对研究主题的选择，他提出的问题，他没有提出的问题，他的分析框架，他使用的语言，很可能在某种程度上反映了他的阶级利益、意识形态和价值判断。"[1]除语言学、逻辑学等涉及纯思维形式的少数学科以外，哲学社会科学从总体和本质上看，都不同程度地具有阶级性，都属于一定阶级的意识形态。在哲学社会科学研究的多种方法中，马克思主义的阶级分析方法不仅没有"过时"和"失效"，反而应该占有重要地位。

国内外某些人否定阶级分析方法，试图建构所谓纯客观的、超阶级的哲学社会科学，这不过是自欺欺人的梦呓胡说。因为进入阶级社会以来，人们从事哲学社会科学研究，总是从维护一定阶级的利益出发，最终为一定阶级服务的，不管人们是否承认这一点。恩格斯在《英国工人阶级状况》一文的序言中提醒我们：1789年的法国资产者宣称资产阶级的解放就是全人类的解放，但贵族和僧侣不肯同意，这一论断"很快就变成了一句纯粹是自作多情的空话而在革命斗争的火焰中烟消云散了。现在也还有不少人，站在不偏不倚的高高在上的立场向工人鼓吹一种凌驾于一切阶级对立和阶级斗争之上的社会主义，这些人如果不是还需要多多学习的新手，就是工人的最凶恶的敌人"。[2] 在社会主义国家，所有从事哲学社会科学研究的人，都应该

---

[1] 〔美〕索洛：《经济学中的科学和意识形态》，载克伦道尔、埃考斯编《当代经济论文集》，波士顿利特尔·布朗公司，1972，第11页。
[2] 《马克思恩格斯选集》第4卷，人民出版社，1995，第423~424页。

为工人阶级和广大人民做学问，忠实代表工人阶级和广大人民群众的根本利益。

有些人把哲学社会科学的阶级性与科学性绝对对立起来，仿佛一讲阶级分析，研究工作就没有科学性了，就得不到真理性的认识了。这种说法也是不对的。问题在于研究者所代表的那个阶级的利益是否符合社会发展进步的必然要求。当某个阶级的利益与社会发展进步的必然要求相一致的时候，这个阶级的思想意识就有可能把阶级性与科学性统一起来；反之，这个阶级的思想意识的阶级性与科学性相冲突，就难以得到客观的、科学的认识。例如，在资本主义上升时期，反对封建地主阶级的新兴资产阶级具有革命性和进步性，这时的资产阶级学者，包括历史编纂学家、古典经济学家，就分别叙述过阶级斗争的历史发展，对各个阶级做过经济上的分析，因而在较大程度上实现了阶级性和科学性的统一。但当资产阶级取得政权、无产阶级与资产阶级的矛盾上升之后，资产阶级思想意识的阶级性与科学性的冲突日益明显，它往往会牺牲科学性去追求资产阶级的私利。与此相反，工人阶级作为最先进、最革命的阶级，代表先进生产力和生产关系的发展要求，代表最广大人民群众的根本利益，代表先进文化的前进方向，其思想意识就容易达到阶级性与科学性的统一。正如恩格斯所说："科学越是毫无顾忌和大公无私，它就越符合工人的利益和愿望。"① 我们的哲学社会科学研究，只有站在工人阶级和广大人民群众的立场上，坚持阶级观点和阶级分析方法，才能实现阶级性与科学性的高度统一，充分发挥对认识世界和改造世界的指导作用。

正确把握和运用阶级分析方法，是坚持马克思主义在意识形态领域指导地位的内在要求。因为马克思主义作为工人阶级的思想体系和科学的世界观、方法论，是社会主义意识形态的核心和我国哲学社会科学的灵魂。马克思主义及其指导下的哲学社会科学，既有鲜明的阶级性，也有严格的科学性。如果抛弃阶级分析方法，哲学社会科学就不能坚持正确的政治立场和学术方向，就不能揭示人类社会生活的本来面目和世界发展的客观规律。列宁明确指出："必须牢牢把握住社会划分为阶级的事实，阶级统治形式改变的事实，把它作为基本的指导线索，并用这个观点去分析一切社会问题，即经济、政治、精神和宗教等等问题。"② 我国改革开放的总设计师邓小平也强调："马克思主义的思想理论工作是不能离开现实政治的。我这里说的政

---

① 《马克思恩格斯选集》第4卷，人民出版社，1995，第258页。
② 《列宁选集》第4卷，人民出版社，1995，第30页。

治,是国内外阶级斗争的大局,是中国人民和世界人民在现实斗争中的根本利害。"[1] 我们必须始终坚持以马克思主义为指导,自觉运用阶级分析方法,不断深化对人类社会发展规律、社会主义建设规律和共产党执政规律的认识,帮助人们树立科学的世界观、人生观和价值观,更好地发挥哲学社会科学认识世界、传承文明、创新理论、资政育人、服务社会的重要作用,为坚持和发展中国特色社会主义,实现中华民族伟大复兴的中国梦做出新的更大贡献。

(罗文东)

---

[1] 《邓小平文选》第2卷,人民出版社,1994,第179页。

当前阶级斗争形式的新变化

提起阶级斗争，有些人会立即想到"以阶级斗争为纲"，想到"文化大革命"，想到大字报、批斗会和牛棚，甚至主张要否定"文化大革命"就不能再提阶级斗争。这其实是用否定阶级斗争的错误去取代错误地进行阶级斗争的错误。这两者都是源于对马列原著的无知。列宁早就指出："只有承认阶级斗争、同时也承认无产阶级专政的人，才是马克思主义者。"[①]

一 阶级和阶级斗争的客观存在

在中国，由于社会主义制度的建立，剥削阶级作为阶级已经被消灭了，怎么还会有阶级斗争？列宁指出，就连资产阶级的思想家，特别是小资产阶级的思想家，迫于无可辩驳的历史事实也不得不承认，只有存在阶级矛盾和阶级斗争的地方才有国家。[②] 因此，国家的存在本身就意味着阶级和阶级斗争的客观存在。否认阶级斗争的存在，实际上是典型的无政府主义主张。

在谈到阶级和阶级斗争时，马克思指出："无论是发现现代社会中有阶级存在或发现各阶级间的斗争，都不是我的功劳。在我以前很久，资产阶级历史编纂学家就已经叙述过阶级斗争的历史发展，资产阶级的经济学家也已经对各个阶级作过经济上的分析。我所加上的新内容就是证明了下列几点：(1) 阶级的存在仅仅同生产发展的一定历史阶段相联系；(2) 阶级斗争必然导致无产阶级专政；(3) 这个专政不过是达到消灭一切阶级和进入无阶

---

① 《列宁全集》第 31 卷，人民出版社，1985，第 32 页。
② 《列宁全集》第 31 卷，人民出版社，1985，第 6 页。

级社会的过渡……"① 与资产阶级学者曾经认为阶级永远存在相比，与今天的某些人宣称永远存在上等人和下等人的差别相比，今天的一些人急于否定阶级的存在是十分奇怪的。要知道，中国特色社会主义理论体系，将今天的中国定位于社会主义的初级阶段，这就表明，当前的生产力发展还没有达到超越阶级存在的历史阶段。尽管历史上我们曾经试图大跃进，但还是没有能够跑步进入没有阶级斗争的共产主义社会。

列宁指出，所谓阶级，就是这样一些大的集团，这些集团在历史上一定的社会生产体系中所处的地位不同，同生产资料的关系（这种关系大部分是在法律上明文规定了的）不同，在社会劳动组织中所起的作用不同，因而取得归自己支配的那份社会财富的方式和多寡也不同。② 马克思也指出，既然这三种形式〔工资、地租、利润（利息）〕是土地所有者、资本家和雇佣工人这三个阶级的收入来源，结论就是阶级斗争。③

在多种经济成分共存的社会主义初级阶段，必然存在着体现不同经济成分的不同的大的集团，即阶级。尽管有人强调这是老板与工人之间的合作共赢，但毕竟有赢多赢少，甚至赢太多与赢太少之间的斗争，从而无法回避阶级之间的矛盾与对立，也无法回避体现这些矛盾与对立的阶级斗争。"三个代表"重要思想要求我们党要始终代表中国最广大人民的根本利益，就是明确地表明了在阶级斗争中我们党的阶级立场和阶级属性。

列宁还指出，由于这些阶级在一定社会经济结构中所处的地位不同，其中一个集团能够占有另一个集团的劳动。④ 邓小平同志指出，社会主义的本质之一是要消灭剥削。而这种"消灭"，正是阶级斗争要取得的成果。对此，邓小平同志曾清醒地指出，"社会主义社会中的阶级斗争是一个客观存在"⑤。

另外，仅仅消灭剥削阶级，还不能消除阶级斗争，要消除阶级斗争，还要消灭一切阶级。"为了完全消灭阶级，不仅要推翻剥削者即地主和资本家，不仅要废除他们的所有制，而且要废除任何生产资料私有制，要消灭城乡之间、体力劳动者和脑力劳动者之间差别。这是很长时期才能实现的事业。要完成这一事业，必须大大发展生产力，必须克服无数小生产残余的反抗（往往是特别顽强特别难于克服的消极反抗），必须克服与这些残余相联

---

① 《马克思恩格斯选集》第4卷，人民出版社，1995，第547页。
② 《列宁全集》第37卷，人民出版社，1986，第13页。
③ 《马克思恩格斯全集》第32卷，人民出版社，1974，第75页。
④ 《列宁全集》第37卷，人民出版社，1986，第13页。
⑤ 《邓小平文选》第2卷，人民出版社，1994，第182页。

系的巨大的习惯势力和保守势力。"①

显然，当前中国还远远没有达到消灭城乡之间、体力劳动者和脑力劳动者之间差别的地步，甚至还存在多种形式的生产资料私有制，与小生产残余相联系的习惯势力和保守势力仍然十分强大，怎么可能会没有阶级和阶级斗争呢？更重要的是，"对资本家和地主的胜利并没有消灭这些阶级，他们只是被击溃了，但是并没有被彻底消灭。这只要提一下资本的国际联系就足以明白，资本的国际联系比当前工人阶级的联系要长久得多，牢固得多"。②当前，经济全球化强化了资本的国际联系，中国的对外开放使国际资本大举进入了中国，在这种情况下，说当今中国消灭了剥削阶级也为时尚早。在社会主义初级阶段，我们也只能限制剥削阶级而做不到消灭剥削阶级。

对于那些企图抹杀阶级斗争的人，恩格斯曾明确指出："现在也还有不少人，站在不偏不倚的高高在上的立场向工人鼓吹一种凌驾于一切阶级对立和阶级斗争之上的社会主义，这些人如果不是还需要多多学习的新手，就是工人的最凶恶的敌人，披着羊皮的豺狼。"③ 他还和马克思一起指出："只要取消了阶级斗争，那么无论是资产阶级或是'一切独立的人物'就'都不怕和无产者携手并进了'！但是上当的是谁呢？只能是无产者。"④ 邓小平同志指出："无产阶级作为一个新兴阶级夺取政权，建立社会主义，本身的力量在一个相当长时期内肯定弱于资本主义，不靠专政就抵制不住资本主义的进攻。"⑤ 因此，在今天取消阶级斗争，上当的即便不是无产者，那也是社会主义国家。

二 阶级斗争主要形式的变化

邓小平同志曾经提到，无产阶级专政下继续革命这个提法，如果按照当时的解释，即所谓"向走资派夺权"，也就是撇开党委闹革命，打倒一切，已经被实践证明是错误的。至于做出新的解释，可以在党内继续研究。⑥ 实际上，列宁早就指出，要一下子消灭阶级是办不到的。在无产阶级专政时代，阶级依然存在，但每个阶级都起了变化，它们相互间的关系也起了变化。在

---

① 《列宁全集》第37卷，人民出版社，1986，第13页。
② 《列宁全集》第38卷，人民出版社，1986，第330~331页。
③ 《马克思恩格斯选集》第4卷，人民出版社，1995，第423~424页。
④ 《马克思恩格斯选集》第3卷，人民出版社，1995，第681页。
⑤ 《邓小平文选》第3卷，人民出版社，1993，第365页。
⑥ 《邓小平文选》第2卷，人民出版社，1994，第182~183页。

无产阶级专政条件下，阶级斗争并没消失，只是采取了另外的形式。① 而恩格斯的一句话也有助于我们理解这一点，他指出："一切争取解放的阶级斗争，尽管它必然地具有政治的形式（因为一切阶级斗争都是政治斗争），归根到底都是围绕着经济解放进行的。"② 无产阶级夺取政权后的任务，或者说无产阶级专政下继续革命的任务是进行经济建设，使阶级斗争的主要形式由政治形式转向经济形式，在实现政治解放之后，实现经济解放。因此，所谓无产阶级专政下继续革命，就是"在政治上已战胜资产阶级并且用军事方式巩固了这个胜利之后，现在应当在组织国民经济方面、在组织生产方面、在全民的计算和监督方面也取得对资产阶级的胜利"③。那么，如何才能取得这个胜利呢？列宁也说明了具体的做法。他指出："这个任务现在我们应当按新的方式来解决，依靠无产阶级的统治地位，依靠大多数被剥削劳动群众对它的支持，利用旧社会所积蓄的有组织才能和技术知识的分子，虽然他们十分之九、也许百分之九十九属于敌视社会主义革命的阶级。"④ 他还指出，为了取得胜利，为了建立和巩固社会主义，无产阶级应当解决双重的或二位一体的任务：第一，用自己在反对资本的革命斗争中奋不顾身的英勇精神吸引全体被剥削劳动群众，吸引他们、组织他们、领导他们去推翻资产阶级和彻底镇压资产阶级的一切反抗；第二，把全体被剥削劳动群众以及小资产阶级的所有阶层引上新的经济建设的道路，引上建立新的社会联系、新的劳动纪律、新的劳动组织的道路，这种劳动组织把科学和资本主义技术的最新成就同创造社会主义大生产的自觉工作者大规模地联合联结在一起。归根到底，战胜资产阶级所需力量的最深源泉，这种胜利牢不可破的唯一保证，只能是新的更高的社会生产方式，只能是用社会主义的大生产代替资本主义和小资产阶级的生产。⑤ 列宁还强调，我们应当善于在新的更完善的基础上组织经济，同时利用和重视资本主义的一切成就。否则，我们就绝不能建成社会主义和共产主义。要像在军事任务方面取胜那样在经济任务方面取胜是不可能的。依靠热情和自我牺牲精神来战胜自由贸易是不可能的。这方面需要进行长期的工作，需要一寸一寸地进展，需要无产阶级的组织力量，只有在无产阶级实现自己的专政，成为全体劳动者（包括非无产阶级劳动

---

① 《列宁全集》第37卷，人民出版社，1986，第275页。
② 《马克思恩格斯选集》第4卷，人民出版社，1995，第251页。
③ 《列宁全集》第34卷，人民出版社，1985，第123～124页。
④ 《列宁全集》第34卷，人民出版社，1985，第124页。
⑤ 《列宁全集》第37卷，人民出版社，1986，第15页。

群众在内）最大的组织力量和精神力量的情况下，才能在这方面取得胜利。①

事实上，新中国成立后，我们党对于经济领域的阶级斗争非常重视，不仅很快遏制了国民党政府制造的恶性通货膨胀，全面恢复了国民经济，而且在社会主义国家的国际共产主义的帮助下，进行了社会主义工业化建设。可以说，我们党十分重视经济建设。但是，由于急于在经济建设上取得成就，企图撇开经济发展规律搞大跃进，经济发展遇到了较大的挫折。但这时，国家领导层面没有能够反省经济领域阶级斗争的挫折源于我们对马列原著中的经济规律学习得不够，对劳动纪律和高级劳动技术掌握得不够，反而企图用大搞政治领域中的阶级斗争来推动社会主义建设。由于直接敌对的阶级已经被打倒，于是这种所谓的阶级斗争就到处寻找斗争对象，撇开党委闹革命，打倒一切。这恰恰破坏了列宁所强调的无产阶级的组织力量，破坏了战胜资产阶级所必需的劳动组织工作，使经济秩序陷入混乱。这种背离马克思主义基本原理的"打倒一切"，把知识分子包括大多数支持社会主义革命的知识分子，作为打倒对象，从而破坏了"把科学和资本主义技术的最新成就同创造社会主义大生产的自觉工作者大规模的联合联结在一起"②的工作，结果造成了很大的损失，走了很大的弯路。

直到"文化大革命"结束，实行拨乱反正，才使阶级斗争回到经济建设这样一个主要形式上来。"三个代表"重要思想提出，我们党要始终代表中国先进生产力的发展要求，就是提出了无产阶级在经济领域进行阶级斗争的目标。只有无产阶级的劳动组织如公有制企业，在生产力的发展水平超过私有制企业，尤其是外资企业，才能说无产阶级在阶级斗争中同样取得了经济上的胜利，才能说我们党成功地代表了中国先进生产力的发展要求。

邓小平曾经提到："如果我们的政策导致两极分化，我们就失败了；如果产生了什么新的资产阶级，那我们就真是走了邪路了。"③今天一些人讳谈中国的资产阶级，害怕给这些年来的改革开放扣上走了邪路的帽子。但是，在无产阶级从经济上彻底战胜资产阶级之前，出不出现资产阶级并没有多大的差别。关键是要对出现了的资产阶级或没有出现但客观存在的资产阶级因素在政治和经济上进行限制，使之不能脱离无产阶级专政。这也是邓小平强调要"始终以社会主义公有制为主体"④的根本原因。

---

① 《列宁全集》第38卷，人民出版社，1986，第333页。
② 《列宁全集》第37卷，人民出版社，1986，第15页。
③ 《邓小平文选》第3卷，人民出版社，1993，第111页。
④ 《邓小平文选》第3卷，人民出版社，1993，第110页。

三　思想领域的阶级斗争

无论是政治领域的阶级斗争，还是经济领域的阶级斗争，都不能不反映到思想领域中来。我国改革开放之后，多种经济成分并存，代表这些经济成分利益的不同的理论体系和思想观点，也就不能不发生碰撞和冲突。"不同体系的存在是阶级斗争存在的结果。"① 而这些碰撞和冲突本身就是思想领域的阶级斗争。

马克思曾经提到："社会民主派的特殊性质表现在，它要求把民主共和制度作为手段并不是为了消灭两极——资本和雇佣劳动，而是为了缓和资本和雇佣劳动之间的对抗并使之变得协调起来。……以民主主义的方法来改造社会，但是这种改造始终不超出小资产阶级的范围。……同样，也不应该认为，所有的民主派代表人物都是小店主或崇拜小店主的人。按照他们所受的教育和个人的地位来说，他们可能和小店主相隔天壤。使他们成为小资产者代表人物的是下面这样一种情况：他们的思想不能越出小资产者的生活所越不出的界限，因此他们在理论上得出的任务和解决办法，也就是小资产者的物质利益和社会地位在实际生活上引导他们得出的任务和解决办法。一般说来，一个阶级的政治代表和著作代表同他们所代表的阶级之间的关系，都是这样。"②

我国改革开放之后，在某些地方存在这样的现象：大量引进具有资产阶级意识形态的西方哲学和社会科学著作、教材，并让这些西方资产阶级学说牢牢占据了高校和党校的课堂，共产主义理论被撇开不谈了，从而使得大量的干部群众尤其是青年学生的思想跟这些学说一样，不能越出资产者所越不出的界限，他们在思想观点和理论上都不能不偏向资产阶级立场，尽管从个人来说，他们也许并不属于资产阶级。因此，当他们听到有人提起阶级斗争，就觉得刺耳难以接受，甚至附和一些境外资产阶级学者的围攻。而他们这种反对别人谈阶级斗争的喧嚣，恰恰反映了资产阶级在思想领域对无产阶级进行的阶级斗争已经达到了相当严重的程度。在这种情况下，尽管"三个代表"重要思想已经被提出和宣传了十多年，其中早已指出，我们党要始终代表中国先进文化的前进方向，然而，习近平同志刚刚指出文艺不能当市场的奴隶，网络平台上就到处散布针锋相对的"文艺不能当权力的奴隶"说。

列宁指出："无产阶级专政压制资产阶级、小市民、资产阶级知识界的行

---

① 《马克思恩格斯全集》第 7 卷，人民出版社，1959，第 537 页。
② 《马克思恩格斯选集》第 1 卷，人民出版社，1995，第 614 页。

动'自由',因为这种自由意味着资产阶级利用其力量、影响和知识来挑起阶级斗争。"① 恩格斯指出,"出版自由,不同意见的自由斗争就意味着允许在出版方面进行阶级斗争"②。在思想理论领域关于阶级斗争的争论甚至围攻,本身就是思想领域的阶级斗争。恰恰是否定阶级斗争的人,在挑起阶级斗争。

在政治经济领域消灭阶级和阶级斗争之前,是不可能在思想领域消灭阶级斗争的。对此,我们必须正视思想领域的阶级斗争,不回避、不躲闪,而是坚定地展开理论斗争。在谈到德国反动党派竭力组织群众时,列宁指出:"政治自由并不排除阶级斗争,反而会使阶级斗争更自觉、更广泛地进行,使人民中最落后的阶层卷入斗争,教他们学习政治,学习如何捍卫自己的观点,捍卫自己的利益。"③ 马克思主义者应当善于利用每一次理论争论,每一场思想领域的阶级斗争,教会人民群众懂得什么样的观点才是捍卫自己利益的观点,教会他们掌握马克思主义理论和捍卫自己的利益。

当然,对于一些在思想上站在资产阶级一边而本人并不属于资产阶级的人,要通过理论斗争的方式教育和引导他们,以理服人。而不能像改革开放前那样,轻易地采用政治手段,这样会使他们误以为马克思主义者并不掌握真理,反而会把他们更深入地推向资产阶级一边。对于思想领域里的阶级斗争,我们绝不能掉以轻心,"因为有些分歧今天在近视的人看来只是'理论上的分歧',明天就会被资产阶级用来达到他们反革命的目的"④。20世纪80年代末,我们已经有过一次深刻的教训了。

四 以马克思主义为指导全面深化改革

改革是一场革命,而革命就是阶级斗争。因此,改革一定程度上来说也是阶级斗争,只不过改革将阶级斗争转移到以经济建设即经济斗争为中心上来,从而全面深化改革必须符合马克思主义关于阶级斗争的原理,才谈得上深化。恩格斯曾经提到斗争的"所有三方面——理论方面、政治方面和实践经济方面"⑤,列宁将其归为"无产阶级斗争的三种基本形式:经济斗争、政治斗争、理论斗争"⑥。它们分别对应于经济基础、上层建筑和意识形态

---

① 《列宁全集》第49卷,人民出版社,1988,第425页。
② 《马克思恩格斯全集》第6卷,人民出版社,1961,第528页。
③ 《列宁全集》第23卷,人民出版社,1990,第193页。
④ 《列宁全集》第39卷,人民出版社,1986,第184~185页。
⑤ 《马克思恩格斯选集》第2卷,人民出版社,1995,第636页。
⑥ 《列宁全集》第45卷,人民出版社,1990,第111页。

中的阶级斗争。全面深化改革也正是要深化经济基础、上层建筑和意识形态领域的改革。

在谈到巴黎公社时，马克思指出，公社并不取消阶级斗争，工人阶级正是通过阶级斗争致力于消灭一切阶级，从而消灭一切阶级统治（因为公社并不代表一种特殊利益，它代表着"劳动"的解放，而劳动是个人生活和社会生活的基本的、自然的条件，唯有靠僭权、欺骗、权术才能被少数人从自己身上转嫁到多数人身上），但是，公社提供合理的环境，使阶级斗争能够以最合理、最人道的方式经历它的几个不同阶段。公社可能引起激烈的反动和同样激烈的革命。劳动的解放——公社的伟大目标——是这样开始实现的：一方面取缔国家寄生虫的非生产性活动和胡作非为，从根源上杜绝把巨量国民产品浪费于供养国家这个魔怪，另一方面，公社的工作人员执行实际的行政管理职务，不论是地方的还是全国的，只领取工人的工资。由此可见，公社一开始就厉行节约，既进行政治变革，又实行经济改革。[①]马克思的这段论述应当成为在社会主义初级阶段全面深化改革的重要参考依据。

在实行新经济政策推行租让时，列宁曾经指出："租让政策执行得恰当而谨慎，无疑能帮助我们迅速（在某种不大的程度上）改进生产状况，改善工人和农民的生活，——当然要以某些牺牲作代价，要以把千百万普特最宝贵的产品交给资本家作代价。租让在什么程度上和什么条件下对我们有利而无害，这要取决于力量的对比，取决于斗争，因为租让也是一种斗争形式，是阶级斗争在另一种形式下的继续，而决不是用阶级和平来代替阶级斗争。"[②] 今天我们对资本主义国家的招商引资，走得比列宁的租让政策更远，但是目的是一致的，都是为了改进生产状况，改善工人和农民的生活，用邓小平的话说，是要有利于发展社会主义社会的生产力，有利于增强社会主义国家的综合国力，有利于提高人民的生活水平。[③] 非公经济的发展本身就是一场阶级斗争，而在列宁看来，"训练劳动者不靠资本家过日子＝无产阶级专政下的民主"。[④] 因此，我们不仅不应当让国有企业退出竞争领域，反而应当要求国有企业在竞争中发展壮大。只有国有企业在国内外的市场竞争中取胜，无产阶级才能算是在经济领域取得了阶级斗争的胜利，全面深化改革也才能算是在经济领域取得了成功。

---

① 《马克思恩格斯文集》第 3 卷，人民出版社，2009，第 198 页。
② 《列宁全集》第 41 卷，人民出版社，1986，第 212~213 页。
③ 《邓小平文选》第 3 卷，人民出版社，1993，第 372 页。
④ 《列宁全集》第 37 卷，人民出版社，1986，第 432 页。

当前推行党的群众路线教育实践活动，厉行节约，反对"四风"，是符合马克思上述主张的政治改革，上述经济领域的成功能给全面深化改革在政治领域的成功提供保证。这是因为，"生产者的政治统治不能与他们永久不变的社会奴隶地位并存"①。当劳动者在非公企业中处于雇佣奴隶的地位时，他们的政治统治即人民民主专政，是很难维持下去的。政治领域的改革就很难不因和平演变而遭受失败。

列宁曾经指出："资产阶级在我国已被击败，可是还没有根除，没有消灭，甚至还没有彻底摧毁。因此，同资产阶级斗争的新的更高形式便提到日程上来了，要由继续剥夺资本家这个极简单的任务转到一个更复杂和更困难得多的任务，就是要造成使资产阶级既不能存在也不能再产生的条件。很明显，这个任务是重大无比的，这个任务不完成，那就还没有社会主义。"②苏联就是未能完成这个任务，在阶级斗争中败给了再生的资产阶级而解体。习近平同志强调指出，各级党委和政府要学好用好政治经济学，自觉认识和更好遵循经济发展规律，不断提高推进改革开放、领导经济社会发展、提高经济社会发展质量和效益的能力和水平。③要全面深化改革并取得成功，必须以马克思主义为指导。这就要求我们要在思想领域大力开展马克思主义基础理论的学习。

（余　斌）

---

① 《马克思恩格斯选集》第3卷，人民出版社，1995，第59页。
② 《列宁全集》第34卷，人民出版社，1985，第157页。
③ 《习近平强调：更好认识和遵循经济发展规律　推动中国经济持续健康发展》，新华网，http://news.xinhuanet.com/politics/2014-07/08/c_1111518431.htm。

必须旗帜鲜明地坚持
人民民主专政

无产阶级专政是马克思主义的精髓。是否承认无产阶级专政，是区分真假马克思主义者的试金石。人民民主专政是具有中国特色的无产阶级专政，是中国共产党和中国人民护身和传家的"法宝"。在全面深化改革和深入推进中国特色社会主义建设的历史新起点，在全党全国各族人民奋力实现中华民族伟大复兴中国梦的新征程，必须坚决排除当前我国意识形态领域某些噪声和杂音的干扰，旗帜鲜明地坚持人民民主专政。

一 无产阶级专政是马克思主义的精髓

马克思主义的精髓是什么？这是一个涉及区分真假马克思主义的问题。在谈到自己的新贡献时，马克思曾明确指出他主要是证明了这样几点："（1）阶级的存在仅仅同生产发展的一定历史阶段相联系；（2）阶级斗争必然导致无产阶级专政；（3）这个专政不过是达到消灭一切阶级和进入无阶级社会的过渡……"① 不难理解，这三点新贡献中，最核心的就是"阶级斗争必然导致无产阶级专政"。这一核心观点，完全可以说是马克思主义的精髓，也是区分真假马克思主义者的试金石。这样说的原因主要在于这样两点。

第一，它揭示了阶级斗争的客观规律。"阶级斗争必然导致无产阶级专政"深刻揭示出封建地主阶级专政代替奴隶主专政，资产阶级专政代替封建地主阶级专政，无产阶级专政代替资产阶级专政是阶级斗争发生发展的不

---

① 《马克思恩格斯选集》第4卷，人民出版社，1995，第547页。

以人意志为转移的客观规律。但是，在阶级斗争问题上，资产阶级及其学者们总是从其狭隘的阶级立场和阶级利益出发，只承认封建地主阶级专政代替奴隶主专政，只承认资产阶级反对封建地主阶级的斗争，他们坚决反对无产阶级同资产阶级的斗争，尤其坚决反对无产阶级建立取代自己政权的无产阶级专政。因此，他们用"专制""独裁""极权"来攻击或者妖魔化"无产阶级专政"，用他们的那一套"纯粹民主"理论来对抗"无产阶级专政理论"，诱使无产阶级及其政党放弃"无产阶级专政"，就不是什么难以理解的事情了。针对资产阶级在阶级斗争问题上的这种历史局限性，列宁深刻指出："谁要是仅仅承认阶级斗争，那他还不是马克思主义者，他还可以不超出资产阶级思想和资产阶级政治的范围。把马克思主义局限于阶级斗争学说，就是阉割马克思主义，歪曲马克思主义，把马克思主义变为资产阶级可以接受的东西。只有承认阶级斗争、同时也承认无产阶级专政的人，才是马克思主义者。马克思主义者同平庸的小资产者（以及大资产者）之间的最深刻的区别就在这里。必须用这块试金石来检验是否真正理解和承认马克思主义。"[①]

第二，它揭示了无产阶级历史性革命作用的最高表现。无产阶级的历史使命是要通过社会主义、共产主义革命实现自身和人类的解放，这是马克思主义的一个基本常识。但是，无产阶级如果不通过阶级斗争推翻资产阶级的统治和政权，建立无产阶级专政，那它就不能"利用自己的政治统治，一步一步地夺取资产阶级的全部资本，把一切生产工具集中在国家即组织成为统治阶级的无产阶级手里，并且尽可能快地增加生产力的总量"[②]，简言之，无产阶级如果不能充分发挥其最为彻底的历史性革命作用，它就不能实现自己的历史使命。正是基于此，列宁认为，无产阶级专政或者说无产阶级的政治统治是无产阶级在历史上革命作用的"最高表现"。

需要指出，在资产阶级及其学者们那里，无产阶级是愚昧无知、等待他们来拯救的"群氓"，是根本不具有任何历史作用的，自然也就谈不上要建立什么无产阶级专政的问题了。一些号称"马克思主义者"的人，虽然出于自己一时的某些不可告人的需要，也许会点赞几句无产阶级历史作用的话语，但是，因为他们从根本上否认无产阶级的革命作用及其"最高表现"，他们提出的各种改造社会的政治、经济和社会主张，最终总是服从和服务于这样一个目标，即把无产阶级反对资产阶级的阶级斗争最终局限在资产阶级

[①] 《列宁选集》第3卷，人民出版社，1995，第139页。
[②] 《马克思恩格斯选集》第1卷，人民出版社，1995，第293页。

可以接受的改良主义的范围，使无产阶级的革命止步于资产阶级民主主义革命的范围内。这种"马克思主义者"，绝无可能是"真正的马克思主义者"，相反，他们只能是资产阶级的"同道"。

二 澄清关于坚持人民民主专政问题的若干误解

中国共产党人以马克思列宁主义和毛泽东思想为指导，领导全国各族人民经过28年艰苦卓绝的革命斗争，终于建立了符合中国国情、具有中国特色的无产阶级专政——人民民主专政，它是无产阶级新型民主和新型专政的有机结合，是人民民主和人民对极少数敌对分子专政的有机统一。在社会主义革命、建设和改革的各个历史时期，人民民主专政的国家政权切实保护了人民的利益，有效维护了国家的主权、安全、统一与稳定。因此，对于取得革命胜利的中国人民来说，它是如同布帛菽粟一样地不可以须臾离开的东西，"是一个很好的东西，是一个护身的法宝，是一个传家的法宝，直到国外的帝国主义和国内的阶级被彻底地干净地消灭之日，这个法宝是万万不可以弃置不用的"[①]。

正是基于人民民主专政是中国人民护身和传家的"法宝"，中国共产党在把工作重心转移到经济建设上来以后，仍然一再郑重宣告要长期坚持人民民主专政不动摇。人民民主专政作为我国的国体，作为我们必须长期坚持的党的基本路线的重要内容，作为我们党的主要经验，我们旗帜鲜明地宣称要坚持它、捍卫它，要坚持以它为基本政治前提推进中国特色社会主义政治文明建设，本不应该成为一个问题。但是，毋庸讳言，全面深化改革涉及国内各阶层利益的深刻调整，在我们党深入推进反腐倡廉建设，在西方敌对势力或明或暗支持我国国内民族分裂主义势力，对我国"适时"大打其所谓的"民主"牌等复杂的历史背景下，国内思想舆论界最近却出现了一种明显不合时宜的刺耳的噪声，这就是谁一提人民民主专政，立即就有人提出质疑，说这样提就意味着重新回到"以阶级斗争为纲"的"文化大革命"时代，就意味着要动摇以经济建设为中心。看来，当前很有必要澄清一些同志在要不要旗帜鲜明地坚持人民民主专政问题上的误解。

一些同志不愿意提人民民主专政，说来说去，是把人民民主专政简单等同于"专政"，而专政又是同阶级斗争联系在一起的，因此他们对人民民主专政的疑问就来了，主张只要提人民民主就行了。他们认为，我们党已经果

[①] 《毛泽东选集》第4卷，人民出版社，1991，第1503页。

断地废除了"以阶级斗争为纲"的口号,全党工作重心已经转移到经济建设上来了,再提"专政"就明显不合时宜了。在我们看来,这是一种没有多少马克思主义气味的误解。原因主要在于以下三点。

第一,人民民主专政,是人民民主与对敌人专政的有机统一,其内涵并非只是其中的一个方面,把这两个方面割裂开来,对立起来,甚至否定坚持人民民主专政的必要性和重要性,是根本错误的。须知,任何性质的国家政权,都有民主与专政两方面的职能,区别只在于国家政权的阶级性质不同。同样的道理,人民民主专政必须坚持人民民主与对敌人专政的统一。如果不坚持人民民主,不坚持找到全社会意愿和要求的最大公约数,保证人民依照宪法和法律规定,通过各种形式和途径管理国家事务,管理经济和文化事业,管理社会事务,一句话,保证人民当家作主,那就不可能对一切敌视人民利益和损害人民利益的敌对分子进行有效的专政,坚持对敌人的专政就会缺乏坚实的基础而力有不逮甚至软弱无力。反之,如果不坚持加强人民政权的专政职能,不加强司法机关尤其是不加强作为人民政权坚强柱石的人民军队的建设,那就不能为人民当家作主,为人民充分行使各项民主权利提供必要的政治前提和良好的社会环境,这样的人民民主,如同建立在沙丘上的建筑,随时会有坍塌的危险,建筑在这样基础上的人民民主权利,随时会有遭到敌对势力反攻倒算和得而复失的危险。

这里需要指出,坚持人民民主,我们一定要对中国特色的社会主义民主政治制度有足够的制度自信,一定要坚决破除一切有关西方民主制度的迷信,切实防止误入西方的民主化陷阱。原苏联东欧国家,以西方的多党制、三权分立和竞争性选举等民主制度为样板,大搞极端民主化,结果丢掉政权,带来社会陷入持续动荡和国家最终解体的灾难性后果,这方面的教训值得我们吸取和警惕。

第二,坚持对敌人实行专政,不能削弱和放弃人民民主专政的专政职能,是有充分的根据的。除了专政与民主本身是不可分割的有机体之外,在社会主义初级阶段,虽然剥削阶级作为一个阶级已被消灭,阶级矛盾已不是社会的主要矛盾,但由于受国内外因素的影响,阶级斗争还将在一定范围内长期存在,在某种条件下还可能被激化,这是我们必须坚持对敌人实行专政的重要根据。只要不无视西方敌对势力对我国无孔不入的或明或暗的破坏和渗透活动,只要不无视国内外形形色色的敌对分子昭然若揭的各种颠覆共产党领导和社会主义制度的政治图谋,只要不无视国内外民族分裂主义势力此起彼伏的分裂活动,只要不无视各种严重危害人民生命和财产安全的令人发指的暴力恐怖活动、严重刑事犯罪,只要不无视国内仍然存在残害生命和危害国家政权的邪教,只要不无视各种严重危害国家和人民利益的腐败现象,等等,那就一定不会对社会主义初级阶段还将在一定范围内长期存在阶级斗争提出质疑,就一定不会书生气十足地在要不要坚持人民民主专政的专政职能问题上提出疑问了。相反,还会坚信,必须坚持工人阶级领导的、以工农联盟为基础的人民民主专政,不能削弱和放弃人民民主专政,人民民主专政的专政力量不但不能削弱,还要加强。

第三,旗帜鲜明地坚持人民民主专政,不仅不会动摇经济建设这个中心,而且会有利于我们更好地坚持经济建设这个中心。一方面,坚持和巩固人民民主专政,本身就需要我们坚持以经济建设为中心,把经济建设搞上去。经济建设搞好了,我们坚持人民民主专政就更加有了主动权,就更具坚实的基础,正如邓小平同志所说,"从根本上说,手头东西多了,我们在处理各种矛盾和问题时就立于主动地位"①。反之,如果中国经济建设搞不好,或中国经济发展太慢了,人民民主专政的巩固和国家的长治久安都会遇到极大的困难。正是在此意义上,邓小平同志深刻地指出,经济发展速度问题,"不只是经济问题,实际上是个政治问题"②。另一方面,旗帜鲜明地坚持人民民主专政,坚持在人民民主的基础上,切实维护国家的主权、安全、统一和稳定,依法严厉打击危害社会主义制度、危害改革开放和社会主义现代化建设、危害人民生命和财产安全的各种违法犯罪活动,充分发挥国家机器保护人民、打击敌人的作用,这些都有利于我们更好地坚持经济建设这个中心。我们完全不能设想,放弃和削弱人民民主专政,我们如何还能坚持以经济建设为中心?在如何正确认识坚持人民民主专政与坚持以经济建设为中心的关系这一问题上,我们很有必要重温列宁的这句话,即"一个阶级如果不从政治上正确地看问题,就不能维持它的统治,因而也就不能完成它的生产任务"③。

(刘志明)

---

① 《邓小平文选》第3卷,人民出版社,1993,第377页。
② 《邓小平文选》第3卷,人民出版社,1993,第354页。
③ 《列宁选集》第4卷,人民出版社,1995,第408页。

人民民主专政是中国特色
社会主义的传家法宝

我国《宪法》规定:"中华人民共和国是工人阶级领导的、以工农联盟为基础的人民民主专政的社会主义国家。"这一规定表明,"工人阶级领导的、以工农联盟为基础的人民民主专政"是我国的国体,是中华人民共和国区别于其他国家的本质性的规定。发展中国特色社会主义,实现中华民族伟大复兴的"中国梦",我们必须毫不动摇地坚持人民民主专政。

一 无产阶级专政学说是马克思主义阶级斗争学说的核心,是马克思主义的一条基本原理

在标志着马克思主义诞生的重要著作《共产党宣言》中,马克思、恩格斯根据阶级斗争的客观规律,揭示了无产阶级革命和无产阶级专政的必然性。他们指出,"工人革命的第一步就是使无产阶级上升为统治阶级,争得民主",然后"利用自己的政治统治,一步一步地夺取资产阶级的全部资本,把一切生产工具集中在国家即组织成为统治阶级的无产阶级手里,并且尽可能快地增加生产力的总量"。[1] 这些论述表达了马克思在国家问题上一个最卓越最重要的思想,即无产阶级专政的思想。[2] 马克思在《1848~1850年的法兰西阶级斗争》中提出了无产阶级专政的概念和思想:"这种社会主义就是宣布不断革命,就是无产阶级的阶级专政,这种专政是达到消灭一切

---

[1] 《马克思恩格斯选集》第1卷,人民出版社,2012,第421页。
[2] 《列宁选集》第3卷,人民出版社,2012,第129~130页。

阶级差别，达到消灭这些差别所由产生的一切生产关系，达到消灭和这些生产关系相适应的一切社会关系，达到改变由这些社会关系产生出来的一切观念的必然的过渡阶段。"① 1851年6月19日马克思在致约·魏德迈的信中又指出，"阶级斗争必然导致无产阶级专政"，"这个专政不过是达到消灭一切阶级和进入无阶级社会的过渡"。② 马克思这里不仅再次明确提出了无产阶级专政的概念，而且论述了无产阶级专政的伟大任务，指明了无产阶级反对资产阶级的斗争必然导致无产阶级专政，无产阶级专政担负着最终消灭阶级与国家的历史使命。

马克思科学总结和分析了巴黎公社的革命经验，在《法兰西内战》一文中提出"工人阶级不能简单地掌握现成的国家机器，并运用它来达到自己的目的"的著名结论，认为这是对《共产党宣言》必须做的唯一"修改"。马克思认为工人阶级应当打碎、摧毁"现成的国家机器"，而不只是简单地夺取这个机器。所谓"现成的国家机器"，就是指资产阶级的"官僚军事国家机器"。马克思根据巴黎公社总结的这个基本原则具有重大意义。打碎旧的资产阶级国家机器，用新型的国家政权代替之，就是用无产阶级专政代替资产阶级专政。无产阶级专政的实质是建立无产阶级政权，这一思想的提出极大丰富和发展了无产阶级专政理论。③ 马克思在《哥达纲领批判》中指出："在资本主义社会和共产主义社会之间，有一个从前者变为后者的革命转变时期。同这个时期相适应的也有一个政治上的过渡时期，这个时期的国家只能是无产阶级的革命专政。"④ 在这里马克思第一次完整阐述了过渡时期理论，并把过渡时期和无产阶级专政联系在一起，使无产阶级专政学说进一步系统化了。

列宁继承和发展了马克思主义的国家学说和无产阶级专政理论，并把无产阶级专政理论变成实践，创立了世界上第一个无产阶级专政的社会主义国家。列宁在十月革命前夕撰写的《国家与革命》一文中指出："阶级斗争学说经马克思运用到国家和社会主义革命问题上，必然导致承认无产阶级的政治统治，无产阶级的专政。"⑤ 在历史和现实中，在各种不同的意义上承认阶级斗争的流派很多，主张"社会主义"乃至主张消灭阶级差别、实现"大同"世界的流派也很多，但是，主张只有通过无产阶级专政才能实现无

---

① 《马克思恩格斯选集》第1卷，人民出版社，2012，第532页。
② 《马克思恩格斯选集》第4卷，人民出版社，2012，第426页。
③ 王伟光：《坚持人民民主专政，并不输理》，《红旗文稿》2014年第18期。
④ 《马克思恩格斯选集》第3卷，人民出版社，2012，第373页。
⑤ 《列宁选集》第3卷，人民出版社，2012，第131页。

阶级社会的，只有马克思主义。因此，列宁指出："只有承认阶级斗争、同时也承认无产阶级专政的人，才是马克思主义者。马克思主义者同平庸的小资产者（以及大资产者）之间的最深刻的区别就在这里。必须用这块试金石来检验是否真正理解和承认马克思主义。"① "只有懂得这一点的人，才算掌握了马克思国家学说的实质。"② 列宁的上述理论丰富和发展了马克思主义无产阶级专政学说。

二 人民民主专政是中国共产党人的伟大创造，是马克思主义无产阶级专政理论同中国实践相结合的产物

人民民主专政理论的提出、形成和人民民主专政国家政权的确立，是以毛泽东为代表的中国共产党人把马克思主义无产阶级专政理论同中国具体实践相结合的产物，具有鲜明的中国特色。在中国共产党成立后的20多年时间里，以毛泽东为代表的中国共产党人，依据马克思主义阶级斗争理论，结合中国革命实践，在统一战线的基础上，对我国的政权形式进行了艰苦卓绝的探索，最后得出科学结论：在由殖民地半殖民地社会向社会主义社会过渡过程中，必然要经历一个过渡时期——新民主主义社会，在新民主主义社会和后来的社会主义社会中只能实行人民民主专政的国家政权。毛泽东在《论人民民主专政》这篇纲领性文件中全面系统地阐发了新中国国家政权的基本理论和方针政策，并在认真总结一百多年来特别是中国共产党成立28年来的历史经验后明确指出："总结我们的经验，集中到一点，就是工人阶级（经过共产党）领导的以工农联盟为基础的人民民主专政"，"这就是我们的公式，这就是我们的主要经验，这就是我们的主要纲领"，③ 这"是一个传家的法宝"。④ 这是以毛泽东为代表的中国共产党人对马克思主义阶级斗争学说的创新性发展，是马克思主义发展史上的一个重要里程碑。

改革开放以来，从邓小平到习近平几代中央领导，坚持、丰富和发展了人民民主专政理论，不断巩固我们人民民主专政的国家政权。早在1979年3月，邓小平在针对党内外出现的资产阶级自由化倾向时强调指出："我们要在中国实现四个现代化，必须在思想政治上坚持四项基本原则，这是实现

---

① 《列宁选集》第3卷，人民出版社，2012，第139页。
② 《列宁选集》第3卷，人民出版社，2012，第140页。
③ 《毛泽东选集》第4卷，人民出版社，1991，第1480页。
④ 《毛泽东选集》第4卷，人民出版社，1991，第1503页。

四个现代化的根本前提。"① "运用人民民主专政的力量,巩固人民的政权,是正义的事情,没有什么输理的地方。"② 邓小平从维护社会主义制度的政治战略高度谈人民民主专政,这在以往的历史上是不曾有过的,充分说明以邓小平为核心的第二代中央领导集体坚持人民民主专政的坚定决心和信心。一方面,邓小平强调,"没有民主就没有社会主义,就没有社会主义的现代化"。③ 他认为民主不仅仅是方法,更是目的,"是我们全党今后一个长时期的坚定不移的目标"④,也是我国社会主义现代化建设的战略目标。要实现这样的目标,一定要把"对人民的民主"和"对敌人的专政"结合起来,把"民主和集中、民主和法制、民主和纪律、民主和党的领导"结合起来。⑤ 另一方面,邓小平重新阐释了"政治联盟",赋予统一战线新的时代意义。他指出,"我国的统一战线已经成为工人阶级领导的、工农联盟为基础的社会主义劳动者和拥护社会主义的爱国者的广泛联盟"⑥,在和平与发展的时代背景下,要实现"三步走"的发展战略,就要团结一切可以团结的力量,调动一切积极因素,为把我国"建设成中等水平的发达国家"⑦ 伟大梦想而奋斗。无疑,要实现这个伟大目标,需要安定团结的政治局面,没有人民民主专政是不可能完成的。继邓小平之后,以江泽民、胡锦涛为核心的两届中央领导集体在世情、国情、党情发生深刻变化的情况下,不断解放思想、与时俱进,继续坚持人民民主专政,发展社会主义民主,建设社会主义法制,巩固党的执政地位,保护人民群众的根本利益,维护国家主权和领土完整,使人民民主专政建设发展到一个新的水平,为中国特色社会主义现代化建设事业创造了一个安定的政治局面。

党的十八大以来,以习近平为总书记的党中央站在新的历史起点上,继续坚持和发展人民民主专政理论,提出以实现"国家富强、民族振兴、人民幸福"为内涵的"中国梦"宏伟蓝图,继续将中国特色社会主义事业推向前进。"中国梦"是坚持以经济建设为中心,全面推进经济建设、政治建设、文化建设、社会建设和生态文明建设之梦,是全面建成小康社会之梦,是中华民族伟大复兴之梦。"中国梦"的提出,是新一届中央领导集体坚持

---

① 《邓小平文选》第2卷,人民出版社,1994,第164页。
② 《邓小平文选》第3卷,人民出版社,1993,第379页。
③ 《邓小平文选》第2卷,人民出版社,1994,第168页。
④ 《邓小平文选》第2卷,人民出版社,1994,第176页。
⑤ 《邓小平文选》第2卷,人民出版社,1994,第176页。
⑥ 《邓小平文选》第2卷,人民出版社,1994,第187页。
⑦ 《邓小平文选》第3卷,人民出版社,1993,第383页。

中国特色社会主义的道路自信、理论自信和制度自信的根本体现，表明新一届中央领导集体在坚持人民民主专政，发扬社会主义民主，坚持依法治国，发展最广泛的爱国统一战线等重大政治问题上，始终不渝地坚持并发展中国特色社会主义道路。

中国革命、建设和改革开放的实践证明，在中国照搬西方资本主义政治制度是走不通的，以毛泽东为代表的中国共产党人开辟的中国特色人民民主专政的道路是唯一正确的道路。

三 要全面建成小康社会，建成富强民主文明和谐的社会主义现代化国家，实现中华民族伟大复兴的"中国梦"，必须坚持人民民主专政

人民民主专政理论是我国对马克思主义阶级斗争学说的继承和发展，是具有中国特色的无产阶级专政，人民民主专政作为立国之本的四项基本原则之一，和其他三项一样重要。在实现"两个一百年"奋斗目标，实现中华民族伟大复兴的"中国梦"的过程中，我们会遇到更多艰难险阻，只有坚持人民民主专政，才能保证人民的主体地位，才能保证中国特色社会主义始终朝着正确的方向前进。

维护社会稳定和国家长治久安，必须坚持人民民主专政。在当前和今后一个相当长的历史时期，我们同国内外企图进行颠覆、破坏活动的敌对势力的斗争仍会十分尖锐复杂。从国际上看，从第一个社会主义国家诞生之日起，"社会主义和资本主义两个前途、两条道路、两种命运、两大力量"[①]之间的生死博弈从来没有停止过，博弈的核心仍然是国家政权问题。西方敌对势力在武力颠覆的企图失败后，又把颠覆我国社会主义制度的战略重点转向"和平演变"，运用政治的、经济的、文化的手段，对我国进行渗透、施加影响，利用社会主义国家内部改革中出现的一些问题，物色、支持、收买所谓"持不同政见者"和民族分裂主义者，利用"人权""民主"等幌子，寻找各种机会，干涉中国内政，图谋推翻人民民主专政的国家政权。为了达到目的，国内外敌对势力里应外合，精心策划，利用突发或者特殊事件，由外部支持操纵国内代理人，采取静坐、示威甚至制造骚乱、实行打砸抢等暴力活动，以达到乱中取胜、颠覆人民民主专政政权的目的。今天香港的"占中"闹剧，实际上就是妄图实行一场"颜色革命"，是国际上阶级斗争

---

① 王伟光：《坚持人民民主专政，并不输理》，《红旗文稿》2014 年第 18 期。

在我们国内的集中反应。香港所谓的"普选派"打着民主的幌子,行破坏香港稳定、分裂中国之实。西方敌对势力试图通过"占中"活动在香港实施破坏,因此出人出钱资助学生运动领袖,甚至不惜吸纳伊斯兰极端组织加入破坏活动。西方敌对势力想在香港复制"茉莉花"革命的模式只能是黄粱一梦,是注定要失败的!长期以来西藏达赖集团披着宗教外衣打着和平幌子从事分裂中国、破坏民族团结和社会安定等各种阴谋活动。2008年3月14日,达赖集团犯罪团伙在拉萨有组织、有预谋策划了西藏"3·14"打、砸、抢、烧严重暴力犯罪事件,严重扰乱社会秩序,危害人民群众生命财产安全。2014年5月22日,极少数民族分裂主义分子在以热比娅为首的境外"世界维吾尔代表大会"等敌对势力的煽动和支持下,在新疆乌鲁木齐市精心策划和制造了骇人听闻的严重暴力恐怖事件,其目的就是要破坏民族团结,挑起民族对立,破坏安定团结的社会局面。在这些事件中,处处可以看到西方国家的影子。种种迹象表明,尽管同这些敌对势力的阶级斗争只是在一定范围内存在,也不是社会的主要矛盾,但是绝不能因此忽视甚至削弱人民民主专政的国家职能。

巩固和完善公有制为主体、多种所有制经济共同发展的基本经济制度,必须坚持人民民主专政。根据唯物主义基本原理,上层建筑产生于一定的经济基础并为维护、巩固和发展一定的经济基础服务。在我国,生产资料公有制是社会主义的根本经济特征,是社会主义经济制度的基础,决定中国特色社会主义的前途和命运。只有坚持产生于公有制基础上的人民民主专政,才能更好地维护公有制经济基础的地位,维护人民群众当家作主的地位,实现共同富裕的社会主义发展目标。邓小平曾经指出:"一个公有制占主体,一个共同富裕,这是我们所必须坚持的社会主义的根本原则。"[1] 习近平总书记也多次强调,改革开放是一场深刻革命,必须坚持正确方向,沿着正确道路推进,"中国是一个大国,决不能在根本性问题上出现颠覆性错误"。[2] 这就要求我们,必须坚持公有制的主体地位不动摇,这是发展社会主义的根本原则,是改革开放的正确方向。然而,近几年来,在国有企业改革是公有化还是私有化这个根本问题上,两个阶级、两条道路的斗争之间从未停止过,一些人甚至喊出"不进行(私有化)改革中国经济将万劫不复","公有制是死路一条",好像"私有化"是包医百病的良药。事实是,一些人不遗余力地鼓噪私有化,目的是通过瓦解或消灭公有制经济的基础地位,抽掉中国

---

[1] 《邓小平文选》第3卷,人民出版社,1993,第111页。
[2] 《习近平谈治国理政》,外文出版社,2014,第348页。

共产党合法执政的基础，倒逼政治体制变色，最终取消共产党的领导；通过瓦解或消灭公有制经济的基础地位，将国有企业私有化或私人化，掏空社会主义大厦的经济基础，导致社会主义制度坍塌，最终在中国实行资本主义制度，造成社会动荡。对此我们要有清醒的认识。因此，必须坚持人民民主专政，维护社会主义的经济基础，保卫社会主义制度，保证中国特色社会主义改革开放的正确方向。

保证人民主体地位，实现人民群众行使管理国家、管理经济文化和社会事务的权利，必须坚持人民民主专政。毛泽东同志在解释人民民主专政的国家政权时说："对人民内部的民主方面和对反动派的专政方面，互相结合起来，就是人民民主专政。"[①] 邓小平说："没有民主就没有社会主义，就没有社会主义的现代化。"[②] 可见，大力发展人民民主，建设社会主义民主政治，维护人民群众正当权利，是坚持人民民主专政的题中应有之意。改革开放以来，我们党总结发展社会主义民主正反两方面经验教训，不断推进政治体制改革，成功开辟和坚持了中国特色社会主义政治发展道路。发展社会主义民主政治，最根本的是要把坚持党的领导、人民当家作主和依法治国有机统一起来。我们坚持和完善了人民代表大会制度这一根本政治制度，以及共产党领导的多党合作和政治协商制度、民族区域自治制度、基层群众自治制度这些基本政治制度，为保证广大人民群众当家作主，充分享有和行使管理国家、管理经济文化和社会事务的权利提供了制度保障。同时，为了维护人民群众正当权利，还必须加强社会主义法治国家建设。新中国成立后一段时间，特别是"文化大革命"时期，曾经发生过用专政手段来对付人民内部甚至党内不同意见的情况，这与我们当时忽视了法治建设，或者虽然制定了法律却没有相应的权威不无相关。这不仅仅破坏了民主，也破坏了专政。改革开放以来，我们党一贯高度重视法治建设，确定了发展社会主义民主、加强社会主义法治建设的基本方针，修改了宪法，制定了刑法、刑事诉讼法等一大批法律法规，在保障人民民主的过程中努力做到有法可依、有法必依。近年来，我国的法治建设已经取得了举世瞩目的成就，以宪法为核心的中国特色社会主义法律体系已经建成，并日益显示出它是完成人民民主专政历史使命的重要保证。

加强思想文化建设，坚持马克思主义指导思想，有效应对西方意识形态的渗透，必须坚持人民民主专政。党的十八大报告指出："发展中国特色社

---

① 《毛泽东选集》第 4 卷，人民出版社，1991，第 1475 页。
② 《邓小平文选》第 2 卷，人民出版社，1994，第 168 页。

会主义是一项长期的艰巨的历史任务，必须准备进行具有许多新的历史特点的伟大斗争。"① 意识形态领域的斗争就是一场"新的伟大斗争"，是一场"没有硝烟"的战争。随着世界多极化和经济全球化的深入发展，世界范围内各种思想文化交流、交融与交锋更加激烈，意识形态领域的斗争日趋尖锐复杂，西方敌对势力大力渗透破坏，大肆传播西方各种错误反动思潮，攻击共产党的领导，诋毁社会主义制度，兜售西方"民主"，鼓噪"军队国家化"等。当前，在意识形态领域的斗争集中体现在马克思主义意识形态对西方宪政民主、"普世价值"、历史虚无主义、公民社会、新自由主义等思潮的批判中，其中对新自由主义、历史虚无主义的批判尤为重要、紧迫。新自由主义经济理论的核心观点，如"经济人"假设、追逐私利的人性论、私有制永恒论、市场原教旨主义、政府职能最小化（"守夜人"）等理论，在我国经济界、理论界广泛传播，对我国经济改革和经济发展施加了相当大的影响，试图使我们的改革改向，把中国特色社会主义市场经济的改革道路带入万劫不复的完全自由化的市场经济道路，对此我们要保持高度警惕，坚决反对。历史虚无主义则打着学术研究、理论创新的旗号，利用互联网时代的各种传播手段，无视历史事实，以"还原历史"或"重新审视历史"为幌子，通过恣意否定或歪曲历史事件或历史人物，宣传西方的政治思想、政治制度和价值观念，其目的是要否定马克思主义的指导地位、否定共产党的领导、否定人民民主专政的社会主义制度。当前流行的历史虚无主义思潮不仅是一种学术思潮，更是一种政治思潮。

毛泽东曾经指出，凡是一个阶级要推翻另一个阶级所掌握的政权，造成舆论，总要先做意识形态方面的工作。革命的阶级是这样，反革命的阶级也是这样。西方敌对势力在我国这样做的目的，就是要动摇马克思主义在意识形态领域的指导地位和人们对共产主义的信仰，使人们丧失对共产党的信任和对社会主义的信心，最终使中国走上资本主义的发展道路，纳入从属于美国全球利益的世界资本主义经济政治体系。为了达到这样不可告人的目的，西方敌对势力利用其在世界互联网领域的全面战略优势，通过网络"第五纵队"，有组织、有预谋地利用微信、微博、网络大V、公知、网络水军等，不惜抹黑中国道德偶像、改树美国偶像，以摧毁中国人的固有信仰、改为洋人崇拜，全面诋毁中国历史、美化美国历史，从政治、经济、文化和军事等领域展开全方位、立体性大进攻。对此，我们不可稍有懈怠。苏联剧变的惨痛教训言犹在耳：境内外敌对势力从来没有放弃过西化、分化社会主义国家

---

① 《十八大以来重要文献选编》（上），中央文献出版社，2014，第11页。

的政治图谋。尽管有关社会主义国家苏联解体原因和教训的研究与争论仍在继续，但是苏共在"意识形态方面的崩溃"是一个极其重要的原因。前车之鉴，后事之师！

无论意识形态领域的斗争多么复杂和尖锐，但归根结底，是两个前途、两条道路、两种命运、两大力量生死博弈的斗争，是一场政治斗争。斗争的核心仍然是国家政权。我们只有坚持中国共产党的领导，坚持人民民主专政，坚持马克思主义的指导，才能在意识形态领域的斗争中牢牢把握主动权，打好主动仗，有效应对西方意识形态的渗透，保证中国特色社会主义建设事业的顺利进行。

历史和事实证明，在我国社会主义的整个历史时期，必须把人民民主专政这个传家法宝牢牢掌握在我们自己手里，不能削弱或肆意取代，一切否定、颠覆它的企图注定要失败！

（郭彦林）

对阶级斗争的几种错误认识应该澄清

《红旗文稿》2014年9月下旬曾发表长文《坚持人民民主专政，并不输理》，该文运用马克思主义的立场、观点和方法科学论述了坚持人民民主专政的必要性、重要性和时代性，并以一种理性、客观的态度正视了今天依然存在阶级斗争的客观现实。这是一篇具有重要时代意义的理论文章，引起较多较大的关注自然在情理之中，但遭来一些人非理性的攻击甚至谩骂却有些出乎人的预料。在以习近平同志为总书记的党中央高度重视意识形态工作的今天，舆论环境已经比前些年好了许多，一些曾非常嚣张地公然攻击中国共产党和社会主义制度的个人或势力消停了不少。为什么仍有些人敢在今天接二连三甚至集体出动来攻击敢于坚持真理的学者，他们为什么这么怕正视阶级斗争，为什么关于阶级斗争错误的论调误导了那么多人？这其中的原因很多，但一个非常重要的原因就是，较长一个时期以来，有些人故意不谈甚至妖魔化阶级斗争，并且阻止、禁止其他人谈论关于阶级斗争问题，蒙骗了不少党员和人民群众。因此，面对一些人借阶级斗争问题发起的进攻甚至围攻，每一名真正的马克思主义者都应该勇敢迎战，每一位真正的共产党人都应该敢于亮剑，运用科学的理论深入剖析当前的阶级斗争等问题，尤其是应该对阶级斗争的一些错误认识及时进行澄清，从而起到正本清源、引领舆论、凝心聚力的效果，让科学社会主义的旗帜在新30年里高高飘扬。

一　不提阶级斗争就代表阶级斗争已经不存在了吗

因为改革开放以来很少有人提阶级斗争，尤其是近20多年来更是提得非常少，就连不少党员干部也很少提甚至不提阶级斗争。在这样的社会氛围下，有的人就认为，不提阶级斗争就代表阶级斗争已经不存在了，有的人甚至大肆鼓吹"阶级斗争熄灭论"，认为中国已经不用也不能再提阶级斗争了。事实上真是如此吗？瞧瞧西方敌对势力一直对中国进行的西化、分化攻势，尤其是看看意识形态领域里不仅存在而且变得激烈的阶级斗争，反共、反社会主义的言行不仅一直存在而且一度十分嚣张，在网络上坚持马列主义、毛泽东思想和中国特色社会主义理论会遭到围攻、谩骂甚至威胁……现实证明，不提阶级斗争并不代表阶级斗争已经不存在了，阶级斗争不仅一直存在，而且在一定领域、某些时间内还会变得激烈。并且，阶级斗争作为一种客观存在，从人类进入阶级社会以后就没有消灭过。《共产党宣言》第一节第一句话就是："至今一切社会的历史都是阶级斗争的历史。"① 列宁进一步指出："马克思主义提供了一条指导性的线索，使我们能在这种看来扑朔迷离、一团混乱的状态中发现规律性。这条线索就是阶级斗争的理论。"② 由此可见阶级斗争在人类社会发展中的极端重要性。

改革开放以来，虽然放弃了"以阶级斗争为纲"，不再搞阶级斗争扩大化，但我们党一直认为，阶级斗争长期存在并有可能激化，这在《中华人民共和国宪法》《中国共产党章程》中都有明确规定。这种清醒的认识和判断是基于我国的国情做出的，是非常正确的。对此，邓小平在《坚持四项基本原则》一文中明确指出："但是我们必须看到，在社会主义社会，仍然有反革命分子，有敌特分子……并且这种现象在长时期内不可能完全消灭。同他们的斗争不同于过去历史上的阶级对阶级的斗争（他们不可能形成一个公开的完整的阶级），但仍然是一种特殊形式的阶级斗争，或者说是历史上的阶级斗争在社会主义条件下的特殊形式的遗留。"③ 2014年2月17日，习近平总书记在省部级主要领导干部学习贯彻十八届三中全会精神全面深化改革专题研讨班开班式上的重要讲话中强调："看待政治制度模式，必须坚持马克思主义政治立场。马克思主义政治立场，首先就是阶级立场，进行阶级分析。"由此可见，党绝不会也绝不能否认阶级斗争的客观存在，永远不能丢弃马克思主义的阶级观点、阶级立场和阶级分析的方法。

30多年改革开放的实践证明，我们放弃"以阶级斗争为纲"、不再搞阶级斗争扩大化是正确的，但完全放弃阶段斗争甚至无视阶级斗争存在是错误

---

① 《马克思恩格斯选集》第1卷，人民出版社，1995，第272页。
② 《列宁全集》第26卷，人民出版社，1988，第60页。
③ 《邓小平文选》第2卷，人民出版社，1994，第169页。

的，我们不能从一个极端走向另外一个极端，否则就不是一名马克思主义者！西方敌对势力对中国进行的西化、分化攻势为何一直没有停止甚至愈演愈烈，国内外敌对势力图谋颠覆中国社会主义制度的行动为何一直没有停息甚至更加阴险，围绕改革是坚持社会主义方向还是资本主义方向的争论和斗争为何一直没有停止甚至更加激烈……改革开放以来的这些残酷现实都警示我们，不提并不代表阶级斗争已经不存在了，阶级斗争一直存在、从未消失，而且在一定领域、某些时间内还会变得激烈、复杂，我们不能丧失应有的警惕性。

有人说，现在虽然存在矛盾，但没有了对抗性的矛盾，自然也就不存在阶级斗争。为什么说这种说法是错误的？一是今天不仅依然有对抗性的矛盾存在，而且有时候对抗很激烈，和平演变和反和平演变的斗争就是一个体现。二是即使没有了对抗性的矛盾，也并不意味着不存在阶级斗争了。我们要深刻认识到，对抗只是阶级斗争的一种形式，而不是阶级斗争的一切形式。在今天很多时候，阶级斗争并不具有明显的对抗性甚至不具有对抗性，但这不能掩盖阶级斗争存在的事实。并且，不具有明显对抗性的阶级斗争并不一定比具有明显对抗性的阶级斗争的危害小，甚至可能使我们在丧失警惕性时蒙受巨大损失，近 20 多年来意识形态领域的斗争就是一个反映。由于不少人包括一些党员干部不正视阶级斗争的存在，不敢和反共、反社会主义的言行进行旗帜鲜明、理直气壮的斗争，导致这类言行不仅一直存在而且一度十分嚣张，尤其是近些年来借助互联网的迅猛发展有更加猖獗之势。虽然以习近平同志为总书记的新一届党中央领导集体高度重视意识形态工作，开始大力加强广大党员干部的意识形态能力建设，开始有更多的党员干部勇敢站出来与这些错误、反动思潮进行斗争，但在网络上坚持马列主义、毛泽东思想和中国特色社会主义理论会遭到围攻、谩骂甚至威胁的局面依然没有得到根本改变。这一切再次提醒我们，意识形态领域里的阶级斗争从来没停止过，更没消灭过，并且有时候会很激烈。我们要勇于正视阶级斗争的存在，在这没有硝烟的战场勇敢作战、争取胜利。

我们正在大力进行的反腐败斗争，也是阶级斗争存在一种证明。资产阶级在经济上对我们的党员干部进行腐蚀拉拢，就是阶级斗争。对于那些丧失了自己的阶级立场、党性原则、社会主义信念、共产主义理想的党员干部，我们必须坚决与其进行毫不留情的斗争，并把这场重要的政治斗争坚决进行到底。

走过前 30 年、后 30 年，新一届党中央率领中国大步迈入新 30 年，开辟了又一个新时代。新30年是决定中国乃至世界社会主义运动前途命运的最重要的时期。在新30年的今天，随着全面深化改革不断推向深入，再加上国内外敌对势力的不甘失败，随着我们在几乎所有领域不断加强和改善党的领导，坚持马克思主义阶级观点和阶级分析方法，勇于正视、科学分析、客观认识、正确对待和积极应对阶级斗争的新挑战，是每一名党员干部都必须做出的正确选择。能不能正视阶级斗争的存在、敢不敢迎接阶级斗争的新挑战是检验真假马克思主义者和真假共产党人的试金石，真正的马克思主义者和共产党人都不会不讲阶级斗争，更不会无视阶级斗争存在的客观现实。

二 正视阶级斗争就是重提"以阶级斗争为纲"吗

在当今中国，只要你正视阶级斗争的存在甚至一提阶级斗争，就会有人给你扣很多大帽子，其中攻击正视阶级斗争就是重提"以阶级斗争为纲"是一种最典型的论调。由于不少人不知道"以阶级斗争为纲"的真正含义和发展历程，不明白正常的阶级斗争和"以阶级斗争为纲"有什么区别，再加上一些别有用心甚至居心叵测的人故意搅浑水，对进行正常理论争鸣或者理论斗争的同志进行攻击、污蔑甚至谩骂，使得一些党员干部和人民群众很容易被误导。

提起"以阶级斗争为纲"，不少人或多或少都有些耳闻，但真正弄明白的人并不多。有的人认为我党是在反右、"文化大革命"等时期才高度重视阶级斗争，事实并非如此。回顾党的历史不难发现，阶级斗争作为党的纲领的重要内容，在1921年7月建党之初就得到了充分体现。虽然党的一大没有正式通过党的纲领，但会议明确指出"采取无产阶级专政以完成阶级斗争的目的——消灭阶级"[1]。党的二大则进一步公开宣称："中国共产党是中国无产阶级政党。他的目的是要组织无产阶级，用阶级斗争的手段，建立劳农专政的政治，铲除私有财产制度，渐次达到一个共产主义的社会。"[2] 由此可见，党从建党伊始就高度重视阶级斗争，并将其作为党的纲领的重要内容，这也是由党的性质和任务所决定的。因此，虽然没有明确提出"以阶级斗争为纲"，但事实上我们党一开始就是这么去做的，并且在很长一个时期内是正确的。

我们党不仅在建党之初就坚持"以阶级斗争为纲"，而且在整个新民主

---

[1]《中国共产党章程汇编》，中共中央党校出版社，2006，第3页。
[2] 李颖编《从一大到十六大》（上），中央文献出版社，2002，第100页。

主义革命的过程中都是如此，这是由这个历史时期的社会矛盾和党在这个历史时期的任务所决定的。如果不很好地坚持这个纲领，国家独立、人民解放的历史任务就无法完成，也无法完成从新民主主义向社会主义的胜利过渡。

在社会主义基本制度确立以后，国家最主要的任务应该是搞经济建设，毛泽东等老一辈无产阶级革命家在这个问题上本来也是清醒的。但后来由于国际国内形势的急剧变化和一些人的错误理解、执行，导致本来应该只在一定时期内坚持的"以阶级斗争为纲"被长期化，并超出了其限定在政治、文化等意识形态领域的本意而被扩大到经济、社会等领域。在这方面的教训不应该被忘记。

1953年11月4日，毛泽东在一次谈话中第一次提出了"纲"的问题："社会主义和资本主义的矛盾，并且逐步解决这个矛盾，这就是主题，就是纲。"① 毛泽东虽然没有明确提出"以阶级斗争为纲"，但其话语中已经蕴含了这层意思。并且，这个指导思想在当时也是正确的。

1957年10月，毛泽东在党的八届三中全会上提出，无产阶级和资产阶级的矛盾，社会主义道路和资本主义道路的矛盾，仍然是当前我国社会的主要矛盾。1963年2月举行的中央工作会议上，他在总结湖南、河北等地的社会主义教育运动经验时提出"阶级斗争一抓就灵"的口号，并号召全党"千万不要忘记阶级斗争"。因此，虽没明确提出，但全党全国从这几年已经开始在根本指导思想上以"以阶级斗争为纲"，毛泽东的这些讲话和指示也是"以阶级斗争为纲"的理论核心。

1964年9月18日，党中央第一次明确提出了"以阶级斗争为纲"："按照毛泽东同志的指示，这次运动，应当以阶级斗争为纲，抓住五个要点……"② 并在1965年1月14日《农村社会主义教育运动中目前提出的一些问题》中再次强调指出："抓住阶级斗争这个纲，抓住社会主义和资本主义两条道路斗争这个纲……"③ 党中央在不到四个月的时间里两次强调坚持"以阶级斗争为纲"，使得这个概念很快为全党和全国各族人民所熟知。

"文化大革命"全面发动，标志着中国全面进入"以阶级斗争为纲"的年代。在"文化大革命"中，阶级斗争真正被提升到了指导、支配党和国家发展全局的"纲"的位置，"以阶级斗争为纲"几乎体现在各个领域，成了党的指导思想和全党、全国全部工作的中心。阶级斗争的作用被夸大甚至

---

① 《毛泽东文集》第6卷，人民出版社，1999，第302页。
② 《建国以来重要文献选编》第19册，中央文献出版社，1998，第230页。
③ 《中共中央文件选集（一九四九年十月～一九六六年五月）》第48册，人民出版社，2013，第6页。

被迷信化，不少人认为阶级斗争和生产、业务以及其他一切方面的关系就是"纲"和"目"的关系，"纲举"才能"目张"，抓住阶级斗争就能带动一切。"阶级斗争一抓就灵"这个口号就有一定代表性。

1978年12月18日，党的十一届三中全会决定停止使用"以阶级斗争为纲"的口号，决定把工作重点转移到社会主义现代化建设上来。1981年6月27日通过的《关于建国以来党的若干历史问题的决议》进一步明确和肯定了党的十一届三中全会的决定。从此以后，"以阶级斗争为纲"彻底退出了历史舞台。

通过梳理"以阶级斗争为纲"思想在我党历史上的发展历程，我们不难发现，"以阶级斗争为纲"既在一定时期对我党的发展壮大和我国的新民主主义革命、社会主义革命和建设起到了重要推动作用，也在一定阶段对党和国家造成过伤害，这也是我们党后来决定停止使用"以阶级斗争为纲"口号的重要原因所在。我们要深刻认识到，在全面深化改革的今天，绝对不应该重提"以阶级斗争为纲"的口号，并且我们党也不会这么做，当前中国的客观现实也不允许这么去做。但是，这并不意味着我们不能提阶级斗争，更不意味着我们不应该去正视阶级斗争。坚持马克思主义阶级观点和阶级分析方法，提醒和正视阶级斗争的客观存在与重提"以阶级斗争为纲"的口号是两种完全不同的概念和行为，也有着非常明显的根本区别，我们应该把它们区别开来，而不是人为混淆来误导广大人民群众。

三　正视阶级斗争就是要搞阶级斗争扩大化吗

今天，只要有人重提和正视阶级斗争，不是被攻击、诬陷为重提"以阶级斗争为纲"，就是被造谣、攻击为要搞阶级斗争扩大化。什么是阶级斗争扩大化？从字面意思是比较好理解的，但是要回答清楚重提和正视阶级斗争与要搞阶级斗争扩大化是两种完全不同的概念和行为，就应该深入剖析阶级斗争扩大化在我党、我国的发展历程及其影响，从而正确认识今天的阶级斗争问题。

阶级斗争扩大化和反右派斗争有着密切联系。从1957年5月开始，党中央邀请国内知识界和民主党派等党外人士帮助共产党整风，希望大家都发表一些批评意见和提出建议，但竟有人借机怀疑、否定共产党的领导和社会主义制度，甚至有人声称应该像匈牙利事件那样对中共直接采取行动。面对极少数右派分子的猖狂进攻，党中央决定开展一场全国规模的反右派斗争以反击右派分子的进攻。尽管党中央、毛泽东努力想把反右派斗争在政治上的打击范围缩小到极右派，加大争取中间派的力度。但由于党对整个阶级斗争形势估计过分严重，导致反右派斗争出现扩大化，出现了阶级斗争扩大化。

　　1962年9月，党的八届十中全会推动了阶级斗争扩大化的进一步升级。由于当时党中央对形势的把握和判断并不是十分准确，尤其是对当时国内外阶级斗争的形势做出了过于严重的判断，不仅进一步升温了全国范围内阶级斗争，也标志着阶级斗争扩大化大大向前发展了。1966年6月，刘少奇在与党外民主人士的座谈中再次强调了阶级斗争的问题："阶级斗争是不以人的意志为转移的……无产阶级的阶级斗争是不能停止的"。这个判断也为日后的阶级斗争扩大化加了把火。"文化大革命"的爆发，则标志着阶级斗争扩大化发展到了一个新阶段，即在广度、深度上都扩大化了，真正进入了几乎在所有领域都坚持"以阶级斗争为纲"的阶段，也留下了不少值得我们总结的教训。

　　"文化大革命"结束以后，尤其是改革开放以来，为了大力发展生产力，党中央决定停止使用"以阶级斗争为纲"口号的同时，也时刻注意不再犯阶级斗争扩大化的错误，这对于中国取得今天的巨大成就具有重要意义。但是，由于一部分人没有准确理解党中央的精神，竟然从一个极端走到了另外一个极端，自己不愿正视甚至不提阶级斗争的客观存在，而且也不允许别人正视阶级斗争问题，否则就给人扣重提"以阶级斗争为纲"或要搞阶级斗争扩大化的大帽子，不仅造成了极其恶劣的影响，而且带来了一系列的问题。我们不正视阶级斗争问题，只看到当前形势中有利的一面，而漠视或者忽视了事实上存在的不少问题和隐患。否认阶级斗争在一定范围内存在，就无法准确认识和剖析一些民族宗教矛盾冲突、群体性事件乃至暴恐案件背后存在的一定范围的阶级斗争，自然也无法采取有针对性、战略性、科学性的应对策略和措施，无法从根本上解决问题。因此，我们必须明确，正视阶级斗争客观存在和坚持人民民主专政绝不是要搞阶级斗争扩大化，而是客观分析和正确认识阶级斗争的形势，既不搞阶级斗争扩大化也不能患阶级斗争失语症，更不能否认阶级斗争的客观存在。这才是实事求是的科学态度，是真正的共产党人应有的正确选择。

四　资本主义社会真的不讲阶级和阶级斗争吗

　　如今，只要有人重提和正视阶级斗争，就会有人造谣、攻击说阶级和阶级斗争是共产党为了暴力革命发明的，共产党和社会主义国家就会一味强调阶级和搞阶级斗争,而在资本主义社会就不搞这一套,进而宣扬应该不提阶级并消灭阶级斗争理论。事实真的如此吗?资本主义社会真的不讲阶级和阶级斗争吗?从阶级、阶级斗争产生的历史和今天资本主义国家阶级斗争的事实很容易发现,不仅阶级、阶级斗争都是资产阶级发现的,而且资本主义社会至今仍然讲阶级和阶级斗争,不少资本主义国家非常重视阶级斗争。

阶级、阶级斗争并不是马克思发现的,而是资产阶级发现的。马克思曾强调,阶级的发现并不是他的功劳,他之前很久的资产阶级的历史学家就已经叙述过阶级斗争的历史发展,资产阶级的经济学家也已经对各个阶级做过经济上的分析。我们要认识到,无论是社会主义社会还是资本主义社会都存在阶级矛盾和阶级斗争,这是客观的、不以人们的意志为转移的。在阶级社会,阶级斗争是解决社会矛盾的重要手段和方式,是推动社会发展进步的直接动力。正是在对阶级和阶级斗争进行科学分析的基础上,马克思、恩格斯以阶级和阶级斗争这个社会事实作为马克思主义理论的基础。没有阶级和阶级斗争这个社会事实,也就没有马克思主义的科学社会主义。那些企图否定阶级斗争客观存在的人都是假马克思主义者或反马克思主义者,我们要敢于同这些人进行坚决斗争。

事实证明,以美国为代表的西方资本主义国家不仅没有放弃阶级斗争,而是更加重视,对外对内都非常重视。西方敌对势力多年来一直坚持对中国等社会主义国家进行和平演变,不断加强对社会主义国家进行西化、分化攻势,图谋颠覆社会主义制度是他们多年不变的既定目标,方法就是对外大搞阶级斗争。苏共亡党、苏联解体的一个重要原因就是忘记甚至背叛了马克思主义的阶级斗争学说,也是我们的前车之鉴。美国最后一任驻苏大使小杰克·F.马特洛克在其公开回忆录《苏联解体亲历记》中指出,阶级斗争理论是列宁主义者的国家结构演进观及同西方发生冷战所依据的中心概念。没有它,冷战的理由就不复存在,一党专政的理论基础也就随之消失。只要共产党坚持阶级斗争不放,就很难想象共产党会轻易放弃政权上的垄断地位,或者容忍党内派别羽翼丰满。因此改变苏联国内政策的风险很大。因此,美国等西方国家采取多种手段和措施,终于引诱当时的苏共中央总书记戈尔巴乔夫完全支持把人类的共同利益作为其对外政策的基石,明确无误地抛弃了阶级斗争观念。也就是从这个时候开始,注定了苏共亡党、苏联解体是不可避免的。

对于西方敌对势力对中国等社会主义国家进行和平演变的阴谋,我国历代领导人毛泽东、邓小平、江泽民、胡锦涛、习近平等都有着高度警惕。今天，这场"没有硝烟的第三次世界大战"①不仅没有停息，反而因为中国的崛起而更加激烈，对世界范围内客观存在的社会主义和资本主义之间的阶级斗争，每一名党员干部都要对此有清醒认识。不仅要看到美国等西方资本主义国家对中国的围堵打压，看到各种间谍案、暴恐案背后的黑手，也要看到在西方强大的意识形态渗透进攻下，"新自由主义""历史虚无主义"等西方错误思潮大肆泛滥，看到有些人公然与西方敌对势力配合攻击共产党的领导和社会主义制度所产生的巨大危害，更要深刻明白这些都是关系党和国家前途命运的阶级斗争。

美国对内同样非常重视阶级斗争，推行"麦卡锡主义"和镇压"占领华尔街"运动就是两个典型例子。提起60多年前的"麦卡锡主义"，对不少美国人尤其是追求进步者来说就是场噩梦。1952年年底，随着共和党候选人艾森豪威尔当选总统，并且共和党控制了参众两院，从1950年就叫嚣有205名共产党人渗透进入美国国务院的麦卡锡出任参议院政府事务委员会常设调查委员会主席后，很快在全国发起了一场在美国政府内部寻找所谓"共产党颠覆者"的"反共"清查运动，并以"莫须有"的罪名举行了一系列听证会，对其眼中的所谓可疑者进行传讯、打击，致使很多无辜人士受到打击、迫害，其中不仅有很多普通人，也有知名人士。据不完全统计，仅仅是在1953年和1954年两年间，就有8000多人被定为"危害国家安全的人物"，数万人受到各种名目的审查、迫害。直到今天，美国依然坚持"反共"，对那些信仰、宣扬甚至研究共产主义的人都进行打击、迫害。

对"占领华尔街"运动等系列"占领运动"的镇压是今天的美国等西方资本主义国家依然在搞阶级斗争的典型例子。由于美国金钱政治横行、社会贫富差距巨大，为表达对社会不公等众多问题的不满和期盼进行变革的诉求，当地时间2011年9月17日，美国华尔街金融区爆发了一场由上千名示威者参加的"占领华尔街"运动，组织者公开宣称是"代表大多数"，旨在反对大公司和抗议贫富悬殊等，并打出了"只有阶级斗争""赢得阶级斗争"等使美国右翼政客深感恐慌的标语口号，吸引了越来越多人的参与。不久之后，在"占领华尔街"运动的影响下，"占领运动"不仅蔓延到美国多个城市，而且蔓延至80多个国家，呈现全球化趋势。为阻止阶级斗争理论和"占领运动"实践相结合，防止参与"占领运动"的人越来越多并团结起来形成对抗政府的强大力量，美国政府对"占领华尔街"运动进行镇压，纽约警方不仅强制清理了"占领华尔街"运动的大本营，而且一天内

---

① 《邓小平文选》第3卷，人民出版社，1993，第344页。

就拘捕了数十名示威者，加利福尼亚大学戴维斯分校的校警甚至用辣椒水喷雾驱散声援"占领华尔街"运动的学生……其他资本主义国家也纷纷对"占领运动"进行镇压。虽然"占领运动"失败，但却向人们警示了阶级斗争在资本主义社会不仅存在，而且有时会变得激烈甚至血腥。

在美国的两党政治斗争中，阶级斗争的思维也得到体现。2011年9月，针对美国总统奥巴马要对超级富翁征收"巴菲特税"的消息，共和党一些议员批判奥巴马增税方案是搞"阶级斗争"。共和党不仅言语上抨击，而且在行动上坚决斗争，当地时间2012年4月16日的投票中，由于参议院内的共和党议员强烈反对，民主党议员以51比45的投票结果闯关失败，超级富翁们的利益再次得到维护，这也证明了美国政客很善于进行阶级斗争。资本主义国家的精英人士"打棍子""扣帽子"的阶级斗争思维让不少中国人很吃惊，也让我们看到了这些人是如何用阶级斗争的思维和手法去维护其"劫贫济富"的霸权的。

马克思主义认为，阶级斗争不一定就是打打杀杀，而是有各种形式，阶级压迫问题也是如此。在2008年爆发的国际金融危机中，这个特点表现得更为明显，连不少西方学者都指认并证明资本主义社会的阶级和阶级斗争客观存在。英国学者理查德·斯凯思认为："社会阶级和阶级关系仍然是现代资本主义社会的相关特征。……我们认为任何一种职业的人都不可避免地属于一定的阶级。"[①] 美国学者克鲁格曼也认为，财富和收入越来越集中于少数特权阶层手中、社会底层占有的财富和收入在下降的现实表明，现在的美国"更趋向阶级化"。法国学者丹尼尔·本萨义德也指出："阶级斗争的国际化确实是国际主义作为被压迫阶级对市场驱动的全球化回应的物质基础。"[②] 英国青年学者欧文·琼斯在2011年出版了论述当前阶级斗争的著作《工人阶级的妖魔化》，并成为政治畅销书，引起了不少人对资本主义社会阶级斗争问题的关注。

一些西方媒体也承认了阶级和阶级斗争的客观存在。2012年2月21日的西班牙《国家报》发表安德列斯·奥尔特加的文章《阶级斗争的回归》中指出："在全球化的最后阶段，在不平等和危机日益加剧，在经济增长模式走到尽头的背景下，阶级斗争思想在西方回归……关于阶级斗争、冲突或战争的说法再次成为分析热点。"2012年7月4日，英国《卫报》专栏作家

---

① 〔英〕理查德·斯凯思：《阶级》，吉林人民出版社，2005，第27页。
② 〔法〕丹尼尔·本萨义德：《马克思主义，理论：昨天和今天》，《国外理论动态》2011年第6期。

斯图尔特·杰弗里斯在《卫报》发表题为《为什么马克思主义再次兴起》的文章引用欧文·琼斯的话指出："阶级斗争又回到了我们的现实当中……这是一场公开的阶级斗争。"2013年3月25日，美国《时代》周刊网站也发表学者迈克尔·舒曼的文章《马克思的复仇：阶级斗争如何塑造世界》，其中承认："当前日益扩大的不平等所产生的后果却正如马克思所预言：阶级斗争又回来了。"

  认真分析国内外的众多事实不难发现，不仅在中国，在全世界范围，阶级、阶级矛盾和阶级斗争都是客观存在的，并且阶级斗争在一定时期内、在某些领域还是极其复杂的，有的时候甚至是很激烈的。我们今天正视阶级斗争在国内外的客观存在，绝不是极"左"思想，更不是"文革思维"，而是一名马克思主义者的应有态度，是真假共产党人的试金石。我们今天推进国家治理体系和治理能力现代化，绝不是西方化、资本主义化，而是社会主义制度的自我发展和完善。而国内外敌对势力不愿意看到中华民族伟大复兴的中国梦真正实现，必然要采取多种手段或措施进行破坏，甚至图谋对中国的社会主义制度进行颠覆，这就决定了阶级斗争的客观存在，决定了坚持四项基本原则的重要性，这也是我们每个人应有的政治定力和底线思维！

（朱继东）

破除对阶级斗争的妖魔化倾向

当前在思想理论界有一个错误认识必须加以警惕，那就是对阶级斗争的妖魔化。这种认识的表现是，视阶级斗争为洪水猛兽，自己不提阶级斗争，也不许别人提阶级斗争，一旦别人提及便大加挞伐，甚至认为提阶级斗争就是要"以阶级斗争为纲"，意图干扰党的基本路线的执行。这种错误观点的根源在于，不承认在社会主义初级阶段阶级仍然存在这一基本事实，不承认阶级斗争还将在一定范围内长期存在，在某种条件下还有可能激化。这种错误观点的产生，既与资产阶级理论在我国学术界的传播有关，也与国际国内阶级斗争的形势有关。它不是一个单纯的认识问题，而是一个关系到我们党与社会主义制度生死存亡的紧迫的政治问题。必须破除对阶级斗争的妖魔化倾向，看待阶级斗争问题，应该从历史与现实、国内与国外阶级斗争的形势等方面来考察，从而得出科学客观的结论。

一 中华民族求解放、争独立的历史就是一部阶级斗争史

20世纪人类最伟大的事件之一是中华人民共和国的成立。在新中国成立以前，中国遭受了帝国主义列强长达百余年的侵略，先后有英、俄、法、美、德、意、日等多个帝国主义国家强迫中国签订不平等条约。这些侵略行为与不平等条约使旧中国积弱积贫，日本对中国的侵略更是使中华民族面临亡国灭种的空前危险。在中国共产党的领导下，中国人民经过长期的浴血斗争，最终推翻压迫人民的"封建主义、帝国主义与官僚资本主义"三座大山并成立了中华人民共和国。

帝国主义侵略的实质是帝国主义国家对落后国家发动的掠夺、殖民、奴役和压榨的战争，是世界上居于统治地位的国家对落后国家的暴力征服和奴役。人类进入资本主义时代后，对他国的侵略一度成为帝国主义资产阶级向世界扩张自己统治的一种阶级斗争方式，因而被侵略国家人民反抗这种暴力征服和奴役的斗争，不仅具有民族主义的性质，同时也具有国际阶级斗争的性质，这种阶级斗争与帝国主义国内的阶级斗争一起会合成国际范围内的阶级斗争，彼此经常能够相互促进。中国人民争取民族解放与独立的历史，就是中国各阶级人民（主要是工人阶级、农民阶级和民族资产阶级）与帝国主义资产阶级进行斗争的血泪史；而中国的解放战争则是中国共产党领导无产阶级及其同盟军与得到帝国主义支持的大资产阶级、大地主之间的阶级斗争。没有这些阶级斗争，就没有中国共产党的成立、壮大，就没有新中国的成立。回首这段历史，可以确信，在帝国主义时代，民族斗争与阶级斗争是密不可分的，国内阶级斗争的背后也有国际阶级斗争的较量。

在这场伟大的民族解放战争中，如果没有工人阶级、农民阶级和民族资产阶级的参与，中国共产党领导的新民主主义革命就无法取得胜利。毛泽东同志在《中国社会各阶级的分析》一文的开篇就提出："谁是我们的敌人？谁是我们的朋友？这个问题是革命的首要问题"，分析的结论是"可知一切勾结帝国主义的军阀、官僚、买办阶级、大地主阶级以及附属于他们的一部分反动知识界，是我们的敌人。工业无产阶级是我们革命的领导力量。一切半无产阶级、小资产阶级，是我们最接近的朋友。那动摇不定的中产阶级，其右翼可能是我们的敌人，其左翼可能是我们的朋友——但我们要时常提防他们，不要让他们扰乱了我们的阵线"。[①] 正是由于以毛泽东为代表的中国共产党人正确地区分了敌我，即以马克思主义阶级分析法对旧中国社会各阶级做了科学分析，才使我们党得以制定正确的战略、方针和政策，从而战胜日本侵略者，打败得到帝国主义支持的国民党政权，取得无产阶级革命斗争的胜利。中华民族争取解放和独立的斗争是一场伟大的阶级斗争，否认这一点就会陷入历史虚无主义。

二 新中国取得的成就离不开国内国际阶级斗争的大背景

新中国面临着国内外敌对势力的双重进攻。从国内来讲，国民党及其代

[①] 《毛泽东选集》第1卷，人民出版社，1991，第1、9页。

表的官僚资产阶级和地主阶级的残余势力都力求推翻新生政权；从国际上来讲，以美国为首的西方帝国主义势力，为扼杀新中国，不仅拒不承认新中国，还对新中国进行封锁、包围，甚至妄图通过朝鲜战场进攻中国本土。这些都是事关新中国生死存亡的阶级斗争。在以毛泽东同志为首的第一代中央领导集体的领导下，新中国不仅顺利完成社会主义改造（改造本身就是尖锐的阶级斗争），并且迫使美国带领下的"联合国军"签署《朝鲜停战协定》。有了初步稳定的国内和国际环境，新中国才站稳脚跟开始规模宏大的社会主义建设。在这一过程中，虽然经历了"文化大革命"的挫折，但是没有人能够否认，新中国成立30年后，在中国共产党的领导下，全国各族人民将贫穷落后、文盲遍地的旧中国，建成了具有相对独立的工业和科技体系、成人文盲率大幅度降低、能够制造"两弹一星"和核潜艇的国家，同时人均寿命位居世界前列，人口增加了数亿。与此同时，中国共产党在国际阶级斗争中坚决支持第三世界国家争取民族解放和独立的斗争，为中国赢得了众多亚非拉国家的拥护，在它们的支持下中国得以加入联合国，极大地提高了中国的综合国力，压缩了帝国主义对中国进行打压的空间。迫于形势，美国也不得不与中华人民共和国建立正常外交关系。这些在艰苦斗争中取得的成就，不仅为改革开放奠定了强大的国防实力、雄厚的物质与人口基础，而且提供了相对和平稳定的国际环境。因而，习近平总书记指出："改革开放前的社会主义实践探索为改革开放后的社会主义实践积累了条件，改革开放后的社会主义实践探索是对前一个时期的坚持、改革、发展。"①

　　曾备受侵略凌辱的中华民族，经过长期的浴血奋战才获得民族解放和国家独立；曾贫穷落后的中国社会，在推翻了"三座大山"、经历"抗美援朝"和"社会主义改造和建设"之后，才能以昂首之姿追求民族复兴的中国梦。谁能够否认，无论是民族解放、国家独立，还是民族复兴，哪样离得开阶级斗争的大背景？否认阶级斗争在中国近现代史上的地位和作用，就只能把我们今天取得的成绩归之于"神的恩赐"或帝国主义的"大发慈悲"。可惜，这样的神话从来没有出现过。没有在国内国际阶级斗争中的胜利，中华民族求不得解放，新中国也难以立足，更别提改革开放的大好时期了。

---

① 习近平：《新进中央委员会的委员、候补委员学习贯彻党的十八大精神研讨班上的讲话》，《人民日报》2013年1月6日。

三 阶级斗争仍然是时代发展的主线之一

改革开放使中国走上了经济发展的快车道，但国内国际的阶级斗争并没有离开过我们的发展历程。虽说和平与发展是时代主题，但国内国际阶级斗争的暗流仍在一刻不停地涌动，不时搅动我国安定发展的大局。向外看，经过几十年"冷战"，西方与苏联的戈尔巴乔夫之流里应外合终于使苏联解体、东欧剧变，这是帝国主义终结社会主义阶级斗争的一大胜利。虽然美国学者福山洋洋得意地宣称"历史的终结"，但西方并没有就此止步，它们不会放弃继续和平演变、甚至不惜采取武力颠覆中国的战略。

冷战结束后，声称要向世界播种民主自由的美国却是对外发动战争最频繁的国家。民主自由既然是"普世价值"为何还需要用战争、暴力的手段来散布呢？那只能说明帝国主义的"民主、自由"是与子弹和刺刀为伍的，是阶级压迫的借口和阶级斗争的手段。从海湾战争、科索沃战争、阿富汗战争、伊拉克战争、利比亚战争到不断升级的叙利亚危机、乌克兰危机，还有持续不断的中东战事，这些都是美国及其盟友为维持其世界霸主地位进行的阶级斗争。2011年，在美国国内爆发了"占领华尔街"运动，这是一场美国人民反抗金融寡头统治的阶级斗争。这些都表明，阶级斗争并没有离我们远去，而是以极其鲜明的形式在世界展开。

1989年的"政治风波"给我们上了深刻的一课，那是资产阶级自由化酿造的大祸，但谁又能说不是一场国内国际敌对势力妄图颠覆无产阶级专政而在国内开展的激烈的阶级斗争的外在表现呢？好在党中央的果断处置，赢得了这一回合的胜利。但西方并不会就此收手，它们在向我国施放意识形态烟幕弹的同时抓紧布置外围战场。从意识形态上来讲，我们能感觉到诸如"意识形态的终结""告别工人阶级"等西方理论在我国学术圈渐渐耳熟能详，宣扬学术研究去意识形态、去阶级（自然也就去阶级斗争了）的学者为数不少。从军事上讲，美国在我国周围十几个国家设立了军事基地，不时开展以中国为假想敌的军事演习，不断配合有关国家在东海、台海、南海、藏南问题上与中国发生摩擦，不断鼓励"疆独"、"藏独"、"台独"甚至"港独"势力滋生事端、制造动乱。美国针对我国的直接对抗也不少，如1993年"银河号"事件、1994年中美黄海对峙事件、1999年北约轰炸我国驻南联盟大使馆的"五八事件"，2001年美国逼近我国本土侦查制造"4·1"撞机事件，近年来中美舰机在南海发生多次对峙事件……美国这些行径所埋藏的祸心和当年八国联军、侵华日军没有多少区别，唯一的区别在于，今日之中国不同于旧中国，不是随便找个借口就能侵略的，帝国主义不能像对待伊拉克或南联盟那样行事。于是，通过种种途径遏制、削弱乃至搞乱中国，成为当下帝国主义之要务。一旦搞乱中国成功，接下来，帝国主义者们肯定要以"人权和民主"的名义，开进中国，让中国再次沦为它们的殖民地。看不到这一点，或是怀疑这一点的人，都可能是不赞同阶级斗争仍然存在并将长期存在的人，或是将阶级斗争妖魔化的人。

我们的敌人是欢迎某些人妖魔化阶级斗争，同时希望我们放弃阶级斗争观点的。苏联解体前曾发生过阶级斗争理论是否仍然有效的激烈辩论，当时西方使用种种或公开或隐蔽的活动，支持苏联西化派在这场辩论中的地位和力量，最终诱导苏共抛弃阶级斗争理论，为顺利瓦解苏联打好了基础，详细情节可在时任美国驻苏大使小杰克·F. 马特洛克的公开回忆录《苏联解体亲历记》①中获知。在美国人看来，阶级斗争理论是共产党的牙齿，拔掉这颗牙齿，共产党就变成了绵羊。

四　当前正确地对待阶级斗争就是坚持人民民主专政

阶级斗争这一概念是对社会（包括国内社会和国际社会）客观存在的不同阶级利益之间博弈、冲突和斗争的抽象概括，它的表现形式多种多样。新中国成立至今我们拥有了强大的国防和雄厚的经济实力，这使我们可以在相对和平的国际环境下开展以经济建设为中心的社会主义建设事业。

由于"文化大革命"的影响，一些人对"阶级斗争"这个词产生了极其负面的想象。一提到阶级斗争，马上联想到批斗、游街、整人。进而他们提出，重提"阶级斗争"必然会导致"以阶级斗争为纲"。但是这个逻辑并不成立，就好像提到菜刀，普通人想到的是做饭，而坏人才会想到杀人。对于"文化大革命"时期以"阶级斗争为纲"的错误，我们党早在改革开放之初就"果断地停止使用'以阶级斗争为纲'这个不适用于社会主义社会的口号，作出了把工作重点转移到社会主义现代化建设上来的战略决策"②。但我们党一直强调，阶级斗争在一定范围内是长期存在的。提阶级斗争与"以阶级斗争为纲"完全是两回事。

有人担心，重提阶级斗争必将危害国内的维稳形势。其实，维稳本身就是一场阶级斗争，是人民民主专政与危害社会治安、危害社会主义事业、危

---

① 〔美〕小杰克·F. 马特洛克：《苏联解体亲历记》，世界知识出版社，1996。
② 《三中全会以来重要文献选编》（下），中央文献出版社，2011，第152页。

害祖国统一的破坏分子的斗争。所以说,当前提阶级斗争为的是从理论层面,从认识论、方法论的角度提高全党对阶级斗争的认识和理解,能够利用马克思主义的阶级分析法正确对待、理解和把握阶级矛盾,从而找到解决不同形式阶级矛盾的方法和途径。

有人认为,重提阶级斗争是在对抗党的十一届三中全会以来的正确路线。殊不知,在《关于建国以来党的若干历史问题的决议》中明确指出:"党及时地重申必须坚持社会主义道路,坚持人民民主专政即无产阶级专政,坚持共产党的领导,坚持马克思列宁主义、毛泽东思想这四项基本原则,重申民主和集中不可偏废的原理,并指出剥削阶级作为阶级已经消灭,但阶级斗争仍在一定范围内继续存在的基本事实。"① 我们党已经明确否定"以阶级斗争为纲"的口号,这是不将阶级斗争视为社会的主要矛盾和党的中心工作,但并未否认阶级斗争的存在。宪法序言指出:"在我国,剥削阶级作为阶级已经消灭,但是阶级斗争还将在一定范围内长期存在。中国人民对敌视和破坏我国社会主义制度的国内外的敌对势力和敌对分子,必须进行斗争。"因此,否认阶级斗争才是破坏党的正确路线,才是在解构和架空宪法。

有人以为,提出阶级斗争就是意图开展阶级斗争。然而,阶级斗争的存在是客观现实,提出阶级斗争是为了有效地处置阶级斗争,而非"开展阶级斗争",这完全是两回事。客观的国际国内形势要求我们科学认识阶级斗争,这里涉及的是方法论和认识论的问题,是用对阶级斗争的科学认识正确指导、处理阶级矛盾的问题。如果说警察研究犯罪心理学是为了犯罪,那么是不是不仅要撤销犯罪心理学,也要撤销警察局呢?现在开展阶级斗争最积极的莫过于那些妄图西化、分化、私有化和资本主义化中国的国内外反动势力。在互联网等新兴媒体上,"公知大V"们纷纷提出资产阶级宪政方案,鼓吹全民国家、全民党,把西方美化为没有阶级分化的"和谐社会",但却营造虚假舆论抹黑自己的国家,主要手法如下:以"揭露史实"的方式抹黑丑化党的历史,妖魔化共产党的领导;利用"文化大革命""大饥荒"等挫折攻击我国社会主义建设的历史,进而疯狂栽赃我们的党及领袖;编造虚假信息煽动群众与党和政府对立的心理;全面丑化和诋毁中国人;离间民族、城乡关系;利用突发事件蒙蔽不明真相的群众使之怀疑党和政府的治理能力、政治信誉;为汉奸地主卖国贼正名、诋毁革命先烈;等等。大批网络水军彼此呼应,除了热捧"公知们"的高谈阔论外,还把社会中极个别的

---

① 《三中全会以来重要文献选编》(下),中央文献出版社,2011,第153页。

负面现象扩大为整个社会的问题，把官员、城管、医生、教师和国企职工等体制内群体作为重点攻击对象（原因很简单，他们代表着社会主义体制，妖魔化这些群体就等于妖魔化了体制）。这些网络妖魔化运动在群众中造成恶劣影响，并把问题巧妙地导向所谓的政治体制"改革"上来，认为中国社会需要彻底变革，但这只能向西方的所谓"民主"制度变革。党和政府在高频度的舆论压力面前应接不暇，给社会治理带来极大挑战。积极开展"阶级斗争"的难道不正是这些反对"阶级斗争"的人吗？他们从事的不正是企图搞倒社会主义制度、搞倒共产党领导的阶级斗争吗？我们共产党人必须以人民民主专政来对付反动阶级的斗争，即对人民民主，对敌人专政，这才是对称性斗争，才是正确地对待阶级斗争的方法，不能自己放弃阶级斗争，从而被斗争。

改革开放以来，虽然社会上存在着将"阶级斗争""阶级分析"等马克思主义有关阶级的话语曲解和边缘化的现象，但我们党尤其是党的领导人，无论是邓小平还是江泽民、胡锦涛或习近平等同志，都一直坚持着马克思主义阶级理论。在2014年的"2·17"讲话中，习近平总书记说："看待政治制度模式，必须坚持马克思主义政治立场。马克思主义政治立场，首先就是阶级立场，进行阶级分析"，"我们治国理政的本根，就是中国共产党领导和社会主义制度。推进国家治理体系和治理能力现代化，绝不是西方化、资本主义化"。①

党的基本路线"一个中心、两个基本点"本身就包含着阶级斗争的内容，这主要是指四项基本原则中的内容，第一，必须坚持社会主义道路；第二，必须坚持人民民主专政；第三，必须坚持共产党的领导；第四，必须坚持马克思列宁主义、毛泽东思想。这四项内容是我们党在长期的艰苦斗争中取得的经验教训，必须将阶级斗争这根弦绷紧，而不是放松，因为阶级斗争的存在是常态，因而必须从战略上予以重视，而不是弃之不管，否则会给敌人以可乘之机。

五 如何在新形势下坚持人民民主专政

首先，必须通过社会主义法制实施民主与专政。随着社会主义市场经济的确立，随着市场关系在各个领域的延伸，市场各主体之间更加要以法律关系明确权责关系。社会主义法制是人民民主专政的制度化、法律化。我国宪

---

① 转引自刘世军《中国政治学研究新时代的到来》，《文汇报》2014年6月30日。

法指出,"工人阶级领导的、以工农联盟为基础的人民民主专政,实质上即无产阶级专政"。宪法是一个国家的根本大法,任何法律如果有与它相抵触的地方都是无效的,从这个意义上讲,维护和遵守宪法是前提,在这个前提下从事不违反法律的行为才是合法合理的。苏联剧变的教训之一就是,在戈尔巴乔夫的推动和指使下取消了苏联宪法第六条关于苏共领导地位的规定。"宪法第六条取消了,这就像一座大厦的顶梁柱一样,把顶梁柱抽掉了,国家这座大厦也就倒塌了。"① 就中国而言,坚持宪法,维护社会主义制度、坚持共产党的领导才是防止社会倒退、国家分裂的决定性因素。

其次,必须夯实以公有制为主体、以按劳分配为主的社会主义基本制度。古今中外无数阶级对抗的实例表明一个真理:社会两极分化即阶级分化是社会矛盾不断、阶级冲突不断的根源。即便用暴力或以暴力为后盾暂时制止了冲突,也不过是使冲突在下一次以更深的程度和在更广的范围内发生。

古人云:"不患寡而患不均,不患贫而患不安。"西方社会也认为,两极分化容易引起社会阶层对立、社会动荡,因而也倡导通过二次分配等手段降低贫富差距,但效果极其有限。法国学者托马斯·皮克迪最新的研究表明,近几十年来,西方不平等现象已经扩大,并且会变得更加严重。他在2014年西方最畅销的经济学著作《21世纪资本论》中指出:"如果最上层10%占有年产出的90%(和财富分配一样,最上层1%占有50%),革命就可能发生。说到资本所有权,这样高的集中度早已成为严重政治紧张的源泉,用全民公投通常难以调和。"② 资本主义经济危机周期性地发生,劳动人民在艰难谋生之余,强烈抗议不平等的经济秩序,此起彼伏的抗议活动在西方屡见不鲜。倘若这些规模的抗议活动发生在中国,造成的危害将更甚于西方,因为我们的实力尚无法对西方的抗议实施影响,而西方则可能利用中国的抗议活动搞乱中国。当下我国社会最主要的矛盾是人民日益增长的物质文化需要同落后的生产力之间的矛盾,因而我们要发展和解放生产力,但生产力发展的成果不能重复资本主义的老路,必须惠及劳动者,要靠以公有制为主体、以按劳分配为主的社会主义基本制度来实现合理的初次分配,从根本上改变生产发展的同时贫富差距不断扩大的现代性悖论。

人民民主专政强调的是对敌人的专政、对人民的民主。最重要的民主是什么?是经济民主。在资本主义国家,人民虽然被赋予一人一票的政治民

---

① 李慎明:《苏联亡党亡国20年祭——俄罗斯人在诉说》,社会科学文献出版社,2013,第19页。
② 《〈21世纪资本论〉节选:"拼爹资本主义"在21世纪重视?》,新华网,http://gx.people.com.cn/n/2014/0707/c179485-21601077.html。

主,但是由于生产资料被资产阶级垄断,竞争性政治的最大赢家只能是拿得出钱竞选的资产阶级。社会主义国家多建立些公有制企业、搞好公有制企业,微观上,可给普通劳动者提供在私有经济部门不可能享有的有保障的地位,在实践中兑现人民的经济民主权利;宏观上,可壮大我国对经济的调控基础,壮大我对敌人实行专政的物质和文化基础,保障人民的政治民主不受侵犯。如此才能更好地坚持党的基本路线,才能避免大规模阶级斗争在我国的重演,从根本上断绝"以阶级斗争为纲"的局面出现的可能性。

世界是充满矛盾的,也是辩证的,害怕、逃避斗争不仅不是解决问题的办法,而且还有可能将矛盾激化,扩大斗争的范围和烈度。当前只有认识和把握阶级斗争的客观规律,破除将阶级斗争妖魔化的错误认识,坚持人民民主专政,解决我国改革开放过程中面临的种种矛盾,才能更好地完成中华民族伟大复兴的中国梦。

(宋丽丹)

二 苏共亡党与国际阶级斗争篇

苏共亡党的历史教训[*]

序　言

20世纪90年代初，在人类历史上，发生了这样一件震惊世界的大事：苏联，这个有着2240多万平方千米、横跨欧亚两洲的庞大疆域的大国、强国，在没有外敌入侵和特大自然变故的情况下，顷刻之间解体覆亡。

震惊之余，世界各国及政党、相关国际组织、各类学术团体乃至不少个体，都在纷纷思考"苏联解体"这一前所未见的巨大谜团，力图借鉴这份不可多得的历史遗产。

英国著名的历史学家汤因比曾说："从文明衰落所造成的痛苦中学得的知识可能是进步的最有效的工具。"[①]

以江泽民同志为核心的党的第三代领导集体和以胡锦涛同志为总书记的新一届党中央高度重视对"苏联解体"原因的研究。毫无疑问，认真研究、正确认识这一重大问题，对于进一步加强中国共产党的先进性建设，不断推

---

[*] 本文系《居安思危：苏共亡党的历史教训》八集DVD教育参考片解说词。总撰稿：李慎明；撰稿：李小宁、葛幼力、邱建、郝一星。顾问：陈奎元、张全景、刘峰岩、郑科扬、全哲珠、杜学芳、李成仁、马俊清、蒋振云、李意珍。理论提供：李慎明、陈之骅、吴恩远、邢广程、李正乐、王正泉、张树华、于洪君、郭春生。总编导：李荃、刘树人。该片是全国党的建设研究会、中国社会科学院"苏共兴衰与苏联兴亡"课题组、中纪委中国方正出版社、吉林出版集团联合摄制，中国人民解放军艺术学院承制，2006年6月出品。2000年，中国社会科学院成立由李慎明主持的"苏共兴衰与苏联兴亡"重大课题组，后又被列为国家社科基金课题。

[①] 〔美〕莫蒂默·艾德勒、查尔斯·范多伦编《西方思想宝库》，吉林人民出版社，1988，第1166页。

进中国特色社会主义宏伟大业，具有十分重要的意义。

各种不同的研究观点都在试图向世人解读"苏联解体"的原因："经济没有搞好说""斯大林模式僵化说""民族矛盾决定说""军备竞赛拖垮说""戈氏叛徒葬送说""外部因素决定说"等。我们看见不同的人得出了不同甚至完全相反的结论。但其中最根本的原因是什么呢？毛泽东同志告诉我们："任何过程如果有多数矛盾存在的话，其中必定有一种是主要的，起着领导的、决定的作用。"① 邓小平同志在 1992 年著名的南方谈话中明确指出："要出问题，还是出在共产党内部。"② 本片从以下八个方面对苏共内部问题的产生、发展和变化展开剖析：

（一）苏共兴衰的历史轨迹；
（二）苏共的基本理论及指导方针；
（三）苏共的意识形态工作；
（四）苏共的党风；
（五）苏共的特权阶层；
（六）苏共的组织路线；
（七）苏共的领导集团；
（八）苏共对西方世界西化、分化战略的应对。

第一集　苏共兴衰的历史轨迹

亲爱的朋友，我们都爱列宁山
让我们迎接黎明的曙光
从高高山上我们遥望四方
莫斯科的风光多明亮
工厂的烟囱高高插入云霄
克里姆林宫顶红星照耀
世界的希望，俄罗斯的心脏
我们的首都，莫斯科……

凡是上了年纪的中国人，都会熟悉这首令人怀想而又憧憬的旋律，也会熟悉这座曾经深刻影响过中俄两国乃至整个世界的标志性建筑。这里，是列

---
① 《毛泽东选集》第 1 卷，人民出版社，1991，第 322 页。
② 《邓小平文选》第 3 卷，人民出版社，1993，第 380 页。

宁和十月革命的故乡，也曾经是我们无数革命先辈浴血奋斗建立新社会的榜样。

在中国革命和建设的历史进程中，尽管中苏两党之间曾经有过严重分歧，甚至发生过激烈的争论，但是，在中国共产党人和中国人民的心中，都始终牵埋着对列宁和十月革命故乡深深的情结。

苏联共产党是一个具有光荣历史传统的无产阶级政党，创建于世界资本主义进入帝国主义阶段的历史转折时期。

1898年3月，俄国社会民主工党第一次代表大会在明斯克秘密召开。代表大会宣告了党的成立，这具有很大的政治意义和革命宣传的作用。但这次大会没有制定党纲，被选出的三名中央委员中的两名不久即被逮捕，实际上党并没有真正建立起来。①

为了创建无产阶级的新型革命政党，列宁和普列汉诺夫等人于1900年创办了《火星报》，为俄国社会民主工党制定了一份纲领草案。

1903年7~8月，俄国社会民主工党第二次代表大会先后在布鲁塞尔和伦敦举行，会上出现了激烈的争论。列宁用多达上百次的发言，阐述和捍卫马克思主义的建党学说。在选举党的领导机构时，列宁及其支持者取得了多数。于是拥护列宁主张的人便被称为"多数派"，俄文直译为"布尔什维克"；而反对列宁主张的人则被称为"少数派"，俄文直译为"孟什维克"。

党的二大通过了体现马克思主义革命路线的党纲，明确提出了建立无产阶级专政的任务，选出了以列宁为首的执行革命路线的俄国社会民主工党中央领导机构，从而揭开了俄国无产阶级革命运动历史上崭新的一页。

列宁是这一新型革命政党的主要缔造者。

1917年2月（俄历），俄国爆发了二月革命。在布尔什维克党组织的积极参与和领导下，俄国人民推翻了沙皇专制统治。但是，革命的果实却落到了资产阶级临时政府手中。

这，就是第二届临时联合政府总理克伦斯基。由于这个政府对外坚持参与帝国主义战争、对内继续镇压革命群众，从而很快陷入了严重的危机。

列宁对形势做出了准确判断，及时提出了推翻资产阶级临时政府、全部政权归苏维埃的号召，并领导布尔什维克党果断地发动了震惊世界的彼得格勒十月武装起义。

20万工人赤卫队员和革命士兵参加了起义。

---

① 参见〔俄〕波诺马辽夫主编《苏联共产党历史》，莫斯科，1960，第41页；〔俄〕波斯别洛夫主编《苏联共产党历史》第一册，上海人民出版社，1983，第339页。

列宁在起义者的欢呼声中走上全俄苏维埃代表大会主席台,宣告十月革命的伟大胜利。

世界上第一个人民当家作主的社会主义国家,在布尔什维克党的领导下诞生了。

面对新生的苏维埃政权,国内外反动势力发动了武装进攻,企图把它扼杀在摇篮里。

在列宁和布尔什维克党的领导下,英勇的苏俄人民和刚刚组建的红军粉碎了资产阶级和地主的疯狂反扑,击败了高尔察克和邓尼金的武装叛乱,击退了英国、美国、法国、日本等14个帝国主义国家的联合武装干涉,捍卫了无产阶级的革命成果和新生的苏维埃政权。1922年年底正式成立了苏维埃社会主义共和国联盟,简称苏联。

十月革命胜利后,列宁领导布尔什维克党先后实行了战时共产主义政策和新经济政策,对如何在俄国这样的落后国家建设社会主义问题进行了艰辛的探索。

在创立无产阶级政权的艰苦岁月中,列宁积劳成疾,特别是加上国内反动势力行刺的枪伤,1924年1月21日,这位年仅54岁的伟大领袖,在开始探索如何巩固红色政权和建设社会主义的关键时刻,过早地离开了他无限热爱的人民和土地。

斯大林接过了继续探索、巩固新生政权和建设社会主义社会的历史重任。

苏联共产党和斯大林领导苏联人民,创立了世界上第一个社会主义基本制度。社会主义制度极大地解放了社会生产力:1929~1937年,苏联工业以平均每年20%的速度向前发展,苏联1937年的工业总产值比1913年增长了7倍,而同期资本主义国家只增长了0.3%。通过第一、第二两个五年计划,苏联工业总产值从欧洲的第四位,一跃成为欧洲第一位、世界第二位。苏联,由一个落后的农业国,在短时期内奇迹般地变成了举世公认、雄视世界的社会主义工业强国。

1939年,希特勒点燃了第二次世界大战的战火。

1941年6月22日,法西斯德国悍然向苏联发动了进攻。在战争初期,苏军遭受了重大损失。

但是,苏联人民在苏共和斯大林的坚强领导下,依靠先进的社会主义制度,迅速转入战时体制,调动和集中全国的人力物力,同德国法西斯展开了英勇顽强的斗争。

1941年10月14日,德军突进到距莫斯科仅几十千米的地方。在首都面临威胁的最危急、最严峻的时刻,斯大林和国防委员会仍然坚守在莫斯科。1941年11月7日,是十月革命24周年纪念日,冒着敌机轮番狂轰的危险,盛大的节日庆典和红场的阅兵式照常在莫斯科举行。这一切,极大地鼓舞了首都居民和苏联人民,他们一致发出了"誓与祖国共存亡"的誓言。

苏联红军的后备师一边整编,一边进行阅兵训练,在通过红场检阅后,这些威武之师以视死如归的英姿和无坚不摧的信念,直接开赴前线!

在整个卫国战争中,先后累计有300多万名苏共党员前仆后继,或在战斗中光荣牺牲,或在战争年代的艰难环境中献身。

1945年4月,苏军攻入德国,5月2日攻克柏林,终于取得了反法西斯卫国战争的最后胜利。

苏联的国民经济在战争期间遭到了严重的破坏。

在战争中,德军破坏了1700多座城镇和7万多个村庄,摧毁了约32000座工厂、65000公里铁路、1135口矿井,2700万军民死于战争。[①]

战争胜利后,苏联共产党立即领导苏联人民恢复和发展国民经济。

1946年,苏联开始实施发展国民经济的第四个五年计划。

1949年,苏联成功爆炸了第一颗原子弹。

到1950年,苏联工业已恢复和超过了战前的水平。这一年苏联的工农业总产值比战前增长73%。[②]

1953年3月5日,斯大林逝世,享年74岁。毛泽东亲自到苏联驻华使馆吊唁,并失声痛哭。

从1923年4月到1953年3月,斯大林担任苏共总书记和国家主要领导职务长达30年。这是苏联共产党和苏维埃国家历史进程中一个欣欣向荣、蓬勃发展的时期。在这一时期,苏联经济、社会发展和综合国力增长的速度,大大超过当时的资本主义国家。1953年与1913年相比,苏联的国民收入增加了12.67倍,而同期美国只增加了2.03倍,英国增加了0.71倍,法国增加了0.54倍。斯大林时期的苏联就是这样向全世界宣示了社会主义制度这一新生事物的无比优越性和强大生命力的。

英国首相丘吉尔,这个斯大林的合作者也曾是其对手,以这样敬畏的口吻评价斯大林:当他接过俄国时,俄国只是手扶木犁的国家;而当他撒手人寰时,俄国已经拥有了核武器。[③]

亲身经历过斯大林时期的苏联人民,充分肯定了斯大林伟大的历史功

[①] 〔苏〕谢拉耶夫主编《苏联通史》第3卷,莫斯科,1983,第361页。
[②] 〔苏〕萨姆松诺夫主编《苏联简史》第2卷,莫斯科,1972,第541页。
[③] 〔俄〕卡尔波夫:《大元帅斯大林》,社会科学文献出版社,2005,第792页。

勋，但也亲口品尝了他在肃反扩大化，以及他在工作作风方面不够民主甚至作风粗暴所犯错误而造成的苦果。但是，随着时间的推移，拂去历史的尘土，人们更加感到，斯大林的错误，绝不应当影响他作为一位伟大的马克思主义者和无产阶级革命家的历史地位。

斯大林逝世后，赫鲁晓夫逐渐掌握了苏联党、政、军大权。

1956年2月14日，苏共二十大在莫斯科召开。会议闭幕的当天深夜，代表们却又被突然召集到克里姆林宫，苏共中央第一书记赫鲁晓夫做了题为《关于个人崇拜及其后果》的秘密报告。

在秘密报告中，赫鲁晓夫将斯大林的错误无限扩大化，开展了对斯大林的尖锐批判。

苏共二十大后，苏联在全国范围内掀起了一场批判斯大林的运动。

赫鲁晓夫在1961年召开的苏共二十二大上再次掀起批判斯大林的高潮。大会决定将斯大林的遗体迁出列宁墓。全苏各地都出现了拆毁斯大林纪念碑和纪念像的不正常情况。

在赫鲁晓夫执政的11年中，大反斯大林导致否定斯大林时期党和国家的历史，导致否定马克思主义和社会主义的一些基本原理和原则，这就必然带来一系列严重后果。

正如毛泽东所说，从此苏共丢掉了斯大林这把刀子。

苏共党内一批不熟悉党的革命传统、对社会主义缺乏坚定信念的青年人，正是在苏共二十大和赫鲁晓夫全盘否定斯大林的思想影响下成长起来的。他们后来被称作"二十大的产儿"。正是这其中的一些人，成了20世纪80年代中期以后瓦解苏共、埋葬苏联社会主义制度的骨干。

1964年10月，以勃列日涅夫为首的苏共大部分主席团成员密谋推翻了赫鲁晓夫。这标志着赫鲁晓夫执政时期的完结和长达18年之久的勃列日涅夫执政时期的开始。

勃列日涅夫执政以后，苏共调整了某些政策，纠正了赫鲁晓夫时期一些草率的改革措施，同时也采取了一系列符合当时苏联国情的正确改革举措，使苏联在世界上成了可以与美国相匹敌的工业、科技、军事超级大国。

但是，这时的苏共领导人也因袭了赫鲁晓夫时期的一些原则错误，并因所取得的一些重大成就而自满自大起来。他们对内维持现状，对外扩张争霸。这种情况在20世纪70年代中期以后显得尤为突出。这也使得苏联高度集中的政治、经济体制进一步陷于僵化和停滞。

1982年11月，勃列日涅夫病逝。

此后，苏共两任总书记安德罗波夫和契尔年科，在总共不到三年的时间里相继去世。

1985年3月，戈尔巴乔夫当选为苏共中央总书记。

1986年2月，苏共召开第二十七次代表大会。这是戈尔巴乔夫上台后召开的第一次党代表大会。此后不久，戈尔巴乔夫正式提出了"民主化"、"公开性"和"舆论多元化"的口号，并以此作为其"打开改革阻碍机制的突破口"。

当时，人民希望改革，摆脱停滞，但是还没有弄清楚甚至尚未来得及思考戈尔巴乔夫在改革的名义下提出这些口号的真正含义。

1988年6月，苏共举行第十九次全国代表会议。

戈尔巴乔夫在报告中有这样一段自白，他说：苏联政治体制改革的主要方针不仅是倡导"民主化"、"公开性"和"舆论多元化"的问题，而且是要放弃苏共是苏联政治体制核心的问题，是要把国家权力中心从共产党手中向苏维埃转移的问题。

1990年7月，苏共举行第二十八次代表大会。这是苏联解体前苏共历史上最后一次代表大会。大会通过了《走向人道的民主的社会主义》的纲领性声明和其他一些决议。

从此，多党制和议会民主制以及意识形态多元化也正式成为党的指导方针。

各种反共组织乘机大批建立和发展壮大，用各种方式向苏共展开斗争。

据俄共中央副主席库普佐夫在1991年2月28日说，修改宪法仅仅一年，联盟一级的政党就有约20个，共和国一级的政党就有500多个。其中绝大多数成为最终促使苏共下台和解散的政治力量。

在戈尔巴乔夫"民主化"、"公开性"和多党制方针的鼓动下，苏联各加盟共和国的地方民族主义情绪不断高涨，狭隘民族离心倾向日趋严重，各加盟共和国党组织也日益脱离中央。

从1989年开始，拉脱维亚、立陶宛、爱沙尼亚等一些加盟共和国的共产党提出脱离或独立于苏共的要求。立陶宛共产党不顾苏共的劝阻和反对，于1989年12月20日在立陶宛共产党二十大上通过了《立陶宛共产党宣言》和《关于立陶宛共产党地位的决定》，宣布立陶宛共产党脱离苏共，与苏共保持"平等的伙伴关系"。戈尔巴乔夫对此节节退让，苏共出现联邦化倾向。

党内所谓"民主派"利用这一形势，与党外民族分离主义相互呼应、紧密配合，进行分裂苏共、解体苏联的活动。

1991年3月17日，苏联举行了全苏人民公决。其中赞成保留苏维埃社会主义共和国联盟的票数占 76.4%，反对的占 21.7%。但格鲁吉亚、立陶宛、摩尔达维亚、拉脱维亚、亚美尼亚和爱沙尼亚 6 个加盟共和国拒绝进行公投。

1991 年 4 月 23 日，戈尔巴乔夫绕过苏共中央和最高苏维埃，与俄罗斯联邦、乌克兰、白俄罗斯、哈萨克斯坦等九个加盟共和国的领导人举行会晤，发表了"9＋1 声明"，提出要尽快签订新的联盟条约，新建的联盟将把"苏维埃社会主义共和国联盟"更名为"苏维埃主权共和国联盟"，取消"社会主义"的字眼，但这就从法律上破坏了国家统一，特别是改变了国家的社会主义性质和发展的方向。

此时，联盟中最大的加盟共和国——俄罗斯联邦的最高苏维埃主席叶利钦，为夺取最高权力，已不惜瓦解苏联了。

8 月 20 日，是苏联新的联盟条约签署的日子。以副总统亚纳耶夫为首的一批苏联党、政、军高级领导人，为了保留社会主义苏联，同时阻止所谓的"民主派"上台，于 8 月 19 日宣布在国内一些地方实行为期六个月的"紧急状态"，并成立以副总统亚纳耶夫为首的"紧急状态委员会"，这就是震惊苏联国内外的"8·19"事件。这是苏共内部一些力图挽救社会主义苏联的领导人，为避免国家走向灾难深渊所做的最后尝试。但他们既没有明确而坚定的社会主义信念，在实际斗争中又缺乏坚强的政治意志，这是导致其失败的根本缘由。在外地休假的戈尔巴乔夫对这一行动采取的先是骑墙，后是背叛的态度，也加快了这一事件的失败进程。

"8·19"事件以失败告终。苏共中央在戈尔巴乔夫的逼迫下自行解散。苏共的 4228 座办公大楼、180 个社会政治中心、16 个社会政治研究所等设施都被俄罗斯当局查封和没收。

覆巢之下，岂有完卵？

俄罗斯各地区的共产党组织和苏联各加盟共和国的共产党组织，很快被解散，或被禁止活动。

一个有着将近 2000 万党员的大党，就这样在执政 74 年之后丢掉了执政地位，整个党也随之溃散。迄今为止，无论是在中央还是地方的历史档案中，人们都没有发现在敌对势力取缔共产党时党的各级组织进行抵抗的记载；没有发现苏共党员们有组织地集合起来为保卫自己的区委、市委或州委而举行任何大规模抗议活动的记载；也没有发现人民群众为支持、声援苏共而采取任何有组织行动的记载。当然，在饱尝了苏联解体十多年悲剧性的苦果之后，他们中的不少人对此开始了反思。

亡党必然亡国。

1991年12月25日，戈尔巴乔夫作为苏联总统的最后一天，也是苏联存在的最后一天。

上午10时，戈尔巴乔夫来到克里姆林宫总统办公室，"精心"准备他将于当晚宣读的辞职书。

19时，戈尔巴乔夫通过架在总统办公室的苏联中央电视台和美国有线新闻电视台的摄像机，同时向苏联全国和全世界发表了告人民书。戈尔巴乔夫宣布，他怀着"不安的心情辞职"，并"停止自己作为苏联总统职务的活动"。

19时32分，克里姆林宫顶上那面苏联几代人，乃至全世界人民都怀有深情的镰刀铁锤图案的苏联国旗，在寒风中悄然下落……

19时45分，一面俄罗斯联邦的三色旗取而代之。

1991年12月26日上午，苏联最高苏维埃共和国院举行最后一次会议，会场空空荡荡，冷冷清清。主席台上只有共和国院主席阿利姆扎诺夫一人。代表们以举手表决的方式通过一项宣言，宣布苏联停止存在。

从此，苏联共产党、苏维埃社会主义共和国联盟——这两个曾经辉煌了几十年的名字，就这样黯然退出了历史舞台。

苏联解体后的俄罗斯按照美国人设计的"休克疗法"，在经济领域强制实行私有化改革，结果很快导致严重的经济萧条和衰退。

国家急剧贫困，社会陷于混乱，犯罪大量涌现。据俄罗斯内务部的材料，全国出现了8000多个有组织的大型犯罪团伙。叶利钦在他1996年的国情咨文中也承认：现今的俄罗斯已超过了意大利，成为国际社会最大的黑手党王国。

20世纪末，俄罗斯国内生产总值比1990年下降了52%，而1941～1945年战争期间仅仅下降了22%；同期工业生产减少了64.5%，农业生产减少了60.4%，卢布贬值，物价飞涨5000多倍。从1992年起，俄罗斯人口一直呈下降趋势。1990年全俄罗斯人均预期寿命为69.2岁，而2001年为65.3岁，几乎下降了4岁，甚至一些地区男性人均寿命降低了整整10岁。①

苏共亡党、苏联解体，给国家和人民带来的灾难性后果，远远不是这些数字和情况所能表达的！

2005年，俄罗斯总统普京发表年度国情咨文时，痛心地慨叹："苏联的

---

① 李慎明主编《2005年：世界社会主义跟踪研究报告》，社会科学文献出版社，2006，第67页。

解体，是20世纪最严重的地缘政治灾难；对于俄罗斯人民来讲，它是一场真正的悲剧。"①

很多俄罗斯学者也得出这样的结论：苏共垮台、苏联解体，使俄罗斯经济、社会发展倒退了几十年。

一个由列宁亲手创建的党；一个曾经领导俄国工人阶级推翻沙俄反动统治，成功地建立了第一个无产阶级专政的社会主义国家的党；一个抵御了14国武装干涉，胜利地捍卫了革命成果的党；一个在伟大卫国战争中战胜了德国法西斯，并为取得第二次世界大战的胜利做出巨大贡献的党；一个取得了社会主义建设辉煌成就，并率先把人造卫星送上天的党，为什么在执政74年之后竟丧失了执政地位？

苏联共产党在拥有20多万名党员的时候，领导二月革命推翻了沙皇专制统治；在拥有35万多名党员的时候，取得了十月社会主义革命的胜利并执掌了全国政权；在拥有554万多名党员的时候，领导人民打败了不可一世的德国法西斯，为结束第二次世界大战立下了不朽功勋。而在拥有近2000万名党员的时候，却丧失了执政地位，亡党亡国。

问题究竟出在哪里呢？

就出在苏联共产党党内。

第二集　苏共的基本理论及指导方针

世纪之交，在资本主义的故乡，接连曝出四则震惊世界的新闻：

一是1999年，由英国剑桥大学发起，评选"千年第一思想家"，结果是马克思位居第一，而似乎早已被习惯公认为第一的大科学家爱因斯坦却屈居第二。

二是紧随其后，英国广播公司（BBC）又以同一命题，在全球互联网上公开投票，结果仍然是马克思第一，爱因斯坦第二。

三是2002年，英国路透社又邀请政界、商界、艺术和学术领域的名人评选"千年伟人"，结果是马克思以一分之差略逊于爱因斯坦。但这并不影响马克思作为"千年伟人"的地位。

四是2005年7月14日，英国广播公司第四频道以古今最伟大的哲学家为题，调查了3万多名听众，结果是：共产主义理论奠基人卡尔·马克思以27.93%的得票率荣登榜首，居于第二位的苏格兰哲学家大卫·休谟得票率

---

① 《俄罗斯总统普京2005年国情咨文》，俄罗斯总统网站，2005年4月25日。

仅为 12.6%，远远落在其后。西方著名的思想家柏拉图、康德、苏格拉底、亚里士多德等更是望尘莫及，黑格尔甚至没进入前 20 名。

这充分表明，在当今世界上有许多人坚持认为，我们这个时代仍然需要马克思的理论，就像自然科学需要爱因斯坦的理论一样。

只要不带任何偏见，人们都会得出这样的结论：马克思是一位为人类社会和精神的发展做出了不朽贡献的历史伟人！

以马克思和列宁的名字命名的马克思列宁主义，一直是工人阶级政党指导思想的理论基础。

1848 年，当共产主义还被比喻为是一个徘徊在欧洲的"幽灵"时，马克思和恩格斯就为当时德国工人的秘密组织、后来成为国际工人政党的共产主义者同盟，起草了第一个马克思主义的理论和实践的纲领——《共产党宣言》。

《宣言》中始终贯穿着这样一个基本思想：每一时代主要的生产方式和交换方式以及必然由此产生的社会结构，是该时代政治、精神和历史的基础；因此，原始社会解体以来的全部历史都是阶级斗争的历史，而这个斗争现在已经达到这样一个阶段，即被剥削、被压迫的无产阶级，如果不同时使整个社会永远摆脱剥削和压迫，就不能再使自己从剥削它、压迫它的那个资产阶级的控制下解放出来。

马克思和恩格斯，这两位伟大的思想家，第一次揭示出工人阶级和整个人类获得解放的真实条件，并且宣告了如下真理——资产阶级的灭亡和无产阶级的胜利是同样不可避免的。

以列宁为首的布尔什维克党的领导人坚定地遵循马克思、恩格斯的基本原理，结合当时国际、国内面临的一系列新形势，极大地丰富和发展了马克思主义。

列宁科学地剖析了帝国主义的经济基础、深刻的矛盾和危机，揭示了帝国主义经济政治发展不平衡的规律，提出了社会主义革命可能首先在一国或数国取得胜利的新论断。他还对帝国主义时代的民族与殖民地的特殊地位做了精辟阐述，指明了民族解放运动的方向。

他及时总结十月革命前后阶级斗争的经验，继承、捍卫并大大发展了马克思主义关于无产阶级专政的理论和国家学说。他深刻阐述了无产阶级专政的必然性及其形式、无产阶级专政的实质和任务、无产阶级革命的领导力量和工农联盟的基础、必须彻底发展民主和强化人民监督等重大问题。

他明确指出，要进行无产阶级革命，实现和巩固无产阶级专政，头等重要的是无产阶级要建立自己真正革命的政党，即共产党。这个政党，是用马克思主义理论武装起来的党。

他还指出：由于其他资本主义国家还存在，社会主义和资本主义的斗争将是持久的，它将包括整个历史时代。社会主义国家随时都应当警惕帝国主义侵袭的危险，并竭尽全力来防止这种危险。

在列宁的领导下，俄国工人阶级和布尔什维克党，在人类历史上第一次取得了无产阶级革命的胜利，建立起了第一个无产阶级专政的国家政权，第一次把科学社会主义的理论通过革命实践变成了现实。

列宁主义认为，在向社会主义过渡的整个历史时期，必须坚持无产阶级专政，同时无产阶级政党要根据实践和形势的变化适时调整自己的任务和发展战略。

十月革命胜利之初，列宁清醒地看到，俄国无产阶级的中心任务已由"夺取俄国"转变为"管理俄国"。① 苏维埃政权的主要任务不是"继续用赤卫队进攻资本"，不是继续进行国有化，而是大力发展国家资本主义。② 与此同时，还要建立对产品生产和分配的全民计算和监督。这是布尔什维克党在十月革命后不久，从本国国情出发对过渡到社会主义所进行的初步探索。

然而，这一计划刚刚开始付诸实施，苏俄国内外敌对势力就发动了国内战争。

战争中，国内粮食极为短缺，城市饥荒严重，奸商哄抬粮价，投机倒把、大发横财，严重扰乱了市场，威胁着新生的革命政权。

由于在战争环境下物资奇缺，布尔什维克党适时采取了后来被称为"战时共产主义"的一系列政治、经济政策。比如，强行征集农民粮食，甚至包括生活必需的所有粮食，以"供给军队和养活工人"；在城市扩大国家所有制；甚至在流通领域试图取消货币，实行实物分配制等。

"战时共产主义"政策对粉碎外国武装干涉、保卫十月革命的胜利成果发挥了重大作用，因而被列宁称作"是一种功劳"。③

但是，这一政策也暴露出严重的弊端：它引发了不少农民和工人的强烈不满，甚至导致了一些部队的哗变。

新生的苏维埃政权再次面临着严重的危机。

1921年3月，俄共（布）及时召开第十次代表大会。列宁在政治报告中总结了党在领导国家从战争向和平建设过渡过程中出现的错误和教训。他

---

① 《列宁全集》第34卷，人民出版社，1985，第155页。
② 《列宁全集》第34卷，人民出版社，1985，第281页。
③ 《列宁全集》第41卷，人民出版社，1986，第208页。

坦然承认，现实生活说明以前我们错了，"我们现在正用'新经济政策'来纠正我们的许多错误，我们正在学习怎样在一个小农国家里进一步建设社会主义大厦而不犯这些错误"。①

1921年，俄共（布）开始实行以实物税代替余粮收集制，允许多种经济成分并存，实行租让制、租赁制等为主要内容的新经济政策，苏联经济很快取得了明显的恢复和发展。这无疑是俄共（布）从实际出发，对在当时俄国建设社会主义的成功探索，也是列宁对马克思主义理论的重要贡献。

从战时共产主义政策到新经济政策的转变绝不是一般意义上的政策转变，而是列宁探索社会主义道路的战略思维的转变。列宁在实行新经济政策时实际上已经将社会主义建设问题与如何利用市场作用的问题结合在一起加以探寻。

列宁逝世后，斯大林继任苏联党和国家的主要领导人，他创造性地运用和发展了马克思列宁主义。

革命胜利和内战结束后，托洛茨基认为，在"落后的俄国"是不可能建设社会主义的；只有西方进行革命才能够挽救俄国革命，应该用尽全力去促进、点燃西方革命。

斯大林认为这种理论的真正本质是鄙视俄国人民，"不相信俄国无产阶级的力量和能力"。他说，取得胜利的俄国无产阶级不能踏步不前，不能坐等胜利和来自西方无产阶级的帮助而无所作为。斯大林斩钉截铁地说："我们比先进国家落后五十到一百年。我们必须在十年内缩小这个距离，或者我们做到这一点，或者被人家击溃。"②

关于发展工业的方针，斯大林认为：必须使苏联从一个输入机器和设备的国家变成生产机器和设备的国家，不想成为资本主义世界经济的附庸，就要实行社会主义工业化，坚持重工业优先发展的原则。

在社会主义基本经济制度方面，斯大林提出了生产资料公有制、计划经济、农业合作社等构成苏联社会主义国民经济的基础；提出了社会主义基本经济规律是"用在高度技术基础上使社会主义生产不断增长和不断完善的办法来保证最大限度地满足整个社会经常增长的物质和文化的需求"。③

由于这些理论和指导方针紧密结合了当时国内外发展变化的实际，苏联共产党和斯大林带领党与人民很快实现了社会主义工业化和农业集体化，使

---

① 《列宁全集》第42卷，人民出版社，1987，第174~175页。
② 《斯大林选集》下卷，人民出版社，1979，第274页。
③ 《斯大林选集》下卷，人民出版社，1979，第598页。

社会主义基本制度在苏联确立起来，并为在反法西斯战争中赢得胜利和后来实现经济腾飞奠定了雄厚的基础。

在取得一个个胜利的同时，由于时代的局限和把个人作用夸大到不适当的地步等诸多原因，斯大林的思想方法在一些问题上，离开了辩证唯物主义，陷入了形而上学和主观主义，因而有时脱离了实际情况，脱离了群众，也使自己的一些思想和行为偏离了马列主义的某些基本观点。比如，在社会主义发展阶段理论上，他曾否认社会主义社会还存在矛盾和阶级斗争，过早提出社会主义"已经取得完全胜利"；在商品关系理论方面，一方面他首次承认在社会主义制度下"存在商品生产"，从而发展了马克思主义，但却又提出"一步一步地缩小商品流通的活动范围，而扩大产品交换的活动范围"，不顾当时社会生产力发展状况，实行单一的公有制和单一的分配方式；他忽视轻工业特别是农业的发展；在有的时候和有的问题上，他还严重混淆了两类不同性质的矛盾等。

斯大林去世后，赫鲁晓夫全盘否定斯大林，并进而否定列宁，逐渐脱离、背离乃至最终背叛了马列主义的一系列最基本的理论。

在1961年10月举行的苏共第二十二次代表大会上，他提出了一整套违背马列主义无产阶级革命、无产阶级专政和无产阶级政党等学说的所谓新的理论。这套鼓吹"全民国家"和"全民党"的理论，集中体现在这次大会通过的新的苏共纲领中。①

这个纲领说："无产阶级专政在苏联已经不再是必要的了。作为无产阶级专政的国家而产生的国家，在新的阶段即现阶段上已变为全民的国家。"②

马克思主义的国家学说，是马克思主义基本理论中十分重要的组成部分。列宁指出："国家的特征就是存在着把权力集中在自己手中的特殊阶级。"③ 任何国家只要存在阶级对立或在一定范围内存在敌对势力与阶级斗争，那么这个国家就不可能是超阶级的、全民的国家。

赫鲁晓夫的"全民国家"和"全民党"理论的一些消极后果是，它导致广大党员干部和人民群众误以为苏联社会已不存在反共、反社会主义势力，不再存在阶级斗争，因而失去了对资本主义复辟应有的警惕性。

在政治上全盘否定斯大林的赫鲁晓夫，在经济上虽然试图进行某些有利

---

① 〔苏〕尼·谢·赫鲁晓夫：《苏联共产党中央委员会向苏联共产党第二十二次代表大会提出的总结报告》，《苏联共产党第二十二次代表大会主要文件》，人民出版社，1961，第30页。
② 〔苏〕尼·谢·赫鲁晓夫：《苏联共产党中央委员会向苏联共产党第二十二次代表大会提出的总结报告》，《苏联共产党第二十二次代表大会主要文件》，人民出版社，1961，第33、31页。
③ 《列宁全集》第1卷，人民出版社，1984，第381页。

于发展生产力的政策调整，但在具体做法上却仍然完全因袭过去的办法，不顾经济发展的客观规律。比如，不顾第二次世界大战已经结束的现实，依然坚持优先发展重工业，尤其是军事工业，而忽视农业和轻工业的发展；没有对高度集中的计划经济体制进行及时而有效的改革，反而使这一体制进一步强化亦即僵化，结果使生产效率低下、浪费惊人，严重地影响了人民群众的生活。

1961年，赫鲁晓夫在苏共二十二大上宣布：苏联已进入"全面展开共产主义建设的时期"，要在"20年基本建成共产主义社会"。赫鲁晓夫所说的"共产主义"根本不是马克思主义的科学设想，而且完全脱离了苏联当时的国情。直到赫鲁晓夫下台，他的所谓"共产主义"，依然是虚无缥缈的"仙山琼阁"。

勃列日涅夫执政以后，对赫鲁晓夫的一些错误理论和实践做了修正。

1967年6月，苏共中央通过了《伟大的十月社会主义革命五十周年提纲》，强调"全民国家"仍然具有阶级性，它将"继续无产阶级专政的事业"。

同时，勃列日涅夫对"全民党"理论也做了修正。

1976年2月，勃列日涅夫在苏共二十五大上强调："在发达社会主义的条件下，在共产党已成为全民党的时候，它绝没有失去自己的阶级性。就其性质而言，苏共过去是，现在仍然是工人阶级的政党。"[①]

在社会主义建设的基本理论问题上，勃列日涅夫把赫鲁晓夫的"共产主义"调整为"发达社会主义"，但他仍死抱着马列主义的个别的具体结论不放，不能一切从实际出发，在关于社会主义发展阶段、社会主义商品经济等重大理论上依然固守僵化的思想，固守战时形成的高度集中的政治经济体制。在勃列日涅夫时期，苏联在军事力量上达到与美国平起平坐的地位，勃列日涅夫据此在对外政策上提出了"勃列日涅夫主义"。尽管这一主义其中也有抵御美国称霸世界的因素，但其中所包含更多的是要与美国争霸，对社会主义国家实行大国主义和大党主义，并不惜粗暴地武装干涉别国内政，这同样违背甚至是背叛了马列主义的根本原则。

在20世纪60~70年代，资本主义世界的电子、信息、生物等高科技有很大发展，但苏联对世界科技革命的发展缺乏及时了解，始终重视不够，因而应对乏力。这同样是苏联经济逐步走向停滞的十分重要的原因。

---

① 〔苏〕勃列日涅夫：《苏联共产党中央委员会总结报告和当前党的对内对外政策任务》，《苏联共产党第二十五次代表大会主要文件汇编》，生活·读书·新知三联书店，1977，第86页。

从 20 世纪 80 年代中期的情况看,苏联必须进行改革,但改革的目的,必须是在坚持社会主义基本制度的前提下,不断健全和完善苏联社会主义经济、政治体制,不断提高苏共自身的执政能力,巩固其执政地位,进而不断提高苏联社会主义的综合国力,不断改善最广大人民群众的生活。如果执政的共产党能够坚持马克思列宁主义的理论和路线,适时正确地解决积累的问题和面临的矛盾,勇于纠正错误,那么,就有可能使苏联党和国家转危为安,把社会主义事业继续推向前进。

戈尔巴乔夫于 1985 年上台后,开始给人们一种似乎他要以"改革"来振兴苏联的印象。但事实很快证明,他在背离马克思主义基本理论问题上,比赫鲁晓夫走得更为遥远。

这位号称马列主义理论专家、能成段地引用列宁著作的戈尔巴乔夫,在苏联解体、苏共垮台后却是这样评价马克思主义的:"共产主义是一种空想社会改良说。也就是说,那是一种几乎不可能实现的口号。"他还说:"实质上,马克思据以建立其'科学社会主义'世界观大厦的全部具体经济结论中没有一个是在实践中得到证实的。"①

戈尔巴乔夫在其世界观的演变中,逐渐接受了一整套资产阶级的思想观念和资本主义的基本制度,这导致他最终背叛了马克思主义,成为社会主义和共产主义彻头彻尾的叛徒。

1987 年 11 月,戈尔巴乔夫正式出版了他的新著《改革与新思维》,书中以"公开性"、"民主化"、"多元化"和"全人类的价值高于一切"等所谓"新观点"取代了马克思主义的一系列基本原理。1988 年 6 月,他在苏共第十九次全国代表会议上第一次明确提出改革的目标是要建立一个与现实的社会主义制度(他称之为"极权社会主义")根本不同的"人道的民主的社会主义"社会。这一理论,正是其"民主化"、"公开性"、"多元化"和"全人类的价值高于一切"的理论基础。②

他的"人道的民主的社会主义"究竟是一套什么样的理论呢?

按照"人道的民主的社会主义"理论来改造党的指导思想,就是用西方社会民主党的那一套旧理论来替代党的马克思主义理论基础。1988 年 6 月,戈尔巴乔夫在苏共第十九次全国代表会议上作报告,充分肯定赫鲁晓夫的"全民国家"理论。1990 年 2 月,苏共中央全会在向二十八大提出的

---

① 〔俄〕戈尔巴乔夫、〔日〕池田大作:《20 世纪的精神教训》,社会科学文献出版社,2005,第 384 页。

② 〔俄〕戈尔巴乔夫:《关于苏共二十七大决议的执行情况和深化改革的任务——在苏共第十九次全国代表会议上的报告》,莫斯科,1988,第 115 页。

《行动纲领草案》中进一步强调,"全民的法治国家排除任何一个阶级的专政",其实质是特指要"排除"无产阶级的专政。1990年7月2日,戈尔巴乔夫在苏共二十八大的政治报告中说,要考虑"一切理论的局限性",其实质是说,要考虑马克思列宁主义的"局限性"。1991年7月25日,戈尔巴乔夫在苏共中央全会上强调:"过去,党只承认马克思列宁主义是鼓舞自己的源泉","现在,必须使我们的思想库内包括国外社会主义和民主思想的一切财富"。说穿了,这些表述的本质就是要以西方社会民主党的思想作为其指导思想。

按照"人道的民主的社会主义"理论来改造党,就是要最终取消党的执政地位。这正如戈尔巴乔夫在其回忆录中所说,他要改革的核心,可以概括为"将政权从垄断地掌握它的共产党的手里,转交到依据宪法应该拥有它的人们的手里"。① 说透了,戈尔巴乔夫就是要依照西方资产阶级民主制、多党制、三权分立的议会制等模式,来改造社会主义的政治体制。就是使苏联共产党放弃执政地位,变成像资产阶级性质的社会民主党那样的议会党,使党的作用仅限于组织议会和总统选举,这就从根本上抛弃了马克思主义的建党原则。

按照"人道的民主的社会主义"理论来改造社会制度,就是把社会主义改变成资本主义。戈尔巴乔夫反复强调,社会主义制度是极权的、专横的制度,他推行改革的目标就是要消除权力垄断,克服异化。他的具体办法就是取消共产党的领导,实行多党制,同时实行私有化,全面抛弃社会主义制度,从而达到全面恢复资本主义的政治、经济和文化制度的目的。

在苏联所谓改革的实践中,戈尔巴乔夫不断地充实和完善着"人道的民主的社会主义"的理论。

在1987年,他便提出党不应"干涉苏维埃的事情"。此后不久,他公然抛弃党的领导,提出"还权于苏维埃"的口号。

后来,戈尔巴乔夫在其回忆录中说:"如果试图简洁地概括政治体制改革的思想,那么它所思考和实施的东西,可以说是——将政权从垄断地掌握它的共产党的手里转交到依据宪法应该拥有它的人们,即通过自由选举产生的人民代表组成的苏维埃的手里。"②

1917年9～10月,布尔什维克党曾提出"一切政权归苏维埃"的口号。这是因为,当时彼得格勒和莫斯科两大城市的苏维埃已全部转到了布尔什维

---

① 〔俄〕戈尔巴乔夫:《戈尔巴乔夫回忆录》,社会科学文献出版社,2003,第506页。
② 〔俄〕戈尔巴乔夫:《戈尔巴乔夫回忆录》,社会科学文献出版社,2003,第506页。

克的手中，提出这一口号是布尔什维克党要在全国各地进一步夺取和确立属于工人阶级和人民的国家政权。而在这之前，当社会革命党和孟什维克控制苏维埃之时，列宁则决定暂时不支持"全部政权归苏维埃"的口号。所以这里的关键在于谁领导苏维埃。戈尔巴乔夫在70多年后重提这一口号，是要全盘照搬西方资本主义的政治制度，引入其多党制，从根本上取消苏联共产党的执政地位。

1989年5月25日，第一届苏联人民代表大会召开。按照戈尔巴乔夫新改革方案，以叶利钦为代表的一大批党内外政治反对派人士当选为苏联人民代表。1989年6月9日，持不同政见者萨哈罗夫提出动议，要求废除苏联宪法第六条中关于保障苏共执政地位的规定。就在这次会议上，党原定的议程和内容被修改，党的领导方针受到全面抨击，党的中央领导人遭到诘问和责难，苏共的领导地位受到公开威胁。

戈尔巴乔夫要改变的绝不仅仅是苏联社会主义的上层建筑及其意识形态，他更加重视改变苏联社会主义的经济基础。在社会主义建设理论上，戈尔巴乔夫一方面否定几十年来苏联社会主义建设的成功经验，另一方面把西方经济理论视为他所谓改革的"圣经"。

1991年4月，自由派经济学家亚夫林斯基与美国哈佛大学的教授共同制定了苏联经济改革纲领。这个被称为"哈佛计划"的纲领，基本思路就是：在西方的援助下，进行激进的经济改革，建立以私有制为基础的市场经济和西方的民主政治制度。

实际上，这正是从20世纪80年代开始大肆推销的西方所谓"新自由主义"的翻版，它强调完全自由的市场机制，反对国家调控，主张私有制，反对公有制。这个"哈佛计划"完全不顾苏联的实际情况，企图通过500天的"休克疗法"，迅速转向西方自由市场经济体制。这个充满了新自由主义理论色彩的"哈佛计划"，受到了戈尔巴乔夫的特别青睐。在戈尔巴乔夫的全力推动下，1991年7月，苏联最高苏维埃通过《私有化法》。戈尔巴乔夫在写给西方七国领导人的信中说，头两年将把苏联80%的中小企业卖给私人，第二步将对大型企业实行私人经营。经济基础决定上层建筑，所有制领域向私有化方向的急剧演进，进一步加剧了思想理论领域的混乱。

列宁对他心中的社会主义，曾经开列出这样一个形象的公式：苏维埃政权＋普鲁士的铁路管理制度＋美国的技术和托拉斯组织＋美国的国民教育等＝社会主义。在这一公式中，"苏维埃政权"是至关重要的前提和根本保证，它决定着国家和社会的根本性质和发展方向。几十年后，戈尔巴乔夫只要后面几个选项，唯独抛弃了关乎方向、性质的第一项，这样做的结果就是苏联的社会主义彻底改变了性质。

列宁为苏共奠定的正确的理论基础，就是这样慢慢地被赫鲁晓夫、戈尔巴乔夫这样的人歪曲、阉割、篡改和背叛的。

应该特别指出的是，戈尔巴乔夫打着"人道的民主的社会主义"旗号，从根本上取代马列主义和社会主义，这比叶利钦赤裸裸鼓吹的资本主义更具有欺骗性，因而也具有更大的危险性。

根基不牢，地动山摇。失去了马克思列宁主义的理论基础，苏共的瓦解便是不可避免的了。

第三集　苏共的意识形态工作

1988年3月13日，《苏维埃俄罗斯报》发表了列宁格勒工学院女教师尼娜·安德烈耶娃的一封读者来信，题为《我不能放弃原则》。信中尖锐地指出，社会上涌动的一股股所谓"反思历史思潮"，实则是主张全盘西化的逆流。她还说，当前报刊上轰动一时的文章只能使人迷失方向，是给社会主义的苏联抹黑。文章指出了当时舆论界许多不正常的现象，如：国内外敌对势力支持的各种非正式组织的空前活跃，各种媒体和研讨会上拼命鼓噪的西方议会制、多党制、彻底否定共产党和工人阶级的领导地位、恶毒攻击苏联历史和社会主义制度的论调，等等。

这封信即刻在全苏联引发了轩然大波。

尼娜·安德烈耶娃的信很快被一些州的报刊转载，一些党组织就社会上刮起的"反思历史、翻历史旧账、丑化历史"的现象展开了激烈的讨论。

所谓的"改革派"则将其视为"保守势力和苏共旧势力"的反攻倒算。

苏共中央政治局接连两天召开紧急会议商讨对策，目的就是要制止和反击这股所谓的"反对改革的势力"。结果戈尔巴乔夫将坚持马列主义原则的、原主管意识形态的苏共中央政治局委员利加乔夫调整为主管农业，取而代之的是中央书记雅科夫列夫。

在雅科夫列夫的直接授意下，《真理报》于4月5日发表了反击文章《改革的原则：思维和行动的革命性》，对安德烈耶娃给予全面反击和打压。

《真理报》将尼娜·安德烈耶娃的信称为"反改革分子的宣言"，把尼娜·安德烈耶娃称为"改革的敌人、斯大林主义分子、保守派、机关官僚、党的权贵代表"。

此后，各种攻击、谩骂苏共和社会主义制度的言论、文章纷纷出笼，反马克思主义思潮泛滥，整个苏联历史都被描述得一团漆黑。由此，已经被撕开裂口的苏共思想和意识形态工作的大堤,急剧滑向崩溃的边缘。

亚历山大·雅科夫列夫,1923年出生于一个农民家庭,他是第二次世界大战后苏联第一批被派到美国哥伦比亚大学留学的四名学生之一。

1985年7月,戈尔巴乔夫提议雅科夫列夫为苏共中央宣传部部长的候选人。过了几个月,雅科夫列夫被选为中央政治局委员、中央书记,并开始负责大众传媒工作。

雅科夫列夫对"社会主义"这个字眼似乎有着特殊的仇恨。他否定十月革命,否定苏联建设的成就。在他的眼里,苏联有的只能是罪恶,能获得的只能是诅咒。

雅科夫列夫后来在其代表作《一杯苦酒》中说,马克思主义在"现实生活中是站不住脚的";十月革命"践踏了通向民主的运动",在苏联搞改革就是要"退回去"。①

那么,雅科夫列夫要退到哪里去呢?他对资本主义赞不绝口、顶礼膜拜。他说:"资本主义带来了实用主义的伦理。在资本主义的自由、平等、博爱的口号中体现了崇高的理想主义,它依据的是清醒的、脚踏实地的现实考虑。"②

戈尔巴乔夫让雅科夫列夫这样所谓的"改革派"进入苏共的领导核心,并掌管意识形态工作,难道仅仅是用人不当和失误吗?

苏共主管的意识形态的闸门向反共反苏势力开放,是从戈尔巴乔夫提出"公开性"的那一刻开启的。

"公开性"一词是列宁开始使用的,其本意是为了进一步密切同群众的联系渠道,及时了解社会舆论和劳动人民的意愿。而到了戈尔巴乔夫那里,其本意和性质都发生了根本性的变化。

1986年年初,戈尔巴乔夫提出"公开性"的口号。

1986年3月,戈尔巴乔夫邀请大众媒体批评苏联党政机关。他对新闻媒体说:"在当今社会发展阶段,我们的报刊可以成为独特的反对派。"

1987年1月,戈尔巴乔夫在苏共中央全会上提出了改革旧体制的方法,即思想方面的"公开性"和社会变革的"民主化"。

所谓的"公开性",再加上所谓的"民主化",便成为策动全苏联各种反对派大肆声讨苏共的总动员令。

---

① 〔俄〕亚·尼·雅科夫列夫:《一杯苦酒——俄罗斯的布尔什维主义和改革运动》,新华出版社,1999,第286页。

② 〔俄〕亚·尼·雅科夫列夫:《一杯苦酒——俄罗斯的布尔什维主义和改革运动》,新华出版社,1999,第286页。

闸门一旦被打开，形形色色的反苏反共反社会主义的思潮便如洪水般地奔涌而出。

戈尔巴乔夫所谓的"公开性"和"民主化"的实质，是要对亲西方的反苏反共反社会主义反马克思主义的势力和思潮"公开""民主"，而对安德烈耶娃这样表达了捍卫苏联共产党、苏联社会主义和马列主义的言论和思想的人则要进行"专政"和毁灭性打击。

"公开性"首先引发的最主要的思潮是所谓的"反思历史"。

1987年1月，戈尔巴乔夫提出，在苏联历史中"不应该有被遗忘的人物和空白点"。

结果，重新审视乃至全面清算苏共和社会主义苏联历史的风潮便铺天盖地而来。

全盘否定斯大林的思潮死灰复燃，汹涌成势。他们大肆渲染斯大林时期在肃反中被杀害的人数，成几十倍地夸大说当时被错杀的人数有上千万，甚至几千万之多；他们把斯大林搞的国家工业化贬损得一无是处；他们把卫国战争初期斯大林的失误肆意歪曲、扩大，甚至否定卫国战争的胜利是苏共和斯大林领导的结果。[①]

这股清算思潮自1987年年底开始，到1988年达到高潮。批判的矛头由针对斯大林个人进而指向了20世纪20~50年代苏联的社会制度，把曾经造成苏联历史辉煌的社会主义制度，说成是"极权主义"，是万恶之源。[②]

1989年以后，对斯大林的批判逐渐转变为对十月革命、对列宁主义和列宁本人的批判与否定。1989年，苏联有关部门颁布命令，取消学校中马列主义这门必修课，中学的马列主义课程改为"社会与人"。一些文章或明或暗地提出，斯大林的错误实际上与十月革命和列宁主义，乃至列宁本人有着直接的联系。

在官方鼓励下，意识形态领域的这场批判，像一股巨大的龙卷风席卷整个社会，而且越刮越猛。

一些对"反思历史"特别激进的报刊如《星火》画报和《莫斯科新闻》逐渐暴露其真面目：借否定过去，否定苏共历史，否定社会主义，进而公然打出向资本主义方向"改革"的旗号。

一些大型刊物靠揭露历史、暴露"隐蔽"材料，刊登所谓的反思小说等，发行量剧增。

[①] Б. Г. Соловьев, В. В. Суходеев: ПОЛКОВОДЕЦ СТАЛИН）ЭКСМО, 2002 г.
[②] 《苏联共产党第二十八次代表大会文件汇编》，莫斯科，1990，第88页。

1985年《民族友谊》杂志原来发行量不到12万份,以后连续几年都没有多大变化。1987年一经刊登被称为"文学炸弹"的丑化斯大林的小说《阿尔巴特大街的儿女们》,1989年发行量即突破了100万份。

《新世界》杂志1989年借刊登索尔仁尼琴反映劳改营和流放地的小说《古拉格群岛》,发行量从42万份猛增至250万份。

此后,各种非正式出版物纷纷登台,苏共报刊舆论阵地逐渐被蚕食。

1990年上半年,苏联境内各种"非正式"出版物多达上千种。

1990年6月12日,《苏联出版法》正式颁布,反对派和私人办报合法化。

苏共在意识形态领域失去了主导权,造成了十分严重的恶果。

苏联共产党的思想被搞乱了,苏联人民的思想被搞乱了:斯大林成了恶魔,列宁成了无赖,整个苏共和苏联的历史除了罪恶还是罪恶,十月革命和社会主义带来的只是灾难,而资本主义则成了人们心目中自由和富足的理想天堂。有人想退得更远,要求回到沙俄时代的君主制。

1994年,俄罗斯著名作家邦达列夫在回顾这一时期的情景时说:"在六年当中,报刊实现了欧洲装备最精良的军队在40年代用火与剑侵入我国时未能实现的目标。那支军队有第一流的技术设备,但缺少一样东西——这就是千万份带菌的出版物。"[①]

不仅报刊成为反马克思主义、反社会主义的阵地,电视台也不甘落后。反对派极力挤进电视台并且要求直播,以便摆脱控制和剪辑。几位年轻记者在电视一台创办了直播政论性节目"视点""第五车轮",公开抨击和批判苏共。

1989年春天,根据修改后的宪法,全苏进行人民代表选举。反对派抓住竞选活动这个机会,通过电视直播,合法地将各种反苏、反共的声音传遍全国。

苏共的党代会和后来全程电视直播的人民代表大会也成为反对派的重要舞台。

实际上已呈垄断之势的所谓开放传媒和自由竞选运动,进一步加剧了苏共的信任危机,并由此成为政治上和组织上全盘否定苏共的开端。

苏联知识界也呈现出一片混乱。

原先所谓"坚定的列宁主义者"摇身一变成为反对所谓"极权主义"的斗士,苏联知识分子队伍中的"激进思潮"急速蔓延,大学里马克思主

---

① 转引自曹长盛等主编《苏联演变进程中的意识形态研究》,人民出版社,2004,第273页。

义哲学课成为被嘲笑的对象,全国众多的科学共产主义教研室仿佛在一夜之间都变成了传播西方政治学的基地。相当一批人文知识分子对西方模式顶礼膜拜,对俄罗斯的历史和现状心存不满;其中少数的知识精英成了瓦解苏共、摧毁苏联社会主义制度的"吹鼓手"和"先锋队"。

1988年中期,苏联出版了一本由历史学家尤·阿法纳西耶夫主编、以倡导西方政治经济体制为主旨的政治论文集《别无选择》,当时在苏联被称为"改革力量的宣言书"。这部风行一时的文集的作者都是当时苏联知识界的名人,他们中有经济学家波波夫、政治学家布尔拉斯基、哲学家弗罗洛夫等。

这些知识界的名流批判斯大林、批判苏联的制度和体制,把西方所谓的"治世良方"照抄照搬过来,推动着苏联在错误的道路上越走越快,越走越远。

那些仅能说出英文或几句晦涩难懂的西方辞藻的人,往往被捧为知识高深的大家,不但受到媒体的推崇,而且不少人一步登天,由研究室主任、教研室主任或实验室主任一跃成为人民代表乃至部长、部长会议副主席。

莫斯科大学经济学教授波波夫,以炮击"苏共官僚机构"和彻底否定苏联旧体制著称。他后来当选首届苏联人民代表和首任莫斯科市苏维埃主席,与叶利钦、萨哈罗夫等人共为"民主派"的领头羊,并和雅科夫列夫、叶利钦等人同被称为所谓的俄罗斯"民主之父"。

叶戈尔·盖达尔,市场改革派核心人物,莫斯科大学经济学研究生毕业,崇尚资本主义制度。1986年,他和一伙意气相投的经济学家在列宁格勒郊外组织了一次经济学研讨会,并形成了一个政治团体——青年改革派。这是一群完全接受西方政治经济理论的年轻学者。

苏共多年精心培养的理论队伍和思想精英一夜间掉转了枪口,同一些党政官员、经济管理干部、灰色经济势力以及犯罪黑势力一起成为苏共和苏联社会主义制度的掘墓人!

苏联思想战线上出现这种情况的原因是复杂的,但最根本的原因,是从苏共在意识形态领域解除了马克思列宁主义的封印开始的,结果便放出了毁灭自身的魔鬼。

思想的陷落使苏共面临灭顶之灾。

在夺取和巩固政权的革命年代,布尔什维克和革命的工人、士兵们,满怀创造一个新世界的革命理想,满怀对党的领袖的信赖,奋不顾身地投入到血与火的斗争中。

在伟大卫国战争的岁月,英勇的苏共党员、红军战士和苏联人民,高喊着"为了斯大林""为了祖国",冒着法西斯的枪林弹雨、冲锋陷阵,不惜流尽最后一滴血。

等到 1991 年,当主流舆论千百次地重复苏共和苏联的社会主义实践是失败的,当各种媒体把党的领袖的形象抹得漆黑一团,当广大党员和人民群众把这些谎言和谬论误认为真理之后,面对苏共最高领导人宣布解散共产党、推翻社会主义制度的危急时刻,还会有谁站出来捍卫共产党和社会主义呢?

对于一个马列主义执政党来说,强有力的思想意识形态工作就是它凝聚党心、凝聚民心、率领自己的党和人民,统一步伐、迈步前行的理想、意志和号角。当它的号角被夺取、当它的理想和意志被摧垮的时候,这个党还能够存在吗?

第四集　苏共的党风

弗拉基米尔·伊里奇·列宁的雕像静静地矗立在这里,他身后的斯莫尔尼宫曾经是十月革命的总指挥部。大门里面尘封着历史的烟云,宁静的草坪记录下许许多多令人难以忘怀的往事。

十月革命的时候,卫兵洛班诺夫在这里拦住了列宁,一位工作人员说,这是列宁同志。洛班诺夫回答,就是列宁同志也需要出示通行证。列宁在出示了自己的证件后,表扬了这位忠于职守的红军战士。这个故事曾收入 20 世纪 50 年代和 60 年代中国的小学语文课本,题目就叫作《列宁和卫兵》。

从故事中我们读到了苏维埃战士的忠诚,但更多读到的却是无产阶级领袖的风范,是列宁创建的布尔什维克党和人民血肉相连的优良作风。

一个执政党的党风,关系到人心向背,甚至是生死存亡。

列宁领导的布尔什维克党,在夺取政权前,提出了"和平、土地、面包"的口号,把广大人民群众召唤到革命的旗帜下。因为这个党代表的是广大人民的根本利益,依靠人民、带领人民为实现切身利益而奋斗,才取得了十月革命的胜利。

苏维埃政权建立后,人民成为国家的主人。亿万人民的支持是执政党巩固执政地位不能须臾离开的群众基础。

1920 年 5 月 1 日,一个普通的星期六,莫斯科春光融融,列宁和全市的共产党员一起参加了义务劳动。这项活动是一年前莫斯科喀山铁路局的共产党员自觉发起的,列宁对此给予了高度的评价,称之为"伟大的创举",并给它起了个名字叫"共产主义星期六义务劳动"。它很快推广到全国党的基层组织，带动了大批非党群众参加。

党的领袖要和普通党员融为一体，共产党要和广大群众融为一体。列宁以自己的行为告诫全党："只靠共产党员的双手来建立共产主义社会，这是幼稚的、十分幼稚的想法。共产党员不过是沧海一粟，不过是人民大海中的一粟而已。"[①] "对于一个人数不多的共产党来说，对于一个作为工人阶级的先锋队来领导一个大国在暂时没有得到较先进国家的直接援助的情况下向社会主义过渡的共产党来说，最严重最可惜的危险之一，就是脱离群众。"[②]

与人民群众始终保持血肉联系，始终保持密切联系群众的优良作风，这是战胜这个危险的根本法宝。

列宁亲自为苏维埃机关制定了这样的管理规则："每个苏维埃机关，都要张贴关于接待群众来访的日期和时间的规定，……接待室必须设在可以自由出入、根本不需要什么出入证的地方。每个苏维埃机关都要有登记簿，把来访者的姓名、意见要点和问题性质最简要地记下来。星期日和假日也要规定接待时间。"[③]

这些规定如此细致具体，从中可以体察到在列宁心目中，人民群众的要求占有多么重要的地位。列宁本人就是这样做的，据当年苏联人民委员会接待室统计表记载，仅在1922年10月2日到12月16日两个半月中，他亲自接待了125人次，平均每天会见2~3人。曾经采访过列宁、目睹了接待场面的美国记者艾尔伯特·威廉斯把列宁的办公室称作"世界上最大的接待室"。[④]

因为列宁知道，如果党得不到人民群众全心全意的拥护，"那么，布尔什维克别说把政权保持两年半，就是两个半月也保持不住"。

这是莫斯科地铁。走进这里，犹如来到艺术的殿堂，从20世纪30年代直到今天，它一直是世界上最发达、建筑质量和品质堪称优质的城市地下交通系统。它记录着人民创造的历史，承载着苏联人的强国梦想，它也是一个时代的标志。这就是斯大林时代。

回顾20世纪苏联的历史，可以说，没有列宁就没有社会主义革命的胜利，没有斯大林也就没有世界上第一个社会主义强国。

斯大林这个名字，曾经象征着钢铁般的意志和力量，有着巨大的感召力。那是因为他和战友、党员、人民在一起，用共同的智慧和力量，取得了

---

① 《列宁全集》第43卷，人民出版社，1987，第96页。
② 《列宁选集》第4卷，人民出版社，1995，第626页。
③ 《列宁全集》第28卷，人民出版社，1956，第330页。
④ 〔苏〕鲍·根基娜：《列宁的国务活动》，中国人民大学出版社，1982，第617页。

卫国战争的伟大胜利，在苏联这样一个落后的农业国迅速实现了社会主义工业化。

在苏联共产党和苏联人民心中，斯大林曾经是一面火红的旗帜。人们没有忘记，在卫国战争中，他把自己心爱的儿子雅科夫送上了战火硝烟的最前线。1941年7月，雅科夫在作战中被俘，希特勒提出，愿意以释放雅科夫为条件，交换德军将领保卢斯，斯大林的回答却是："我不会用一名将军去交换一名士兵。"结果，雅科夫死在了德国法西斯的一个集中营里。

无论是在战争时期还是在和平建设时期，斯大林都长期保持着简朴的生活作风，他的一件大衣足足穿了15年，他的大元帅服上打着补丁。他常穿的一件短皮大衣，竟然从十月革命时期起一直穿到了去世。他去世后，人们发现他仅有900卢布存款（这相当于当时一个熟练工人半个月的工资）。①

翻开斯大林的著作，可以看到，在他的演讲和文章中，多次引用过古希腊神话中安泰的故事。英雄安泰力大无比，这力量来源于他的母亲——大地之神盖伊。安泰是在空中被对手杀死的，因为他的双脚脱离了大地，也就无法补充和吸取养分与能量。

斯大林的比喻是要告诉人们：共产党就好比安泰，人民群众就是大地母亲。

斯大林在长期担任党和国家最高领导人后，也出现了主要靠听汇报、看文件、做指示、发命令的形式来了解情况和解决问题的情况，很少深入实际，接触群众。他在1928年1月到西伯利亚了解粮食收购情况之后，在长达20多年的时间里，再也没有去过农村，显然，对农村的情况就不甚了解。到1953年他去世之际，苏联的农业状况不太好，粮食产量除个别年份外，甚至没有超过沙俄时代的水平，恐怕与此不无关系。此外，由于卫国战争的伟大胜利和苏联国际威望的迅速飙升，在党内对斯大林"个人崇拜"的风气也日趋严重，这使上层领导很难听进群众的意见，下层意见也很难上达。脱离了群众这块大地，任何"安泰"式的英雄人物都必须会犯这样那样的错误。

在赫鲁晓夫时代，理论脱离实际，干部脱离群众的官僚主义习气在党内日益蔓延起来，夸夸其谈、不务实事、互相吹捧、阿谀奉承的庸俗之风抬头。担任苏共中央第一书记和苏联部长会议主席、集党政大权于一身的赫鲁晓夫，对此负有不可推卸的责任。

赫鲁晓夫批判对斯大林的个人迷信，却十分欣赏甚至鼓励人们对他自己

---

① 参见〔俄〕尤·瓦·叶梅利亚诺夫《斯大林：未经修改的档案》，译林出版社，2006，第523页；〔俄〕卡尔波夫：《大元帅斯大林》，社会科学文献出版社，2005，第772页。

的个人迷信。他高高在上，独断专行，随心所欲，鲁莽决策，只准颂扬，不准批评，听不进来自党内外群众的声音，更感受不到党内外对他的不满和批评。

1964年10月14日，在苏共中央主席团会议上，即将被赶下台的赫鲁晓夫发表了他的"最后的政治演说"。他流着泪说："在座的各位，从来没有公开地、诚实地指出我的任何缺点和错误，总是随声附和，对我的所有的建议都表示支持，你们也缺乏原则性和勇气。"① 赫鲁晓夫的话从一个侧面，真实地反映出当时苏共党内作风存在的严重问题。

进入勃列日涅夫时期，苏共的党风问题更加严重，因循守旧和保守主义成为苏共的主流思想体系。那时，苏共相当大的一批领导干部的精神状态是：安于现状、不愿改革、不思进取。在当时苏共政治局内私下流行这样一句话，"不，我们什么都不需要改变"，也正是这种思想，使苏共的党风越来越脱离实际、脱离群众。

在这一时期的苏共党内，空话套话连篇累牍，形式主义愈演愈烈，苏共《真理报》总编辑阿法纳西耶夫曾经多次参与苏共中央重要文件的起草。他后来在回忆中对苏共日益败坏的党风痛心疾首。他举例说，苏共中央向大会所作的报告，其起草的方式、方法和顺序早就定型了：开头，永远是"资本主义总危机"……；第二部分：国内情况，始终是"巨大成就"和"个别缺点"……。他还披露，为勃列日涅夫起草文件，并不要求有什么"新思想"，更不要说有什么"独到的思想"了。只要你善于把那些习惯性的思想换上新的形式，找到新的表达方式，就算是有"创造性"了。正是这种形式主义、不切实际的风气，导致了在苏共各级党委和领导干部中，对大量反映现实问题的群众来信几乎都是不闻不问，束之高阁。②

作为苏共最高领导人的勃列日涅夫，不仅没有大力纠正和改变苏共的党风状况，而且还使苏共的党风建设日渐遭到破坏。勃列日涅夫本人就非常爱慕虚荣和爱听别人的阿谀奉承。在他执政期间，他对表面的荣誉和奖赏的奇特癖好更达到了登峰造极的地步。

因为列宁和勃列日涅夫的父名都叫伊里奇，苏联思想界有人投其所好，提出了"两个伊里奇"和"从伊里奇到伊里奇"的说法。1977年在庆祝十月革命的群众游行队伍中，第一次出现了和列宁像大小一样的勃列日涅夫像。不久，"两个伊里奇"的肖像就在全国各地并排悬挂起来。

---

① 〔俄〕谢·赫鲁晓夫：《赫鲁晓夫下台内幕》，中央编译出版社，2000，第146页。
② 〔俄〕阿法纳西耶夫：《〈真理报〉总编辑沉浮录》，东方出版社，1993，第92页。

据统计，勃列日涅夫执政期间，他总共获得了包括列宁勋章、苏联英雄勋章等在内的各类勋章达200多枚。很多勋章是在他的暗示下授予的。令人哭笑不得的是，在他死后的送葬行列中，为他捧各种勋章和奖章的军官竟达44人之多。

勃列日涅夫不仅喜爱阿谀奉承，贪图荣誉，而且贪恋钱财。有一次勃列日涅夫到阿塞拜疆访问，该共和国共产党第一书记阿利耶夫竟然送给他一座用纯金制作的、价值连城的半身像。之后，阿利耶夫便很快被调到莫斯科任部长会议第一副主席，并成为政治局委员。

"上有所好，下必甚焉。"一时间苏共党内贪图享受、沽名钓誉、阿谀奉承、欺上瞒下、贪污贿赂、特权腐败之风更盛。很多人加入共产党不再是为社会主义建设事业、为共产主义理想而献身，反而捞取一官半职、攫取更多个人、小集团利益成为其最大追求，从而导致党风状况日益恶化。在勃列日涅夫长达18年的执政时期，苏联积累了大量的经济、政治和社会问题。

1985年3月，戈尔巴乔夫成为苏共的最高领导人。

如果说在此之前，苏共党风建设存在的突出问题是逐渐脱离、背离集体领导特别是人民群众的话，那么，到了戈尔巴乔夫时期，此问题更加严重。戈尔巴乔夫在苏共领导人中以"能言善辩"著称，具有很好的口才。他本人热衷于到国内各地搞兴师动众的视察，热衷于讲话和写文章，并频频出镜露面。据长期在戈尔巴乔夫身边的工作人员回忆，仅在1985年10月，他到处巡视，不断讲话、演讲、报告达15次之多。而且其所发表的政治观点常常与苏共中央政治局内的观点不协调，也不通气。他的许多倡议和许诺很多政治局委员都是看了报纸才知道的。戈尔巴乔夫不仅抛开了集体领导，更是严重脱离实际，脱离人民群众，听不到或说是根本不听人民群众的疾苦和呼声，完全凭主观决策。他在全国范围强制推行"反酗酒"运动，为最终实现含有酒精饮料的零生产，将格鲁吉亚的葡萄树全部砍光，戈尔巴乔夫因此也获得了"矿泉水书记"的绰号。

戈尔巴乔夫更沉醉于国内外，尤其是西方舆论对其"开明君主"形象的反应。曾担任过戈尔巴乔夫助手的瓦列利·博尔金在其回忆录《戈尔巴乔夫沉浮录》中写道，戈尔巴乔夫在自己的办公室里"经常大声朗读国外对他在世界上的伟大改革的评价，这种东西有时他会读上几个小时，而时间就这样一点一点地过去了，而亟待处理的大量文件他却还没有看"。[①]

曾任苏联部长会议主席的尼·雷日科夫说戈尔巴乔夫是"不善于、不

[①]〔俄〕瓦·博尔金：《戈尔巴乔夫沉浮录》，中央编译出版社，1996，第133～137、282页。

喜欢也不愿意倾听他人的意见，只喜欢夸夸其谈，只是他一个人没完没了地高谈阔论，玩弄辞藻，把本来空洞无物的刻板思想说得天花乱坠"。① 不少俄罗斯人在反思时认为，戈尔巴乔夫本意是想一上台就建立"丰功伟绩"，但却把其讲话和文章在国内外引起的轰动看成了"丰功伟绩"。他不注意制定正确的改革方针，又没有与之相配套的实际措施，更不做落实计划时所需要的大量艰苦细致的工作，他的领导风格就是"以说话开始，以说话结束"，所以致使改革初期的大量决议被束之高阁。而他这种夸夸其谈、缺乏"求真务实"的作风，使党和国家的很多问题不仅无法解决，并且得到急遽的积累和发展。

戈尔巴乔夫更是一个典型的言行不一、见风使舵、工于心计的两面派。在担任苏联总统前，他曾多次宣称："党就是我的一切，我可以放弃苏联总统的职位，因为在我心目中，最重要的是苏联共产党。"但当上总统后，他的行为却与他的宣言却完全相反。苏联解体后，他在与日本社会活动家池田大作的对话中说：我为能在改革年代里把共产主义的影响所造成的恶果从人们的意识中清除而感到非常荣幸。博尔金曾这样回忆道，戈尔巴乔夫观点多元化，善于兜圈子，"经常是向前走两步，向旁边走三步，又向后退一步"，"面对坚定的马克思主义派，他说要为光明的未来——共产主义奋斗，任何时候都不会背离这条道路；而面对市场派，他又说，只有像奥地利和瑞典那样发展市场关系、民主和自由，才能取得成功"。"他善耍手腕，这种本事多年来已达到炉火纯青的程度。"②

原苏共中央政治局委员利加乔夫沉痛地反思说，那时党内、社会上普遍养成说的是一套、做的是另一套的风气，这是造成苏共党内离心倾向发展的一个重要原因。

曾经是苏共普通党员的莫斯科一家电视台采编部主任这样说："我曾是一名光荣的共产党员，一直积极参加党组织的各项活动。但是，戈尔巴乔夫这些人，打着改革的旗号，实际上是在争夺权力、争夺总统，根本不去考虑广大党员和人民群众的愿望和要求。他们早就成为一群高高在上的特殊的官僚阶层，这样的党的领导人和恶劣的党风，怎么可能再让我们跟着他们走。"

从1989年1月至1991年1月，在短短的两年内，全国有290多万共产党员声明退出党组织，留在党内的党员也大都对党失去了信任。

---

① 〔俄〕尼·雷日科夫：《大动荡的十年》，中央编译出版社，1998，第369页。
② 〔俄〕瓦·博尔金：《戈尔巴乔夫沉浮录》，中央编译出版社，1996，第308页。

苏联最大的乌拉尔汽车制造厂在1989年还有9000多名党员，到1991年1月只剩下1600多人，其中还有300多人不缴党费。① 布良斯克地区1986年有6000人入党，1989年为750人，1991年只有4个人。据1990年不完全统计，全国有1/5的车间党组织、1/2的党小组解散或停止活动，苏共战斗力几乎丧失殆尽。②

戈尔巴乔夫的一系列错误路线，不仅毁坏了党的凝聚力，而且使党的阶级基础和群众基础进一步瓦解，党群关系恶化到顶点，造成国内经济状况恶化，民族矛盾尖锐，使人民丧失对党的信任。

雷日科夫曾痛心地说："党到1990年已经缓慢地濒临死亡。"

1990年年底，立陶宛、拉脱维亚、爱沙尼亚、格鲁吉亚等共和国的共产党已经沦为在野党，莫斯科、列宁格勒等大城市的市长职务也落到反对派手中。1991年年初的民意调查表明，苏联政府的支持率仅有13%，不支持率达73%，苏共的支持率仅有14%。

戈尔巴乔夫在下台后进行反思时也不得不承认："失去了人民的支持，就失去了主要的资源，就会出现政治冒险家和投机家。这是我犯的错误，主要的错误。"不，这岂止是"错误"，这是对人民的背叛。戈尔巴乔夫最终彻底背叛了人民群众。他以人民的名义，打着人道和民主的旗号，危害人民的根本利益，最终站在了人民的对立面。正因为以戈尔巴乔夫为首的苏联共产党领导人彻底背叛了人民，对这个已经不代表自己根本利益的党，人们在其生死存亡的关头采取了十分冷漠的态度。

"8·19"事件后，苏联共产党内一批真正的共产党人既极度悲愤，又十分无奈。苏军总参谋长阿赫罗梅耶夫元帅，用伴随了他一生的手枪，结束了自己的生命。他在绝命书中留下最后的悲愤与哀叹："我为之奋斗的一切，都被断送了。"

第五集　苏共的特权阶层

1988年秋天，位于莫斯科格拉诺夫斯基大街2号的一家商店门前，突然聚集起成百上千的人，一家不大的商店，为什么能产生如此大的新闻效应，引起如此多的人们关注呢？

这是一家为少数特殊顾客服务的特殊商店。这一天，是这家商店被宣布

---

① 《苏共中央通报》1991年第6期。
② 〔苏〕《党的工作者手册》，莫斯科，1989，第589页。

关闭前的最后一天。苏联普通人把这类特殊商店的特殊顾客称为特权阶层，说他们是"我们的共产主义贵族"。这个特权阶层在勃列日涅夫时期逐步形成，在戈尔巴乔夫时期进一步发展演变。正是这个特权阶层，对苏共从内部瓦解起了催化作用，成为推动苏联剧变的重要因素之一。

十月革命后，战争和饥荒严重威胁着新生的苏维埃政权。

"面包会有的，一切都会有的。"《列宁在十月》电影中瓦西里这句脍炙人口的台词，一时成为流行的经典语句。今天的人们可能难以相信，作为列宁身边的工作人员，会为一小块面包推来让去，但这却是真实的历史。

电影中的这一情节是根据当时一个真实的故事编写的。1918年，新生的苏维埃政权遇到粮食危机。在一次人民委员会会议上，时任粮食人民委员的瞿鲁巴突然晕倒，紧急召来的医生检查后说，他是饿昏了。作为苏维埃政府主管粮食的最高官员，他拥有调拨几百万甚至几千万普特①粮食的权力，但却没有从中为自己留下能填饱肚子的食品。列宁当即建议设立"疗养食堂"，让这些为人民日夜操劳的同志能够吃饱肚子。这是完全正确和无可非议的。

列宁当年倡议设立的"疗养食堂"后来慢慢扩展为特供商店，规模、数量特别是性质都发生了根本的变化。

半个世纪后，只有苏共的高级干部凭着特殊的证件才有资格出入这座没有任何招牌的大楼。这是莫斯科最大的特供商店。每到周末，一辆辆轿车停在大楼门前，把整条街堵塞得满满当当。

在这里，法国白兰地、苏格兰威士忌、美国香烟、瑞士巧克力、意大利领带、奥地利皮鞋、英国呢绒、德国收音机、日本录音机等外国名贵以及苏联国内稀缺的商品，应有尽有，琳琅满目。一位记者公开地说："对于上层人物来说，共产主义早已经建成了。"

这样的商店仅在莫斯科就有100多处。克里姆林宫的特权阶层有自己的规则，职务越高，特权越大，享有的种种物质待遇同普通群众之间的反差也越大。当然，享有这一特权的仅仅只是苏共干部中的极小一部分。但是，这一特权是否就是这一阶层产生的第一个垒块呢？

在苏联刚刚开始社会主义建设时期，人们艰苦创业，试图通过努力奔向新的生活。在为实现共同理想而艰苦奋斗时，攫取特权、谋取私利，为社会所不齿。

在国家民族处于危急存亡的时刻，作为苏联共产党的领导干部，如果说有什么"特权"的话，那就是身先士卒，浴血奋战，在"喀秋莎"的怒吼

---

① 1普特约为16.38千克。

声中，带领人民将侵略者赶出去。

在斯大林时代，党对干部的要求总体上是严格的，苏联也面临严酷的战争环境以及政治斗争的波高浪险，党员干部成批走向前线，领导干部更迭频繁，不可能形成特权阶层。

赫鲁晓夫上台后，实行了特殊的干部政策。根据苏共二十二大通过的党章第 25 条规定，党员干部要经常更替，[1] 基层党组织选举时，每年有大批书记由于任期届满而被更换，更换率高达 60%，因此，这一时期党内真正享有特权的群体尚未形成。

苏联共产党内的特权阶层，是从勃列日涅夫上台后特别是其后期逐步形成的。

1966 年 4 月，苏共二十三大召开，在勃列日涅夫主持苏共中央工作后的首次全国代表大会上，就对党章第 25 条进行修改。勃列日涅夫特别推崇长期主持意识形态工作的苏斯洛夫的一句话："干部队伍的稳定是成功的保障。"他从片面追求干部队伍的稳定，发展到形成领导干部事实上的职务终身制。勃列日涅夫、苏斯洛夫等高级干部都是在他们的职位上寿终正寝的。[2]

在勃列日涅夫干部政策的指导下，苏共领导层组成人员几乎长期原封不动。在苏共二十三大上，连选连任的中央委员达 79.4%；二十五大时，除已经过世的中央委员，连任率高达 90%，有的任期竟长达 25 年。

1978～1981 年的两届州党代会期间，在 156 名州委书记中只有 5 名被更换。到 1978 年春，58 名部长和部长会议副主席的平均年龄已达 70 岁。这样，就形成了一个终身任职的老化的领导干部队伍。这种干部制度带来的后果，既使得领导层缺乏活力，又容易形成特权阶层的核心力量。

领导干部终身制，客观上容易使特权阶层队伍不断扩大，为了安排更多的领导干部而设置的机构也不断增加。20 世纪 70 年代末，苏共中央直属的部级机构达到了 20 个之多，其中大部分与政府机构重叠，甚至连机构的名称都一模一样，如农业部、国防工业部、重工业和能源部、机器制造部、文化部等。

勃列日涅夫时期的苏共，为特权阶层的形成提供了适宜的生长土壤。

更多的"特殊待遇"，往往使刚刚提拔初次享受的高级干部瞠目结舌。

---

[1] 参见赫鲁晓夫关于苏共纲领的报告《苏联共产党第二十二次代表大会文件汇编》（中文版），第 287～290 页。

[2] 〔苏〕勃列日涅夫：《苏联共产党向苏共第二十三次代表大会做的总结报告》，《苏联共产党第二十三次代表大会主要文件汇编》，生活·读书·新知三联书店，1978，第 98 页。

利加乔夫曾回忆道：1983年，当他担任苏共中央组织部部长后，第二天就给他配备了高级轿车。当他提出换一个比较低档一点的轿车时，竟受到苏共中央办公厅主任的训斥，说他这样做是搞"特殊"，破坏了机关的风气。①

特权带来的享受，不身历其境，是无从想象的。

在勃列日涅夫时期，特权阶层的子女，仅凭借父辈们的特权地位就能轻易进入最好的大学，毕业后再进入最优越的部门，并很快走上显贵的权力岗位。特权甚至还可以成为畅通无阻搞腐败的护身符。

这是勃列日涅夫的女婿丘尔巴诺夫，此人仰仗岳父的权势，扶摇直上，仅仅十年时间就从一个低级军官晋升为上将，后又担任内务部第一副部长。在此期间他贪污受贿65万卢布，酿成了震惊全国的"驸马案"。勃列日涅夫的儿子尤利更是个纨绔子弟，且年纪轻轻就当上了苏联外贸部第一副部长。

1982年1月，一位苏联公民准备从莫斯科机场乘机出国旅行，海关人员从他身上的一个暗兜里发现了大量钻石。经查证，这是苏联大马戏团女训狮演员布格利莫娃的个人收藏品。此后不久，便先后逮捕了这个马戏团的美工师鲍里斯·茨维科夫和马戏团团长克列瓦托夫。在茨维科夫家里，搜出价值约100万美元的钻石和其他贵重物品，在克列瓦托夫的房间里，查获约值50万英镑的西方货币和价值昂贵的珠宝、绘画作品等。而这些物品都是属于勃列日涅夫的女儿加林娜的。

"故事"没有到此为止，珠宝、钻石走私案还牵连到勃列日涅夫的儿子、外贸部第一副部长尤利。这个案件理应由内务部审理，却耐人寻味地由克格勃经办。而主持审理该案的克格勃第一副主席茨维贡，正是勃列日涅夫的连襟。结果，"故事"却到此了结，勃列日涅夫的儿子尤利和女儿加林娜依然逍遥法外。

当了17年内务部部长的谢洛科夫，利用职权，化公为私，他不但把内务部最大的国家别墅和内务部的迎宾馆据为己有，还在赫尔岑大街24号占据了一套很大的公寓。在这两座国家别墅和公寓里，存放着谢洛科夫及其家人的大量私人财物。其中的一个别墅里，光地毯就堆放了七层；而床底下塞着的竟是俄罗斯著名画家的油画。

勃列日涅夫后期，莫斯科和各加盟共和国里的贪污腐化问题，越来越严重。

1980年，一位侦缉人员偶然买到一批鲱鱼罐头，打开后发现里面装的

---

① 〔苏〕利加乔夫：《戈尔巴乔夫之谜》，新华社参考新闻编辑部，1992，第40页。

却是价格昂贵的鱼子酱。鲟鱼为什么会变成鱼子酱？经过艰苦的侦查后，案情终于大白。原来，苏联渔业部一大批官员与某公司达成秘密交易，把索契和阿斯特拉罕两地生产的价格昂贵的鱼子酱装入贴有鲟鱼商标的罐头运往国外，由西方公司用鲟鱼价格买下，然后倒手销售。苏方参与者从巨额盈利中分占丰厚的所谓利润，并存入瑞士银行。这种倒卖活动竟持续了十年之久。

经查证，此案给苏联造成价值数百万美元的经济损失，涉及渔业部副部长、渔业生产销售管理局副局长等高官，以及苏联外贸部、食品工业部、太平洋舰队、莫斯科及其他城市的饭店人员，共300余人。而负责分配这种罐头的竟是索契市市长沃隆科夫，直接管辖该市的克拉斯诺达尔边疆区委第一书记麦杜诺夫，是苏共中央委员勃列日涅夫的亲信，他奉命介入了此案，并对沃隆科夫百般庇护。

《文学报》刊登了沃隆科夫被捕的消息后，麦杜诺夫极为紧张，多次跑到莫斯科向勃列日涅夫求救。因案情重大，克格勃主席安德罗波夫亲自向勃列日涅夫陈述了事件的前前后后。勃列日涅夫看到铁证如山，于是问道："你看怎么办？"安德罗波夫说："那就得把麦杜诺夫交法院审理。"勃列日涅夫说："这可不行，现在我们在克拉斯诺达尔没有可靠的人，是不是可以先把他挪到另外的地方去。"

后来，麦杜诺夫虽然被撤销了原来的职务，却同时被调到莫斯科，当上了粮食食品部的副部长，并住进了莫斯科的豪华住宅。这个"故事"就这样被画上了一个圆满的句号。

此外，"克拉斯诺达尔案件""海洋案件""乌兹别克案件"等都引起了公众的广泛关注。

苏共的特权阶层，首先来源于官职。一些人认为官职越高，特权越多，要想做官或者升迁，必须讨好或贿赂有关领导，职务也因此有了价格。某些地区就连党委书记都明码标价，在1969年，阿塞拜疆一个区委第一书记就"价值"20万卢布，第二书记是10万卢布。

卖官鬻爵的现象，在其他加盟共和国也以不同形式、不同程度地存在着。正如1973年格鲁吉亚共产党中央二月全会曾指出的："过去在选择和使用干部问题上严重违反了列宁主义原则，任命行政领导干部不是根据他们的工作能力和道德品质，而是通过幕后操纵、熟人和家庭关系，是根据对上级个人是否忠实的原则。"

为了维护既得利益，特权阶层反对任何涉及对自己特权的改革，更不可能主动地遏制蔓延全党、全社会的腐败。勃列日涅夫对改革冷言冷语：改什么呀，把工作做好就行了。到 20 世纪 70 年代末，苏联部长会议主席柯西金和他的助手起草了一份关于经济改革的报告，引起了部分官僚特权阶层的不满和抵制。结果，柯西金的助手被撤职。

特权阶层严重损害了社会主义的声誉，制造了社会鸿沟，败坏了社会风气。普通民众与特权阶层的距离越来越远。在苏联社会中，一般大众自称"我们"，而把特权者称为"他们"。

但在谈到苏共党内的"特权阶层"时，我们必须同时强调以下三点：

第一，"特权阶层"只是对当时苏共干部队伍中以权谋私的极小一部分蜕化变质分子的特指。西方把当时苏共 60 万～70 万名干部全部称作特权阶层，那完全是为丑化和推翻苏联共产党而做的刻意、恶意、歪曲宣传。当时苏共的广大党员干部总体上还是廉洁奉公、勇于奉献的，是要坚定地走社会主义道路的。

第二，必须把分配领域中的合理差别和"特权"区别开来。当时苏联党内和社会上虽然存在特权阶层和严重的特权现象，但表现为"大锅饭"的平均主义在苏联分配领域中同时严重存在。

第三，不能仅仅注意到分配领域中存在的"特权"现象，更要注意到这种"特权"在其他领域的表现，如：在制定政策、任用干部、贪赃枉法为自己和小集团谋取私利，并逃避党纪法规的监督等方面。这对破坏党群关系进而对改变党的性质的危害更为严重。

这一情况到了戈尔巴乔夫时期表现得更为明显。

这原是戈尔巴乔夫上台后居住的一座别墅，后来有了新的更大更好的别墅他就搬走了。让我们参观一下这座已不够时髦的旧别墅吧：进了大门，是一个巨大的前厅，楼下有玻璃凉台和电影厅，餐桌长达十米，厨房就像一个庞大的食品加工厂，还有一个地下冰柜，二楼穿过大厅，直通日光浴室、办公室、卧室，整套别墅装潢陈设，极尽豪华。

从一定意义上讲，这种穷奢极欲的个人生活，还远未反映出特权阶层的本质。戈尔巴乔夫上台后推动的所谓"改革"，成为特权阶层演变为新生资产阶级的催化剂。混乱的改革给特权阶层谋取其根本利益提供了绝好的机会。

在戈尔巴乔夫时期，特权阶层已经不仅仅以追逐自己的享受为满足，还希望把拥有的一切特权长期占有，并且可以传给后代。与此同时，当他们发现挂在嘴边的所谓社会主义、共产主义信仰和罩在身上的共产党人的光环，都已失去了利用的价值，原有的特权必须改头换面，而资本主义是他们既得利益合法化的最合适的制度时，特别是当苏联共产党和国家处于生死存亡的危急关头，这一特权阶层为了保住自己的特殊利益并使之合法化，他们就必然毫不犹豫地撕下了原来的假面具，公开推动放弃社会主义，走全盘私有化的资本主义道路。

在此期间，特权阶层利用手中掌握的各种权力，大肆捞取个人私利。特别是那些直接管理国有企业财富的经济官僚们，凭借戈尔巴乔夫推行商业化、市场化、经济自由化的混乱时机，大搞"翻牌经济"，把国家财产直接攫为己有；有的大搞权钱交易，获取出口优惠和配额，出口原材料和军火，窃取社会财富；有的在证券、期货交易中获取暴利，兴办银行等金融机构，后来其中少数人演变成为新的金融寡头。

1991年，莫斯科上万名大富翁中，大部分人是原来的党政干部。同年6月的一份调查表明，在苏联高层干部队伍中，76.7%的人已经认为应该走资本主义道路。正是这些所谓的"共产党人"，革了苏共的命。

这些人不仅捞足了个人的经济利益，还继续身居高位，控制着国家权力。苏联剧变后的俄罗斯，除了权力金字塔塔尖上的少数人物有所变化外，大批干部摇身一变成为俄罗斯显贵。他们占了新总统周围高官总数的75%，新政党领袖中的57.1%，新政府官员中的74.3%。

美国著名经济学家大卫·科兹等人深刻地剖析了这一奇特的现象。他们说："一个天主教徒会突然之间变成无神论者吗？""苏联精英分子的物质利益虽然是大大增加了，但是，如果与西方资本主义国家的精英相比，他们在物质上所享受的特权也说相形见绌了"；"在苏联体制下，社会上层和底层之间的收入差别，比在资本主义体制下的差别要小得多"，"在苏联体制下，最高领导人的工资比一般产业工人高出八倍"，"大企业的总经理的报酬大约是一般产业工人的四倍"，而美国高层精英的收入是普通工人的150~400多倍；"在苏联社会主义制度下，通过合法的途径积累物质财富几乎是不可能的。积累了物质财富的苏联领导人总是担惊受怕，唯恐有一天被人发现或被起诉"。因此，"苏联体制的瓦解"，"源于其自身的统治精英对个人利益的追逐"，苏共是少有的在自己葬礼上致富的政党。[①]

苏共垮台前不久，有关机构曾在人民中做过"苏共究竟代表谁"的调查，调查结果显示，认为苏共代表劳动人民的占7%，代表工人的占4%，代表全体党员的占11%，而认为代表官僚、干部、机关工作人员的却占了85%。

苏共特权阶层的形成与发展，经历了一个漫长的历史过程。在这期间，那些看得见和看不见的腐败之手，贪婪地攫取着属于人民所有的国家财富，

---

① 〔美〕大卫·科兹、弗雷德·威尔：《来自上层的革命》，中国人民大学出版社，2002，第148~149页。

而苏共对特权阶层从很少遏制，到不打击，再到庇护甚至纵容，结果导致这一毒瘤在自身肌体上迅速发展蔓延。

当苏共已被自己的毒瘤腐化变质的时候，它自己就已经为人民所唾弃。

第六集　苏共的组织路线

1918年，刚刚诞生的世界上第一个社会主义国家面临生死存亡的考验。为了粉碎帝国主义扼杀苏维埃政权的阴谋，在英、法、美、日等协约国不承认苏维埃政权的情况下，列宁以战略家的胆识和眼光，提出与德国单独媾和。但是，他的提议在提出之初却被党内大多数同志否决。

经过认真反复做工作后的1918年2月23日，党中央再次进行表决，以7人赞成、4人反对、4人弃权的投票结果，正式通过了列宁的建议。1918年3月3日，苏俄与德国及其盟国签订了条件苛刻的《布列斯特和约》。①

尽管如此，布哈林坚持自己的立场，在党的第七次代表大会上依然表示反对列宁的主张。列宁说：在单独媾和问题上同中央意见有严重分歧的同志，严厉责备中央……这是十分自然的，这是党员极正当的权利，是完全可以理解的。

我们在这里所说的主要的并不是《布列斯特和约》本身，而是它的通过过程。这一过程表明，列宁为他亲自制定的民主集中制的实行做了最好的典范。

"给我们一个革命家组织，我们就能把俄国翻转过来！"② 这是列宁的一句名言。当建立了这样一个组织之后，他又为这个组织制定了一系列的制度和原则，其中最根本的就是民主集中制。

马克思、恩格斯早在指导国际无产阶级特别是德国社会民主党的活动时，便提出和运用了民主集中制的基本思想。③

列宁在领导俄国革命和党的建设的过程中，继承和发展了这一思想。1905年12月，由布尔什维克召开的俄国社会民主工党第一次代表会议上首先明确使用了"民主集中制"这个概念，并在有关决议中指出："民主集中制原则是不容争议的。"④

---

① 参见陈之骅等主编《苏联兴亡史纲》，中国社会科学出版社，2004，第70页。
② 《列宁全集》第6卷，人民出版社，1986，第121页。
③ 参见马克思、恩格斯《共产主义者同盟章程》（1847年），《国际工人协会临时章程》（1864年），《国际工人协会共同章程》（1871年）。
④ 《苏联共产党代表大会、代表会议和中央全会决议汇编》（中译本）第1分册，人民出版社，1964，第119页。

1906年4月,根据列宁的提议,在俄国社会民主工党第四次(统一)代表大会上,通过了《组织章程》,其中第二条规定:"党的一切组织是按民主集中制原则建立起来的。"[1]这是第一次在党章中确立民主集中制。[2]

1920年7月,列宁在起草的《加入共产国际的条件》中规定,"加入共产国际的党,应该是按照民主集中制的原则建立起来的"。[3] 从此,民主集中制的原则就成了世界各国共产党普遍的、必须遵守的组织原则。

列宁在世时,党内实行集体领导。党的领导核心是党的中央委员会,当时中央委员少,开会也比较容易,实行集体领导。在决定问题时,每个委员都有平等发表意见的权利,经过充分讨论最后投票决定,按多数票通过,每个委员都只有一票表决权。

在党的各种会议上,列宁的报告往往获得多数人的高度评价,但也常常有少数代表对报告提出尖锐的批评,而列宁则是认真听取。

党有领袖和各级领导人,但没有对他们的迷信。每个党员都充分享有党章规定的权利,党内不分高低,绝没有特殊党员。党的各级领导机关和领导人必须是经过选举产生的,必须是向党员做工作报告的,是可以撤换的。列宁认为,党内有讨论、批评和发表不同意见的自由,"没有讨论和批评的自由,无产阶级就不承认行动的一致"。[4] 在当时党的会议上,没有奉迎、吹拍,开展批评就像人类需要空气那样自然。列宁强调要听取不同意见,哪怕是反对派的意见。1921年,在解散党内"工人反对派"时,列宁却要求对"工人反对派"特别关心的问题,如"反对官僚主义、发扬民主和工人的自主精神等任何切实的建议,都应当认真加以考虑"。

列宁在强调党内民主其中包括保护党内任何少数人权利的同时,也十分强调党的集中,特别强调少数服从多数、部分服从整体,绝不容许在党内出现派别活动和无政府主义倾向。列宁曾明确指出,"行动一致,讨论和批评自由",这"是先进阶级民主主义政党所应有的纪律"。[5] 特别是在十月革命胜利后,面临外国武装干涉、国内战争的形势严峻和国内外敌对势力用各种手段从政治、思想、组织等各方面破坏党的团结以及党内各种非无产阶级思

---

[1] 《苏联共产党代表大会、代表会议和中央全会决议汇编》(中译本)第1分册,人民出版社,1964,第119页。
[2] 〔苏〕波洛马廖夫主编《苏联共产党历史》上册,上海人民出版社,1974,第112页。
[3] 《列宁全集》第39卷,人民出版社,1986,第202页。
[4] 《列宁全集》第14卷,人民出版社,1988,第122页。
[5] 《列宁全集》第14卷,人民出版社,1988,第121页。

想的泛滥,列宁特别强调党的集中、团结和纪律。他说:"无产阶级实现无条件的集中……是战胜资产阶级的基本条件之一。""谁哪怕是把无产阶级政党的铁的纪律稍微削弱一点……那他事实上就是在帮助资产阶级来反对无产阶级。"①

这就是列宁提出、制定、倡导的民主集中制原则的本质和原生态。

十月革命后,由于帝国主义的武装干涉和国内反革命分子的武装叛乱,布尔什维克党不得不采取了高度集中制。最高权力集中在党中央政治局,党政领导干部的委任制代替了选举制,工作方式上实行战斗命令制。这保证年轻的苏维埃政权度过了严重的危机,但留下了削弱党内民主生活,限制广大党员民主权利的弊端,也进而造成一些党组织和个别领导人个人专断、搞特权和官僚主义、脱离群众等倾向。

针对当时俄共党内的情况,列宁设想通过建立一个独立的、有高度权威的党内监督机构,以加强和完善党内监督,进而保障党内民主集中制的贯彻执行。

从党的九大到十二大,在列宁的指导下,苏共党内监督机制建设得到了很大发展。1921~1922年,列宁亲自主持召开了苏共十大和十一大,先后通过了《关于监察委员会的决议》和《监察委员会条例》。1923年,列宁在病重期间又为党的十二大写了《我们怎样改组工农检查院》一文,科学地阐发了党和政府的监督思想与监督制度。

党的十一大是列宁参加的最后一次代表大会,在他的领导下,建立了比较完整的党内监督体系,成立了中央检查委员会和中央监察委员会,并规定委员必须有十年以上的党龄。

中央检查委员会由三人组成。主要负责检查中央机关和中央书记处的工作以及中央经费的使用。中央监察委员会和各级监察委员会由各级党代会选举产生,主要负责监察相应各级组织的工作。

斯大林任总书记的初期,党的民主集中制以及有关监督制度,继续得到较好的贯彻,不仅能正常召开党的中央会议,党内不同意见也可以展开争论,甚至可以在报纸上公开批评斯大林。政治局开会时,他往往一言不发,叼着烟斗,围绕会议桌子转来转去,在认真听取每一位同志发言之后,他才最后发言并经会议做出决定。1936年,苏联的宪法是经过五个半月的全民讨论以后才由苏维埃联合代表大会通过的。在德国法西斯进攻苏联前夜的1941年6月21日晚,斯大林带领着政治局一直开会到第二天凌晨。

---

① 《列宁选集》第4卷,人民出版社,1995,第135、155页。

国家、阶级、民主与专政

1934年党的十七大以后，斯大林在党内的地位已不可动摇，他的威望已无人可比，对他的赞扬声不断增加。在许多事情上，他开始过分自信，甚至独断专行。首先是从1939年召开党的十八大到1952年召开党的十九大中间间隔长达13年之久，说明他没能按时召开党的代表大会。战争固然是推迟召开代表大会的一个因素，但是决定性的因素还是党内政治生活不正常。战后，1947~1952年的五年间，竟连一次中央委员会的全会都没有召开过，也充分证明了这一点。翻开1934年苏共中央政治局决议的原始文本，很难找到经过政治局委员表决通过的决议，其中大多是先由斯大林口述，再由秘书记录而成的。在当年9月的许多文件上，还特别注明："未征求意见。"

但是，也不能据此认为其间的所有决策都是斯大林个人独断专行的结果。当时一直担任苏共党和军队高级领导的朱可夫在其回忆录中说，"在整个战争期间，联共（布）中央政治局、党中央组织部和书记处共召开了200多次会议，研究讨论有关国防、外交、经济发展等重大问题。斯大林领导的国防委员会共做出10000多项决议"；在国防委员会上"经常出现一些针锋相对的意见……如果达不成一致意见，则马上由争论的双方派出代表组成专门委员会，负责在下一次会议上提出经过协商一致的建议"。①

列宁亲自建立的一套比较完整的监督制度，从斯大林时期开始就未能很好地执行。

1934年，苏共十七大通过的党章对监察委员会的职能做了新的规定，只规定了三项权限：一是监督中央委员会决议的执行，二是审理违反党纪的人，三是审理违反党的道德的人。这样，监督机关只限于检查下级组织的活动，监督反对派的活动和有不同意见的党员，而根本无法监督同级党组织的领导机构及其成员。

问题的严重性还在于，肩负查处官僚主义而设置的监察机关，自身也沾染了官僚主义弊病。即使是对下级党组织和干部的监督，也经常是走过场。而这种走过场的检查监督越多，在下级引起的反感也越大。

党内民主生活不正常，党内监督不到位，这就严重助长了党内的不正之风。在讨论苏共十八大政治报告稿时，政治局委员们一片赞扬之声。斯大林却说，你们讨论的报告是作废的，新改过的你们还没有看到。在片刻的尴尬后，善于奉承的贝利亚说，这一稿已经很好了，可以想象，经斯大林同志改过的报告将会多么精彩。② 当时苏共党内不讲真话、随声附和的阿谀奉承之

---

① 〔苏〕朱可夫：《朱可夫元帅：战争回忆录》，解放军出版社，2003，第318页。
② 〔俄〕沃尔科戈诺夫：《斯大林》，世界知识出版社，2001，第456页。

风，由此可见一斑。

对有些持有不同意见的党内同志，斯大林有时则采取了"残酷斗争、无情打击"的错误做法，扩大甚至严重扩大了打击面。这样一来，苏共党内就很难听到不同的声音，真理的解释权也就往往被个人垄断

在赫鲁晓夫和勃列日涅夫时期，虽然形式上强调了"集体领导"，但只不过是由"一个人说了算"，改为"少数几个人说了算"，实际上并没有真正贯彻民主集中制，党内监督更无从谈起。

党的会议特别是党代表大会，按照党章规定是党内实行民主集中制和民主监督的重要手段，然而，据哈萨克共和国一个地区党委会的记录记载，1974~1975年间召开了72次会议，共有600多人发言，只有12人对党的领导人提出了意见，其他人讲的几乎都是空话、套话、赞美的话。

敢于讲真话、提出批评意见的人，同样会受到打击迫害。南乌拉尔铁路局的一位高级工程师在贯彻苏共二十五大精神的会议上发言，认为勃列日涅夫在代表大会上的工作报告缺乏足够的批评精神，过分地赞美和颂扬他的功绩就是个人崇拜。此后，这个人被开除了党籍。

在这期间，党的报纸上也曾开辟过监督专栏。但是，这些报纸的舆论监督对象都是中下层干部。偶尔也有一两条批评高级干部的消息，但都是在他们已经下台以后。

勃列日涅夫初期曾针对赫鲁晓夫在管理体制及组织路线上的问题做了部分修正：取消了"工业党""农业党"，在地区管理体制上强化了中央领导，在干部路线上保证了干部队伍的相对稳定。从总体上说，这种修正在当时起到了一定的积极作用，但并未从根本上解决问题，同时带来新的弊端。

在勃列日涅夫后期，又出现违背民主集中制的原则，放弃党内监督，用个人或少数人的意志代替多数人的智慧，用权力压制真理的情况，其结果就是决策的失误乃至失败。

1979年，阿富汗国内政治局势发生变化，阿富汗领导人请求苏联派兵援助。在当年3月的苏共中央政治局会议上，大家一致认为，"出兵是没有任何理由的"，但到了12月4日，勃列日涅夫和中央书记苏斯洛夫、克格勃主席安德罗波夫、外交部部长葛罗米柯、国防部部长乌斯季诺夫五人召开秘密会议，改变了政治局的决定，还是出兵阿富汗了。

这场战争，长达十年，损兵五万，耗资数百亿美元，给无数家庭带来痛苦，成为苏联"流血的伤口"。

戈尔巴乔夫则背离民主集中制的原则，使所谓"民主化"的形式走向了另一个极端。在1990年2月的苏共中央全会上，戈尔巴乔夫提出"重新

认识民主集中制原则,重点放在民主化和党员群众的权利上面"。① 在上下级关系上,推行党组织"自治原则",在中央和地方关系上,加盟共和国党中央如不同意苏共中央政治局的决议,可以不执行。这意味着苏共不再是一个具有统一意志、统一行动的战斗组织。

这次全会,标志着苏联在政治演变方面迈出了重大的一步,也预示着苏联将会发生一场重大的变化。在"民主化""公开性"的口号下,让资产阶级自由主义思潮出笼,这正是戈尔巴乔夫推行其错误政治路线所需要的。他就是要以此在苏联实行多党制和私有化,加速苏共的败亡。于是,党内崇尚资本主义的代表人物推波助澜,苏共中央另一些领导人则步步退让。

这就是苏共长期过分集权导致的另一恶果——资产阶级自由主义思潮泛滥。资产阶级自由主义主张所谓的绝对民主和自由,表面上否认一切权威和组织纪律,但说到底,是为了维护资本统治的权威、秩序和自由。

1990年7月,苏共二十八大召开。戈尔巴乔夫在大会报告中公开批判"民主集中制"原则,说"党内有一股主张把这条原则从党章中删掉的强烈情绪,因为过去的全部实践已使这条原则声名狼藉"。② 在大会通过的党章中,正式取消了"党的组织机构、全部生活和活动的指导原则是民主集中制"这一条文。

作为苏联共产党党内生活准则的民主集中制以及党内监督,到此已被彻底抛弃。

需要指出的是,戈尔巴乔夫是在所谓"民主化"口号的掩饰下用个人极端专制的办法推行其错误路线的。召开政治局会议时,他往往不听取别的委员的意见,甚至一个人滔滔不绝讲上一两个小时,然后便作为党的指示或决定执行。1991年8月24日,没有履行任何法定程序,实质上就由他个人决定并宣布苏共中央的自行解散。

干部路线是组织路线的十分重要的组成。正因如此,斯大林有这样一句名言:"在制定了经过实践检验的正确的政治路线以后,党的干部就成为党的领导和国家领导的决定力量。"③

苏共的政治路线决定了苏共的干部路线。在政治路线确定之后,干部问题是党执政兴国的关键。苏共之所以垮台,也是同它在干部工作中的一系列错误分不开的。

---

① 《苏共中央二月全会文件汇编》,世界知识出版社,1990,第4页。
② 《苏联共产党第二十八次代表大会文件汇编》,莫斯科,1990,第42页。
③ 《斯大林选集》下卷,人民出版社,1979,第458页。

苏共党章明确规定，党的各级组织一律由选举产生。实际上，在斯大林执政后期，各级党组织的候选人中的一些人往往是由个别人事先决定，党内的选举实际上只是履行形式上法定的程序罢了。1952年十九大中央主席团，相当于中央政治局的25人名单，就是由斯大林和一两个人圈定后就公布了。

这种由个别领导人决定干部任命，取代经过选举产生领导机构和领导成员的制度和做法，导致许多领导人失去应有的监督，无视广大党员和群众的意见，甚至为某些人特别是野心家任人唯亲、排除异己提供了方便。

赫鲁晓夫在工学院学习时，恰逢党内斗争激烈，他和许多党员一样，站在了斯大林一边。同时，他通过各种渠道将他对斯大林的所谓"忠诚"传递上去，特别是通过与他同在学院学习的斯大林的妻子传递给斯大林。赫鲁晓夫在回忆录中写道："我的提升出于斯大林一直在通过他的妻子娜杰日达注意着我，她在斯大林面前为我唱赞美歌，于是斯大林就叫卡冈诺维奇帮了我的忙。"[①] 此后，赫鲁晓夫对斯大林的阿谀奉承达到了无以复加的程度。

几十年后，戈尔巴乔夫也有过类似的回忆。他说，在担任中央书记处书记时，"契尔年科告诉我，勃列日涅夫知道你是站在他的一边，对他忠心耿耿，他很看重这个"。这在苏共干部路线上已经成为一种潜规则。

也正是由于干部问题上抛弃民主集中制，党在选用干部方面的政治标准、德才原则也随之被任人唯亲所取代，有意培植亲信、拉帮结派风气盛行。在勃列日涅夫时代，一个官员要想获得升迁，首要的往往不是看这个人的能力高低，而是看是否与勃列日涅夫的"帮派"搭上关系。

勃列日涅夫毕业于第涅伯捷尔任斯克冶金学院，曾长期在乌克兰的第涅伯彼德罗夫斯克、摩尔达维亚和哈萨克斯坦工作。他身边聚集的一批德才都不具备的亲信，有不少曾是他原来学习、工作过的地方的部下和朋友，人称"第涅伯彼德罗夫斯克帮"。

"第涅伯彼德罗夫斯克帮"权重一时，地位显赫。吉洪诺夫，德才都很平庸，但仅因他是勃列日涅夫的同乡兼校友，便被任命为苏联部长会议主席。

戈尔巴乔夫当政时，竭力揭露甚至夸大党内阴暗面，借用所谓的"改革"等名目，任人唯亲，搞干部队伍大换班。他上任仅半年多，就改组了中央书记处和政治局，新增政治局委员、候补委员和中央书记共8人，撤职2人。同时在苏联部长会议和苏共中央各部撤换了20余名部长和几十名各

---

① 〔苏〕赫鲁晓夫：《赫鲁晓夫回忆录》，东方出版社，1988，第73页。

部部级领导人。短短几年内，150个边疆区、州、直辖市的书记中，被更换的占92.5%。

对在意识形态领域工作的干部，戈尔巴乔夫更是顺我者昌，逆我者亡。戈尔巴乔夫当了总书记后，即任命对社会主义苏联有着刻骨仇恨的、因受到批评被派到加拿大当了十年大使的亚历山大·雅科夫列夫为苏共中央宣传部部长；1986~1987年，雅科夫列夫又很快被擢升为苏共中央书记和政治局委员。美国原驻苏联大使马特洛克说，戈尔巴乔夫重用雅科夫列夫管意识形态的"主要任务是挑选新闻媒介的领导人"。在雅科夫列夫的主持下，1986~1988年，苏联一批最有影响的报刊先后被"新人"接管，如《消息报》、《星火》画报、《莫斯科新闻》、《共青团真理报》、《论据与事实》周刊、《莫斯科真理报》、《莫斯科共青团员报》、《青春》杂志以及《新世界》杂志等。苏共《真理报》、《共产党人》杂志和《经济报》等报刊的编辑部也被大幅度调整。其中苏共机关最重要的理论刊物《共产党人》杂志的主编、有深厚马克思主义理论功底的科索拉波夫被解除职务。此后，这些在全苏很有影响的主流报刊煽风点火、左右舆论，为苏共垮台、苏联解体充当马前卒。

戈尔巴乔夫错误的干部路线进一步造成了苏联党、政、军干部队伍思想上的空前混乱。苏共在干部路线上的严重问题极大地损害了党的威信，造成了广大干部、党员和人民群众对党的不信任，对苏共党的决议和指示的冷漠，也使各级组织和整个干部队伍基本处于瘫痪状态。"政令不出克里姆林宫"也便成为情理之中。

至此，苏共也就无力回天了。

第七集　苏共的领导集团

列宁曾这样表述革命政党的领导作用，他说："在历史上，任何一个阶级，如果不推举出自己的善于组织运动和领导运动的政治领袖和先进代表，就不可能取得统治地位。"①

一百多年来的历史证明，工人阶级政党在领导人民夺取政权的斗争中，需要一个坚持并不断发展马克思主义、善于组织运动和领导运动的领袖集团；在领导人民掌握政权、建设社会主义的过程中，同样需要一个坚持并发展马克思主义、坚持社会主义方向、坚持阶级斗争和无产阶级专政、坚持党

---

① 《列宁选集》第1卷，人民出版社，1995，第286页。

的领导的领袖集团。苏联解体的根本原因出在苏共党内，而苏共的主要问题则在于它的领袖集团。

苏联共产党是苏联唯一的执政党，在整个社会生活中处于无可置疑的领导地位。

列宁认为，群众是划分为阶级的，阶级通常是由政党来领导的，这个政党通常是由最有威信、最有影响、最有经验并被选出担任最重要职务的领袖人物所组成的比较稳定的集团来主持的。①

党的领袖应当是一个集团。

工人阶级的领袖集团应当在党和人民共同奋斗的实践中产生，具有坚定的政治信仰，能够把握正确的方向。

这个领袖集团应当具有丰富的实际经验，深得广大群众拥护，能够做出保证事业胜利的科学决策。

从列宁到戈尔巴乔夫，苏共最高领导集团大致经历了五个时期。

第一个时期以列宁为核心，主要成员有斯维尔德洛夫、加米涅夫、季诺维也夫、托洛茨基、布哈林、斯大林等人。其出生年代大致在1870～1885年。

第二个时期以斯大林为核心，主要成员有莫洛托夫、日丹诺夫、卡冈诺维奇、马林科夫、赫鲁晓夫、米高扬等人。其出生年代大致在1890～1902年。

第三个时期以赫鲁晓夫为核心，主要成员有米高扬、勃列日涅夫、柯西金、波德戈尔内、苏斯洛夫、葛罗米柯等人。其出生年代大致在1902～1910年。

第四个时期以勃列日涅夫为核心，主要成员有柯西金、苏斯洛夫、葛罗米柯、契尔年科、安德罗波夫、乌斯季诺夫等人。其出生年代大致在1910～1920年。

第五个时期以戈尔巴乔夫为首，主要成员有利加乔夫、雷日科夫、雅科夫列夫、叶利钦、谢瓦尔德纳泽等人。这一代领导人都是在斯大林去世后成长起来的，世界观基本上形成于赫鲁晓夫时期，后来发生分化；而以戈尔巴乔夫为代表的一些人最后成为苏联共产党的终结者。

在苏共历史上，列宁堪称领袖的楷模。

弗拉基米尔·伊里奇·列宁，1870年出生于辛比尔斯克一个知识分子家庭。

---

① 《列宁全集》第39卷，人民出版社，1986，第21页。

列宁青年时期就开始从事革命活动,他为了追求真理,多次遭逮捕、被流放,后来流亡国外。艰难的革命经历坚定了他推翻沙皇专制制度、为实现共产主义理想不懈奋斗的决心和意志。

列宁具有坚定的共产主义信念和追求,是与他不懈地学习和研究马克思主义密不可分的,这使他对所处时代的特征、革命形势和发展趋势,有着超乎一般成员的深刻洞察力和预见力。在一些历史的重大关头,尤其如此。

1917年,俄国二月革命后,俄国出现了两个政权并存的局面:一个是工人士兵代表苏维埃,另一个是资产阶级临时政府。当时,如何对待临时政府,布尔什维克党内存在严重分歧。

远在国外的列宁坚决主张"工人们血战了一个星期"的革命成果,绝不能交给资产阶级,布尔什维克党应当夺取政权。

而设在彼得格勒的布尔什维克党中央的一部分领导人不同意列宁的立场。加米涅夫和季诺维也夫等人认为,布尔什维克还没有成熟到足以建立无产阶级专政,因此,无产阶级要支持临时政府。

从1917年3月20日开始,列宁连续向《真理报》写了五篇文章阐述自己对时局的看法,这就是著名的《远方来信》。

1917年4月3日,列宁冒着极大风险取道德国回国。第二天,在彼得格勒布尔什维克代表会议上做了《论无产阶级在这次革命中的任务》的报告,这就是著名的《四月提纲》。在这个提纲中,列宁提出了由民主革命转向社会主义革命的战略决策。[①]

加米涅夫和季诺维也夫等人反对列宁的主张,党内大多数人最初也不理解《四月提纲》的战略意图。1917年4月21日,布尔什维克彼得格勒委员会在讨论列宁的提纲时,只有2人投票赞成,13人表示反对,1人弃权[②]。

莫洛托夫后来回忆说:我从来没有反对过列宁,但不论是我,还是始终同列宁在一起的那些人中的任何一位,都没能立刻清楚地理解他的话。所有的布尔什维克都在谈论民主革命,可他谈的却是社会主义革命!

在党内大多数同志还没有领悟自己提出的战略时,列宁以极大的耐心和热情,进一步阐述战略思想的深刻内涵、客观依据、战略目标和策略原则,批驳了反对者的错误观点。

经过这场论战,一时不理解的同志很快转变了态度。在党的第七次全国代表会议上,列宁的《四月纲领》终于被全党接受。大会通过了列宁关于

[①] 《列宁全集》第29卷,人民出版社,1985,第114页。
[②] 参见陈之骅主编《苏联史纲(1917~1937)》上册,人民出版社,1991,第9页。

由资产阶级民主革命转变为社会主义革命的路线、方针和策略。

这就是列宁。

这就是无产阶级政党的领袖。他不仅把马克思主义理论引入俄国革命实践，还创造性地发展了马克思主义。

在布尔什维克党内，列宁的个人威望远远高于其他人，但他始终坚持集体领导原则，发挥集体的智慧和力量。

1921年，列宁写信给苏俄副外交人民委员越飞，信中说："您重复地不止一次地说，'中央就是我'，您这就错了。您绝不应该写出这样的话。"列宁认为，中央应该是一个领袖集团，事实也是如此。在列宁时期，他所领导的中央领导集团是一个具有高度革命信念的政治家组织，绝大多数成员都对共产主义事业具有坚定的信念。当时，党的领导核心先是中央委员会，在党的八大以后是中央政治局。

与列宁同时代的俄国革命家瓦·沃罗夫斯基曾这样评价列宁：他"善于把许许多多人的经验和知识集中起来，就像凹透镜的焦点那样，并且在自己丰富的智慧实验室中把它们变成共同的思想和共同的口号"。

列宁去世后，党的中央领导集团需要一位新的掌舵人。

当时，可能人选有托洛茨基、布哈林、季诺维也夫，还有斯大林。

在大多数党员和党的领导人看来，托洛茨基没有完整的建设社会主义的纲领，他甚至认为社会主义在苏联不可能建设成功。

布哈林有建设社会主义的一整套方案和计划，但缺乏组织才能。

季诺维也夫则在理论和组织才能两个方面都不突出。

斯大林尽管有许多缺点，但他具有坚定的政治信念和钢铁般的坚强意志，组织能力和运用组织的才能更是胜人一筹。

约瑟夫·维萨里昂诺维奇·斯大林，生于1879年12月21日，很早就参加了革命。1902~1913年，他曾八次被逮捕，七次遭流放，六次在流放中逃脱。与列宁和其他革命者不同的是，斯大林的主要政治斗争经历是在俄国国内，残酷的斗争锤炼了斯大林坚强的性格。

斯大林是一位杰出的马克思主义者，伟大的无产阶级革命家。

从他参加革命之日起直到去世，他对共产主义的信念没有过一丝动摇。他在长期执政生涯中执政的出发点和立足点，都是为了国家的强大和人民的富裕。

斯大林有超人的组织能力。早在十月革命时期，他就协助列宁参与指挥彼得格勒武装起义。在激烈的国内战争期间，他指挥红军取得了保卫察里津和其他一系列重大战役的胜利。他善于用普通干部和群众能够理解的语言，把党员干部和人民发动起来、组织起来,朝着既定的目标奋勇前进。他决策果断,目标明确,坚韧不拔,为达到目标不惜牺牲一切,是一般政治家难以相比的。

随着斯大林威望的逐步提高,党的最高决策权逐渐集中到他个人手里。尽管斯大林本人认为"个人崇拜"是有害的甚至是不能容忍的,他也多次明确表示讨厌和反对对他本人的"个人崇拜",但他在党和国家的政治生活中,有时过分相信了自己个人的智慧,违反了无产阶级的民主集中制。

对于苏共领导集体内部的有些意见分歧,斯大林有时运用铁的手腕,甚至采取"残酷斗争、无情打击"的方式。

结果是,表面上党内一切分歧都消失了,似乎保持了党的高度团结和统一。然而,列宁时期坚持的集体领导原则被破坏。在一片附和声中,"一致通过"的决议实际上变成了要无条件地服从领袖个人的意志。这样,就把斯大林与党等同起来,实际上就削弱乃至否定了领袖集团的作用。

当然,斯大林作为一个革命领袖,他的缺点与错误,与他为苏联共产党和苏联人民所做出的贡献相比,是瑕不掩瑜的。

在斯大林诞辰80周年纪念日,当时西方世界的领袖人物、英国首相丘吉尔在下院发表了他对斯大林的高度评价:"在经受严峻考验的年代里,是不屈不挠的天才统帅斯大林领导了自己的国家,这是俄国的大幸。斯大林是一位最杰出的人物,他在风云多变、严酷无情的时代度过了自己的一生,并给我们这个时代留下了令人敬仰的印象","历史和人民不会忘记这样的人"。①

斯大林去世后,苏共曾经在一段时期内重新强调列宁确立的"集体领导"原则。但是1957年赫鲁晓夫担任苏共第一书记时期,随着马林科夫、卡冈诺维奇和莫洛托夫等人被打成"反党集团",苏共中央再次形成了赫鲁晓夫个人集权的局面。

尼基塔·谢尔盖耶维奇·赫鲁晓夫,1894年4月17日出生在库尔斯克省卡利诺夫卡村,父母都是纯朴的农民。青年时代他做过乌克兰的矿工,成长于那个波翻浪涌的大革命时代,经受过卫国战争的战火考验。但是赫鲁晓夫在思想和行为准则上还有另一面,是一个较为复杂的人物。

他对共产主义事业曾有过质朴的情感,但是,他缺少马克思主义的理论修养。莫洛托夫曾这样评价赫鲁晓夫:他对什么是列宁主义,什么是马克思主义,从来就没有多大兴趣,也没有想过,在理论上一窍不通。正因如此,

---

① 转引自〔苏〕丘耶夫《同莫洛托夫的140次谈话》,新华出版社,1992,第87页。

他违背马列主义的国家学说和阶级斗争学说,在苏共二十二大上提出了"全民国家""全民党"的错误理论,并在大会上力主通过的纲领中,取消了"无产阶级专政"这一马列主义的核心理论。他告诫人们不要冒进,自己却又把冒进思想推向极端——宣称苏联要在"20年基本建成共产主义社会"。他所说的共产主义,不过是"土豆加牛肉"而已。完全可以说,从赫鲁晓夫开始,苏联共产党逐渐脱离、背离乃至背叛了马克思主义的一些基本原理,使苏联开始偏离了社会主义的正确方向,为20世纪90年代苏共垮台、苏联解体种下祸根。

他批判对斯大林的个人崇拜,揭开了盖子,主张纠正斯大林曾犯过的一些错误,但他是一个典型的两面派、阴谋家和野心家。1939年3月,他在党的第十八次代表大会上20分钟的发言中,居然把斯大林恭维了32次之多。过去,他经常肉麻地吹捧斯大林是"人类最伟大的天才、导师和领袖""伟大的常胜将军""自己生身的父亲"。但仅过了十多年时间,还是同一个赫鲁晓夫,却咒骂斯大林是"凶手""强盗""赌棍""俄国历史上最大的独裁者""混蛋""白痴"等,把一切恶毒、污秽的语言都倾泻到斯大林的头上,全盘否定斯大林建立的巨大的历史功勋。他这样咒骂斯大林,实质上是对伟大的苏联人民和苏联共产党的莫大污辱,是对马列主义和社会主义一些根本原则的否定。赫鲁晓夫反对对斯大林的个人崇拜,但他自己又大搞个人崇拜,主动走上了"神坛"。

他全盘否定斯大林,实质就是从根本上否定无产阶级专政,否定斯大林捍卫和发展的马列主义的基本原理。

他在处理事关党和国家命运的重大问题时,缺乏理性思维和深谋远虑,往往从主观愿望和一时热情出发,甚至指望用冒险激进的办法来达到目的。

他主张对当时不合时宜的高度集中的苏联经济体制进行某些改革,但缺乏科学的理论指导和深入的调查研究,随意决策,也做了很多荒唐的事情。

他盲目主张开垦了大片的处女地,扩大玉米种植面积,却让上千万亩土地荒废,因为那些土壤根本不适于种植。

他所进行的工业改组简单地把条条管理变为块块管理,结果导致削弱中央权威,助长了"地方主义"。

他把州和边疆区统一的党组织强行分割为工业党组织和农业党组织,严重地削弱了党的领导,遭到州委书记们的普遍反对。

1961年,赫鲁晓夫在苏共二十二大上宣布:苏联已进入"全面展开共产主义建设的时期",要在"20年基本建成共产主义社会"。赫鲁晓夫所说的"共产主义"根本不是马克思主义的科学设想,而且完全脱离了苏联当时的国情。直到赫鲁晓夫下台，他的所谓"共产主义"，依然是虚无缥缈的"仙山琼阁"。

1964年10月14日，从休假地返回莫斯科的赫鲁晓夫主持了苏共中央主席团会议。会上，主席团成员同样用他当年做反斯大林秘密报告时的手法，以突然袭击的方式，对他在内外政策上所犯的各种错误进行了激烈的指责和批评，并迫使他同意"自愿退休"。赫鲁晓夫不得不在为他准备好的辞职声明上签了字。这个不具备优秀领袖素质的鲁莽改革家，被提前赶下了台。但直到去世，他自己也没有明白，问题究竟出在哪里。

取代赫鲁晓夫的新领导人是勃列日涅夫。

列昂尼德·伊里奇·勃列日涅夫，1906年12月19日出生于乌克兰卡缅斯克镇的一个工人家庭。

他在十月革命前后度过了少年时代，在斯大林时期完成了学业，并从事农业和工业的技术管理和领导工作。卫国战争中他在军队担任领导职务，经历了整个战争年代，战争结束后一直在地方担任党的领导工作。

勃列日涅夫结束了赫鲁晓夫时代那种莽撞、轻率的改革尝试所带来的混乱局面，纠正了苏共中央主席团中一个人说了算的作风，推行"新经济体制"改革。

有人评价勃列日涅夫没有很高的理论素养，也没有突出的才能和智慧，是一个按章办事的执行型人才。他不重视对客观情况发展变化的研究，习惯于因循守旧、满足现状，惧怕重大的改革。但也有人认为勃列日涅夫行事方式比较稳重，因此保持了苏联18年间的稳定。

勃列日涅夫担任苏共中央第一书记时期，是苏联历史上一个少有的稳定时期。正是在这18年当中，苏联经济取得了一定的发展，社会比较稳定，人民生活水平也有所提高。但与此同时，在这一时期也出现了不少消极现象。尤其在勃列日涅夫当政的后期，苏共领导人愈来愈脱离时代发展的变化和人民群众的要求。他们没有看到，马克思主义理论是应当随着实际情况的变化而不断发展的，因而在思想和行动上变得越来越保守和僵化。维持现状和粉饰太平，缺乏锐意进取和改革的创新精神，成为20世纪70年代后期和80年代初期苏共的主调。

在执政后期，他虽然也反复强调苏联共产党代表全体苏联人民的利益，要为苏联人民服务，但这一口号已逐渐成为一句时髦的空话。

正是在勃列日涅夫后期，苏共领导人的共产主义思想已经变得十分淡薄，而崇尚西方生活方式、贪图享乐、奢侈浮华、阿谀奉承的风气日益滋长。勃列日涅夫本人就是这个严重脱离群众的特权阶层的最高代表。这样，苏共就更加脱离群众，并进一步丧失了它的先进性，从而失去了它的执政基础。

到20世纪80年代初期，苏联社会已经呈现出比较严重的危机，并使一些矛盾趋于尖锐。应该说，勃列日涅夫执政的年代，为以后苏联的社会大动荡和苏联的解体埋下了隐患，并亟须进行必要的改革。但同时，当时苏联社会人民生活稳定，享有较高程度的教育、医疗、社会公用服务保障，科技人才数量占据世界总数的1/4，苏联在这个时期成为世界两个超级大国之一，在国际上具有举足轻重的地位。这就是今天俄罗斯的不少人认为勃列日涅夫时期是苏联人生活得最好的时期的缘由。

勃列日涅夫去世之后，苏共经历了安德罗波夫和契尔年科的短暂过渡时期。到了1985年3月，最高领导权转移到以戈尔巴乔夫为首的新一代领导人手中。

米哈伊尔·谢尔盖耶维奇·戈尔巴乔夫，1931年3月2日生于北高加索斯塔夫罗波尔边疆区的一个农民家庭。他毕业于国立莫斯科大学，长期从事党务工作。

戈尔巴乔夫世界观形成的青年时期，正是赫鲁晓夫全盘否定斯大林、否定党的历史，提出"全民党"和"全民国家"的时期，这给正处在思想成长过程中的戈尔巴乔夫乃至他所代表的整整一代人留下了深刻的烙印，动摇乃至瓦解了他们对共产主义的理想和对社会主义道路的信念。

让我们来听听戈尔巴乔夫的自白吧。2001年3月，戈尔巴乔夫在接受俄罗斯灯塔电台采访时说："我们是苏共二十大的孩子，苏联20世纪60年代的历史对我们影响很大，年轻时我们是怀着对党的信任和忠诚入党的，但苏共二十大以后，我们的思想开始发生转变。"从1993年起，戈尔巴乔夫在一年半时间里，与日本社会活动家池田大作进行了多次对谈。接着，他们便合作出版了《20世纪的精神教训》这一对话录。戈尔巴乔夫在其中说："早在学生时代，我就发现，社会主义的现实同理想相差十万八千里了。"他不仅把矛头指向斯大林，而且还直接指向了列宁甚至马克思，指向了揭示人类社会发展规律的已经被实践反复证明是正确的马克思主义。他说："俄国的悲剧，就在于卡尔·马克思的晚年时代已经死去的思想，却在20世纪初的俄罗斯被选择"；"共产主义是不可能实现的口号"。[①]

1988年6月，戈尔巴乔夫在苏共第十九次全国代表会议上提出，苏联

---

① 〔俄〕戈尔巴乔夫、〔日〕池田大作：《20世纪的精神教训》，社会科学文献出版社，2005，第384页。

要实行"无限制的民主"。

就在当月,一批被称为"非正式组织"的势力,在莫斯科市中心集会,打出取消苏联国家司法和执法机关的标语,提出他们"有权参加和推举代表进入苏维埃"的政治要求,公开主张实行多党制。

1988年6月28日至7月1日,苏共第十九次全国代表会议在莫斯科召开。戈尔巴乔夫作了《关于苏共二十七大决议的执行情况和深化改革的任务》的政治报告。他提出了以建立"人道的民主的社会主义"新模式为目标的一系列改革方案,① 实质上就是同马克思主义基本理论彻底决裂:搬用西方资本主义国家的政治制度,引入多党制;通过所谓重新划分党和苏维埃的权力关系,从根本上取消苏共作为执政党的领导地位,动摇党的阶级基础和群众基础。

这次会议前后,无限制的公开性和西方式的民主化,在苏联政治生活领域里,很快催生了一批所谓独立的民间组织。

1987年12月28日,《真理报》的社论披露,当时苏联的非正式社团已经有3万多个。这些组织肆无忌惮地宣扬反苏反共观点,鼓吹成立反对党和独立工会。

1988年6月28日,苏共第十九次全国代表会议和苏联第一次人民代表大会,成了根本改变苏联政治制度的转折点。

苏共第十九次全国代表会议以前,苏共是国家的领导核心。苏共中央政治局实际上是苏联最高决策机构,苏共中央委员会书记处辅助政治局负责处理日常的政治、组织工作。

苏共第十九次全国代表会议以后,苏共领导机构进行重组,取消了原苏共中央下设的23个部,政治局会议也越来越少,甚至数月不召开一次会议。

在国家最高政权机构之间,启动了旨在削弱和排挤苏共的分权制衡机制。苏共进一步失去对局势的控制。

1989年5月25日,第一届苏联人民代表大会召开。在戈尔巴乔夫新改革方案的实施下,以叶利钦为代表的一大批党内外政治反对派人士当选为苏联人民代表。

在第一届苏联人民代表大会上,几乎每一个时刻、在每一个议题上都进行着激烈的争斗。

千百万苏联公民坐在电视机旁,通过电视直播,看到的是一片混乱。

---

① 〔苏〕戈尔巴乔夫:《关于苏共二十七大决议的执行情况和深化改革的任务——在苏共第十九次全国代表大会上的报告》,莫斯科,1988,第115页。

1989年12月10~12日，在苏联第二次人民代表大会上，"跨地区议员团"代表萨哈罗夫、波波夫等再次呼吁将修改宪法第六条列入日程。

苏共中央1990年二月全会，是推行多党制过程中的一次重要会议。

"民主派"代表叶利钦在发言中说：必须"从坚持一党制的党，过渡到允许多党制并准备在政党和社会组织法的基础上同其他政党共同行动的党"。

戈尔巴乔夫对此采取迎合态度，他明确表示要修改苏联宪法，取消宪法第六条中关于苏联共产党的领导地位的规定。①

面对反对势力步步进逼，缺少人民支持的苏共，一步一步地丧失了执政地位。

1990年3月12日，苏联第三次非常人民代表大会召开。会议通过了《关于设立苏联总统职位和苏联宪法（根本法）修改补充法》。

在序文中首先删去了"共产党——全体人民的先锋队的领导作用增强了"的表述，并将第六条由"苏联共产党是苏联社会的领导力量和指导力量及其政治制度、国家和社会的核心"，改为"苏联共产党、其他政党以及工会、共青团、其他社会团体和运动通过自己选入人民代表苏维埃的代表并以其他形式参加制定苏维埃国家的政策，管理国家和社会事务"。② 这一修改为取消党的领导和推行多党制打开了大门。这也就从根本上摧毁了十月革命以来长达73年的苏共执政的法理根基。

修改后的宪法还增设了"苏联总统"一章，宣布将党与国家分开。

大会选举戈尔巴乔夫为苏联历史上第一位总统。

1990年7月，戈尔巴乔夫在苏共二十八大的报告中又煞有介事地提出所谓的苏共将通过选举来"争取保持执政党的地位"。这不过是掩盖他企图摧毁苏共真实目的而已。

苏共二月全会和苏联非常人民代表大会之后，苏共的领导地位失去了宪法保护，而那些未登记注册为政党、实际上具有政党性质的激进派人士组成的非正式组织，却获得了与苏共地位相同的宪法保障。

叶利钦，原任苏共斯维尔德洛夫州委第一书记。戈尔巴乔夫上台后，将叶利钦调任苏共中央政治局候补委员，后任莫斯科市委第一书记。在就任莫斯科市委第一书记后，叶利钦以抨击特权腐败为名，捞取政治资本，并对党内坚持正确主张的同志拼命进行攻击。

---

① 《苏联共产党第二十八次代表大会文件汇编》，莫斯科，1990，第35页。
② 《苏联问题资料》，东方出版社，1990，第493~494页。

叶利钦很快把矛头指向苏共中央，特别是坚持社会主义道路的苏共第二号人物利加乔夫。在1987年10月21日举行的中央全会上，叶利钦猛烈地抨击苏共中央改革进程缓慢，并点名批判利加乔夫的所谓工作作风，但是立即遭到了几乎全体中央委员的强烈批评与反对。其后不久，叶利钦被解除了中央政治局候补委员、莫斯科市委第一书记的职务。

但是，戈尔巴乔夫却仍让叶利钦继续担任中央委员，并改任国家建委副主任。

1990年5月29日，叶利钦在俄罗斯联邦第一次人民代表大会上以535票赞成、502票反对，仅比法定票数多4票的结果当上了俄罗斯联邦最高苏维埃主席，从而夺取了俄罗斯联邦的最高权力。

1990年7月，在苏共二十八大上，叶利钦公开宣布退出苏联共产党。

1991年6月19日，俄罗斯联邦举行第一次总统选举。叶利钦击败雷日科夫和戈尔巴乔夫提名的候选人巴卡京，当选为俄罗斯联邦总统。

7月20日，叶利钦颁布"非党化"命令，并宣布禁止俄罗斯各政党在各级国家机关、群众团体和基层企业中的活动，其矛头直指苏共。他对苏共的垮台和苏联解体给予最后的一击。

一个执政党，当从它赖以生存和发展的原则的首要维护者，变为这些原则的率先破坏者的时候，如果不能及时得到制止，这个党就必然会走向灾难的深渊。

第八集　苏共对西方世界西化、分化战略的应对

1988年，美国前总统理查德·尼克松出了这样一本书：《1999：不战而胜》。

他在书中直言不讳地写道："苏联人追求的是不战而胜。……我们也应追求不战而胜。""苏联人矢志不移地要实现建立共产主义世界的目标。我们则矢志不移地要实现建立自由世界的目标。"[1]

没有等到1999年的到来，在20世纪80年代末和90年代初，苏共不战而败。

从苏维埃政权诞生时起，西方敌对势力就企图将它扼杀在摇篮里。但在列宁的领导下，俄国共产党人带领各族人民英勇奋斗，克服重重困难和考验，保卫了世界上第一个工人阶级领导的人民政权。

---

[1] 〔美〕尼克松：《1999年：不战而胜》，世界知识出版社，1989，第13页。

列宁逝世后，斯大林领导苏联共产党和各族人民在社会主义道路上继续前进，经受住了包括德国法西斯全面进攻在内的一个个严峻考验，使社会主义的旗帜始终在苏联高高飘扬。

眼看对强大的苏联用武力战胜已无可能，西方便转而采取"和平演变"战略。"和平演变"一词，最早是美国驻苏联大使乔治·凯南在1947年7月提出的，他预言：实行"和平演变"战略，最终将导致苏维埃政权的瓦解。

1953年斯大林逝世后，西方反共势力根据赫鲁晓夫掌权后出现的新形势，加紧对苏联实施"和平演变"战略，力图西化和分化苏联。

尼克松上台后，奉行"均势外交"，力图对苏联和东欧国家进行思想文化渗透，通过宣扬以个人利益为核心的自由、民主、人权等西方价值观来同马克思主义的意识形态相抗衡。

美国总统里根，提出在资本主义与社会主义这两种不同社会制度的斗争中，"最终的决定性因素不是核弹和火箭，而是意志和思想的较量"。他声称"要把马克思主义抛进历史的垃圾堆"。[①]

戈尔巴乔夫上台后，大力鼓吹所谓的"国际政治新思维"。他宣称："人类的生存高于一切"，强调"全人类利益高于一切"。苏美两国"除了领悟共同生存这一伟大真谛以外，别无其他选择"。这就在国际范围内根本抹杀了社会主义与资本主义、无产阶级与资产阶级之间还依然存在着严峻斗争的这一铁的事实。

他的政治表态很快就传达到西方社会。西方反共势力见时机已到，便对苏联全面展开"和平演变"的攻势。

面对西方的"和平演变"攻势，作为苏共中央总书记的戈尔巴乔夫，却洞开国门，予以迎合。

美国等西方国家对苏联实施西化、分化战略的第一个手段是，利用大众传播媒体，大举进行意识形态渗透。

美国在西欧专门设置了针对苏联和东欧国家的大型广播电台"自由欧洲电台"和"自由电台"。每天用六种语言"传播国际以及苏联和东欧国内发生重大事件的信息"，宣传西方社会的"成就"、生活方式和价值观。"英国广播公司"（BBC）和"德意志电波电台"每天也分别用40种和35种语言向世界各地广播。这四家大型电台都担负着向苏联、东欧国家灌输西方意识形态的任务。

---

① 柳静编著《西方对外战略策略资料》，当代中国出版社，1992，第35页。

西方意识形态渗透的重点,是否定苏共的革命历史,把苏联、东欧国家存在的社会问题无限夸大,煽动人民的不满,并把这种不满指向共产党和社会主义制度。美国中央情报局还慷慨资助有关研究机构设计了一个专门打掉苏联人长期以来在实践中形成的列宁情结甚至斯大林情结的"哈佛方案",使反对列宁和斯大林的作品充斥报刊、广播、电视和电影,制定设法使俄罗斯人接受将列宁遗体入葬的实施步骤等。他们还别有用心地称赞戈尔巴乔夫的"新思维",支持其削弱、取消党的领导和社会主义制度的改革,乘机宣扬西方所谓的"美好生活"和资本主义制度的优越。

冷战时期原美国中央情报局局长艾伦·杜勒斯曾针对美国颠覆苏联的战略不无自信地宣称:"如果我们教会苏联的年轻人唱我们的歌曲并随之舞蹈,那么我们迟早将教会他们按照我们所需要他们采取的方法思考问题。"[①]西方世界十分注意用其生活方式和消费方式影响苏联广大受众特别是青年。

面对这一宣传攻势,戈尔巴乔夫不仅丧失警惕,不对苏联人民进行爱国主义教育,反而鼓励民众去接受西方的熏陶。他在1985年8月的一次政治局会议上提出:"苏联人必须同外国人直接接触。不用害怕……一些人会看到,世界真大,五彩缤纷。"

1988年12月,苏联停止了对过去视为反动电台的多家西方电台的干扰,并决定拨款400万外汇卢布,进口20个西方国家的报刊,在国内公开出售。这就进一步助长了西方对苏联的舆论攻势。

由于苏共对西方意识形态的进攻敞开大门,1990年前后,苏联社会中抛弃社会主义的思潮达到高潮。一项全国性的民意调查结果显示,居民在回答"苏联选择什么样的前进之路"时,有32%的被调查者认为要效仿美国;17%选择了德国;11%的人看好瑞典。不少政治势力决定走一条所谓的"彻底革命"之路,背弃社会主义的"此岸",一步跨入资本主义的"彼岸"。这就完全符合了美国国家安全委员会的指令中给"最有效的宣传"所下的定义:"宣传对象按照你所指定的方向走,而他却认为这个方向是他自己选定的。"

美国等西方国家对苏联实施西化、分化战略的第二个手段,是利用经济贸易、技术援助,诱导苏联的改革朝着西方期望的方向发展。

第二次世界大战以后,美国一直利用1949年11月秘密成立的巴黎统筹委员会,对社会主义国家实行封锁禁运和贸易限制,作为诱压社会主义国家做出政治让步的手段。

[①] 柳静编著《西方对外战略策略资料》,当代中国出版社,1992,第39页。

西方国家看到，戈尔巴乔夫在苏联实行的"改革"符合自己的要求，因此纷纷表示支持，愿意给予援助。戈尔巴乔夫也把"改革"成功的希望寄托于西方的施舍。1989年开始，戈尔巴乔夫对政治体制进行"根本改革"，结果很快导致社会动乱和民族冲突，经济形势日益恶化。他阵脚更加慌乱，于是便卑躬屈膝加大向西方乞讨的力度。西方则趁此"良机"，提出各种苛刻的附加条件，加紧对苏联实施"和平演变"战略。

1991年5月，戈尔巴乔夫委派经济学家亚夫林斯基去美国，同哈佛大学的专家一起，制订了一个"哈佛计划"，其中规定：西方每年援助苏联300亿~500亿美元，五年共援助1500亿~2500亿美元，苏联则实行"市场化"、"私有化"、彻底的"民主化"以及允许各民族自决等。该计划还规定，西方援助同苏联改革紧密挂钩，每半年协调一次。按西方当时的说法，就是"大改革多援助，小改革少援助，不改革不援助"。

然而，西方的援助只是一个"诱饵"。美国前总统尼克松当时说："美国的关键战略利益不在于从经济上挽救莫斯科，而是要摧毁苏联的共产主义制度。"[①] 事实也的确如此。1991年7月16日，戈尔巴乔夫带着包括"哈佛计划"在内的文件来到英国伦敦，会晤西方七国首脑，请求给予巨额援助。但结果使他大失所望，西方七国并未承诺任何援苏款项。尽管如此，戈尔巴乔夫依然本着"哈佛计划"的思路，使苏联的改革按照西方指引的方向，走上了"不归之路"。

戈尔巴乔夫也由此赢得了西方赐予的"伟大改革家"的"美誉"，成了那里舆论的宠儿，并获得1990年诺贝尔和平奖。美、英、德等西方国家的资产阶级垄断集团，还以"稿费"等各种形式给予戈尔巴乔夫个人大量的现金。他的助手博尔金回忆说，戈尔巴乔夫在上台后不久，就从西方得到了许多奖金、奖品、稿费，其个人账户上很快就有了100多万美元。后来，其夫人赖莎的著作在美国出版，美国即付给其稿费300万美元。[②] 西方的吹捧和收买是戈尔巴乔夫彻底背叛苏联社会主义事业的原动力之一。早在1918年12月，列宁《在工人合作社第三次代表大会上的讲话》中就指出：美国的"美元多得很，可以把整个俄国、整个印度以至整个世界都买下来"。[③] 列宁还指出，收买就是整个问题的症结所在。

美国等西方国家对苏联实施西化、分化战略的第三个手段是利用所谓

[①] 柳静编著《西方对外战略策略资料》，当代中国出版社，1992，第35页。
[②] 〔俄〕瓦·博尔金：《戈尔巴乔夫沉浮录》，中央编译出版社，1996，第4页。
[③] 《列宁全集》第35卷，人民出版社，1985，第346页。

"人权"问题干涉苏联内政，支持和扶植苏联社会内部的反对势力。

多年来，美国等西方国家一直利用所谓"人权"问题攻击和污蔑社会主义制度，鼓噪"共产主义世界践踏公民权利"。

美国政府更是把"人权外交"同意识形态和政治渗透密切结合起来，肆无忌惮地利用所谓"人权"等问题对社会主义国家施加压力。1975年《赫尔辛基协定》签订后，西方国家利用协定中规定的条款，给予苏联"持不同政见者"以多方的支持。这种支持有物质和金钱的，也有"荣誉"和所谓"道义"的。

1977年卡特就任美国总统不久就接见了《古拉格群岛》一书的作者索尔仁尼琴，他还亲自致信苏联最著名的持不同政见者萨哈罗夫，表示美国"将继续履行在国外促进人权的坚定诺言"。

1979年4月，美国用它所拘捕的两名苏联间谍，交换了金斯伯格等五名持不同政见者，以此声援和鼓励在苏联出现更多的所谓持不同政见者。

同年12月，卡特政府搞了一个所谓的"人权周"，对苏施加压力，为苏联的持不同政见者造势助威。

1983年，美国国会通过了《争取民主赠款法》。1989年，国会仅拨给"全国争取民主基金会"的款额已达2500万美元。这笔资金主要用于在社会主义国家特别是苏联"发展民主"和支持反对派。西方利用意识形态渗透和"人权"攻势，投入巨额资金，支持那些对苏共不满的人，帮助他们建立各种非政府组织，资助他们出版各种宣传资产阶级自由化的出版物，鼓励他们向苏共展开夺权斗争，并为他们提供政治避难。

20世纪80年代初期，苏联的持不同政见活动逐渐衰落，但随着戈尔巴乔夫"公开性"和"民主化"政策的推进，非正式组织和形形色色宣传资产阶级自由化的刊物如雨后春笋般地发展起来。戈尔巴乔夫完全屈服于美国的"人权"攻势和压力。其中最典型的事例，莫过于为最著名的持不同政见者萨哈罗夫恢复名誉了。萨哈罗夫是苏联的"氢弹之父"，但他在西方的支持和资助下，极力反对社会主义制度，经常发表反共演说，还在苏联国内公开建立了一个所谓的"保卫人权"组织。1980年年初，他被苏联当局强制迁移到高尔基市居住。但在1986年12月16日，戈尔巴乔夫亲自打电话把他请回莫斯科，鼓励他从事政治活动，还给他安排两套住房和别墅。随后，苏联当局又按他的要求，赦免释放了其他140名持不同政见者。1989年3月，萨哈罗夫竞选苏联人民代表失败，戈尔巴乔夫立即给苏联科学院增加名额，帮助他成功当选。后来，他成为苏联人民代表大会中强烈反对苏共的"跨地区议员团"的领导人之一。他力主修改规定苏联共产党在苏联社会中的领导地位的宪法第六条，并亲自拟定宪法，取消了原苏联国名中"社会主义"一词。1989年12月，萨哈罗夫因病去世，戈尔巴乔夫曾表示无限悲痛，声称这是"重大的损失"。由于戈尔巴乔夫这一"鲜明"立场与态度，苏联更多的持不同政见者和更大的持不同政见者运动便很快公开化、合法化了。

面对以非正式组织面目出现的政治反对派，苏共听任和放纵反共反社会主义的势力猖狂进攻。1988年6月，戈尔巴乔夫在苏共第十九次全国代表会议上说，各种非政府组织的迅速增加是改革的"显著特点"，"是人民首倡精神的出色表现，它值得大力支持"。[①] 1989年7月18日，他在又一个会议上说，这些非政府组织的目的是"积极的"，是"与改革目的客观上相符"，因此应"同它们对话协作"。他不仅允许成立各种各样的非正式组织，而且同意在非正式组织的基础上成立反对党、实行多党制，直至在"自由选举"的旗号下听任反对派夺取一系列地方政权。

1987年12月28日，《真理报》的社论披露，当时苏联的非正式社团已经有3万多个。这些组织肆无忌惮地宣扬反苏反共观点，鼓吹成立反对党和独立工会。

插手苏联的民族问题，破坏苏联的民族关系，在苏联内部制造动乱，是美国等西方国家对苏联实施西化、分化战略的第四个手段。

苏联长期存在着一些民族问题，由于戈尔巴乔夫推行"族际关系民主化"而不断激化，进而造成更为严重的民族对立和冲突。西方国家则趁火打劫，蓄意推波助澜。

1986年苏联改革开始不久，一些美国议员就跑到拉脱维亚挑拨苏联民族关系，公开宣布美国从未承认苏联对波罗的海国家的"占领"，波罗的海人民有权决定是否独立。

1989年春，当波罗的海沿岸的民族分裂主义活动势如潮涌之时，美国驻苏大使出面接见当地分裂势力的代表，了解他们的活动意图和计划，对他们表示支持，从而直接促成了波罗的海沿岸200万人手牵手的"波罗的海之路"运动，大大强化了当地分裂主义势力的意志和决心，其间，他们公开提出了"打倒苏共"和"脱离苏联"的口号。

1989年12月1日，美苏两国元首在马耳他会晤，布什向戈尔巴乔夫施压，警告苏联不得用武力对付波罗的海三国的民族运动。否则，反苏情绪就

[①] 〔苏〕戈尔巴乔夫：《关于苏共二十七大决议的执行情况和深化改革的任务——在苏共第十九次全国代表大会上的报告》，莫斯科，1988，第88页。

会席卷美国。布什还多次会见波罗的海沿岸分裂运动领导人，向他们表示声援和支持。

1991年1月，立陶宛局势紧张时，美国立即发表声明，谴责苏军"挑衅"，要求苏联"回到谈判中来"，同时通过各种外交渠道，向苏方表达强硬立场。布什本人亲自给戈尔巴乔夫打电话、发密函，要他履行不对波罗的海国家动武的承诺，否则就将停止对苏援助。

在美国的高压下，作为苏联总统的戈尔巴乔夫于1月30日下令，将派去控制立陶宛局势的空降兵部队和内务部队撤出立陶宛，同时向美国保证，在坚持宪法的道路上推进政治进程，愿同波罗的海分裂势力进行对话。苏联中央政权从此失去了对这三个共和国的控制。

波罗的海三国分裂势力的得手，推倒了苏联解体的多米诺骨牌。

美国等西方国家对苏联实施西化、分化战略的第五个也是最致命的一个手段，是千方百计支持苏共内部的反叛势力，大力扶植苏联共产党和苏维埃政权的掘墓人。

早在1987年夏天，当叶利钦尚未与戈尔巴乔夫发生冲突之时，美国驻苏联大使就已经同叶利钦进行了接触，他反共反社会主义的"坦率"，给美国大使留下了强烈印象，美国随即将他作为重点工作对象，全力支持他对抗苏共中央、对抗联盟政权、分裂苏共和苏联的一切反叛行为。

叶利钦与戈尔巴乔夫公开发生冲突被开除出政治局后，美国利用各种机会与他保持更为密切的接触。1989年，叶利钦当选为苏联人民代表并进入最高苏维埃。当年9月叶利钦访美，美方破格接待这位"非正式访问"的"非官方人物"，安排总统、副总统、国务卿和前总统里根等诸多政要同他会晤。

叶利钦回国后，加紧展开反共活动。一方面在党外谋求取消苏共领导地位的宪法的修订，另一方面在党内领导"民主纲领派"，力图"彻底改造"苏共，夺取苏共领导权。美国则在戈尔巴乔夫与叶利钦之间进行"劝和"，推动两人"联手合作"，直接介入苏联国内的政治斗争。

1991年6月，叶利钦当选俄罗斯联邦总统，美国立刻邀请他访美，并且给予这位尚未就职的苏联地方政权领导人以完全的国家元首礼遇。除布什总统与他进行长时间会谈外，美国副总统、国防部长、商务部长、国会参众两院领袖以及劳联—产联领导人、一些大公司老总、社会团体负责人，也都会见了叶利钦。

叶利钦对美国人的知遇之恩投桃报李。1991年12月，他与乌克兰、白俄罗斯领导人密谋解散苏联时，首先向美国总统通报了情况，取得了美国的支持。

"8·19"事件前夕，苏联著名反对派人士波波夫用纸条密告美国大使，说有人正在策划一场重大阴谋活动。"8·19"事件发生后，美国总统两次与叶利钦通电话，稳定其情绪，鼓励其斗志，西方其他主要资本主义国家也立即旗帜鲜明地表达了支持叶利钦的立场。

加拿大总理宣布冻结两亿美元对苏援助，指责苏联可能重新回到冷战；

日本谴责苏联"国家紧急状态委员会"行动不合法，宣布冻结一切对苏援助计划；

德国领导人纷纷表态，支持叶利钦关于恢复宪法秩序的要求；

法国领导人猛烈抨击苏联"国家紧急状态委员会"，要求欧共体召开首脑会议讨论苏联局势问题；

世界银行宣布，暂停讨论向苏联提供技术援助的建议。

此时的戈尔巴乔夫更是与叶利钦站在一起，共同对付当时试图挽救苏联的"国家紧急状态委员会"。

以戈尔巴乔夫为代表的苏共领导人对西方国家西化、分化战略从屈从到迎合，加上以叶利钦为代表的苏共内部反叛势力与西方敌对势力里应外合，使得苏共在这场没有硝烟的战争中内外交困，走投无路。当叶利钦站在前来包围"白宫"坦克的炮筒前时，苏联共产党和苏联社会主义葬礼的"礼炮"也就要鸣响了。

苏共从兴盛到败亡，苏联从强大到瓦解，给世人留下了不可多得的历史遗产。

苏联共产党的垮台、苏联社会主义制度的完结、苏联作为统一的多民族国家的解体，是一个由多种因素综合引起的复杂的政治事件，包括国外的因素和国内的因素，党内的因素和党外的因素，历史的因素和现实的因素，经济、政治和思想文化的因素以及社会的因素，等等。

但是，作为苏联国家和人民脊梁的苏联共产党，作为曾经是支撑苏联社会主义事业的钢筋铁骨，它自己内部的蜕变和首先断裂，无疑是导致这座大厦最终迅速坍塌的最主要因素。

在当今的俄罗斯人反思苏联解体的原因时，有越来越多的人把目光逐渐凝聚到苏共的内部。就连苏联著名的持不同政见者、哲学家亚历山大·季诺维也夫在其出版的名为《俄罗斯共产主义的悲剧》的书中在分析苏联解体的责任时也说："苏共的机关、整个苏共，包括党内的普通党员应对发生的灾难负主要责任。"

目前，世界社会主义无疑仍然处于低潮。但一切不屈不挠、继续顽强地为社会主义和共产主义宏伟事业而奋斗的所有共产党人，难道不应该伫步深思吗？

尾声：俄罗斯在反思

俄罗斯民族是一个伟大的民族。经历了十多年的动荡和劫难之后，俄罗斯的各界已经开始反思。

2005年年底，两个著名的中性舆论调查机构的最新调查结果显示：当今66%的俄罗斯人对苏联解体感到惋惜，76%的人认为苏联有许多值得骄傲的地方，72%和80%的人分别认为戈尔巴乔夫时期和叶利钦时期走了一条错误的道路，只有1%的人希望生活在叶利钦时期。

2001年普京就任总统之后曾多次指示，要结束历史教科书领域的"混乱"状况，应该培养年轻一代对自己祖国和祖国历史的自豪感。2004年7月，俄罗斯教育部再版发行《联共（布）党史简明教程》。在近几年，俄罗斯还出版了一批充分肯定斯大林巨大功绩的著作。弗·卡尔波夫的《大元帅斯大林》和尤·叶缅里扬诺夫的《斯大林》就很具代表性。20世纪50年代被推倒的斯大林塑像，在世纪之交俄罗斯的一些地方又重新被竖立起来。

俄罗斯理论界还展开大辩论，他们中的绝大多数都批判了给俄罗斯带来无穷灾难的新自由主义，肯定马克思的遗产在今天仍具有重要价值。

2004年12月8日，俄罗斯共产党主席久加诺夫在纪念斯大林诞辰125周年的纪念长文中说："近年来，在国家的衰败、混乱和危机不断的背景下，人们对约瑟夫·斯大林重新评价的兴趣正在日益增长，这已经是公认的事实。"

本片第八集提到过的季诺维也夫，一生大部分时间都是在对斯大林及苏联进行无情批判，20世纪30年代还曾是暗杀斯大林小组的一名成员。他在最近反思时说：苏联之所以取得伟大成就，"是因为有了苏维埃社会主义制度和斯大林的领导"，"应该重新评价30年代斯大林的镇压活动。当然，其中有很多过火的行为"，但"新社会制度的建立往往伴随着同各种势力的斗争"，斯大林的镇压"消除了实际存在的和潜藏的变节者"。就连写过《古拉格群岛》、全盘否定过斯大林的索尔仁尼琴在反思时也说："我害了俄罗斯祖国。"曾经亲自参与签署协议将苏联解体的三巨头之一、乌克兰前总统克拉夫丘克后来说："如果说在1991年，我知道国家会发展到今天这样的状况，我宁愿斩断自己的手，也不会签署（导致苏联解体的）《别洛韦日协议》。"

2003年，笔者在访问俄罗斯时曾与彻底否定斯大林的历史学家麦德维杰夫交谈了四个多小时。他从苏联工业化、农业集体化、卫国战争胜利、人民的全面福利、知识分子政策、文化振兴等六个方面充分肯定了斯大林的功绩。笔者在与俄罗斯科学院某院士交谈时，他痛切地说："把苏联送入停尸间的不是别人，而是我们苏联人自己。我们俄罗斯人以我们自己的沉痛灾难为代价，成为耶稣，悲壮地走上祭坛，向世人和历史宣告：苏联的'民主化''私有化'完全是一条绝路、死路。个别超级大国绝对没有安好心，其他国家民族千万不要重蹈我们的覆辙。我是苏共党员，现在箱底仍放着党证。但苏共垮台时，我也是抱着欢迎的态度。十多年来给国家、民族带来的巨大灾难，使我对我们国家和民族常怀负疚、负债、负罪之感。但我们从中国看到了社会主义灿烂的希望。"

　　当然，俄罗斯的复兴可能还会有较长的一段路要走。但我们深信，列宁主义和十月革命的故乡绝对不会长久沉寂。

　　我们也深信，随着生产的全球化与生产资料的国际垄断资本占有这一全球范围内的基本矛盾的日益加深，并有着苏联解体这一难得的反面教材，人类历史必将在曲折和苦难中逐步迎来又一个绚丽多姿的春天。

"颜色革命"警示录[*]

引 言

中共中央十六届六中全会通过的《关于构建社会主义和谐社会若干重大问题的决定》指出,新世纪新阶段,我们面临的发展机遇前所未有,面对的挑战也前所未有。

作为当今世界上最大的社会主义国家和最大的发展中国家,中国必将长期面对来自以美国为首的西方世界进行和平演变、西化分化、战略围堵的挑战和压力。21世纪之初,发生在独联体国家的以"颜色革命"为标志的一系列政权更迭风暴,为此判断做了清晰的注解。

认真研究"颜色革命"发生发展的过程,总结其原因和教训,对于我们深入开展社会主义法治理念教育,切实维护党的执政地位,切实维护国家安全,切实维护人民权益,确保社会大局稳定,全面推进社会主义现代化建设,实现中华民族的伟大复兴具有意义重大。

第一集 揭开"颜色革命"的面纱

浓郁热烈的玫瑰、鲜艳迷人的橙色、高贵典雅的郁金香,这些美丽的鲜花和颜色,历来受到世人的喜爱。但谁都不会想到,鲜花与政治、颜色与革命居然能成为一对绝妙的伴侣,成为21世纪之初国际舞台上一场场政治风暴的标志和代名词。

---

[*] 本文系《居安思危之二:"颜色革命"警示录》六集电视政论片解说词。总撰稿:马援。

格鲁吉亚的"玫瑰革命"

2003年11月22日,在格鲁吉亚发生的那场仅仅持续了36个小时的政权更迭事件中,反对派领袖萨卡什维利手举红玫瑰、被民众簇拥着冲进议会大厦的一幕,被某些西方媒体渲染成一个标志性画面,萨卡什维利由此获得了"玫瑰革命家"和"玫瑰总统"的称号,而这场事件也被赋予了一个特别的称谓——"玫瑰革命"。

那么,"玫瑰革命"究竟是一场什么样的"革命"呢?

2003年11月2日,格鲁吉亚举行议会大选。20日,格鲁吉亚中央选举委员会正式公布了议会选举结果:现任总统谢瓦尔德纳泽领导的政党——"为了新的格鲁吉亚"得票率为21.32%,而萨卡什维利领导的激进反对派——"民族运动党"和布尔贾纳泽领导的政党得票率分别为18.8%和8.79%。此后,谢瓦尔德纳泽总统宣布将于22日举行新一届议会的首次会议。

激进反对派领袖萨卡什维利和布尔贾纳泽却不承认选举结果,指责选举舞弊,宣布抵制新一届议会,要求总统谢瓦尔德纳泽辞职。反对派决定在第比利斯市中心举行大规模抗议活动,呼吁重新进行议会选举。

反对派的支持者纷纷从格鲁吉亚全国各地赶赴首都第比利斯,在市中心举行抗议活动。他们冲入议会大厦,使正在举行的新一届议会首次会议被迫中断,谢瓦尔德纳泽总统在保镖的保护下离开会议大厅。

2003年11月23日傍晚,事情突然发生了变化。谢瓦尔德纳泽在同萨卡什维利举行会晤之后,宣布辞去总统职务。担任格鲁吉亚总统11年、已经75岁高龄的谢瓦尔德纳泽在反对派的重重围攻下,步步退却,最终无奈地低下了他那白发苍苍的头颅。

2004年1月4日,萨卡什维利当选格鲁吉亚总统。"玫瑰革命"就此落幕。

乌克兰的"橙色革命"

一年后,又一场风暴沿着黑海海岸刮到乌克兰,刚刚在格鲁吉亚发生过的一幕,又在乌克兰重演,只是这场风暴的标志由玫瑰的红色变成了鲜艳的橙色。

2004年11月21日,乌克兰第二轮总统选举结束,时任总理亚努科维奇赢得49.42%的选票,其竞争对手尤先科得到46.7%的选票。

24日晚,乌克兰中央选举委员会宣布亚努科维奇当选新一届总统。

面对这一结果,尤先科立即指责在投票中存在着欺诈和舞弊,鼓动其支持者走上街头举行抗议示威。

五万多名尤先科的支持者,在首都基辅的独立广场进行游行示威,总统府也被抗议者包围。尤先科向独立广场上的数万名支持者发表讲话,宣布从25日起举行全乌克兰大罢工,成立"保护民主救国委员会"。他的竞选伙伴季莫申科也表示要抗议到底,在三周内实现"格鲁吉亚式的革命"。

没有等到三个星期,乌克兰议会和总统的态度就发生了180度的转变。12月8日,乌克兰最高苏维埃通过了对宪法和选举法的修正案,总统库奇马立即签字使之生效。

12月26日,乌克兰总统大选重新举行第二轮投票,尤先科以较大的优势战胜了亚努科维奇。

2005年1月17日,尤先科就任乌克兰新总统。"橙色革命"风暴暂时平息。

吉尔吉斯斯坦的"郁金香革命"

"橙色革命"的大幕刚刚落下,"郁金香革命"的帷幕又在中亚的吉尔吉斯斯坦拉开。

2005年2月27日,吉尔吉斯斯坦开始举行议会选举,当选的71名议员中,亲政府派议员有近30人,反对派阵营的议员仅有10人。

3月19日,选举结果公布后,反对派表示不能接受,马上开始举行抗议活动,他们组织围攻和焚烧奥什州和贾拉拉巴德州警察局,占领机场和政府大楼,要求阿卡耶夫总统下台。骚乱很快蔓延到首都比什凯克及其他一些城市。在比什凯克,暴徒们冲击商店和市场大肆劫掠,这是一系列所谓的"革命"事件中最为血腥和暴力的一幕。

3月24日,吉尔吉斯斯坦最高法院宣布,不久前举行的议会选举结果无效。继而在当局彻底放弃政权的情况下,反对派占领了总统府和政府办公大楼。当天晚上,阿卡耶夫出走他国,反对派宣布接管政权。

4月3日,阿卡耶夫宣布辞去总统职务。

8月,持中间立场的巴基耶夫当选为新一届总统。

由于吉尔吉斯斯坦盛产郁金香,因此,这场历时七天的所谓"革命",又被西方媒体称作"郁金香革命"或"黄色革命"。需要注意的是,"郁金香革命"中充斥的暴力和血腥事件,也为这场政权更迭风暴添染了一抹不同的颜色。

从"玫瑰革命"到"橙色革命"再到"郁金香革命",是在短短一年半的时间里，发生在独联体国家的三次政权更迭风暴，因其醒目的鲜花颜色标志，被西方媒体冠以"颜色革命"的称号，而后经西方政界和舆论界的炒作成为一个新概念和新词汇。"颜色革命"从此不胫而走。

不仅如此，"颜色革命"频频出现在世界政治的敏感地带。

2005年2月，在塔吉克斯坦议会选举过程中，列宁纳巴德州出现骚乱。

2005年3月，白俄罗斯的反对派走上街头，发动了"雪花革命"，也被称为"白色革命"。

2005年5月，乌兹别克斯坦的极端势力乘机发难，在安集延市制造了所谓的"棉花革命"骚乱事件。

与此同时，在俄罗斯、哈萨克斯坦、阿塞拜疆、摩尔多瓦，以及黎巴嫩、越南、委内瑞拉、古巴等国家，也产生了与"颜色革命"相类似的迹象。

人们不禁要问："颜色革命"中的鲜花和颜色究竟有什么魔力？松散弱小的反对派为什么能够如此轻易地登台掌权？为什么这三次政权更迭事件的过程竟然如此相似？为什么这三次所谓的"革命"，全部发生在独联体国家？

…………

太多的谜团困扰着人们。

也许，从"颜色革命"事件的当事人那里能寻找到解开谜团的路径。

谢瓦尔德纳泽曾自认为是西方政策最忠实的执行者，而在"玫瑰革命"中被赶下台后，他失望地说："是西方世界出卖了我。"

"橙色革命"中"蓝白色"一方领导人亚努科维奇的妻子柳德米拉说，反对派的运动实际上是美国操纵的"橙色狂欢"。

阿卡耶夫事后也向媒体道出了反对派力量如此强大的原因："他们得到了美国国家民主研究所等机构的支持，从那里获得了源源不断的资金和全面的培训。"

作为"颜色革命"的当事人，他们的感叹，为我们揭开谜团打开了一扇敞亮的窗子。

艾德尔·扬·卡拉特米奇领导着一家非政府组织，其总部设在纽约。这个组织的使命是专门为独联体国家的青年运动和"街头政治"活动提供培训和资金援助。在其接见东欧国家青年运动领导人的一次谈话中，面对世界地图，他这样描绘了他们的战略计划：绿色表示的是今天被称作民主国家的地区。乌克兰、格鲁吉亚还是黄色。乌克兰虽然在2014年爆发"橙色革命"，但在民主化进程中，他们目前还只是处于基础阶段，而格鲁吉亚的改革则远远不够，制度改革还未展开，所以这里还只是黄色。这些蓝色是以后我们工作的重点，推行改革的难度比较大。这一地域是哪里？是俄罗斯、中国、伊朗、沙特。实际上我们给乌克兰每人资助了3万美元，数百名年轻人受邀参与实习，对他们进行训练，教他们如何关注社会动态和人心向背，以及随着选举的临近如何引导民意的走向等。

也许，这就是"颜色革命"的谜底！

这就是"颜色革命"背后的神秘力量！

事实上，某些西方大国早已对未来的全球政治格局做了规划，这块版图上标记的大片深蓝颜色以及众多的"目标国家"，令人触目惊心。

覆巢之下，岂有完卵？格鲁吉亚、乌克兰和吉尔吉斯斯坦，这些地处俄罗斯周边、战略地位异常关键的国家，也许从苏联解体的那一刻起，就已经成为别国战略棋盘上任意摆布的棋子。

所以，要追溯"颜色革命"的起因，我们不得不把眼光放得更远一些。必须清醒认识到："颜色革命"并非三个孤立的地区政治事件，从本质上讲，它是西方长期推行"和平演变"及遏制战略的必然结果。

在20世纪80年代和90年代之交，世界政治版图出现了一次巨大变动，在以美国为首的西方国家的政治、经济、外交和意识形态进攻面前，以苏联为首的苏东社会主义阵营分裂解体。

1989年9月12日，波兰反对派力量团结工会上台执政，波兰统一工人党失去政权。

1989年10月7日，匈牙利社会主义工人党更名，自动放弃执政地位。

1989年11月9日，柏林墙倒塌。

1989年11月26日，捷克斯洛伐克共产党中央集体辞职，12月10日，"民族谅解政府"成立，12月29日，哈维尔当选为总统。

1989年12月25日，罗马尼亚共产党中央主席齐奥塞斯库夫妇被军事特别法庭处决，罗马尼亚共产党被宣布为非法。

1990年12月19日，保加利亚战后第一个由非共产党人领导的政府宣布成立。

1991年12月25日，戈尔巴乔夫以苏联最后一位国家领导人的身份，发表了12分钟的演讲，随后，印着斧头镰刀的苏联国旗从克里姆林宫降下。苏联，这个有着2240多万平方千米国土、横跨欧亚两洲的社会主义大国、强国，顷刻之间解体覆亡。

1947年，时任美国国务院政策设计委员会主任的乔治·凯南就说过，要"使苏联在一夜之间从一个最强的国家变成一个最弱和最可怜的国家"。

时隔44年之后，凯南的话应验了。

苏联，不是在战争中被打败而瓦解的，却是在和平改革的过程中亡党亡国的；它不是被政治反对派直接打倒的，却是由领导人自己宣布解散亡国的。显然，经过长达半个世纪的外部遏制加内部演变战略的实施，西方阵营终于得到了梦寐以求的结局，而且，通过培植代理人来搞垮一个制度、一个政党、一个国家的"经验"，显然给了他们莫大的启示。

冷战结束以来的历史表明，只用"武"的方式代价高昂，只有以"文"开路、以"武"保障，"文""武"两手交替并用才是制胜之道。

美国小布什总统在其第二任期就职演说中提出：美国将在世界所有国家推动民主运动及建立民主制度，"最终目标是在世界上根除暴政"。因此，策划"不流血的革命"、在全球推行"驯化改造"，便成为布什第二任期的重要任务。这场"驯化改造"运动，正是冷战时期西方国家为搞垮社会主义阵营而实施的"和平演变"战略在新的历史背景下的延续。

为了推销"民主"，西方大国不仅出钱、出力资助他国的反对派，而且支持非政府组织的各种活动，并在自己国家境内积极筹建专门机构，加大在世界范围内推行"民主化"的力度。比如，为了能更好更有效地指挥，2006年美国拨款2400万美元，在国务院内特设一个"重建和稳定办公室"，组建一支由美国外交人员和行政部门官员构成的全新"快速反应部队"，以"公民救援"的旗号，向"新生民主国家"派遣专家，扶持代理人政权。这个办公室可以在几天或是几周内拿出并实施应对"危机"的计划，而不是此前的几个月或几年。

在这场以"不流血革命"为"谦称"的"驯化改造"中，西方大国获利甚丰。2005年5月18日，美国总统小布什总结道：为了在阿富汗和伊拉克推进民主、进行政权更迭，美国几乎耗费了3000亿美元；相反，在策动独联体国家的"颜色革命"中，美国仅花费不足46亿美元，就"成功改造"了三个国家，可谓少花钱多办事，起到了事半功倍的效果。

当今西方国家的政治家和战略家们并不讳言"帝国"这个名词，美国保守派政治家们甚至把历史上曾在广袤的欧亚大陆建立起统治政权的罗马帝国当成可以效仿的对象。这张地图，恰恰生动地展现了某些西方大国欲意改造世界的帝国雄心。

现代国际关系研究院副院长季志业："颜色革命"绝对不是一场革命，它并没有改变这个体制，也没有让老百姓改变现在的现实生活，这三个国家并没有因为"颜色革命"让老百姓的生活有明显改善，政治体制、经济体制都没有发生变化。

需要特别指出的是：冷战结束后，在某些西方大国的政治家和战略家们看来，他们的"使命"更重了，他们所要吞噬的不再仅仅是社会主义制度和社会主义国家，那些被认为妨碍其国家利益、对其经济政治安全构成威胁的国家、地区和政权领袖，甚至宗教、文化、文明等软力量，都应统统列为他们所要遏制、打击和"驯化"的目标。

在这样的背景下，一系列的"颜色革命"事件，就在21世纪之初的国际政治舞台上接踵发生了。

第二集 一场更换代理人的政变

格鲁吉亚的"玫瑰革命"

2004年1月4日，经历了"玫瑰革命"后，萨卡什维利当选格鲁吉亚总统。当天晚上，他面对媒体高呼："这是你们的胜利，不是我赢得了总统选举，而是你们，我的民众，是你们赢得了选举"，"现在有众多问题亟待解决，但我们会协力重建国家，将格鲁吉亚引导上民主道路"。

就这样，格鲁吉亚成为政治反对派通过"颜色革命"手段成功夺取政权的第一个独联体国家。令人感到困惑的是，为什么"颜色革命"风暴会首先在格鲁吉亚登陆？为什么亲西方领导人谢瓦尔德纳泽会首先成为这场风暴的牺牲品？

萨卡什维利毕业于乌克兰的基辅大学国际法专业，随后去了美国，先在乔治·华盛顿大学读人权法学，又去哥伦比亚大学拿到了第二个法学学位，还曾去法国求学。最后他选择留在美国，在纽约开了一家律师事务所。

1995年，萨卡什维利应邀回国。2000年他被任命为司法部部长，与谢瓦尔德纳泽总统建立了密切的私人关系。但他在司法部部长任上的许多改革行为，并没有得到谢瓦尔德纳泽的支持，这使他深感失望，出任司法部部长不到一年，他便于2001年9月辞职，随即建立了一个新的政党——"民族运动党"，并很快发展为国内最大的反对党。

萨卡什维利发动"玫瑰革命"的对象，正是过去的恩师谢瓦尔德纳泽。这位满头银发的政坛元老有"高加索银狐"之誉。1972年，担任第比利斯市委书记的谢瓦尔德纳泽被提拔任命为格鲁吉亚共产党第一书记，开创了格鲁吉亚历史上的第一个"谢瓦尔德纳泽时代"。

1985年，他调任苏联外长，与戈尔巴乔夫构成当时苏联的所谓"政坛双星"。谢瓦尔德纳泽在政治上跟随并积极推动戈尔巴乔夫倡导的改革,在苏联从阿富汗和东欧撤军、德国统一、冷战结束及美苏签署核裁军协议等具有重大影响的事件中,都留下他的印迹。因为其坚定的亲西方立场,谢瓦尔德纳泽被西方利益集团视为在原苏共高层内部最可信赖的领导人之一。

苏联解体后,谢瓦尔德纳泽回到故乡格鲁吉亚。1992年11月,他当选为格鲁吉亚国家总统,开始了第二个"谢瓦尔德纳泽时代"。他于1995年和2000年两次蝉联,执政长达11年。

打开今天的世界地图,沿着欧洲巴尔干半岛到中东的以色列与巴勒斯坦,然后到阿拉伯半岛和波斯湾,再至伊朗、阿富汗,随后折向西北,经里海沿岸独联体诸国,经黑海,直到横跨亚欧大陆的土耳其,画一个大圈,这就是今天国际大博弈的一个重要战场。

格鲁吉亚正好地处里海和黑海之间,也是连接波斯湾地区和东西欧国家的战略要地。这里风光旖旎,有"上帝的后花园"之称。它西临北约的"最东端"土耳其,东面与里海国家阿塞拜疆接壤,北靠俄罗斯,南邻亚美尼亚。它是中亚和外高加索八国中唯一有出海口的国家,历来都是东西方势力碰撞和争夺的战略重地,其地缘政治意义不言而喻。

据美国能源部的统计,里海的石油储量在1100亿桶到2400亿桶之间,约占世界石油总储量的1/5,天然气储量约14万亿立方米,约占世界总量的1/20。随着里海作为重要产油区地位的上升,格鲁吉亚在西方战略版图中的地位变得更加重要。在这里建立一个亲西方政权,将有力地帮助西方石油财团进军里海,而西方国家特别是美国也的确在积极推动建设一条从巴库至第比利斯,再到杰伊汗的石油管道,通过它,可以从里海直达土耳其黑海港口。格鲁吉亚,就位于该管道的必经之地。

因此,西方大国盯上格鲁吉亚就是理所当然的了。

2002年12月,美国政府正式宣布向格鲁吉亚派遣军事人员,以反恐的名义,帮助其训练政府军,并签署了格美军事合作协定。表面上看,美国是为了帮助提高第比利斯的反恐能力,但其真正意义却在于:这是美国有史以来第一次将自己的军队派到了外高加索地区——这个俄罗斯的后院。2004年,美国将格鲁吉亚纳入"千年挑战"援助计划,向其提供了1.02亿美元的援助,此后每年均向格鲁吉亚提供1亿美元以上的无偿援助。

当西方大国对格鲁吉亚产生新的战略企图的时候,他们过去的老朋友、曾经悉心扶持的代理人——谢瓦尔德纳泽,显然已经不合他们的胃口了。虽然谢瓦尔德纳泽对西方的要求称得上尽心尽力,但他在不少问题上,尤其在俄罗斯与西方大国之间投机骑墙的立场,却让某些国家十分光火。有分析指出,谢瓦尔德纳泽在催促俄军撤离格鲁吉亚的问题上态度不坚决,同时,谢瓦尔德纳泽还有意支持亲俄的阿巴希泽参选总统,这让某些西方国家非常紧张。"玫瑰革命"发生前,西方一些官方、非官方人士就开始与反对派频繁秘密接触,他们已经为谢瓦尔德纳泽准备好了接班人。

一场新老代理人之间的争斗,不可避免地爆发了。

美国驻格鲁吉亚大使迈尔斯到任伊始,就有计划地向格鲁吉亚反对派提供政治和资金援助。2003年4月,美国在驻格鲁吉亚使馆公开设立了"促进格鲁吉亚民主办公室"。在南联盟总统米洛舍维奇被推翻前,迈尔斯就在贝尔格莱德当大使,为把米洛舍维奇赶下台立下了汗马功劳。而推翻米洛舍维奇政权,则被格鲁吉亚反对派看作是可仿效的样板。

2003年11月20日,成千上万参加集会的人们在广场上站了几十个小时,反对谢瓦尔德纳泽政府在议会选举中的舞弊行为,要求谢瓦尔德纳泽下台。但对绝大多数人来说,集会组织者承诺提供的报酬或许更有吸引力。格鲁吉亚人平均一个月的工资是23美元,而在这里,站一天就给5美元。

11月22日晚,第比利斯的抗议集会达到了高潮。谢瓦尔德纳泽同美国国务卿通了电话,鲍威尔对格鲁吉亚局势变化表示担忧。

11月23日傍晚,在同萨卡什维利举行短暂会晤之后,谢瓦尔德纳泽宣布辞去总统职务,布尔贾纳泽代行总统职务。

谢瓦尔德纳泽辞职后仅两天,美国就迅速做出决定,派遣一个小组,同格鲁吉亚临时政府讨论如何帮助他们准备未来的选举以及处理这个国家面临的其他至关重要的问题。

12月2日,正在荷兰马斯特里赫特举行的欧洲安全与合作组织部长理事会会议,决定向格鲁吉亚提供500多万欧元紧急援助,以帮助其举行议会和总统选举。

紧接着,12月3日,美国助理国务卿帮办帕斯科抵达第比利斯,与代总统布尔贾纳泽、国务部部长日瓦尼亚、总统候选人萨卡什维利举行会谈,讨论美国帮助举行总统和议会选举以及经济改革等问题。他表示,布什总统和鲍威尔国务卿已经答应支持新领导人,美国和格鲁吉亚政府今天的利益完全一致,同时美国将在近期内提供700万美元的援助。

2004年1月4日,格鲁吉亚总统选举开始投票,最终结果要在选举十天后揭晓。

但由美国索罗斯基金会等组织组成的一个独立计票机构在当天投票结束后立即宣布说,萨卡什维利已经以85.8%的绝对优势取得了总统选举的胜利。还说,当天参加投票的选民人数超过了法律规定的登记选民总数的

50%，因此选举结果有效。

下台后的谢瓦尔德纳泽曾说，美国的索罗斯基金会在这次政治危机中起到了极坏的作用，美国金融家索罗斯是格鲁吉亚政变的主要"罪犯"，所有事情都是他参与策划并安排好的，另一些外国组织也参加了篡改投票人名单、操纵计票的活动。他悻悻地抱怨道："掌握政权的政治家们的资金大部分来自亿万富翁乔治·索罗斯的资助，索罗斯为何要颠覆格鲁吉亚的政权呢，我们也不知道。这不是革命，是政变！"

这场更换代理人的"驯化改造"运动，更使西方在大国博弈中占据了上风。

随着格鲁吉亚总统大选接近尾声，一支由20～30名美军退役将校组成的私人军事顾问团悄然开进第比利斯。从表面上看，他们是受雇于华盛顿一家名为"立方体"的安全公司，前往该国指导国防工作，但与该公司签下为期三年、总价值1500万美元合同的，不是格鲁吉亚国防部，而是美国五角大楼。

英国《卫报》指出，五角大楼的以上行动将使格鲁吉亚成为美军的一个"虚拟基地"——美军的装备加上格鲁吉亚的军人。

这场由西方大国策划和发动的"玫瑰革命"，究竟给格鲁吉亚人民带来了什么呢？2005年3月，格鲁吉亚人最低月平均工资为61.3拉里，退休金仅为28拉里，比"革命"前并没有多少增长，但生活费用却节节攀升，居民每月最低生活费用高达154拉里。

格鲁吉亚一位官员说："如果说一年前民众还对未来充满希望的话，那么现在他们已没什么可以相信的了。也许善良的格鲁吉亚人民要真正过上好日子还需要足够的耐心。"

不管格鲁吉亚还将发生怎样的变化，对世界来说，2003年那场仅仅持续了36个小时的"玫瑰革命"，已经引起了人们的高度关注。它不仅推翻了谢瓦尔德纳泽政权，还推倒了独联体国家"颜色革命"的第一块多米诺骨牌。

第三集 "橙色"与"蓝白色"的较量

乌克兰的"橙色革命"

"橙色革命"中，这名看似娇小的女子，面对守卫总统府的防暴警察，手持扬声器这样大声疾呼："站在乌克兰公民一边！我请求你们支持人民和人民选出的总统！"

随后她又透过盾牌的缝隙，把康乃馨抛向警察们，从而把这些原本保卫总统府的警察变成了示威者的支持者。她，就是被称为"橙色革命"形象代言人的尤丽娅·季莫申科。

季莫申科生于1960年，1991年担任乌克兰汽油公司总经理，1995年担任乌克兰"统一能源系统公司"总经理，该公司营业额曾达到100亿美元，乌克兰国内生产总值的20%都掌控在她手中，因此，她又被称为"天然气公主"。

季莫申科于1996年开始涉足政坛，两度当选议员，并于1998年成为国家预算委员会主席，1999年成为负责能源问题的副总理。2001年2月，季莫中科因被指控行贿，入狱1个月，出狱后便开始发起反对库奇马总统的运动。她领导的政党"季莫申科联盟"也开始与尤先科领导的"我们的乌克兰"结盟。

尤先科，1954年出生，毕业于捷尔诺波尔财经学院，他从集体农庄的会计做起，先后担任过前苏联国家银行、农业银行乌克兰分行的司长，1997年任乌克兰国家银行行长。1999年11月，库奇马连任总统后，尤先科被任命为政府总理。由于政府与议会的矛盾，2001年乌克兰议会通过了对尤先科政府的不信任案，尤先科政府被迫辞职。2002年，他组建了右翼政党联盟"我们的乌克兰"，在当年的议会选举中成为第一大党。

在2004年的总统大选中，这位乌克兰风云人物的对手，正是接替他总理职务的亚努科维奇。

两位总统候选人政治观点鲜明，54岁的亚努科维奇与俄罗斯的关系十分密切。他不仅说一口流利的俄语，而且承诺当选后将要使俄语成为乌克兰的第二官方语言，允许公民拥有俄罗斯和乌克兰双重国籍。这些政策得到了莫斯科的赞赏。

而50岁的尤先科被称为"亲西方的改革派"，主张加强与欧美国家的关系，并设法加入欧盟和北约。这些主张使他成为西方国家看好的总统候选人。

他们的旗帜颜色鲜明，亚努科维奇的拥护者使用了蓝白相间的颜色，尤先科的支持者则将基辅变成橙色的海洋，他们穿着橙色的衣服，挥动着橙色的旗帜，戴着橙色的丝带，甚至在集会中使用的录音带都选择了橙色。

橙色是尤先科一种有意识的选择。他说，相对于红色，"橙色代表着一种和平、渐进式的改革"，与蓝白相间的颜色相比，橙色显得更加"温暖"。

他们的支持者具有鲜明的地区色彩。亲西方的尤先科代表了西部地区的利益，而支持亚努科维奇的力量则主要代表乌克兰东部重工业发达地区。

这有着深刻的历史原因。

自17世纪中叶之后,乌克兰便进入了漫长的领土破碎时期,一直持续了300多年。西部地区深受波兰文化的影响,希腊—罗马天主教会深深扎根于这片土地,而东部地区则被称为"小俄罗斯"。这里的居民大部分是俄罗斯族,回归俄罗斯的情绪强烈。

乌克兰东部地区经济基础好,比西部发达,人民生活富裕。东部居民担心尤先科掌权会对东部采取歧视性政策,拿东部赚的钱来补贴西部。因此,绝大多数居民都支持从东部顿涅茨克走出去的亚努科维奇。

除了国内民众的支持,在这两派政治对手的较量中,处处可以见到外部力量的支持。

尤先科身旁,站着坚定支持他的妻子叶卡捷琳娜·尤先科。这位乌克兰裔的美国人充满了神秘色彩。她曾先后在美国海关、国务院人权局、白宫国际局等部门工作。1991年她来到乌克兰,1998年与尤先科结婚。尤先科也被乌克兰老百姓称为"美国女婿"。

叶卡捷琳娜是作为美国"乌克兰基金会"首席代表来到乌克兰的,"妇唱夫随",尤先科也成为"索罗斯基金会"下属"乌克兰开放社会研究所"的董事会成员。尤先科当选总统后,叶卡捷琳娜并未因其第一夫人的身份而放弃美国国籍。

2004年秋,美国派遣1000多人分赴乌克兰的14个州,为"橙色革命"培养、输送了大批骨干。还在乌克兰邻国成立"办公室",尤先科也曾前往参加其活动。

为了确保此次选举的所谓"民主和公正",选举前美方多次派高级代表团访问乌克兰,其中包括前总统老布什和前国家安全事务助理布热津斯基率领的代表团。这些美国代表团抵达基辅后,一方面要求现政权保证此次总统选举的"公正、民主",另一方面要求四分五裂的反对派结成"反对派联盟",共同支持尤先科。

在第一轮选举中,排在前两位的亚努科维奇和尤先科,又在第二轮中展开了激烈的竞争。第二轮选举结束后,由美国和其他七国驻乌克兰使馆以及四个国际基金会共同出资资助的一项投票调查马上公布,尤先科赢得了11月21日的投票,得票率为54%,超过亚努科维奇11个百分点。

而在11月22日,中央选举委员会宣布了初步统计结果,亚努科维奇领先尤先科2%。

美国政府拒绝接受亚努科维奇当选的结果。美国国务卿鲍威尔对记者说:"我们不承认这是场合法的选举,因为它不符合国际准则。我们呼吁对乌克兰大选操作程序和计票进行全面调查。"

美国国务院决定拨款300万美元，用以援助乌克兰重新进行的第二轮总统投票。拨款将用于支付奔赴乌克兰的国际观察员的开销、培训选举委员会成员、进行选民教育、选举计票等活动。

西方大国的支持和影响，在街头也能看出来。有家电视媒体记者这样写道：我在国会大厦前见到一位50多岁的示威者。他来自西部，有人用车把他送到这里。一天的报酬是10美元，十多天下来就是100多美元，相当于他3个月的工资。示威者都住在临时搭建的登山帐篷里。他们还有发电机等一些设备，大多是西方提供的。有专门人员负责供应一日三餐。示威者的分工非常明确，有人打鼓，有人喊口号。但这些人如今喊得也不太认真，干脆用录音机播放"尤先科！尤先科！亚努科维奇下台！"的口号了。

在"橙色革命"中，欧盟的作用体现得尤为明显，美国学者在《华盛顿邮报》上撰文道："在乌克兰这个不断延伸的舞台上，布什政府和欧盟漂亮地演了一幕跨大西洋合作的好戏"，"也许将成为日后欧美合作所应遵循的典范"。

从1991年至2002年，欧盟向乌克兰提供援助共计10亿欧元，大部分为实质性的合作项目，但其中一部分项目的目的就是为了促进乌克兰非政府组织的发展。

在2004年乌克兰的选举中，尤先科的支持者把欧盟的旗帜挂到了独立广场和乌克兰各地。欧洲安全与合作组织等国际组织派出了几千名选举观察员，还为乌克兰非政府组织的人员进行了选前培训。

两轮选举结束后，国际观察员拒绝承认亚努科维奇的当选，鼓励民众起来否认这次选举。欧盟各国也相继表态，轮值主席国荷兰首相巴尔克嫩德说，欧盟不接受乌克兰总统的选举结果，德国外长菲舍尔呼吁乌克兰当局对计票程序进行"必要的修正"，英国外交大臣斯特劳则形容这次选举"既不自由，也不公正"。

当第二轮重新投票尤先科获胜后，荷兰首相巴尔克嫩德代表欧盟立即发表声明，对乌克兰大选结果表示欢迎，欧盟委员会主席巴罗佐认为，这是朝着建立"和平和民主社会迈出的重要一步"，北约秘书长夏侯雅伯也对大选结果表示满意。美国国务卿鲍威尔在华盛顿举行的记者招待会上表示，乌克兰本轮大选投票基本上"是自由、公正的"。

尤先科刚刚获得胜利，欧洲议会就在2005年1月通过议案，要求给予乌克兰"清晰的欧洲前景，让它拥有通向欧盟成员国的可能"。

美国前总统安全事务助理布热津斯基在他的《大棋局》一书中写道：

"俄罗斯与乌克兰在一起,将成为帝国,俄罗斯失去乌克兰,则只能是个普通国家;如果乌克兰民主化,那么,它将是遏制俄罗斯重新发挥帝国作用的保证。"

在西方战略围堵的压力下,俄罗斯当然不会坐视乌克兰这个传统盟友离它远去。俄罗斯力图借鉴"玫瑰革命"的教训,参与到乌克兰的政治斗争中,一年内普京与库奇马会晤多达15次,但是,俄罗斯所要面对的对手,显然准备得更为充分。在强大的外部势力支援下,"橙色"的尤先科阵营在与"蓝白色"的亚努科维奇阵营的较量中,暂时占了上风。

然而,"橙色"与"蓝白色"的较量还远未结束。时间过去还不到一年,在2006年3月的议会选举中,亚努科维奇则成功地杀了个"回马枪",其领导的社会党成为议会第一大党,同年8月,亚努科维奇出任总理。两大阵营的矛盾愈演愈烈。

2007年4月2日,尤先科宣布解散议会,提前举行议会选举。此语一出,立即遭到以亚努科维奇为首的议会多数派的抵制,2万多名政府和议会的支持者与总统和反对派的支持者在总统府、议会大厦和政府大楼周围举行大集会,支持自己的阵营,乌克兰政局随之陷入僵局。时隔不到两年,"橙色革命"的一幕,又在乌克兰上演。

乌克兰的"橙色革命",将民众分裂成两派,造成了国民的严重对立,普通民众在"橙色革命"中的期望更是化为了泡影。

有人形象地评价道:今天的乌克兰,"橙色"还是"橙色","蓝白色"还是"蓝白色"。

第四集　翻滚在中亚山国上空的雷电

吉尔吉斯斯坦的"郁金香革命"

当吉尔吉斯斯坦成为继格鲁吉亚、乌克兰之后第三个发生"颜色革命"的国家时,时任总统阿卡耶夫情绪激动,发出这样的质疑:"我不明白,为什么我们的国家排在西方的'民主改造'候选国名单之列!所有人都应知道,吉尔吉斯斯坦是中亚最民主的国家!"

阿卡耶夫,1944年出生,吉尔吉斯族人,毕业于列宁格勒精密力学和光学学院,先后担任吉尔吉斯科学院通讯院院士、院长,吉尔吉斯共产党中央科学和高教部部长,1990年任苏联吉尔吉斯斯坦共和国总统。吉尔吉斯斯坦独立后,被选为首任总统,并于1995年和2000年两次连任。

2005年，这位做了15年总统的阿卡耶夫，面对在首都比什凯克及南方各地的街头抗议，只做了6天的抵抗，便在3月24日晚上出走他国。4月3日，阿卡耶夫在莫斯科宣布辞去总统职务。这里的蹊跷，给短暂的"郁金香革命"留下了一个长长的谜，让世人去猜想。

当然，对"郁金香革命"爆发的原因，有人看得很清楚。阿卡耶夫丢失政权后，俄罗斯总统普京直言不讳地指出：吉尔吉斯斯坦发生的一切对俄罗斯来说并非意外事件，这是吉政权软弱、社会经济问题积重难返的必然结果。

这个面积不到20万平方千米、人口只有500万的中亚山国，在苏联时期就是经济最落后的共和国之一，独立十多年来，国内没有建设一个大型企业，人均国内生产总值只有三四百美元，职工平均月工资只有二三十美元，而且有大量失业人口。持续的经济衰退所造成的社会灾难更加严重，2002年全国的贫困人口达52%，70%的乡村没有自来水，41%没有医院和保健机构，60%没有交通服务和公路，国家经济到了崩溃的边缘。人民"看不到隧道尽头的光亮"，而腐败却渗入各个方面。

连绵的群山，将吉尔吉斯斯坦分隔成南北两个部分。南部的奥什是吉尔吉斯斯坦第二大城市，被称为南部的首都。由于受到地理条件的限制，南部与北部几乎处于完全脱离的状态。

南部地区人民生活水平更为低下，由此形成了地区和族群的严重对立。这里居住的乌兹别克族人，长期以来一直对北方的吉尔吉斯族人掌握国家政权强烈不满。他们指责来自北方的总统阿卡耶夫没有采取足够的措施发展国家，而总统的亲属和政府高官们却十分富有。

"郁金香革命"爆发前，吉尔吉斯斯坦已经走到积弊丛生、积重难返的困境之中。这一切，早已被某些担负着"全球使命"的西方大国看在了眼里。

随着美国发动"阿富汗反恐战争"，吉尔吉斯斯坦的地缘政治作用更为重要。吉尔吉斯斯坦作为独联体集体安全条约组织和上海合作组织的成员国，美国拉拢住它，就能从内部分化和削弱这两个地区安全与合作组织，从而加强对俄罗斯等重要战略对手的遏制和包围，并进一步控制中亚能源供应。

美国在这里建立了被称为"国际部队大本营"的"玛纳斯"空军基地，俄罗斯随后在不远处建立了"坎特"军事基地。美国的战略目标之一，就是极力削弱俄罗斯在欧亚大陆的影响力，彻底遏制其重新崛起，但阿卡耶夫找来俄军"平衡"西方大国的影响，自然触动了美国的战略利益。

　　面对虎视眈眈的西方大国，吉尔吉斯斯坦政府并没有保持足够的警惕，也没有采取有效的应对措施。该国在中亚国家中比较开放，非政府组织众多，被西方称为"民主之岛"，而该国国内的重重危机，则为西方大国插手其内政、借机扶持代理人提供了绝佳的机会和借口。

　　出生于得克萨斯州的迈克·斯通，来吉尔吉斯斯坦之前曾在匈牙利和白俄罗斯活动，到吉尔吉斯斯坦后，他经营着该国唯一一家民间印刷厂，印制发行一份刊登反政府内容的报纸。耐人寻味的是，就是这么一家不起眼的印刷厂，美国国务卿赖斯竟然破例出席了它的开业典礼。

　　在印刷厂的墙壁上，能看到美国为倡导其所谓"民主"而"发明"的一些偏激名词，从印刷机上都可以找到美国国务院的影子。

　　就是这家报纸，别有用心地把阿卡耶夫总统的"私宅"与贫困儿童的照片共同刊登在一个版面上，挑起了吉尔吉斯民众的反政府情绪。据了解，这个所谓的"私宅"，其实是吉政府的一个接待场所和会议中心。

　　这家印刷厂还印制了一本名为《从独裁体制到民主体制》的书，这是美国总统布什极为重视和推崇的一部书，也是他重要的"枕边读物"。吉尔吉斯斯坦反政府组织成员吐尔干·伊斯马尼洛博将这部书秘密派发出去，尤其在南部散发了许多，反政府的火种已经点燃。书籍发出去的当天，迈克·斯通就开始编辑第二天报纸的头条内容——"激烈政治中的政治"。

　　当然，阿卡耶夫政府对这家印刷厂的背景也心知肚明。为了给他们一点警告，当局曾经切断了这家印刷厂的电力供应，但美国驻吉使馆马上从美军"玛纳斯"基地运来两台大功率柴油发电机，保证了印刷厂的正常开工。在没有胆量关闭这家印刷厂的情况下，吉尔吉斯斯坦政府只好听之任之。

　　就是这个迈克·斯通，在阿卡耶夫总统出走他国后，如释重负地说："任务完成了。"

　　直接给斯通发布指令的，就是这位被中亚新闻社称为"郁金香革命"的"战地指挥官"的杨苏棣，时任美国驻吉尔吉斯斯坦大使。在吉尔吉斯斯坦期间，他向美国国会提交了一份关于吉尔吉斯斯坦局势的报告，呼吁国会拨款2500万美元，以推动吉尔吉斯斯坦的"民主事业"。此人是国际政治舞台上一个曝光率很高的人物，在吉尔吉斯斯坦的使命完成之后，2006年3月，他又被委任为美国在台协会台北代表处主任。

　　在吉尔吉斯斯坦议会选举开始前，一家西方电视台来到首都比什凯克采访，并被邀请来到了位于比什凯克郊外学生的活动据点，从深夜开始了他们的聚会。

聚集到这里的学生都是来看一部名为《打倒独裁者》的纪录片，这部影片记录的是塞尔维亚通过学生运动把总统米洛舍维奇赶下台的过程，制作者是美国人。

这次聚会的发起者名叫艾德尔，他曾得到过美国政府奖学金的资助。在美国学习期间，他在美国前国务卿奥尔布莱特任所长的全国民主研究所内任职，艾德尔此次在吉尔吉斯斯坦的任务是负责组织人员进行选举的现场监督。

在吉尔吉斯斯坦议会选举期间，美国通过民间组织提供技术支持，为吉尔吉斯斯坦选举委员会提供了防止重复投票的墨水，花费32万美元用于培训地方选举委员会工作人员，花费10万美元培训地方观察员，花费30万美元支持地方非政府组织和独立媒体监督选举。艾德尔所属的社团也获得了美国以选举监督基金名义捐赠的11万美元，在他们社团画报的第一页，有美国总统布什的新闻以及发表演说的有关情况。

十天后，"郁金香革命"爆发，最后真正冲进总统府的只有300多人，但进入首都的大概有1000多人，其中大部分都是从南部过来的，每个到首都的南方人每天可以得到50索姆的报酬，相当于1.2美元。

3月24日，吉尔吉斯斯坦最高法院宣布，不久前举行的议会选举结果无效，继而反对派占领了总统府和政府办公大楼。晚上，局势急转直下，阿卡耶夫出走哈萨克斯坦，并于25日晚飞抵俄罗斯。反对派宣布接管政权。

混乱的政局随即使整个社会治安陷入崩溃。一些暴徒当晚洗劫并焚烧了多个大型商贸市场，并和一些维护自己财产的商户发生冲突，整个比什凯克完全陷入瘫痪。

第二天上午，经历了一整夜的剧烈动荡后，比什凯克终于恢复了暂时的平静。但许多民众仍未散去，被哄抢后的店铺一片狼藉。政局剧变后的无序混乱状态让许多市民忧心忡忡，一些市民自发组成纠察队，呼吁和平解决争端，他们打出标语："保卫我们共同的家园——吉尔吉斯斯坦"。

"郁金香革命"时期，一项民意调查表明：2/3的吉尔吉斯斯坦选民希望社会稳定，反对任何形式的"颜色革命"。这也许可以令人信服地解释，为什么西方大国可以如愿地把阿卡耶夫赶下台，却没能把受其赏识的反对派领袖库洛夫扶上台。具有讽刺意味的是，持中间立场的巴基耶夫反而接管了政权。

第五集 "民主"光环下的阴谋
—— 西方大国策动"颜色革命"的手段剖析

无论在格鲁吉亚,还是在乌克兰和吉尔吉斯斯坦,透过纷乱的"颜色"和喧嚣的"街头政治",透过这一场场政权更迭风暴,可以看到,某些西方大国在后冷战时期对目标国家或打或拉,或文或武,不断推行"驯化改造"的手法,已经达到炉火纯青的地步。

在所谓的"民主"光环下,西方大国为策动针对目标国家的"颜色革命",或公开或秘密地采取了多种手段,归纳起来,大致有以下七种。

第一,利用非政府组织,对"目标国家"进行长期政治渗透。

非政府组织是指独立于企业和政府之外的民间社会组织,它具有非营利性和公益性特点。但是,美国及西方国家的非政府组织大都负有推行西方价值观的使命,实际上充当了西方政府的喉舌和代理人。在发生"颜色革命"的国家,都能看到形形色色的非政府组织的身影。截至2005年8月,在中亚五国注册的国际非政府组织就有将近3000个,而且分布十分广泛。仅吉尔吉斯斯坦就有2000多个,在乌兹别克斯坦有近500个。

这些所谓的非政府组织,通过培训班、论坛、网络等形式,在东欧和中亚各国帮助反对派政党、公民和政治领袖参与政治和进行选举改革,以此培养大量亲美的反政府人士,为他们上台做好心理上、物质上和舆论上的准备,营造"街头政治"的氛围,最终实现颠覆现政权的目的。其中最具影响力的就是"索罗斯基金会"和"美国民主基金会"。

"索罗斯基金会"由美国亿万富翁乔治·索罗斯创立于1979年,总部设在纽约,在欧洲、亚洲、非洲和拉丁美洲都设有分会,其活动延伸至60多个国家和地区。

目前,索罗斯基金会通常是由开放社会研究所提出计划,然后由各地的基金会负责实施,两个机构一年的花费达到9亿美元。其宗旨标榜为"致力于建设和维持开放社会的基础结构和公共设施"。

1990年,它开始向东欧中亚地区进行"民主渗透",宣扬美国的民主、自由和价值观,培训反对派,资助独立媒体,为建立亲美政权服务。1993年,它选中吉尔吉斯斯坦,开始扶持独立媒体,并以卫生、文化、教育领域为突破口,迅速扩大影响。1994年,索罗斯基金会进驻格鲁吉亚,跻身外高加索;1995年,其触角伸向中亚大国哈萨克斯坦,将其作为打入中亚的桥头堡;1996年,其投入2200多万美元打入乌兹别克斯坦;1997年,将阿塞拜疆和亚美尼亚纳入其全球网络。在"橙色革命"前的乌克兰，该基金会除了在基辅设立基金会总部外，还在 24 个地区开设了分支机构，短短几年间的投入达到 8200 万美元。

就在索罗斯基金会匆匆的进军脚步声中，21 世纪开头没几年，一场场"颜色革命"的风暴就"如期"发生了。值得一提的是，索罗斯基金会并不认为"颜色革命"成功就算完成了使命，它们的脚步并没有停顿下来。"玫瑰革命"后，由索罗斯基金会发起组建了一个"国际发展与改革基金会"，2004 年共有 1.2 万名格鲁吉亚新政府公职人员从该基金会领取了 1500 万美元的"工资"。

美国"民主基金会"也是具有政府背景的非政府组织，它旗下的国际共和研究所曾获得美国"2005 自由年度奖"。美国总统布什在出席颁奖仪式时说，"国际共和研究所在其存在的 20 年时间里，在 100 多个国家的民主变革斗争前沿努力工作，正是由于这家非政府组织所发挥的作用，今天的世界才变得安全了，自由了，平静了"。

2005 年 3 月 24 日，当吉尔吉斯斯坦的"郁金香革命"结束后，国际共和研究所的负责人杰弗里私下承认："要不是我们在吉尔吉斯斯坦所做的一切，阿卡耶夫应该仍在执政。"

第二，扶持激进青年学生组织，为代理人政权上台培植骨干力量。

西方国家十分重视培植激进的青年学生组织作为发动"颜色革命"和"街头政治"的先锋队。格鲁吉亚有"受够了"、乌克兰有"是时候了"与"我知道"、吉尔吉斯斯坦有"大学生在行动"、白俄罗斯有"公牛"等青年学生组织，他们背后都有外部力量作强大后盾。同时，开办讲习班、精心挑选代理人、培养运动领袖和骨干力量，被他们看作是事半功倍之举。

在美军服役近 30 年的退休军官奥博·特鲁比，曾指导过缅甸的反独裁体制运动。在米洛舍维奇下台前的两个月，美国参议员麦凯恩托付奥博·特鲁比到南联盟指导年轻人的活动。

在特鲁比来到塞尔维亚后的 3 个月，米洛舍维奇的政权就倒台了，而此次把米洛舍维奇赶下台的经验，给那些反政府的人们传递了信号，让他们在战术上得到了很多借鉴。格鲁吉亚、乌克兰纷纷爆发"颜色革命"，可以说塞尔维亚的经验是他们的启蒙。

在乌克兰选举前的两个月，为了对学生领袖们进行教育，西方的非政府组织在当地举行了一次座谈会。

座谈会结束后的第十天，这些颇具领导才能的年轻人被聚集在一起实习。就是这些年轻人,成为日后乌克兰"橙色革命"的中坚力量。

第三,操纵媒体,为反对派上台大造舆论。

西方国家利用在新闻传播领域的强势地位,对发生"颜色革命"的国家实施媒介"轰炸"。一方面不厌其烦地播放反对派的声明、讲话,最大限度地影响选民;另一方面"妖魔化"执政者,给他们贴上"独裁""反民主""违反人权"等标签,为反对派夺权制造所谓的"法理依据"。

美国支持的"独立媒体"更是直接介入。格鲁吉亚"鲁斯塔维-2"电视台就是萨卡什维利的喉舌,索罗斯基金会专门投入了100多万美元用于现场报道及转播。在乌克兰,具有西方背景的"第五频道"也一直是尤先科的坚定支持者。吉尔吉斯斯坦的奥什电视台接受美国国务院资助,大量报道反对派议员的竞选活动,而反对派掌控的阿扎台克电台,本来就是美国政府资助的自由欧洲电台的下属机构。

报纸也是反对派手中不可或缺的一把利器。这份吉尔吉斯斯坦反对派的头号杂志 MSN,就是在非政府组织"自由之家"印刷厂里印制的,它封面显示的这一栋富丽堂皇的别墅,被注明是阿卡耶夫的私宅,起到了强烈的煽动作用。许多出自这些印刷厂的、有浓厚政治色彩的杂志和报纸,都是免费发送。在"郁金香革命"最关键的阶段,这个印刷厂一天印出20万份报纸。同时他们还利用网站制造谣言,散布政府将召开秘密会议采取措施镇压反对派,借机煽动群众上街游行,最终导致该国政局失控。

第四,以援助为名,为反对派提供经济支持。

西方大国为反对派搞"街头政治"的一切开销买单,向支持反对派的电台、报刊、电视台提供资助,为反对派候选人做广告宣传,以及为反对派的支持者提供游行集会的旅费、住宿费和"劳务费"等,表现得格外慷慨大方。连格鲁吉亚反对派上台时总统选举的全部300万美元的费用,都是由美国、欧盟和欧安组织共同出资承担的。

乌克兰总统选举期间,美国向尤先科竞选联盟提供的经费达到5800万美元之巨。

2006年,美国拨款400多万美元,用于支持俄罗斯反对派政党的发展。俄罗斯反对派头面人物、前总理卡西亚诺夫去了美国一趟,回国后他银行账户上的存款陡然增加了几百万美元。

"颜色革命"过程中,西方大国除了为反对派提供直接援助外,还对选民进行经济诱惑。在南斯拉夫,他们对选民露骨地表示:如果南联盟反对派上台,西方的经济制裁立即取消,大量经援随后就到;在乌克兰,他们引诱选民："选择尤先科便能告别贫困！"这些说法对处于经济困境中的选民产生了相当大的诱惑作用。

第五，设立指挥部，指导反对派行动。

西方大国还设立指挥部，直接指挥"街头政治"。南斯拉夫大选时，美国在匈牙利成立"促进南斯拉夫民主办公室"；在驻格鲁吉亚使馆设立"促进格鲁吉亚民主办公室"，指导"玫瑰革命"；在乌克兰邻国成立"办公室"，近距离指挥"橙色革命"。

2005年2月，在斯洛伐克首都布拉迪斯拉发举行了俄美两国首脑间的会谈，这是乌克兰爆发"橙色革命"以来，两国领导人第一次坐到一起。

但是，普京到来的前一天晚上，就在同一个酒店，美方举办了一个内部私人酒会，参加者有与布什关系亲密的政治顾问、商界领袖以及演说家。在酒会一角，另外一些特别的客人也聚在一起，他们都是来自东欧几国"民主化"运动的领袖，此次得到了美国总统布什的盛情款待。

伊万·马尔维奇，33岁，他是塞尔维亚学生运动的领袖；基加·博凯利亚，34岁，他领导的格鲁吉亚学生运动，将谢瓦尔德纳泽赶下了台；弗拉吉斯拉夫·卡斯基，32岁，他是乌克兰"橙色革命"的领导人之一。

他们此次同布什总统的会谈是秘密进行的，不为外界所知，第二天早晨，布什总统这样称赞了这些年轻的领导者："从欧洲中部、东部来了许多优秀的年轻人，我对他们的勇气和自我牺牲精神表示感谢。15年前发生的"民主化"的浪潮终于来到了乌克兰，对自由优点的感触必将深入到人们灵魂的深处，自由必将在那么一天在全世界实现。"

而布什发表演讲的时间，正是普京抵达斯洛伐克前的一个小时。

第六，利用或捏造原政权领导人的腐败问题，大做文章。

利用目标国家的选举，抓住原政权领导人违法腐败问题，向其要挟，逼其就范，已经成为西方大国成功制造"颜色革命"的"法宝"。

"郁金香革命"中，做了15年总统的阿卡耶夫，面对大约1500名示威者的街头抗议，只做了六天的抵抗就被迫出走，据认为是美国掌握了阿卡耶夫任职期间的许多腐败证据，如果阿卡耶夫不下台，美国就将这些材料公之于众。有消息称，2005年3月23日，美国助理国务卿伯恩斯密访比什凯克，阿卡耶夫的态度立即发生改变。迫于美国的高压以及席卷全国的抗议浪潮，阿卡耶夫只有选择"出走"。

乌克兰前总统库奇马，在"橙色革命"中非常担心反对派上台后会指控他在任期间的腐败行为，担心女婿品丘克大肆侵吞国有资产，插手总统选举的丑行株连自己，甚至担心会失去他所居住的国有乡间别墅和那艘价值300万英镑的豪华游艇。因此，库奇马面对美国、欧盟和国内反对派的威逼利诱，不得不做出妥协和让步。

在"颜色革命"中，西方大国及其代理人对原政权领导人所采取的威胁利诱的办法起到了重要的、甚至决定性的作用。

谢瓦尔德纳泽、库奇马、阿卡耶夫等人，都是戈尔巴乔夫所谓"新思维、民主化、公开性改革"的忠实信奉者和实践者，有人还曾进入苏共的权力核心，他们在苏联解体的过程中起了推波助澜的作用，在所谓"民主""自由"的大旗下，背叛了苏共，成为苏共的"掘墓人"。他们往往标榜自己是"反腐败的先锋"，但在成为独联体国家的总统后，他们大搞裙带关系及腐败，漠视广大人民群众的根本利益，因而，在由西方大国发动的这一场场以更换代理人为目标的政权更迭风暴中，他们没能得到国内民众的有力支持，最终摆脱不了被抛弃的命运。

第七，对国家强力部门进行重点渗透，为反对派上台保驾护航。

需要特别指出的是，独联体三国"颜色革命"的成功，与这三个国家的军队、警察、司法等强力部门在事件中的立场和态度大有关系。

"玫瑰革命"中，谢瓦尔德纳泽虽然名义上是军队统帅，但他的命令已经不起任何作用。谢瓦尔德纳泽当政的最后几年，军费开支是美国给的，在格鲁吉亚的军队中有美国的特别培训团，所有的作战思想都是美国灌输的。当然，在"颜色革命"中"保持中立"自然也是其必然要灌输的内容之一。乌克兰、吉尔吉斯斯坦的情况也大致如此。

以上种种分析表明：以"颜色革命"作为介入他国内政、进行政权变更、"驯化"目标国家的新方式，某些西方大国已乐此不疲。他们在东欧、中亚地区插进楔子，完成了对独联体国家的分化，在阻挠欧亚大陆国家联合的战略方向上取得了实际进展，甚至在某种程度上实现了西方势力近百年都没有实现的梦想。这些巨大的战略利益，在一条没有硝烟的战线上实现了。

第六集　警惕"颜色革命"

中国社会科学院政治学所副所长房宁：从东欧、中亚一系列发生"颜色革命"国家的教训来看，这些政权他们自身的政策以及他们政权自身的建设，是存在着问题的。他们不能够很好地和广大人民站在一起，他们的政策不能很好地代表人民的利益，所以当西方敌对势力以及一些反对派发动社会动乱的时候，广大人民实际上是冷漠的，是站在一个中立的立场上。"颜色革命"给我们最大的一个启示就是，当一个政权面临挑战的时候，不怕有人反对，就怕没有人支持。

格鲁吉亚在苏联时期，在15个加盟共和国中人民收入和生活水平都处于前列。但独立后格鲁吉亚的经济发生了雪崩式的下降。1994年国内生产总值比苏联解体前的1990年下降72%，2002年有90%~95%的家庭收入处于贫困线以下，成为原苏联地区最贫困的国家之一。而包括逃税、走私、投机倒把和诈骗活动以及军火走私、贩毒、色情产业等"影子经济"的收入，则占到其国内生产总值的40%。

在政治上，国家并没有建立起强有力的中央政权，中央政府实际控制的区域远远小于格鲁吉亚版图。阿布哈兹、南奥塞梯、阿扎尔三个地区分离倾向严重。事实上，格鲁吉亚长期处于分崩离析的边缘。

乌克兰也面临同样的问题。除了历史形成的东西对立、难于融合以外，经济停滞、政权软弱、腐败盛行成为困扰这个国家的难题。

乌克兰曾被称为苏联的粮仓，工业基础雄厚，但独立后的乌克兰却陷入长期的经济衰退。从1992~1999年，乌克兰国民生产总值下降75%，约70%的人生活在贫困线以下，生活远不如苏联时期，有数百万人背井离乡到俄罗斯和其他国家打工。在政治上建立了主要由原党政干部把持的官僚寡头政权，腐败盛行，人民怨声载道。

吉尔吉斯斯坦的情况更不待言。这个面积不到20万平方千米、人口只有500万的中亚山国，在苏联时期就是经济最落后的共和国之一，独立十多年来，国内没有建成一个大型企业，人均国内生产总值只有三四百美元，职工平均月工资只有二三十美元，而且有大量失业人口。持续的经济衰退所造成的社会灾难更加严重，"郁金香革命"爆发之前，这个中亚草原之国早已陷入政治、经济、民族矛盾的重重困境之中。

与此形成鲜明对照的是，与格鲁吉亚、乌克兰、吉尔吉斯斯坦三国同时独立的哈萨克斯坦，在以纳扎尔巴耶夫总统为首的政府强有力的领导下，2000年以来，经济增长率一直保持在9个百分点以上，2007年国内生产总值超过1000亿美元，人均GDP达到7000美元以上。由于经济持续繁荣，百姓安居乐业，而哈政府又对各种外来威胁始终保持着足够的警惕，在此情况下，境外势力要掀起波澜，也就只能望洋兴叹了。

2005年4月15日，纳扎尔巴耶夫签署了议会通过的《哈萨克斯坦共和国选举法修正案》，经过修改的选举法规定：政党和代表候选人个人从筹备选举宣传结束起，至正式选举结果公布后，不得组织任何形式的抗议、上街游行、集会和其他形式的公开演说。这一法案，阻止了境外势力用街头政治的方式搞乱选举、扶植政治代理人的企图。

独联体国家频频发生的"颜色革命"事件，也使处于"风暴中心"的俄罗斯感受到巨大的压力，他们很清楚这场运动、这场革命、这场思潮的最终目标是什么。

俄罗斯最近几年提前还清了所有外债，成功打击寡头经济、收回国家对某些战略产业的主导权，同时，利用国家日渐增强的财政实力，积极改善民生，增强了执政党在选民中的号召力。

2005年，普京签署总统令，进一步完善《非政府组织活动法》，对国外非政府组织进行了严格控制。

为防止涉世不深的青少年被人利用，在乌克兰爆发"橙色革命"后不久，普京号召发起了名叫"纳西"即"我们"的青年运动，在全国各大城市建立了亲政府的青年组织。在政府领导下，召集了很多支持普京的学生，他们声称要战胜革命的病菌，祖国不应该交到任何外国人的手里；治理祖国俄罗斯的永远都会是俄罗斯人。

"纳西"运动的发起者名叫巴甫洛夫斯基，是俄罗斯一位政治学家。他指出："纳西"未来的任务，就是做好准备以驱散法西斯游行，对付反宪法政变。

与此同时，俄罗斯非常重视青少年的历史教育、荣誉教育和爱国主义教育，他们把这些教育作为防范"颜色革命"的根本举措，长期而有计划地进行。

2005年，俄罗斯政府批准实施一项名为"2006~2010年俄罗斯公民爱国主义教育"的计划，主要对象是青年一代。普京总统曾表示："历史不该被遗忘，但我们也不允许任何人让我们产生负罪感。"俄罗斯政府最近正开展对该国历史教科书的重新编写工作，新历史教科书修改了俄罗斯现代史，尤其是饱受诋毁的苏联历史，并大力宣扬爱国主义精神。

从现实效果来看，这些措施为应对外部挑战起到了积极作用。

通过对"颜色革命"发生原因和性质的分析，通过对独联体国家应对"颜色革命"得失成败的总结，对中国的执政党来说，其中揭示的经验和教训也是相当深刻的。

一、必须始终坚持以经济建设为中心，不断增强国力、改善民生。人民的拥护是执政党抵御和防范外部威胁的最可靠保证。

二、必须抓好党的自身建设。腐败的蔓延不但会使党失去人民的信任，更会给外部势力颠覆政权提供可乘之机。

三、必须以法律手段维护国家政治安全。对那些以颠覆和搞乱国家为目标的非政府组织活动、街头抗议活动及颠覆性宣传活动一定要旗帜鲜明、依法坚决取缔和果断处置，退让只会导致灾难性后果。

四、必须加强国家思想价值体系建设，特别是要加强青少年的历史价值观教育。那些在"颜色革命"倒台的政权，无一不是在思想领域的斗争中首先败下阵来的。

五、必须始终坚持党对军队、政法机关的绝对领导。在西方敌对势力的颠覆破坏面前，使军队和政法机关坚定地站在党和人民一边，一切听从党的指挥，绝不能搞所谓的"政治中立"。

也许有些人会天真地以为"颜色革命"已经偃旗息鼓，硝烟已渐渐散去。但是，事情的发展并不以人们的善良意志为转移。只要某些西方大国建立全球霸权、构建全球帝国的野心没有改变，"颜色革命"这个幽灵就不会消失；只要哪个"目标国家"内政不稳而又放松了对外部危险的警惕，应对失当，"颜色革命"这个魔鬼就会再次卷土重来！

2007年6月12日，一座所谓的"共产政权受害者"纪念碑在华盛顿落成，美国总统及其他政要悉数出席。铜像前座的题字是："献给那些在共产主义政权下死亡的受难者和那些热爱自由的人民"。

美国政府在苏联解体、东欧剧变十多年之后隆重导演的这一幕，仍值得警惕。

有学者指出：已经有西方媒体将"西藏暴乱"事件称为"喇嘛革命"，反华势力扰乱奥运火炬传递事件、西方新闻媒体歪曲报道事件，乃至中国近邻缅甸曾发生的所谓"藏红花革命"或"袈裟革命"，都一再表明，"颜色革命"离我们也许并不遥远。

当今世界，霸权主义和强权政治依然存在，局部冲突和热点问题此起彼伏，全球经济失衡加剧，南北差距拉大，传统安全威胁和非传统安全威胁相互交织，世界和平与发展面临诸多难题和挑战。

党和国家领导人多次指出，全党同志一定要居安思危、增强忧患意识，一刻都不能放松政治这根弦，必须始终坚持正确的政治方向、政治立场、政治观念，增强政治鉴别力、政治敏锐性，必须进一步加强维护国家安全工作，坚决防范和抵御西方敌对势力的政治、文化渗透，坚决防范和打击各敌对势力的颠覆破坏活动，为全面推进社会主义现代化建设、完成祖国统一、维护世界和平与促进共同发展这三大历史任务而努力奋斗。

这，就是我们党和国家的坚定态度！

（本文略有删节）

俄罗斯人在诉说[*]

序　世纪大悲剧

莫斯科，红场。这里，曾是世界上第一个社会主义国家的象征，曾是国际共产主义运动一面鲜红的旗帜，曾是一个伟大国家和伟大人民的骄傲。

红墙和广场，像位历史老人，见证了列宁和斯大林等苏联共产党人亲手缔造的红色政权，见证了艰辛开创的社会主义事业的发展和壮大，见证了那个时代的辉煌和那个辉煌的时代。然而，它也见证了苏共和苏联一步步走向衰败，见证了飘扬在克里姆林宫上空 70 多年的红色旗帜在亿万人民的叹息声中悄然降落。

如今，克里姆林宫的围墙依然泛着红色，列宁墓依然庄严肃穆，无名烈士墓依然圣火长明，但物是人非，留给人们的是无尽的感慨与深深的思索。

1991 年 8 月 19 日，为阻止所谓"民主派"上台、挽救苏联被瓦解的命运，经戈尔巴乔夫事先决定成立并批准的"国家紧急状态委员会"，宣布在一些地区实行为期六个月的"紧急状态"，这就是震惊世界的"8·19"事件。

"8·19"事件后，叶利钦即签署《关于中止苏共和俄共在俄罗斯联邦领土上活动》的总统令，查封了苏共中央办公大楼。

12 月 25 日，戈尔巴乔夫发表电视讲话，声明辞去总统职务。

12 月 26 日，苏联最高苏维埃举行最后一次会议，宣布苏联停止存在。苏联就此从世界地图上消失。

---

[*] 本文系《居安思危之三：苏联亡党亡国 20 年祭——俄罗斯人在诉说》六集版解说词。总撰稿：李慎明；撰稿：陈之骅、吴恩远、刘树人、张树华、汪亭友、刘淑春。

西方世界为此欢呼雀跃,认为社会主义的历史从此走向终结,而资本主义制度及其价值观念一劳永逸地取得了胜利。具有讽刺意味的是,此前一天正是西方人的圣诞节。

美国总统克林顿 1995 年 10 月在参谋长联席会议上说:"最近十年来对苏联及其盟友的政策清楚表明,我们所采取的清除世界上最强大的国家之一以及最强大军事联盟的路线是多么正确。我们获得了杜鲁门总统想要通过原子弹从苏联获取的东西。"[1]

苏联亡党亡国,是世界社会主义运动中的大逆流、大灾难,是人类历史发展与人类进步事业遭遇的重大挫折。

苏联亡党亡国,首先给苏联各国人民带来巨大的灾难。

1999 年 12 月 31 日,刚刚代理俄罗斯总统职务的普京在《千年之交的俄罗斯》的演说中指出:"俄罗斯正处于数百年来最困难的一个历史时期。大概这是俄罗斯近 200～300 年来首次真正面临沦为世界二流国家、抑或三流国家的危险。"[2]

2005 年,俄罗斯总统普京在发表年度国情咨文时又十分痛心地说:"苏联的解体,是 20 世纪最严重的地缘政治灾难;对于绝大多数俄罗斯人民来讲,它是一场真正的悲剧。"[3]

20 多年过去了,许多俄罗斯人在谈到苏联解体时仍痛心疾首。

俄罗斯科学院院士、社会政治研究所所长根·瓦·奥希波夫:"苏联的解体是一个巨大历史悲剧,是 20 世纪乃至影响到 21 世纪的巨大政治灾难。"

某养鱼场总经理瓦西里·伊万诺维奇:"当听到苏联解体消息的时候,我们感到非常痛苦。一夜醒来,我们的国家已经是另外一个国家了。"

俄中友协主席、俄罗斯科学院院士米·列·季塔连科:"苏联解体是 20 世纪最大的悲剧之一。这可以从很多角度看。从文明角度看,这是文明的倒退,也是整个世界的倒退。这给居住在苏联境内的各民族带来巨大的苦难,使这些民族的发展进程倒退了几十年。"

俄罗斯联邦共产党中央委员会主席根·安·久加诺夫:"苏联的解体给世界造成了很严重的灾难,让全世界失衡了,苏联解体使我们在 1945 年 5 月取得的胜利所建立的平衡又失去了。对于苏联人民来说,这是严重的灾难。这场苏联人民经历的严重内伤,直到现在还没有痊愈。"

---

[1] 〔俄〕尼·伊·雷日科夫:《大国悲剧》,新华出版社,2008,第 380 页。
[2] 《叶利钦:新俄罗斯之父》,腾讯网,http://view.news.qq.com/a/20070424/000009.htm。
[3] 《俄罗斯总统普京 2005 年国情咨文》,俄罗斯总统网站,2005 年 4 月 25 日。

据统计，从1991年苏联解体到20世纪末，俄罗斯国内生产总值比1990年下降了52%，而1941～1945年的卫国战争期间仅仅下降了22%；1991～2000年工业生产减少了64.5%，农业生产减少了60.4%；卢布贬值，物价飞涨6000多倍。

美国前总统克林顿公开宣称："俄罗斯人必须抛弃过去的帝国思维，俄罗斯已不再是世界大国，而只是非洲的上沃尔特。"① 上沃尔特即布基纳法索，面积27.4万平方千米，是位于非洲西部的内陆国，2009年的GDP仅有81.05亿美元。这一判定当然言过其实，但从一定程度上反映了俄罗斯的衰落和西方对俄罗斯的轻视。

此时的布热津斯基几乎是用轻蔑和挖苦的口吻教训俄国人："对美国来说，俄国实在太虚弱了，不配成为伙伴；但如果只是作为美国的病人，俄国又太强壮了。"②

1994年，俄罗斯著名作家、原持不同政见者马克西莫夫去世前躺在病床上对《真理报》记者谈到，"我从来没有想过我会对现在发生的一切感到如此痛心"，自己的祖国被糟蹋成这个样子，好像"眼睁睁地看着自己的母亲被强奸一样。再没有比这更难受的了"。③

苏联亡党亡国，给世界社会主义运动的发展造成极大的挫折。

苏联解体，原加盟共和国多数改变了社会主义性质。苏联分裂出15个独立国家，由铁托元帅亲手建立起来的"南斯拉夫联邦"如今一分为六，捷克斯洛伐克也被一分为二。各国共产党党员的总人数由原来的4400多万锐减为1000多万，且绝大多数党在本国影响不大。

伴随着东欧共产党执政地位的丧失，各国普遍在政治上实行以多党制为基础的资产阶级民主，在经济上大肆推行私有化。与此相伴的是，社会生产大幅度下滑，通货膨胀严重，失业率居高不下，人民实际生活水平大幅下降。广大人民为之付出的沉重代价远远超出事先的想象。

2011年10月，俄中友协主席、俄罗斯科学院院士季塔连科院士在俄罗斯会见中国哲学社会科学家赴俄考察团时说："苏联解体后至今，除哈萨克斯坦仅仅恢复到解体前1989年的生活水平外，前苏联所有加盟共和国都没有达到苏联时期的生活水平。俄罗斯迄今为止有30%的公民生活在贫困线以下。"2011年12月27日，日本《朝日新闻》发表纪念苏联解体20周年

---

① http://baike.baidu.com/view/15248.htm。
② 〔美〕兹比格纽·布热津斯基：《大棋局——美国的首要地位及其地缘战略》，上海人民出版社，1998，第154页。
③ 俄罗斯《真理报》1994年3月29日。

的社论指出：当年"戈尔巴乔夫总统在辞职时说'各民族将繁荣昌盛……'然而20年后的今天，独立出来的诸国中几乎没有国家实现这个预言"。[1] 原来凭借与经济互助委员会的关系发展势头较好的古巴、朝鲜等国也遭受前所未有的打击。古巴1993年人均GDP仅为1989年的66%[2]，2008年，时任古巴最高领导人卡斯特罗说：时至今日，古巴仍未从苏联解体这一打击中走出来，而在此之后朝鲜经济则是连续九年出现年均约2%的负增长。[3]

苏联亡党亡国，给广大发展中国家和发达国家的人民同样也造成严重灾难。

苏联解体后，以美国为首的西方强国凭借其在各方面的优势，鼓吹社会主义历史就此终结，并竭力贩卖新自由主义理论，主导新一轮经济全球化，对内放任资本对劳动的盘剥，对外拼命掠夺发展中国家的财富，导致全球范围内极少数富人越来越富，包括中等收入阶层在内的绝大多数人越来越穷，比尔·盖茨、沃伦·巴菲特、保罗·艾伦三人总资产比世界上最不发达的43个国家GDP的总量还多。全球范围内的生产社会化甚至生产全球化与生产资料私人占有之间、生产无限扩张与社会有限需求之间的根本矛盾进一步加剧。从一定意义上讲，2008年9月爆发的国际金融危机这一巨大灾难也完全可以追溯到20多年前苏联的亡党亡国。

苏联亡党亡国，严重地威胁着世界和平与发展的局面。

冷战结束了，但世界没有进入一些人臆想的和平盛世，相反却步入了动荡的周期。短短20多年间，战乱和民族冲突不断，以美国为首的西方强国连续发动了对波黑、科索沃、阿富汗、伊拉克和利比亚的五场较大规模的局部战争。

以美国为首的西方世界还策动一场场所谓的"颜色革命"，在乌克兰、格鲁吉亚和中亚一些国家接二连三地上演，使得这些国家陷入动荡。

基辛格明确指出："他（赫鲁晓夫）在启动改革过程这方面，可谓是戈尔巴乔夫的祖师；改革的影响他并不了解，改革的方向却叫他追悔莫及。从这个角度来看，我们甚至可以说共产主义覆亡始于赫鲁晓夫。"[4]

倾听俄罗斯人的诉说，使我们更加感到：苏联亡党亡国这场世纪大悲剧的序幕完全可以追溯到赫鲁晓夫领导集团，但其直接进程则是始于戈尔巴乔夫领导集团执政之时。

---

[1] 《没有民主就没有稳定》，日本《朝日新闻》2011年12月27日。
[2] 参见"SIGLO XX: BREVE HISTORIA SOCIOECONOMICA Y POLITICA DE UBA," Raúl Hernández Castellón, http://sociales.reduaz.mx/art_ant/historia_de_cuba.pdf。
[3] 参见孟庆义、刘蕾《朝鲜真实的经济状况》，http://www.wyzxsx.com/Article/Class20/200711/26836.html。
[4] 〔美〕亨利·基辛格：《大外交》，海南出版社，1998，第471页。

第一集　政治"改革"与多党制

　　从1982年11月起，在两年零四个月的时间里，勃列日涅夫、安德罗波夫、契尔年科这三位苏联共产党总书记相继病逝。

　　1985年3月11日，戈尔巴乔夫当选苏共中央总书记，成为苏共新一届最高领导人。

　　他一上台即宣称要实行"加速"战略。但由于缺乏正确的方向和有力的举措，不到两年，苏联的经济便陷入困境，人民生活开始恶化。

　　1987年1月，苏共中央召开全会。戈尔巴乔夫提出要把苏联社会的"民主化"提到首位。1988年6月，苏共中央决定"根本'改革'政治体制"，"改革"重心由经济领域转向政治领域。

　　1994年，戈尔巴乔夫"改革"的重要助手亚·尼·雅科夫列夫在回忆录中说：早在1985年12月，我就给戈尔巴乔夫写信，明确提出"民主化"就是要通过"公开性"等手段，结束苏共的"一党专制"，在苏联实现多党制和"三权分立"的资产阶级议会制。我"所讲的很多东西逐渐被采纳"①。

　　原苏共中央意识形态部部长亚·谢·卡普托："在1988年就能明显地看出，在苏共中央内部，有很大一部分中央委员是反对戈尔巴乔夫'改革'政策的。戈尔巴乔夫以年龄过高等借口，开列了150人的所谓反对派名单，在一次中央全会上把他们清除了出去。党章是不允许这么做的，因为这些苏共中央的委员是由党的全国代表大会选举产生的。当时150人名单中就有苏联外交部部长葛罗米柯。"

　　在半年多的时间里，戈尔巴乔夫迅速把亲西方的谢瓦尔德纳泽、雅科夫列夫等人拉进苏共中央最高领导层，对各级干部包括军队领导人进行了大幅度撤换或调整。到1986年2月，15个加盟共和国党中央、最高苏维埃、部长会议的主要领导人更换了19人②，40%以上的中央委员是新人③。到1988年年初，所有部长、中央机关的部门领导、各委员会负责人遭替换、开除或数次调换岗位，干部变动率超过100%。④

---

① 〔俄〕亚·尼·雅科夫列夫：《一杯苦酒——俄罗斯的布尔什维主义和改革运动》，新华出版社，1999，第177~182、183页。
② 王正泉、姚谓玉等编《苏联演变纪事（1985.3~1991.1）》，中国人民大学苏联东欧研究所，第12页。
③ 〔美〕小杰克·F.马特洛克：《苏联解体亲历记》，世界知识出版社，1996，第58页。
④ 〔澳〕科伊乔·佩特罗夫：《戈尔巴乔夫现象——改革年代：苏联东欧与中国》，社会科学文献出版社，2001，第148页。

为了向国内外塑造自己所谓"公开""民主"的形象，戈尔巴乔夫甚至不加区别地要求电视直播党和国家的各种高层会议，使苏共高层之间的矛盾公开化，加剧了苏共内部的分歧。

原苏共中央意识形态部部长亚·谢·卡普托："党的队伍很快分成了两派，一部分是所谓传统'保守派'，另外一部分是所谓改革'民主派'。其实这是一种很狡猾、很圆滑的说法。对戈尔巴乔夫有看法、持批判态度的，报刊等媒体就把他们打到'保守派'当中；只要支持戈尔巴乔夫的做法，哪怕他的观点全是错误的，马上就被封为改革'民主派'。党的队伍中的两派开始对立起来。这一矛盾逐渐在全国蔓延开来。"

1986年年底，被流放到高尔基城六年的著名持不同政见者萨哈罗夫回到了莫斯科。

现场记录：
记者："是谁给你打的电话，是不是戈尔巴乔夫？"
萨哈洛夫："是，他突然打来电话，说做了一个决议，您可以回到莫斯科。"
萨哈罗夫："我希望我会获得全部的人身自由，我以后会尽我的力量做一些事，这是我的使命。"

重返政治舞台的萨哈罗夫积极从事反共反苏的种种活动，并迅速成为所谓"民主派"的领头羊。

在"民主化""公开性"的浪潮中，1986年苏联开始出现各种"非正式组织"。这些组织以各种辩论会、俱乐部、知识分子小组和青年小组等面目出现，时而隐蔽，时而公开。1987年蔓延到全苏很多大中城市，到该年年底就发展到3万余个，1989年增至9万多个。

这些"非正式组织"绝大多数是有明确政治目标的组织。有的打着维护所谓本民族利益旗号谋求脱离苏联，有的崇拜西方民主、主张全盘西化，有的甚至要求复辟沙皇专制统治，等等。而打着资产阶级"民主"和"人道主义"旗号的组织尤为活跃。

在一些"非正式组织"的操纵下，各种反党反社会主义的集会、游行、示威、罢工、罢课以至民族冲突此起彼伏，连绵不绝。

面对严重威胁党和社会主义政权以及社会稳定的"非正式组织"及其活动，戈尔巴乔夫听之任之，甚至大加赞赏。

1988年6月28日，苏共第十九次全国代表会议全面拉开了政治"改革"的大幕，并把"人道的民主的社会主义"确立为"改革"的"最终目标和理想"。戈尔巴乔夫还以区分党的机关和国家机关的职能为名，强调苏共只通过自己的党员贯彻执行自己的政治方针①，试图放弃苏共对国家权力机关和行政机关的领导权。

戈尔巴乔夫后来坦言：进行政治"改革"的目的就是把权力从共产党的手中转到人民代表苏维埃的手中，就是把苏联人民代表大会改造成为允许反对派进入并自由发表意见的西方式的议会。②

政治嗅觉灵敏的美国前驻苏联大使马特洛克，这样回忆他当时翻阅代表会议文件时的感受："新内容比比皆是，我兴奋不已"；除了"社会主义"这个词外，与《共产党宣言》甚至与《资本论》几乎没有一点联系，而更接近于欧洲民主。如果文件所言能够实现，共产党"一党专政"将很快寿终正寝。③

1989年春，全苏人民代表选举开始。这是戈尔巴乔夫效仿西方议会制，在苏联举行的第一次全民选举。

俄罗斯科学院院士、俄罗斯国立社会大学校长瓦·伊·茹科夫："召开苏联第一次人民代表大会的时候，无论是在首都还是在外地，共产党人在选举中都失败了。后来参加选举的包括选举取胜的那些人，都是放弃了社会主义和共产主义信仰的人。"

选举过程一片混乱。许多不称职的人，甚至连杀人坐牢的恶性罪犯也出现在人民代表的候选人中。而那些反苏反共的蛊惑人心者，更是数不胜数。

反苏反共反社会主义的势力纷纷组织起来，频频发表竞选演说，组织各种群众集会，声援自己的候选人。

而戈尔巴乔夫却要求苏共与选举保持距离，命令党组织不得干预其候选人的活动。

波罗的海三国分裂势力的代表人物和积极分子纷纷当选。苏共内部著名的反对派叶利钦也在莫斯科高票当选。起初在苏联科学院落选的萨哈罗夫，在戈尔巴乔夫的特别关照下得以当选。

与此形成鲜明对照的是，160名党委第一书记中有32名落选。在列宁格勒，市、州两级党和苏维埃领导人以及州党委委员没有一名当选。全苏16个军区中有14个军区司令员铩羽而归。

戈尔巴乔夫却吹嘘"公开性"取得了选举的胜利。他后来坦言：为达

---

① 尧凌珊：《苏共第19次全国代表会议的文件和评论》，新华出版社，1988，第89页。
② 〔俄〕戈尔巴乔夫：《戈尔巴乔夫回忆录》上册，社会科学文献出版社，2003，第575页。
③ 〔美〕小杰克·F. 马特洛克：《苏联解体亲历记》，世界知识出版社，1996，第138页。

到把权力从共产党手中转交到人民代表苏维埃手中,就必须允许和鼓励反对派进入权力体系参与"改革",同时孤立和打压苏共内部"最保守的部分"。①

俄罗斯科学院院士、俄罗斯国立社会大学校长瓦·伊·茹科夫:"当时党的领导人没有及时利用良好的机会,让赞成共产主义理想并拥护社会主义制度的人当选。普通的党员无可奈何,他们的声音很微弱,人们听不到他们的声音。"

1989年5月25日,苏联第一次人民代表大会召开。电视和广播现场直播,辩论的场面一浪高过一浪。

大会选举了最高苏维埃主席、第一副主席、最高苏维埃成员等。当时持自由派观点的代表波奇诺克是这样描述那场选举的:"在选举中要战胜苏共,并不是一件很困难的事情。苏联共产党筹备人民代表大会选举包括最高苏维埃选举时采取的措施显得那么笨拙、粗糙。"

有近15%的"民主派"及其支持者进入最高苏维埃。叶利钦侥幸靠递补当选。戈尔巴乔夫当选最高苏维埃主席。

会上,萨哈罗夫率先提议取消明文规定"苏共在苏联社会中的领导地位"的苏联宪法第六条。叶利钦当即附议赞成,但因大多数代表坚决反对而作罢。

1989年7月,全苏第一次跨地区议员团代表会议在莫斯科的电影之家召开,与会者包括波罗的海沿岸几个共和国代表在内的240多名"民主派"人民代表。

叶利钦、波波夫、萨哈罗夫、阿法纳西耶夫等一些所谓"民主派"的头面人物当选轮值主席。在苏联最高权力机构第一次出现了正式的反对派组织。他们首先要推动的仍是取消宪法第六条。

原苏共中央政治局委员、苏联部长会议主席尼·伊·雷日科夫:"他们无所不用其极,目的就是让国家的局势变坏,给中央政权脸上抹黑,以此来证明,他们代表的才是新的、进步的思想。"

跨地区议员团还接过戈尔巴乔夫提出的"一切权力归苏维埃"的口号,要求苏共交权。

原苏共中央政治局委员、苏联部长会议主席尼·伊·雷日科夫:"我记得很清楚,有萨哈罗夫的一些照片。如果有必要可以在网上找到这些照片。他脖子上戴着一个硬纸板,上面写着:一切权力归苏维埃。"

1989年12月12日,第二次苏联人民代表大会召开。萨哈罗夫代表跨

---

① 〔俄〕戈尔巴乔夫:《戈尔巴乔夫回忆录》上册,社会科学文献出版社,2003,第506页。

地区议员团再次提议取消宪法第六条。

投票的结果是这项提议仍没有被列入大会议程，但却得到了超过 1/3 的支持票。

两天后，萨哈罗夫突发心脏病去世。所谓"民主派"知识分子借机将葬礼演变成一场政治示威。

面对"民主派"掀起的修宪狂潮，戈尔巴乔夫最终决定迎合。1989 年 11 月 26 日，戈尔巴乔夫撰文赞赏西方议会民主，宣扬效仿西方的三权分立。文章还提出，改革"必须根本改造我们的整个社会大厦，从经济基础到上层建筑"[①]。这是苏联领导人向社会乃至世界释放苏联准备搞西方民主制度的明确信号。

1989 年 12 月 7 日，立陶宛最高苏维埃修改了该共和国宪法第六条，取消了其中有关共产党领导地位的表述。一个月后，戈尔巴乔夫在立陶宛发表讲话："我认为实行多党制并不是悲剧"，"我们不应该像魔鬼怕烧香那样害怕多党制"。

1990 年 2 月 4 日，苏共中央全会召开前一天，"民主派"在莫斯科动员了 20 万人集会游行，喊出了"取消苏共领导地位""审判苏共""实行多党制"等反动口号。

2 月 5 日，戈尔巴乔夫在中央全会上对上述猖獗行为不仅没有明确表示反对，反而说苏共的领导地位"不应当依靠宪法强行合法化"。

在戈尔巴乔夫的推动下，3 月 11 日，苏共中央全会决定向苏联人民代表大会提交修改宪法第六条等建议。

三天后，第三次苏联（非常）人民代表大会正式通过修改宪法的法律。将其中第六条"苏联共产党是苏联社会的领导力量和指导力量，是苏联社会政治制度以及国家和社会组织的核心"[②]，修改为"苏联共产党、其他政党以及工会、共青团、其他社会团体和运动通过自己选入人民代表苏维埃的代表并以其他形式参加制定苏维埃国家的政策，管理国家和社会事务"[③]。法律同时还规定，苏联公民有权结成政党。

早在 1936 年，斯大林领导修订的苏联宪法首次明文规定，党是"劳动群众所有一切社会团体及国家机关的领导核心"[④]。

[①]〔苏〕戈尔巴乔夫：《社会主义思想与革命性变革》，新华社《参考资料》1989 年 12 月 14 日，第 65 页。
[②]《苏维埃社会主义共和国联盟宪法（根本法）》，生活·读书·新知三联书店，1978，第 5 页。
[③]《苏联问题资料》，东方出版社，1990，第 493~494 页。
[④]《俄华对照苏联宪法（根本法）》，五十年代出版社，1949，第 61 页。

这是苏联共产党长期执政的法律和政治保障。

取消宪法第六条中关于党的领导地位的论述，对于苏共和苏联意味着什么呢？

原苏共中央政治局委员叶·库·利加乔夫："这是个大错误，这是毁灭性的开始。取消宪法第六条就是否定、取消党的领导。1991年苏维埃表决取消苏联。这是两个严重的错误。两次我都投了反对票。在1991年的会上，有200多人投了反对票。"

原《真理报》主编、前国家杜马主席根·尼·谢列兹尼奥夫："宪法第六条取消了，就像一座大厦的顶梁柱被抽掉了一样，国家这座大厦也就倒塌了。"

共产党是工人阶级的先锋队，是维护广大人民群众根本利益的集中代表。执政70多年的苏共自动放弃了对国家的领导权力，这就为彻底背叛党的宗旨和广大人民群众的根本利益，为实行多党制消除了根本障碍。

党禁放开仅一年，联盟一级的政党就出现了约20个，共和国一级的政党竟多达500多个，其中绝大多数最终成为推动苏联亡党亡国的政治力量。

在1990年苏共中央二月全会上，戈尔巴乔夫还以多党制条件下国家不能出现权力真空为名建议设立总统职位，要求赋予总统一切必要的权力，以此确保他继续掌控苏联的最高领导权。

不久，在戈尔巴乔夫的指使下，最高苏维埃通过实行总统制的决定。苏共中央三月全会决定推选戈尔巴乔夫为苏联总统候选人。从决定实行总统制到正式选出总统，前后不足40天。

1990年3月15日，在苏联第三次（非常）人民代表大会上，戈尔巴乔夫当选总统。此时距他走上苏共最高领导职位整整五年，苏联的改革也走过五个春秋。

宪法同时也规定了总统对维护国家主权和领土完整的神圣职责。在苏联亡党亡国二十周年的今天，不少俄罗斯人在反思时追问，当年的戈尔巴乔夫履行了他的"郑重宣誓"了吗？！

在这次苏联第三次（非常）人民代表大会上，哈萨克共和国领导人纳扎尔巴耶夫要求总统制同样适用于各加盟共和国并得到批准。不久，乌兹别克、哈萨克等共和国选出了自己的总统。1991年7月10日，叶利钦宣誓就任俄罗斯苏维埃联邦社会主义共和国总统。从多党制、议会民主、三权分立到总统制，这完全实现了戈尔巴乔夫多年的夙愿和政治理想。

而此时的戈尔巴乔夫将会把国家带向何方呢？

街头妇女："戈尔巴乔夫当上总统后，国家就逐步走向分裂，他把国家彻底毁掉了。"

俄罗斯社会大学克林分校纳·费·格里岑科教授："当时由于实行总统制，苏联作为一个联盟制的国家，在很多加盟共和国或自治州都出现了以总统命名的职位，在苏联中央政权和地方总统政权之间产生了矛盾。"

　　俄中友协主席、俄罗斯科学院院士米·列·季塔连科："没有国家的统一管理，各加盟国纷纷说'我是独立的，我有自己的宪法，我有自己的总统'。于是苏联成为世界上总统最多的国家。每个州、每个自治区共和国、每个加盟共和国甚至每个民族都有自己的总统。"

　　"民主派"在通过选举苏联人民代表和最高苏维埃向苏共中央夺权的同时，还利用1990年年初各地举行苏维埃选举之机夺取苏共各级地方政权，并且与民族分裂势力同流合污，疯狂进行分裂国家的活动。

　　1990年3月11日，立陶宛率先宣布脱离苏联独立，拉脱维亚和爱沙尼亚紧随其后，拉开了解体苏联的序幕。

　　1990年5月29日，叶利钦当选为俄罗斯联邦最高苏维埃主席。6月12日，叶利钦集团主导的俄罗斯联邦人民代表大会通过主权宣言。7月10日，叶利钦宣誓就任俄罗斯苏维埃联邦社会主义共和国总统。这给风雨飘摇的联盟国家一记重击。此后，其他共和国更是纷纷效仿。

　　1990年7月，苏共举行了第二十八次代表大会。这是苏共历史上最后一次代表大会。此时苏共党内思想混乱、组织涣散、党派林立的状况已十分明显。

　　莫斯科大学经济系教授亚·弗·布兹加林："参加二十八大的有各式各样的代表，出现了一些观点不同的派别。"

　　会上，各主要政治派别展开了激烈的交锋。以戈尔巴乔夫为首的主张民主社会主义的"苏共纲领派"成为会议的主流派别，决定着整个会议的精神和方向。以利加乔夫为代表的坚持社会主义原则的一些苏共高级干部被称为"传统派"，他们出于维护党内团结的良好愿望，在思想上做了"妥协"，并支持戈尔巴乔夫继续担任党的总书记，但仍被戈氏集团排挤出中央委员会和政治局。而此时自觉翼羽丰满的"民主派"则决定与苏共彻底决裂。就在大会投票选举中央委员会之前，叶利钦突然宣布退出苏共。

　　随后，莫斯科市苏维埃主席波波夫和列宁格勒市苏维埃主席索布恰克等"民主派"人士也纷纷退出苏共。

　　大会通过的决议表明，此时的苏共已经发生了完全的质变，蜕化为组织上联邦化、松散化，思想上完全奉行民主社会主义与资本主义意识形态的俱乐部。这是戈尔巴乔夫按照"人道的民主的社会主义"改造苏共的必然结果。

　　原苏共中央政治局委员叶·库·利加乔夫："千万不能让野心家在党内

建立宗派组织。1990年党的代表大会报告讲：允许党内出现不同的派别。对于苏共来说，最重要的就是队伍的团结、统一。列宁在世时通过了关于加强党内团结的决议，规定党内不允许出现派别，出现宗派分子则立即开除出党。"

随着多党制和总统制在苏联的确立，苏共对苏联军队的领导地位也开始发生根本动摇。1990年3月全苏第三次人民代表大会通过的《关于设立苏联总统职位和苏联宪法（根本法）修改补充法》规定，苏联总统是苏联武装力量的最高统帅，有权任命和撤销军队高级指挥员。这就从法律上剥夺了苏共领导和指挥苏联军队的最高权力。

军队"非政治化""非党化"舆论四起。渗透到军队的反苏反共势力配合社会上的"民主派"，利用苏联召开人民代表大会之机不断攻击军队。社会上反军浪潮也十分狂烈，苏军被斥为"反'改革'的保守力量""保守势力的最后堡垒"。军内外的反共反社会主义势力相互勾结，要求改变苏军的性质和建军方向。而苏共的裂变和民族的分裂，进一步加剧了军队内部的混乱：军心涣散，军纪松弛，派系林立。到1991年8月，苏联军队形成五大派系，彼此争权夺利。人民对党和国家及其军队的状况十分忧虑。

1991年8月19日，震惊苏联和世界的"8·19"事件爆发。这是苏共内部一些力图挽救社会主义苏联的领导人为避免国家走向分裂所做的最后尝试。

然而，在国外敌对势力的强力支持下，8月21日，叶利钦等所谓自由派势力控制了局势。

苏联国防部决定撤回部署在实施紧急状态地区的部队。

苏联军官国际联盟执委会主席叶·伊·科佩舍夫："我走访过那些部队，当时只有少数的军队站在'国家紧急状况委员会'这边，更多的人则无所谓"。

列宁曾说，党领导的红军比什么都重要。而此时被解除思想武装和党的坚强领导的苏联军队，面对站在坦克炮塔上的叶利钦阻止军队支持"国家紧急状态委员会"，面对反动势力疯狂摧毁苏共的组织、大肆迫害苏共党员之时，除了束手看着自己长期捍卫的党和人民的事业被葬送，还能做什么呢？

曾任美军中将和美国国家安全局长的威廉·奥多姆指出，苏联"共产党同它们的将军们手挽手、肩并肩地走向灭亡"。[①]

"8·19"事件后，戈尔巴乔夫利用总统职权并伙同叶利钦等所谓"民

---

① 〔美〕威廉·奥多姆：《苏联军队是怎样崩溃的》，新华出版社，2000，第1页。

主派"疯狂迫害"8·19"事件的领导者、组织者和支持者。"国家紧急状态委员会"八名主要成员除内务部部长普戈在被捕前自杀外,其他成员都相继被捕或遭监禁。

1991年8月22日,莫斯科举行大规模集会,庆祝叶利钦在"8·19"事件中取得胜利。

8月24日,戈尔巴乔夫没有召开任何中央会议,擅自决定辞去苏共中央总书记职务,宣布苏共中央自行解散。

同一天,苏军总参谋长阿赫罗梅耶夫元帅因悲愤绝望而自杀。

当时担任苏共中央书记处书记的库普佐夫目睹了苏联共产党的最后时刻。

原苏共中央书记处书记、前国家杜马副主席瓦·亚·库普佐夫:"23日白天,苏共中央书记处有五位书记被搜家。他们以此来吓唬我们,看我们能不能给他们什么证据。下午两点,我签署了一个决定,要求完整保存所有中央文件。他们从中午就开始往外轰人,到25日苏共中央就不存在了,我们只能通过电话互相联络。那时我在老广场办公大楼的三层,我的办公楼上面还有一个小阳台。我能看到那些大学生,还有那些受指使的人员。有一些外国使馆的车给他们送来吃的喝的。这些人都喝得醉醺醺的,干些完全发疯的事情。"

更让库普佐夫感到屈辱的是他被赶出苏共中央办公大楼的那一刻。

原苏共中央书记处书记、前国家杜马副主席瓦·亚·库普佐夫:"过了栏杆,进入一个100多米长的通道。两边挤满了人,有150多台摄像机在拍摄。我们路过的时候,他们纷纷向我们吐痰,侮辱我们。这是我人生经历的最屈辱的一刻。"

拥有93年历史的苏联共产党就这样走完了它最后的时刻。

苏联解体后,许多共产党人遭到追捕。这位原立陶宛共产党中央主管意识形态问题的书记,现为共产党联盟—苏共理事会副主席的叶尔马拉维丘斯,就是被投进监狱的共产党人之一。

原立陶宛共产党中央书记尤·尤·叶尔马拉维丘斯:"苏联解体以后,我们一直处于非法的状态,我被判处八年有期徒刑。在维尔纽斯的监狱里还关押着不少教授。"

与此同时,大批苏共党员和干部遭到迫害。数以万计的苏共党员首先是党的机关的工作人员失业。仅莫斯科市就有6000多人;80%的苏军领导人和高级军官被撤换。其中有不少人从此生活无着,流落街头,靠变卖家当甚至出售过去用鲜血换来的军功章维持起码的生计。

亡党的结果就是亡国。"8·19"事件后，除此前已宣布独立的立陶宛、俄罗斯和格鲁吉亚外，原苏联其他加盟共和国也纷纷宣布独立。12月16日，哈萨克斯坦最后宣布独立。至此，苏联，这个存在了69年的强大联盟国家实质上已经消亡。

第二集 经济"改革"与私有化

这是苏联解体后俄罗斯成立的第一家证券交易所——莫斯科银行间外汇交易所。

交易所的史料信息中心实际上就是俄罗斯的一座金融博物馆。这里浓缩着从沙皇帝国、苏联时期一直到今天的俄罗斯在经济领域历经的风风雨雨，陈列着一件件活生生的历史印证。

这张面值为1万卢布的证券，不是一张普通的有价证券，它承载着一段特殊的历史，见证着一场举世罕见的鲸吞公有资产的私有化浪潮，同时也让俄罗斯坠入了那个充满苦难的"疯狂的90年代"。

那么，这场闹剧的帷幕是从何时拉开的呢？

1985年的3月，对于当时的苏联人来说是一个料峭的春天。

刚刚当上总书记的戈尔巴乔夫踌躇满志。1985年苏共中央四月全会确立"加速"发展战略后，急于塑造自己"改革"者形象的戈尔巴乔夫接连到各地的工厂和农村视察。

俄罗斯科学院院士、俄罗斯科学院经济学部成员奥·季·博戈莫洛夫："当时社会上对戈尔巴乔夫实行的这种'改革'有较强烈的抵触情绪，他就慢慢造舆论，让社会接受他的'改革'。"

进入20世纪80年代，苏联仍是世界上两个超级大国之一，社会经济发展仍能满足人民的基本需要。但在当时，由于背离、背叛人民群众的官僚特权集团的存在和发展，严重挫伤了广大人民群众从事社会主义建设的积极性、主动性和创造性。

俄罗斯联邦共产党中央委员会主席根·安·久加诺夫："官僚特权集团控制着国家，国家对所有权进行垄断，包括集体农庄、合作社，结果带来生产的倒退和停滞不前。当时国家科技人才的发明占世界发明的1/3，但这些发明得不到有效推广。"

俄联邦原政府总理米·米·卡西亚诺夫："我们能让宇宙飞船升空，能把人带上太空，可却不能制造一个很好的收音机。人民渴望改善自己的生活。当时戈尔巴乔夫领导集团也意识到了这一点。不进行改革就不能满足人民的需求。"

1986年年初，苏共召开了二十七大。会议进一步明确了"加速"发展战略的方针、目标、规划和途径等。此后苏共中央又陆续推出一些经济"改革"措施，如给予企业一定自主权、减少指令性计划、整顿工作纪律与社会秩序等，并取得了一定成效。

但戈尔巴乔夫并不熟悉经济工作，他热衷于空谈，并常常忽东忽西、舍本逐末，甚至头痛医脚、脚痛医头。

1985年5月，苏联当局决定严格制止酗酒现象。酗酒现象是苏联社会长期存在的痼疾。但自赫鲁晓夫以来的领导集团，逐渐脱离、背离广大人民群众的根本利益，进一步导致人们精神生活极度苦闷，不少群众感到无能为力，只好借酒消愁。反酗酒运动很快发展成严厉禁酒，许多地方一天之内就关掉了2/3的卖酒的商店，酒和酒精类饮料在市面上很快都消失了。

反酗酒运动导致国家税收大量减少，却使投机者大发横财。这些投机者在后来的私有化时期就是用此时掘到的第一桶金来非法攫取国有资产的。

反酗酒运动很快以失败而告终。这仅仅是戈尔巴乔夫初期毫无章法的经济"改革"的一个小插曲。

对这种朝令夕改的"改革"，时任部长会议主席雷日科夫也深感无所适从。他在回忆录中这样写道："在一个月前讲妥要优先发展机械制造业，现在又突然冒出了一连串儿需要优先发展的部门"；"短短的几个月，国民经济优先发展方向的清单不知填写了多少次"。①

俄罗斯科学院院士、俄罗斯科学院经济学部成员奥·季·博戈莫洛夫："当时我已经提出'改革'不能从各行各业同时开始，总得有个起点。从这个意义上说，中国的经验对我们来说很有启示意义。首先应该把市场机制引入农村和城市关系中，把农村和城市的经验结合起来。"

戈尔巴乔夫听不进也不愿听不同的意见。唯意志论的决策和急躁冒进的思想，很快在苏共领导层占据上风。

从1987年开始，国家制订的计划与指标不能如期完成。原定1986~1990年用于消费和积累的国民收入年均增长3.5%~4.0%，而1986~1988年仅增长2.8%，还低于"改革"前的速度。

更为严重的是，一方面戈尔巴乔夫把经济"改革"的窘境归因于苏联的政治制度；另一方面经济"改革"的窘境又为私有化思潮的滋生和蔓延提供着土壤。

---

① 〔俄〕尼·伊·雷日科夫：《大动荡的十年》，中央编译出版社，1998，第88、89页。

1988年6月苏共第十九次全国代表会议提出了从根本上进行经济"改革"的任务,戈尔巴乔夫尝试着为私有化打开大门。

此后苏联社会围绕计划与市场、社会主义与市场经济等问题展开了激烈的讨论。先是在社会主义公有制基础上进行"改革"的观念受到猛烈的抨击;不久,主张私有化和自由市场经济的思潮大行其道,一夜间竟成为舆论的主流。

利用"改革"掘得第一桶金的暴富者们推波助澜,日夜期盼着手中的非法财富合法化,而一些掌管大量国有资产的特权官僚集团和蜕化变质的企业管理者更是蠢蠢欲动,欲乘私有化之机"近水楼台先得月"。

俄罗斯科学院院士、俄罗斯国立社会大学校长瓦·伊·茹科夫:"当时党的高层精英群体最渴望的就是把国家的财富化为己有。在权力和财富之间总是存在着矛盾,有一个不能逾越的界线。比如有人当上了州委书记,就有各种各样的特权,就能控制那个州里几乎所有的财富。但一旦退了休,他就会失去这些权力和所掌控的财富。所以他们就极力渴望把这些财富变成自己名下的合法财产。"

面对汹涌而来的私有化思潮,作为最高领导人的戈尔巴乔夫先是反对,接着观望,然后是调和、妥协,直至转为完全支持。

1989年2月,戈尔巴乔夫说:"我们坚持社会主义所有制,主张在社会主义所有制基础上发挥经济和社会制度的潜力。"他还说:"关心社会主义,相信社会主义,忠于这一制度,不接受私有制,不接受人压迫人的制度,因为所有这些宝贵的东西都与整整几代苏联人血肉相连。"[①]

然而到了1990年8月,还是同一个戈尔巴乔夫,却以公有制束缚了人的劳动积极性为由,攻击公有制为主体是"经济垄断",认为"改革"的"主要而又刻不容缓的任务"是取消公有制的"垄断"地位,推行公有企业非国有化、私有化。他还以计划经济没有效率为借口,主张完全放弃国家的宏观调控。

为与其政治"改革"即确立资本主义政治制度相适应,戈尔巴乔夫领导集团随即大力推行彻底摧毁社会主义公有制、快速实现资本主义私有化的各项方针政策。

1989年下半年,苏联经济继续恶化,高通胀、高物价、失业严重,经济面临崩溃的危险。

俄罗斯科学院院士、俄罗斯科学院经济学部成员奥·季·博戈莫洛夫:

[①] 《戈尔巴乔夫1989年2月15日在会见国民经济各部门的工人代表的讲话》,参见王正泉、姚谓玉等编《苏联演变纪事(1985.3~1991.5)》,中国人民大学苏联东欧研究所,第93页。

"从 1989 年下半年到 1990 年上半年，苏联政府一直在研究怎么制定经济'改革'的方案。在这个过程中，起初出现了另一种方案——沙塔林方案，后经补充、修改形成'500 天计划'。"两个方案各有特点。政府方案以雷日科夫为首，以阿巴尔金提供的材料为基础，主张改革在各行各业同时铺开，逐步用市场机制代替计划管理机制。

原苏共中央政治局委员、苏联部长会议主席尼·伊·雷日科夫："我们建议渐进地推行市场经济。我们研究过中国的改革，希望我们也能逐步地推进。我计算后认为，这至少需要 8 年时间。"

"500 天计划"是沙塔林等人经戈尔巴乔夫授权，根据亚夫林斯基、叶利钦等人提出的方案修改、补充而成的，目的是与政府方案相抗衡。该计划主张在大规模私有化的基础上，从 1990 年 11 月 1 日到 1992 年 3 月 14 日的 500 天内，分四个阶段将苏联从计划经济迅速过渡到市场经济。经济学家借用医学上的术语，称这一激进方案为"休克疗法"。

原苏共中央政治局委员、苏联部长会议主席尼·伊·雷日科夫："这些人可能是从政治角度提出在 500 天之内，也就是用一年半的时间完成'改革'。我认为这是极为冒险的，这给我们国家带来的可能是灾难。所以，我个人坚决反对。这是个原则性的问题。"

俄罗斯科学院院士、俄罗斯科学院经济学部成员奥·季·博戈莫洛夫："我个人认为'500 天计划'是一个冒险的计划。在 500 天里，一年半多一点的时间内，要对经济进行大幅度的改革，是不现实的事情。"

面对两种对立的计划，戈尔巴乔夫先是骑墙，后是妥协中。1990 年 10 月 19 日，苏联最高苏维埃通过由他主持起草的《稳定国民经济和向市场经济过渡的基本方针》，结束了长达半年的纲领之争。

戈尔巴乔夫的纲领从表面上看是介于前两个方案之间，但实质上是全盘接受了沙塔林方案中全面私有化的内容。其主旨是推行非国有化和私有化，以及私有化基础上的自由市场经济。他提出"必须向经济非垄断化、非国有化和私有化大踏步前进"。

就是这样一个方案，也遭到叶利钦的强烈反对，并预言"它将以失败告终"。

经济改革方案之争很快转化为尖锐的政治斗争。经济私有化也进入快车道。

1990 年 12 月 25 日，深感无奈的雷日科夫托病辞去苏联部长会议主席职务，原苏联财政部部长帕夫洛夫继任。

1991 年 4 月，为应对日益严重的经济危机，苏联政府提出反危机纲领，决定进一步加快非国有化和财产私有化。

莫斯科大学经济系教授亚·弗·布兹加林："市场就像一只老虎，这只老虎管得不好就会从笼子里跑出来把人吃掉，这就是苏联解体的原因之一。"

1991年7月1日，苏联最高苏维埃通过了《关于企业非国有化和私有化原则法》。根据这项法律，到1992年底，苏联有近一半的工业企业将脱离国家的控制，到1995年这一比例将达到60%～70%。

1988年夏天，苏联经济形势开始严重恶化。1989年，经济增长逐月下降，1990年开始出现第二次世界大战后第一次负增长。据统计，1990～1991年苏联经济年均下降近9.5%，而在1991年下降了15%。[①]

经济状况空前恶化，使绝大多数群众的生活变得十分艰难。1991年，日用消费品零售价格比1990年增长了1.4倍，集贸市场价格增长两倍，而黑市和议价贸易的价格则超过零售价格9倍。

普希金语言学院副教授德·尼·法捷耶夫："1990年、1991年开始发行各式各样票证，有蓝色的、粉色的。当时我还小，记得排了大半天的长队。结果轮到我的时候，前边的妇女把最后半公斤香肠买走了，到我这儿什么也没有。我不停地哭，哭完以后，我发誓再也不去商店了。"

商场前买东西的老太太："清早起来排队，排了第一个，想买点茶喝。结果走到柜台前，什么也没有了。我退休金不多，只有90卢布。我已经工作55年了。"

俄罗斯科学院院士、社会政治研究所所长根·瓦·奥希波夫："我们将要出版一本苏共被瓦解的大事记，其中有民主纲领派会议的速记稿，例如其代表人波波夫就讲：'别管老百姓，我们就是要故意造成全面紧缺的状态。'这是原话。"

当时报刊一针见血地指出：戈尔巴乔夫时代留给人们的印象，首先是超级大国的苏联分崩离析，其次是无节制的通货膨胀，再就是80%的人进入贫困状态，成百万的贫困者流落街头。

这里需要提及的是，为了说明戈尔巴乔夫开启的私有化"改革"的恶果，在俄罗斯采访的过程中，我们也特地向完成私有化"改革"的叶利钦时期做了必要的延伸。

苏联解体以后，新独立的国家无一例外地急速推进本国的私有化。叶利

[①] 〔美〕大卫·科兹等：《来自上层的革命——苏联体制的终结》，中国人民大学出版社，2002，第101页。

钦则比戈尔巴乔夫更为激进。

俄罗斯科学院经济学部成员奥·季·博戈莫洛夫："戈尔巴乔夫时期，只是非国有化和私有化的起始阶段，也可以说是孕育阶段。真正大规模的非国有化和私有化，是在苏联解体之后盖达尔推行的经济'改革'。"

1992年，叶利钦选择36岁的盖达尔主管经济"改革"工作，推行"休克疗法"，希望少则几个月多则一年，快速实现经济自由化和私有化。

俄罗斯科学院院士、社会政治研究所所长根·瓦·奥希波夫："为什么选择盖达尔的经济'改革'方案？因为盖达尔吹嘘，两年以后国家各个方面都会变好。根本不懂经济、心里也毫无把握的叶利钦问他：你能不能给我保证？他说：我不光向你承诺，我还向上天发誓，我以我先辈的名义发誓。后来开始的所谓经济'改革'，实际上是野蛮的资本主义。"

1991年12月19日，叶利钦发布总统令，批准《1992年国有及市有企业私有化纲要基本原则》。一场"休克疗法"式的"改革"，在俄罗斯联邦全面铺开。

首先放开的是物价。物价很快像断了线的气球扶摇直上。到了4月，消费品价格就比放开前上涨65倍。

企业生产成本因燃料、原料价格放开而骤增。到了6月，工业品批发价格上涨14倍，企业纷纷压缩生产，市场供求进入恶性循环。

紧缩信贷造成企业流动资金严重短缺，三角债日益严重，政府被迫放松银根。1992年增发的货币量是上一年发行量的20倍，通货膨胀率在印钞机的轰鸣中高达2509%，到1996年，物价上涨了6000多倍。

"休克疗法"的核心内容就是私有化。盖达尔认为，俄罗斯唯一能走的只有市场化这一条道路，而市场经济与公有制水火不容，因此必须彻底实行私有化。

被称为俄罗斯"私有化之父"、担任过俄副总理兼政府私有化委员会主席的丘拜斯则说："无论把财产分给谁，哪怕是分给强盗，只要把财产从国家手里夺出来就好。"[①]

俄罗斯大规模私有化是从无偿发放私有化证券开始的。当时，俄罗斯固定资产总量估算为4.3万亿卢布，政府决定先将其中的35%即1.5万亿卢布，无偿分发给近1.5亿的俄罗斯居民。每个在1992年9月2日以前出生的俄罗斯人，都可以领到一张本集开头出现过的面值1万卢布——当时相当于25美元——的私有化证券，使人人真正成为国有资产的所有者和受益者。

---

① 吴敏杰：《都是丘拜斯惹的祸！》，《外滩画报》2005年6月9日。

莫斯科银行间外汇交易所史料信息中心主任尤里·彼德罗维奇："政府发行私有化证券，老百姓把他们获得的证券投到企业里，这样就可以获得企业的股份。通过这种途径把原来的国有企业转化为股份制企业。但后来局势失控了，很多老百姓手里的私有化证券被一些人收购，这些人变成企业的大股东。"

随着物价飞涨，卢布大幅度贬值，不少民众纷纷低价出售甚至无偿转让私有化证券，而一些企业的管理者和握有资金的投机者乘机低价收购。

俄联邦政府原劳动和社会发展部部长谢·维·卡拉什尼科夫："当时，有的人站在企业的门口，给工人一瓶酒，就可以换张证券，当时发的私有化证券对很多人来说实际上毫无用处。"

莫斯科外汇交易所史料信息中心主任尤里·彼德罗维奇："收购之后，有些人就把私有化证券集中投到一家企业，这样他就成了这家企业的控股人，原来的国有企业就成为一家私人企业，也就出现了私营企业主和寡头。"

俄联邦政府原劳动和社会发展部部长谢·维·卡拉什尼科夫："可以说大部分的企业都被私有化了。除了国家订货的国防企业，别的都卖了。也不是卖了，实际是拱手让给私人了。国家没得到什么东西。"

那些收买了国有企业的人，关心的不是企业的长远发展，而是尽快转手盈利。职工既领不到股息，又无权参与决策，生产经营无人过问，企业效益每况愈下。

从1994年7月开始，俄罗斯对国有大中型企业实行有偿私有化，到1996年年底基本结束。

不少国有企业的领导者乘企业改制分配股权之机，利用行政或管理权力掌握股票控制权。昔日的"红色"经理或厂长，摇身一变成了资本家。企业管理者、各级官员以及暴发户们串通一气，大搞钱权交易，按照远低于实际价值的价格，收购政府拍卖的企业。

俄罗斯科学院院士、经济学部成员奥·季·博戈莫洛夫："在私有化之前没有对企业做过资产评估，企业卖得基本上一文不值，实际上是象征性地卖出去了。由于卢布贬值很厉害，企业的账目赢亏与实际情况不符，很难对企业资产准确评估。究竟企业值多少钱，账户还有多少钱，都没有算清就卖了。"

莫斯科大学经济系教授亚·弗·布兹加林："国营企业厂长低价把产品卖给私营企业，他的老婆或者女儿在那工作，结果私营企业变富了，国营企业却变穷了、破产了。厂长经理辞职不干了，就变成私营企业的老板，自己就发了大财了。"

乌拉尔机械制造厂是一家拥有3.4万名职工的大型国有机器制造企业,当时仅卖了372万美元。低价贱卖的企业远不止这一家。500家大型国有企业实际价值超过1万亿美元,却只卖了72亿美元。12.5万家国有企业平均售价只有1300美元。

在私有化过程中,有数千亿美元的资金外逃,俄罗斯一些具有战略意义的经济门类被俄国寡头控制,而大量掌握核心军工机密的国防工业专家流失西方。

这是一次"世纪大拍卖"。这是人类历史上最迅速、最疯狂的私有化,是少数当权者利用手中的权力疯狂瓜分和掠夺全体人民财产的强盗行为。他们乘私有化"改革"之机,损公肥私,化公为私,把苏联几代人艰苦奋斗积累的成果,瞬间化为自己口袋里的财富。其结果是,造就了占总人口5%~7%的俄罗斯新贵,而使1亿多人口陷入赤贫,与之相随的还有社会的分裂和动荡。

许多俄罗斯人称20世纪90年代为充满苦难的"疯狂年代"。

在那个年代里,全面私有化使"犯罪经济"、"强盗经济"和"寡头经济"盛行,生产急遽下降,卢布贬值,物价飞涨,贫富两极迅速分化。

莫斯科市民亚历山大·贡恰罗夫:"在20世纪90年代,一直到1998年,情况都很差,我甚至都丢掉了工作。在八个月里我一直在找工作,处于收入为零的状态。"

就连著名的自由市场经济代表人物、俄联邦原政府总理米·米·卡西亚诺夫也不得不承认:"90年代确实是一个很艰难的时期,俄罗斯民众承受了这场苦难。这场苦难使居民的收入和物质生活水平下降了30%。"

俄罗斯联邦前劳动和社会发展部部长亚·彼·波奇诺克:"90年代俄罗斯局势发展到什么境地呢?当时的烟都不够抽。如果生产出什么烟,商店把整包烟打开,论支卖。酒类产品也很紧张。即便售货亭安着铁栅栏,人们为了买酒可以把铁栅栏扒开。"

私有化改革使社会财富分配严重两极分化,社会主义理想信念严重缺失,伦理道德观念极度混乱,社会精神全面倒退。

俄罗斯科学院院士、社会政治研究所所长根·瓦·奥希波夫:"叶利钦和他手下的人推行'改革'所造成的破坏和损失,从物质层面或者从精神层面来讲,可以说超过了第二次世界大战。"

"休克疗法"的始作俑者之一盖达尔后来坦言,俄罗斯私有化是"权贵阶层将国家财产私有化",是将"权力转化为资本"。而丘拜斯则道出了快速私有化的实质:私有化与其说是解决经济问题,倒不如说是解决政治问题,是"5%的经济加95%的政治"。对于俄罗斯来说,要创造一个新生的资产阶级,更重要的是要摧毁共产主义政权遗留的经济基础。[①]

《世纪大拍卖》一书的作者、英国《金融时报》副主编克里斯蒂娅·弗里兰称,俄罗斯私有化改革通向的是"青面獠牙的霍布斯资本主义"、"强盗资本主义"和"裙带的、腐败的资本主义"。

在莫斯科街头采访的日子里,我们在一个地铁通道的墙上,看到这样一条显赫的标语:"资本主义就是死亡!"

第三集 "公开性"与指导思想"多元化"

这是莫斯科市中心一个文化公园的偏僻一角,这里堆放着列宁、斯大林和斯维尔德洛夫、捷尔任斯基等领导人的塑像。这些塑像不仅残破不全、伤痕累累,有的甚至被油漆涂抹得面目全非。

上了年纪的莫斯科人都知道,这些雕塑曾伫立在莫斯科各个环境优美、行人如织的地方。它们曾是众人景仰的历史丰碑,曾是苏联共产党的骄傲。

然而在20世纪80年代后期,在苏联全国上下刮起的那股否定苏联历史的狂潮中,这些塑像连同无产阶级革命领袖的功绩与人格,遭到疯狂的攻击和嘲弄。这是戈尔巴乔夫倡导所谓"公开性"和指导思想"多元化"引发的一个严重恶果。

所谓"公开性",是戈尔巴乔夫上台后不久确立并推动的一项重要改革方针。1986年2月,在戈尔巴乔夫、雅科夫列夫积极谋划下,苏共二十七大正式提出所谓"公开性"的问题。

列宁当年使用过"公开性"一词,其原意是把党和政府的工作对人民群众公开,听取群众意见,以改进党和政府工作,赢得群众的理解和支持。列宁同时强调"公开性"不是无限的、无原则的。

而到了戈尔巴乔夫那里,"公开性"在"让人民知道一切"、不留"被遗忘的人物和空白点"等口号的掩护下,变成专门揭露党和国家历史上所谓"阴暗面"和"消极现象"甚至是歪曲与伪造历史的工具,变成从根本上动摇马克思列宁主义指导地位、推行"人道的民主的社会主义改革"的

[①] 〔英〕阿尔卡季·奥斯特罗夫斯基:《历史是否将原谅他?——俄罗斯寡头之父阿纳托利·丘拜斯》,原载英国《金融时报》2004年11月13日,参见《国外社会科学文摘》2005年第6期,第70页。

突破口。

原苏共中央意识形态部部长亚·谢·卡普托："'公开性'在党内是件很震撼的事情。本来'公开性'是为了让人民获得更多的信息，然而在大众传媒完全放开以后，所有的报道没有一点社会责任感。'公开性'使大众媒体成了反共反社会主义的工具。它所造成的影响自苏联解体后一直持续至今。"

为加强对所谓"公开性"工作的组织领导，戈尔巴乔夫专门选调雅科夫列夫任苏共中央宣传部部长，又先后擢升他为中央书记和政治局委员，主管意识形态工作。

雅科夫列夫随即对苏联主要报刊和新闻媒体的领导班子进行大幅度调整，排斥坚持原则、维护党和国家利益的共产党人，并把支持戈尔巴乔夫改革的亲信安排在各个重要领导岗位上，从而牢牢控制了思想舆论界的领导权。

在调整中首当其冲的是苏共中央最重要理论刊物《共产党人》。刊物主编、坚定的马克思主义者科索拉波夫被解除职务，取代他的是戈尔巴乔夫亲自挑选的、他夫人赖莎的好友、具有自由化倾向的弗罗洛夫。

1986年6月，《星火》画报主编由雅科夫列夫挑选的政治上的两面派——科罗季奇接任。此后，该刊物就成为反共反社会主义思想的先锋。

俄罗斯作家联盟莫斯科组织执行主席弗·伊·古谢夫："科罗季奇是一位思想很偏激的人。他接任《星火》画报主编后，发表了很多阴阳怪气的政论文章。后来，大凡具有爱国主义精神的人都认为，《星火》画报是完全为西方资产阶级服务的一本杂志。"

在雅科夫列夫的干预和影响下，《真理报》《莫斯科新闻》《消息报》《文学报》《共青团真理报》等中央报刊主编遭撤换，10种主要大型文学杂志中有7种杂志的主编被更换。一大批主张西化的编辑记者被起用。这些报刊很快成为自由派的宣传工具，成为反马克思主义、反社会主义的阵地。

一批过去被禁止的反社会主义的文学作品和电影纷纷被解除了封印。1986年年底，专门用歪曲手法描写斯大林时期所谓"阴暗面"的别克的小说《新任命》解禁出版。

1987年，歪曲斯大林时期的党内斗争，暗示基洛夫遇刺是斯大林一手策划的雷巴科夫的小说《阿尔巴特大街的儿女们》公开面世。

俄罗斯作家联盟莫斯科市组织理事会主席、欧亚作家协会主席弗·格·博亚里诺夫："雷巴科夫也是一位共产党员。推行'公开性'后，他捕捉到时代已经开始发生变化，当即决定自己也要跟着变化一下。于是，他就把斯大林搬上了解剖台,在那个时期只要能写几笔的人都在抹黑斯大林。雷巴科夫就推出了《阿尔巴特大街的儿女们》。作品引起了轰动,内容既有纪实材料,更有艺术虚构,还引进了爱情故事,但本质上是给斯大林脸上抹黑。在那个时候,谁先冲上去,谁首先反对斯大林,谁就是英雄。"

1986年12月,格鲁吉亚影片《忏悔》公开放映。这部片了是在时任格鲁吉亚第一书记谢瓦尔德纳泽的支持下拍摄的。影片以寓言的方式攻击斯大林时期所谓的"独裁制度"。雅科夫列夫说:《忏悔》的公映是苏共"意识形态崩溃的开始"。

俄罗斯作家联盟莫斯科市组织理事会主席、欧亚作家协会主席弗·格·博亚里诺夫:"'公开性'使很多人头脑发热,那些持不同政见者都跳了出来。他们利用这个时机,接二连三出版了很多作品。这些作品对苏联亡党亡国起了推波助澜的作用。"

戈尔巴乔夫后来承认,这些作品的公开出版或放映是经他本人点头的。① 他还充满感慨地说:"真可惜,在大学时代竟然没能读到这一切!"②

大批文学作品的解禁在当时被称为继赫鲁晓夫的"解冻"之后的"第二次解冻"。

电视的宣传威力更为巨大。苏联国家电视台开设的一些政论性专栏,不仅言辞激烈,思想偏激,甚至煽风点火,造谣惑众。一些自由派人士走上电视屏幕,揭露苏联历史的所谓"空白点",为反共反社会主义大造舆论。

为进一步推动指导思想"多元化",1990年6月12日,戈尔巴乔夫以总统名义批准《新闻出版法》,宣布所谓的"新闻自由"。7月15日,他又发布关于电视和广播民主化的总统令,规定国家电视和广播事业"独立于政治和社会组织",不允许任何政党进行垄断。这是戈尔巴乔夫为"坚决舍弃苏共在政治上和意识形态领域的领导地位"而迈出的关键一步。

原苏共中央意识形态部部长亚·谢·卡普托:"《新闻出版法》这个法律不是关于出版的法律,而是为出版者制定的一套法律。法律只考虑出版界的经济利益,而不考虑国家和社会的利益。在此之前,国家对出版物都是有约束的,比如发表文章或播放节目都有专门的机构如党的委员会审查。而现在这些都被取消了,对新闻媒体没有任何的约束,只要有钱,想出版什么都可以。"

---

① 〔俄〕戈尔巴乔夫:《戈尔巴乔夫回忆录》上册,社会科学文献出版社,2003,第377~378页。
② 〔俄〕戈尔巴乔夫:《戈尔巴乔夫回忆录》上册,社会科学文献出版社,2003,第378页。

1990年上半年，苏联境内各种非正式出版物多达上千种。《新闻出版法》颁布后，反对派和私人办报合法化。《论据与事实》《莫斯科新闻》等官方报刊也纷纷宣布"自主办报"，完全摆脱苏共和主管部门的束缚。到苏联解体前，苏共掌握的报刊仅占1.5%。

私人办报合法化和官办媒体私营化以后，苏联主要媒体很快被境内外私有资本和权贵势力掌控。国内外资本竭力丑化、颠覆社会主义制度，宣扬、美化资本主义的永恒统治。这就是他们鼓吹的所谓"新闻自由"的实质。

解禁文学作品和实行所谓"新闻自由"只是"公开性"的开始。随着"公开无限制"方针的推行，一股气势汹汹的否定苏共和苏联的历史虚无主义思潮，迅速蔓延至史学界、理论界和思想界。

1987年，苏联国内形成了一场反思历史、重评历史的运动，1988年以后不断升级，一浪高过一浪。形形色色的境内外反共反社会主义分子，追随赫鲁晓夫"秘密报告"的论调，从批判斯大林和斯大林主义入手，进而攻击、诽谤列宁和十月革命，再进而否定整个苏联和苏联共产党。

俄中友协主席、俄罗斯科学院院士季塔连科这样分析道："苏联的解体也与某些知识分子脱离群众、以一己私利代替国家利益和人民利益分不开。在列宁斯大林时代，广大知识分子能与群众保持着密切的联系，与人民群众利益根本一致。斯大林去世后，自由化现象加剧，部分知识分子的权力逐渐扩张。但当时苏联的国内环境仍在压缩着知识分子自由化的空间，于是企图谋取自己特殊利益的那部分知识分子便把目光瞄向国外，通过内外勾结推动苏联解体，进而攫取俄罗斯更多的资源，从而成为戈尔巴乔夫领导集团颠覆社会主义苏联的一个极为特殊的阶层。"

为了否定马克思列宁主义指导地位，戈尔巴乔夫还打起"多元化"的幌子。他无视全体苏联人民根本利益的一致性，以社会存在不同利益群体为由，伙同思想、理论、舆论、文艺等意识形态精英，竭力提倡"意见多元论""言论多样化"，宣扬个人主义和利己主义，并以让各种思想"自由竞赛"为借口，提出实行意识形态"多元化"，进而攻击坚持以马列主义为指导是"精神垄断"，取消马克思列宁主义在意识形态领域的指导地位，为确立"人道的民主的社会主义"的指导地位鸣锣开道。

雅科夫列夫公然宣扬共产主义是乌托邦，污蔑十月革命是"少数暴徒发动的政变"，是"魔鬼之歌的序曲"。他还重拾起早就被粉碎的谣言，攻击十月革命是德国总参谋部一项秘密计划的实现，列宁是接受德皇资助从内部瓦解沙皇统治的德国秘密代理人。

"民主联盟"主要成员尤·阿法纳西耶夫宣称：整个苏联的历史是靠使

用武力和暴力写成的。①

1987年7月,《消息报》载文谴责苏联过去的中小学历史教材,认为以前的历史教科书中"每一个字都充满了谎言"。

1988年6月,苏联教育主管部门做出决定,取消当年中小学历史课的考试,要求全国所有学校的苏联历史课本在1989年全部销毁。

1989年12月,苏联国家国民教育委员会颁布命令,全面取消大学和其他高等院校的马列主义课程。

攻击领袖、抹黑历史的手法多种多样。20世纪30年代"大清洗"迫害致死的人数,在所谓"反思历史"的过程中成几何级数地翻番。

俄罗斯科学院院士、俄罗斯国立社会大学校长瓦·伊·茹科夫:"在斯大林统治的时候,有过大规模的镇压,这是事实。被镇压的人都是有名有姓的,整个苏联时期共78万多人。这个数据是真实的。后来有很多人说'大清洗'差不多杀了1000万人或者1500万人,这是严重失实的。"

在后来的交谈中,茹科夫还告诉我们:"至于有人蓄意攻击肃反杀了2000万~3000万人则更是别有用心。肃反中确有扩大化甚至严重扩大化的现象,但是其中对'第五纵队'的无情打击,对于确保卫国战争的胜利起着至关重要的作用。"茹科夫又说:"对于肃反扩大化问题,斯大林当然应该负有责任,但是赫鲁晓夫同样责任难逃。当时在他负责的地区,就杀了6万多人,有不少就是枉杀。在他就任总书记后,又利用职权,把相关档案全部销毁。"

原《真理报》主编、前杜马主席根·尼·谢列兹尼奥夫:"那段时间,把一切都忘记了,都失去了理智。共产党所做的事情都被忘记了,对共产党领导苏联人民在第二次世界大战时期建立的功勋、取得的伟大胜利也都被忘记了,共产党在第二次世界大战之后迅速恢复和发展国民经济的成就也被忘记了。后来在20世纪90年代最惨的就是那些老战士。当着他们的面侮辱历史、侮辱过去。他们觉得自己的命运遭到了嘲弄。"

1988年6月,对莫斯科人的一次调查表明,只有不到8%的人正面评价斯大林的历史作用。②

俄罗斯著名作家、《明天》报副主编弗·格·邦达连科:"我也知道斯大林是一个严酷的人,但实际上他采取的各种措施和决定,是受制于当时的历史条件的,是当时不得不采取的。在结束'新经济政策'以后,斯大林

---

① 转引自马岩《意识形态与苏联解体》,《马克思主义研究》1997年第3期。
② 《莫斯科晚报》1988年8月17日。

就面临这样一个问题：在苏联的领导层里面，在中层领导干部里面，实际上已经出现严重的腐败现象。如果斯大林不采取严厉的措施，腐败现象就可能蔓延到全国，苏联在20世纪20年代就有解体的危险。"

原苏共中央政治局委员叶·库·利加乔夫："戈尔巴乔夫无数次攻击斯大林搞迫害。评价历史人物应该有原则，这一原则是由列宁确定的。从这一原则出发，斯大林是一个伟大的人物。戈尔巴乔夫和雅科夫列夫认为斯大林时期是迫害时期，他们没有把斯大林与当时苏联取得的成就联系在一起。"

俄罗斯科学院院士、俄罗斯国立社会大学校长瓦·伊·茹科夫："不同的史学家对斯大林、对我们的国家采取了不同的态度。我们对有些史学家所得出的结论是绝不能同意的，因为这与斯大林个人做出的伟大成就是完全不相符的。我们绝不能忘记斯大林接手的是一个遭受严重破坏、处于战争废墟中的国家。而到20世纪50年代初，苏联已经变成一个庞大的发达国家，居欧洲第一位、世界第二位。"

所谓"公开性"、舆论"多元化"，不仅把苏共和苏联的光辉历史给颠覆了，把资本主义甚至帝国主义给美化了，而且只允许反共反社会主义的观点、思想公开发表，绝不许坚持马克思主义立场的人进行反驳。"安德烈耶娃事件"就是对所谓"公开性"、舆论"多元化"的一个绝妙的注解与讽刺。

1988年3月13日，《苏维埃俄罗斯报》发表了列宁格勒工学院女教师尼娜·安德烈耶娃的一封读者来信，批评苏联大地掀起否定斯大林和苏联历史的逆流。此信很快被各共和国、地区、城市和行业报纸转载937次。安德烈耶娃本人所在的工学院也收到来自全国各地、社会各个阶层人士成千上万的信件，其中超过80%的来信充分肯定作者的看法。

然而，安德烈耶娃的信在党内高层却引发了轩然大波。

原苏共中央政治局委员叶·库·利加乔夫："为了这件事，政治局连续召开了两天的会议，由戈尔巴乔夫主持。他们要找出谁是此事的主谋。大家都在质问我，只是没有说出我的名字而已。我总体上正面评价这篇文章。你看多有意思：一封信，一封捍卫苏联、捍卫苏联人民的信，在政治局讨论了两天；而成千上万的反苏联反人民的信，政治局一次也没有讨论过。"

会后，戈尔巴乔夫和雅科夫列夫组织文章公开批判安德烈耶娃的来信，认为这是"反改革分子的宣言"。接着，苏联各大报刊纷纷转载并对来信大加讨伐。

对一名普通党员反映问题的来信，戈尔巴乔夫、雅科夫列夫等人如此兴师动众、批判问责，一个重要的目的就是要借题发挥，打压马克思主义派，为即将召开的彻底转向资本主义的苏共第十九次代表会议做思想舆论和组织上的准备。

"公开性"和指导思想"多元化"的实质,是取消马列主义的指导地位,使党失去正确而统一的指导思想的理论基础和行动指南,从而使苏共的性质发生根本变化,使资产阶级思想成为其指导思想的一元。

"公开性"和指导思想"多元化"还带来历史虚无主义的泛滥。

反共分子公开焚烧列宁像,要求将列宁的遗体从红场迁出。列宁、斯大林等苏共领导人的塑像严重被毁。党在不明真相的群众中的地位急速滑落。

广大党员的共产主义理想信念动摇,对党的前途失去信心。大批党员退党,苏共由 1900 万党员骤减为 1500 万,退回到 1973 年的人数。

不仅如此,反共反苏势力还发动报刊把批判矛头指向苏共领导的军队。他们污蔑卫国战争的胜利不过是"大法西斯打败了小法西斯",而经济衰退则是军队这只怪兽吸干了国家血汗的结果。

曾经党和人民事业的卫士被丑化成极权制度的帮凶,诋毁军人及其家属、否定军队曾经有过的革命历史成为时髦。1989 年第比利斯四月事件后,本来是维护国家统一的军队成了出师无名的不义之师,而煽动民族分裂的暴乱分子反而成了无辜的受害者。

反苏反共势力无端的攻击、歪曲和诋毁使苏军广大官兵理想信念发生动摇,军队"非政治化""非党化""国家化"思潮泛滥。不同民族、不同地区的官兵关系紧张。

军队构成也日益复杂,党在军队中的影响也日趋下降。1988 年入伍新兵中自称是"非正式组织"成员的占到 13%。1988 年军人入党人数下降 21%,一年后降幅则达到 23.3%。退党和交党证现象屡见不鲜。逃兵事件时有发生,仅 1990 年就有 3 万余人逃离。

随着苏共丧失领导军队的地位和权力,这支由列宁亲手缔造的历经无数战火考验的强大武装,已由维护苏维埃政权的坚强后盾,变成摇摇欲坠的"泥足巨人"。

而主张西化的"民主派"与民族分裂势力正是利用苏共自我丑化、自我否定、主动让权和解除武装之机,夺取了苏共的政权,解体了苏联。

20 多年过去了,当今俄罗斯人反思那段令人心悸的岁月,仍痛惜为此付出的高昂代价。

俄罗斯社会大学鲁扎分校校长拉丽莎·科托娃:"我们所有人包括老战士,当我们年轻的时候,都经历过那个困难阶段。可我们都挺了过来。后来,这段光荣历史遭到否定,我们感到十分难过。现在,这些历史在慢慢恢复，我们才感到有一些安慰。"

鲁扎市某学校历史课教师马林娜·科夫希科娃："如果一个民族失去了历史的记忆，那这个民族注定是不幸的。在年轻人里，培养这种记忆历史的情感，是我们面临的一项任务。"

二战老兵、鲁扎区老战士委员会书记鲍里斯·科多夫："我认为苏联值得怀念，因为苏联战胜了德国法西斯，赢得了第二次世界大战的胜利，还战胜了日本法西斯。苏联留下了很多宝贵的精神品德，我们要把它们一代代地传下去。"

这是一座以"母亲"命名的卫国战争纪念广场。在俄罗斯人民的心中，母亲就是祖国，祖国就是母亲。

在这里，我们意外地遇上一对年轻人在举行婚礼。新郎说："在这喜庆的日子，我们来到祖国母亲纪念碑身边，为她献上一束花，为那些在1941~1945年卫国战争中牺牲的战士们献上一束花。"

为祖国母亲献花，为那些为保卫祖国母亲而牺牲的英雄们献花，是这座城市每一对年轻人举行婚礼最庄严、最神圣的仪式。

俄罗斯著名作家、《明天》报副主编弗·格·邦达连科："现在差不多有70%的俄罗斯老百姓很尊敬斯大林。无论是年迈的老人，还是二十几岁的青年人都很尊敬他。"

2010年7月，俄罗斯电视台第五频道开播了一个名为"时代法庭"电视辩论节目，其主题主要涉及苏联历史上有争议的问题。当辩论"布尔什维克是挽救了俄国还是葬送了俄国"这一问题时，72%的电视观众和88%的互联网网民认为布尔什维克是挽救了俄国。当辩论"戈尔巴乔夫的改革是一场灾难还是走出绝境的出路"时，93%的电视观众和86%的互联网网民认为，戈尔巴乔夫的改革是一场灾难。

因上述两个结论完全出乎被资本操纵的主办方的预料，这场辩论在中途便被操纵者强行终止。

斯大林曾在反法西斯卫国战争时期说过："我知道，在我死后会有人向我的坟墓抛垃圾的。但历史之风会残酷无情地将它吹掉！"[①]

今天的俄罗斯，历史的记忆被重新唤起。那些曾被推倒的伟人和英雄的塑像，近些年来逐渐被人们重新竖立起来。许多曾被颠倒的东西，也在人民的心目中重新矗立起来。

不，在人民的心中，真正的历史从来就没有被颠倒过。

---

① 转引自〔苏〕丘耶夫《同莫洛托夫的140次谈话》，新华出版社，1992，第393页。

第四集　外交"新思维"与"和平演变"

俄罗斯国立社会大学在当今俄罗斯是一所很有影响的高等院校。2010年9月21日，这里举办了一场以"信息战"为主题的研讨会。

苏联时期的外交家，曾任苏联驻埃及和土耳其大使，现为"全俄阿塞拜疆人大会"执行主席的埃利达尔·古拉莫维奇·库利耶夫，以自己的亲身经历，讲述了西方对苏联及俄罗斯进行的一场场没有硝烟的战争。

原苏联驻埃及和土耳其大使埃·古·库利耶夫："从20世纪70年代起，以美国为首的西方国家，主要是北约国家，它们花费了很多的资金和人力，抑制苏联的发展，最终目的是让苏联不要存在。因为在他们眼里，苏联对美国是最大的威胁。"

美国中央情报局前雇员彼得·施瓦茨在一本著作中写道："谈论苏联崩溃而不知道美国秘密战略的作用，就像调查一件突然神秘死亡的案子而不考虑谋杀、死亡事件是否存在着特殊反常和预谋一样"。[1]

自世界上第一个社会主义国家诞生以来，西方垄断资产阶级就把运用各种手段颠覆社会主义政权、推翻社会主义制度，作为其对外战略的一项根本任务。

俄罗斯联邦共产党中央委员会主席根·安·久加诺夫："在1945年苏联人民和中国人民战胜了德国法西斯和日本军国主义之后，西方世界就得出这样一个结论：想再用战争方法、用军事行动战胜苏联和中国这样的大国已经不可能了。杜勒斯马上制订了一个新战略。"

曾被誉为美国中央情报局之父的艾伦·杜勒斯一方面鼓吹"冷战"，对苏联推行"战争边缘"政策，威胁要实行"大规模核报复"；另一方面说："我们一定要在苏联内部找到有我们思想意识的人，找到我们的同盟军"。从苏联内部寻找同盟军，这就是杜勒斯为西方世界制订的对苏新战略。

俄罗斯科学院院士、社会政治研究所所长根·瓦·奥希波夫："针对社会主义国家，西方世界曾开列600多亿美元宣传费用进行和平演变。美国政府著名顾问基辛格讲：'干什么要花这么多钱进行宣传？不如直接在苏共党内建立第五纵队，培养我们的代理人'。"

"第五纵队"称谓源自1936年的西班牙内战时期，是对国家叛徒和民

---

[1] 〔美〕彼得施瓦茨：《胜利——美国政府瓦解苏联的秘密战略》，大西洋月刊出版社，1994，第12页。

族内奸的总称。

当历史的时针指向1984年的时候，西方认为他们从苏联内部找到了最合适的代理人，一支值得信赖和依靠的"第五纵队"。

1984年年底，时任苏共中央政治局委员的戈尔巴乔夫访问英国。戈尔巴乔夫主动示好的坦诚以及他在议会发表"核时代必然要求人们有新的政治思维"的主旨演讲，给首相撒切尔夫人和她的智囊团留下了深刻印象。

雷日科夫认为，这是戈尔巴乔夫同西方合作的开始，也是西方对苏共未来总书记的一次摸底会见。会见后撒切尔夫人抛出了一句名言："这是个可以打交道的人……他值得信赖。"后来，她不无自豪地说："是我们把戈尔巴乔夫提拔起来当了总书记。"①

两年后的1986年10月，美国总统里根应戈尔巴乔夫的提议，在冰岛首都雷克雅未克举行了两国领导人的会见。他们进行了长时间一对一的秘密会谈。

直到1993年，戈尔巴乔夫才在法国揭开了这次他与里根谈判的谜底。他承认此次会见"实际上已把苏联交付美国听凭处置"。他说："雷克雅未克实际上是一场戏……一场重头大戏……我认为，如果没有里根这样强有力的人物，整个过程就不会开始……这次峰会上我们……走得已经那么远，根本就不能再有回头路。"②

1991年11月，卸任一年的英国原首相撒切尔夫人应邀在美国休斯敦举办的美国石油学会的一次会议上发表了约45分钟的演讲，中心内容可以归纳为"我们是怎样瓦解苏联的"。

原苏联最高苏维埃主席阿·伊·卢基扬诺夫："撒切尔夫人在这次演讲中说，苏联对于西方来说是一个威胁，但是我指的不是军事上的威胁，因为我们在军事上足够强大，尤其是在核武器方面。苏联对于我们的威胁主要是对社会主义制度优越性的展示。"

撒切尔夫人直言不讳地说：我们一直采取行动，旨在削弱苏联经济。但遗憾的是，无论我们如何努力，苏联的政治形势长期保持稳定，我们由此陷入了困境。不过我们很快便得到情报，说苏联领导人契尔年科逝世后，经我们帮助的人可能继任，借助他能够实现我们的想法，这个人就是戈尔巴乔夫。我的智囊们对此人的评价是：不够谨慎，容易被诱导，极其爱好虚荣。

---

① 〔俄〕尼·伊·雷日科夫：《大国悲剧：苏联解体的前因后果》，新华出版社，2008，第10页。

② 〔俄〕尼·伊·雷日科夫：《大国悲剧：苏联解体的前因后果》，新华出版社，2008，第10~11页。

他与苏联政界大多数精英关系良好,因此,通过我们的帮助,他能够掌握大权。

随着"改革"的展开,戈尔巴乔夫很快成为西方的宠儿。西方政要赞赏他的调门也越提越高。美国前总统卡特更是肉麻地吹捧戈尔巴乔夫是"世界上最引人注目、最有吸引力、最有创新精神的领导人"。

西方不仅给予戈尔巴乔夫精神鼓励,还进行物质引诱,让他分泌更多的"异质"新思维。据博尔金回忆,"戈尔巴乔夫在上台后不久就从西方得到了许多奖金、奖品、稿费,其个人账户上很快就有了100多万美元"①。

俄罗斯著名历史学家、政论家罗伊·麦德维杰夫说:"我的一本厚书,在美国出版,得了几千美元。但戈尔巴乔夫的夫人赖莎薄薄一本小书,在美国出版,却得了300万美元的稿酬。"

1990年,西方还授予戈尔巴乔夫该年度诺贝尔和平奖,奖金86万美元。

马克思说:"刺刀尖碰上了尖锐的'经济'问题也会变得像软绵绵的灯芯一样"。②

恩格斯说:"资产阶级的力量全部取决于金钱"。③

列宁甚至明确指出:美国当局"美元多得很,可以把整个俄国……以至整个世界都买下来。"④

而艾伦·杜勒斯则坦言:"我们将倾其所有,拿出所有的黄金,全部的物质力量,把(俄罗斯)塑造成我们需要的样子"。⑤

在西方的鼓励和欢迎下,戈尔巴乔夫继续鼓吹所谓外交"新思维"。他宣称"全人类的价值和利益高于一切",认为"社会主义选择的意义首先在于它把具有普遍意义的价值观推到首位"⑥;他主张不分阶级、民族与国家的"人类大合作"以及排除社会制度和意识形态对抗的"世界大融合"。"新思维"的实质,是承认西方的所谓"普世价值",按照西方的价值观和要求决定苏联的对外方针和政策。

---

① 〔俄〕瓦·博尔金:《戈尔巴乔夫沉浮录》,中央编译出版社,1996,第4页。
② 《马克思恩格斯全集》第6卷,人民出版社,1961,第601页。
③ 《马克思恩格斯全集》第2卷,人民出版社,1957,第647页。
④ 《列宁全集》第35卷,人民出版社,1985,第346页。
⑤ 〔俄〕尼·伊·雷日科夫:《大国悲剧:苏联解体的前因后果》,新华出版社,2008,第1页。
⑥ 〔苏〕米·谢·戈尔巴乔夫:《未来世界与社会主义》,参见中央编译局国际发展与合作研究所编译《未来的社会主义》(戈尔巴乔夫、勃兰特等著),中央编译出版社,1994,第23页。

苏共领导人主动解除思想武装，为西方提供了彻底搞垮苏联的绝好机会。

竭力支持戈尔巴乔夫推行外交"新思维"的雅科夫列夫，是西方特别关照的另一位苏联政要。

原苏联国家安全委员会原主席弗·亚·克留奇科夫1993年2月13日在《苏维埃俄罗斯报》上披露："我在20世纪80年代下半期，就从几个可靠的渠道获悉，雅科夫列夫1960年在美国哥伦比亚大学进修期间被美国特工机关收买并在苏联'改革'期间接受过美国方面的指示。"①

俄罗斯科学院院士、社会政治研究所所长根·瓦·奥希波夫："国家安全委员会主席克留奇科夫手里有一份名单，是出卖国家和党的利益的人。当他把这份名单交给戈尔巴乔夫的时候，戈尔巴乔夫却说，不要玩你们那些间谍的游戏。"

戈尔巴乔夫的态度使苏联安全部门当时无法对雅科夫列夫和其他人员进行立案调查。

1989年上台的美国总统布什加紧实施针对苏联的"和平演变"攻势。他采取一项既支持戈尔巴乔夫又扶持政治反对派的上下结合的"双轨政策"，积极培植和壮大苏联境内反共反苏的力量。

在苏联国内，从20世纪60年代下半期起，就开始出现所谓的持不同政见者。这些人组成复杂，动因各异，但其中不少的确是亲西方的政治上的反对派；西方世界不断以民主、自由、人权等为幌子，积极扶植他们。1970年、1975年西方把诺贝尔文学奖、诺贝尔和平奖分别颁给苏联持不同政见者索尔仁尼琴和萨哈罗夫。

1985年以前，由于苏联党和政府防范较严，持不同政见者只是时断时续地从事地下活动，在苏联国内政治影响并不大。

原苏联驻埃及和土耳其大使埃·古·库利耶夫："持不同政见者利用苏联国内的困难，投机取巧，扩大自身的宣传，并当成生意来做。西方国家很快找到这部分人，向他们提供资金，供养他们，并把极个别的现象扩大为整

---

① 原文出自1993年2月13日《苏维埃俄罗斯报》发表前苏联国家安全委员会主席克留奇科夫的回忆录《灾难的使者》。转引自张捷《雅科夫列夫其人和他对苏联解体所起的作用》，《当代思潮》1996年第5期，第57页。张捷在该文中还透露：1995年12月21日，一批曾在国外情报部门工作过的情报人员在《俄罗斯真理报》上发表致雅科夫列夫的公开信，宣布他们手中握有雅科夫列夫进行叛国活动的可靠证据，准备到法院去控告他。公开信说：雅科夫列夫"根据美国人的指挥棒从内部，而且不是从别的什么地方，而是从政治局内部破坏苏维埃制度"。1996年4月，《俄罗斯真理报》再次发表了克留奇科夫的回忆录中有关雅科夫列夫间谍嫌疑的片段。

个社会的问题。西方就是利用几十个持不同政见者,向全世界宣传苏联没有言论自由。"

戈尔巴乔夫上台后,随着超阶级"新思维"的推行,萨哈罗夫等持不同政见者的头面人物相继获得了合法身份,公开进行反共反社会主义的政治活动。

很快,萨哈罗夫伙同叶利钦、波波夫、阿法纳西耶夫等人不负西方厚望,逼迫苏共取消苏联宪法第六条。"非正式组织"也在西方的支持下,向苏共展开了疯狂的夺权活动。

支持和利用苏共内部的反叛势力,借助他们打压苏共党内坚持马克思主义的所谓"传统派",使亲西方的"改革"变得不可逆转,这对美国等西方国家来说意义更为重大。

原苏联最高苏维埃主席阿·伊·卢基扬诺夫:"美国前驻苏联代办乔治·凯南1947年就讲:哪怕稍微削弱一下苏共,苏联就会从一个强国变成一个弱得可怜的国家。打击了苏共的团结,就是对苏联最大的打击;破坏了苏共的统一,就是破坏了国家的统一,就会使经济和社会发生混乱。现在所有的人都认识到了这一点。"

俄罗斯联邦共产党中央委员会主席根·安·久加诺夫:"西方采取一切措施,千方百计地分化、瓦解苏共,让苏共从内部变得难以控制。他们为什么把主要矛头对准苏共呢?因为苏共是团结领导全体苏联人民的磐石,不摧垮这个磐石,他们目的就达不到。"

随着苏共党内分歧日益严重,特别是随着叶利钦在苏联政坛的迅速崛起,西方决定在支持戈尔巴乔夫的同时支持叶利钦。

1989年9月,已是苏联最高苏维埃主席团成员的叶利钦访问美国。美国政府竟以一个独立国家元首的极高规格接待他,不仅安排他到纽约等11个城市发表讲话,而且还安排时任总统布什、国务卿贝克、国家安全顾问斯考克罗夫特以及前总统卡特等众多政要"亲切"会见叶利钦。

心知肚明的叶利钦投桃报李。他在访美期间大肆诋毁共产主义"是一张幸福的乌托邦支票",盛赞资本主义"繁荣向上"。后来他由衷地感言:从那时起"我已改变了自己的世界观","不再是一个共产党人了"。[①]

西方还加大对苏联其他反对派代表人物的支持和培养力度。这些人的影响和作用甚至延续至苏联解体以后。

俄中友协主席、俄罗斯科学院院士米·列·季塔连科:"西方大量培训

[①] 〔俄罗斯〕鲍里斯·叶利钦:《总统笔记》,东方出版社,1995,第166页。

原苏联和东欧及中亚未来一代的领导人。比如自由派人物盖达尔也是从那里学的。所有波罗的海国家领导人都在美国接受过培训。而有些国家的总统是直接从美国派过来的。"

西方世界利用大众传媒,宣传资产阶级价值观,诋毁和丑化苏联社会主义,削弱和对抗马克思主义,在意识形态领域搞心理战、思想战。

俄罗斯联邦共产党中央委员会主席根·安·久加诺夫:"(从杜勒斯时代起)他们所采取的一个行动,就是让全世界人民知道,苏联不是取得第二次世界大战胜利的主要指挥者。苏联是有很多暴行的国家。这样的国家不值得尊敬,苏联领导人就不值得尊敬,比如说斯大林。"

在"新思维"的引导下,苏共面对西方意识形态的进攻进一步敞开了大门。

从1988年12月起,苏联停止对西方电台的干扰,并决定拨款400万外汇卢布,进口20个西方国家的报刊。

俄中友协主席、俄罗斯科学院院士米·列·季塔连科:"苏联境内基本上被外国的包括美国之音、自由电台、德国之声、日本NHK等外国电台电视台覆盖了。西方的宣传全面影响着苏联的社会和苏联的历史。过去的英雄都遭到抹黑,如卓娅、马特洛索夫等。对这些卫国战争中的英雄们的抹黑,是篡改历史、歪曲历史的开始";"我们的领导人完全放任了来自西方的宣传……基本上没有主动防御这些精神上的入侵。所有东西都是失控的、放任自流的。我们没有能够抵抗西方的文化入侵,虽然我们俄罗斯有很多的文艺、文化、文学作品、电影,但都被边缘化了"。

西方世界又利用戈尔巴乔夫推行所谓"族际关系民主化",挑拨苏联各民族之间关系,激化民族矛盾,推动苏联的解体。

俄罗斯联邦共产党中央委员会主席根·安·久加诺夫:"挑起民族事端,由头就是挑动民族情绪,让民族情绪在苏联极端膨胀,然后挑唆民族之间的关系,诱使他们纷争不断,为颠覆国家打下基础。"

原苏联驻埃及和土耳其大使埃·古·库利耶夫:"1987年的时候,他们使用手段制造了亚美尼亚与阿塞拜疆的领土争端。亚美尼亚民族分裂主义者占领了阿塞拜疆的部分被认为历史上就属于他们的领土。这是苏联解体的开始。因为苏联是一个统一的国家,在这个统一国家的内部,突然有一个什么加盟共和国跳出来说:历史上这就是我的土地,你应该还给我。局势于是变得越来越不稳。"

原苏共中央书记处书记、前国家杜马副主席瓦·亚·库普佐夫:"美国中央情报局寻找了几个突破口。从哪里开始呢?他们找到纳戈尔诺—卡拉巴赫自治州。那里是阿塞拜疆人、亚美尼亚人两种文化、两种宗教一直有冲突有摩擦的地区。突然把那个地方引爆，事件就闹大了。"

西方的挑唆、怂恿和干涉引燃了苏联民族问题的火药桶。自1986年12月哈萨克共和国爆发阿拉木图民族骚乱事件开始，苏联境内民族冲突如同多米诺骨牌般连锁发生。

据不完全统计，仅1988年在全苏170多个城市和地区，发生大大小小的示威、游行、骚乱和冲突事件就达2600多次，参加者达1600多万人，而其中60%的事件与民族问题有关。

西方开始把波罗的海三国的独立作为解体苏联的突破口。立陶宛、拉脱维亚、爱沙尼亚是在第二次世界大战的特殊背景下加入苏联的。西方就在此问题大做文章。

原苏联驻埃及和土耳其大使埃·古·库利耶夫："美国和西方从来没有承认过波罗的海三国是苏联的加盟共和国，他们认为三国是被苏联强行占领的。基于这样的认识，西方支持这些国家首先跑出来闹事。他们在这些加盟共和国花费的精力最多。"

在美国等西方国家的煽动和支持下，波罗的海三国民族分裂势力不断掀起脱离苏联的独立浪潮。从1987年开始，每年的8月23日，三国的民族分裂势力都要挑动一些人举行大规模的要求"独立"的游行示威活动。1990年春，当三国民族分裂势力直接掌握政权后，就率先动手拆毁支撑苏维埃联盟大厦的柱梁。

俄罗斯联邦共产党中央委员会主席根·安·久加诺夫："还有一个神话，就是让世界人民都相信居住在苏联国土的130多个民族，只要每个民族回到自己的故土，过着自己的生活，生活就能富裕起来。现在的结果是，苏联解体、各民族四分五裂后，这些民族非但没有富裕起来，反而导致经济、政治、文化、精神等方面的联系全部中断。由此产生的结果就像我们在高加索、吉尔吉斯、乌克兰看到的那样，都被搞垮，谁也帮不了谁。"

西方国家还利用戈尔巴乔夫在国内外推行"新思维"的有利时机，大搞"经济战""金融货币战"，并通过"军备竞赛"进一步摧垮苏联的经济。

在美国等西方国家的操纵下，国际油价从1980年11月每桶57.17美元，降到1986年8月每桶7.90美元。[①] 按照当时苏联石油出口规模，仅油

[①] 李长久：《美国中央情报局雇员披露：美国是如何搞垮苏联的》，《瞭望新闻周刊》2001年第25期。

价下降一项，苏联就损失几百亿美元的外汇收入。

1985年9月，美国还联合日本、西德、法国和英国开始美元对本国货币大幅度有序贬值。1988年11月，日元兑美元比1985年2月升值111%。

石油价格暴跌与美元贬值使苏联的外汇收入锐减。据美国中央情报局估计，莫斯科因此获取硬通货的能力下降1/3或者更多。其结果是，严重削弱了苏联从西方进口设备、农产品和工业物资等能力。

在西方的操纵下，美元对卢布的大幅升值又加剧了苏联国内经济的混乱和困难。

美国从20世纪80年代初发动针对苏联的新一轮军备竞赛，也使苏联不堪重负。从1986年到1990年，苏联军费开支年均增长高达8%，几乎是国民收入增长的两倍，军费总额曾达到国内生产总值1/4。

俄罗斯联邦前劳动和社会发展部部长亚·彼·波奇诺克："美国所展开的"星球大战计划"让苏联耗费了庞大的人力和物力。本来苏联应该投入到民用设施的一些资金，都投到了国防工业。这是苏联负担不起的。"

打"经济牌"和搞军备竞赛这两手策略的运用，取得了超出预想的效果。

据苏联前外长别斯梅尔特内赫回忆："对于苏联来说，我们已经感受到军备竞赛所带来的压力了。戈尔巴乔夫想把'改革'继续进行下去，而持续不断的军备竞赛则对这些'改革'的前景构成了巨大的障碍。"[①]

然而美国等西方国家并不满足于此，他们还利用苏联日益恶化的经济形势，以经济援助为诱饵，诱压兼施，逼迫苏联做出政治让步。

从1990年起苏联经济形势恶化日趋严重。为应付国内危机，戈尔巴乔夫主动向西方求援。西方国家乘机在开出"经援支票"的同时，附加了条件苛刻的"政治条款"。

1991年7月，西方乘戈尔巴乔夫希望同西方七国首脑会晤时，急需获得一笔巨额贷款以解燃眉之急的时机，提高了政治要价。最后达成的援助协议是：戈尔巴乔夫答应联盟中央与加盟共和国实行分权，如果加盟共和国要求退出苏联，联盟中央不动用武力；经济上全面自由市场化，加速实现全面私有化；军事上在削减战略核武器条约方面继续让步，以满足美国的要求。

"8·19"事件后，为避免苏联局势失控，西方承诺在五年内筹措1500亿美元援苏资金，构筑所谓的"现代马歇尔计划"，并附带了更为系统、具

---

① 李长久：《美国中央情报局雇员披露：美国是如何搞跨苏联的》，《瞭望新闻周刊》2001年第25期。

体的政治条件。但到 1991 年年底，西方见戈尔巴乔夫的大势已去，这项看似庞大的援助计划也就不了了之。

据西方自己的统计，戈尔巴乔夫执政期间西方国家援苏的经济承诺高达 2300 亿美元，而实际到位的却只有 300 亿~400 亿美元。

许多俄罗斯学者和原苏联领导人都认为，西方在军事和经济上对苏联的施压也是苏共垮台、苏联解体的一个主要因素。苏联是被里应外合摧毁的。苏联著名持不同政见者亚历山大·季诺维也夫认为：在西方的利诱威逼下，在苏联内部已逐渐形成一支强大的亲西方的"代言人"的队伍。①

原苏联国防部部长亚佐夫说：美国前总统克林顿说过：美国为瓦解苏联花费了几万亿美元。可我认为，不光有美国人参与其中，还有一支隐藏在苏联内部的"第五纵队"。这些人依靠美国人吃饭。人数虽然不多，但也正是他们打残了苏联。②

俄罗斯科学院院士、社会政治研究所所长根·瓦·奥希波夫："'第五纵队'这股势力是客观存在的。他们的活动是经过幕后操纵者协调的，是代表西方利益的。为了使'第五纵队'和西方代言人发挥作用，那就要推行'公开性'。借助'公开性'，就可以歪曲苏联历史和社会生活中的真相。这些歪曲历史的事件都与'第五纵队'和'代言人'有关。"

对于苏联内部的这支亲西方的"第五纵队"和"代言人"，原苏联克格勃将军维亚切斯拉夫·希罗宁这样评价："在改革时期，所有这些精心策划的、疯狂的破坏活动接踵而来，这场规模大、耗资高的颠覆国家的运动取得了不俗的成果。富有经验的克格勃工作人员毫不怀疑，这场运动只是整个计划的一部分……根据我所掌握的事实，可以肯定地说，1991 年 8 月和 1993 年 10 月发生的事件都是美国中央情报局核心机构制订的'肢解苏联'计划中的一个环节和步骤。"③

1945 年第二次世界大战即将结束之际，时任美国情报部门高级官员的艾伦·杜勒斯就详细勾勒了如何用和平办法促使苏联的演变："我们将不知不觉地，但积极地和经常不断地助长进官员们的恣意妄为，让他们贪贿无度、丧失原则。官僚主义和拖沓推诿将被视为善举，而诚信和正派将被人耻笑，变成人人所不齿和不合时宜的东西……我们将以高超的手法，在不知不觉间把这一切都神圣化，让它绽放出绚丽之花"；"只有少数人，极少数人，

---

① 〔俄〕罗伊·麦德韦杰夫：《苏联的最后一年》，社会科学文献出版社，2009，第 156 页。
② 《亚佐夫：苏联是从内向外有意识地被摧毁的——苏联元帅坚信是第五纵队将国家引向绝路》，俄罗斯《独立报》2010 年 4 月 20 日。
③ 〔俄〕罗伊·麦德韦杰夫：《苏联的最后一年》，社会科学文献出版社，2009，第 156 页。

才能感觉到或者认识到究竟发生了什么。但是我们会把这些人置于孤立无援的境地,把他们变成众人耻笑的对象;我们会找到毁谤他们的方法,宣布他们是社会渣滓"。①

46年后苏联的亡党亡国,证明美国当局完全做到了这一点。

苏联的对外政策从谋求与西方大国合作逐步走向屈从于美国及其盟国。

戈尔巴乔夫当政的6年里,同美国总统会见了11次。在军备控制、裁军等问题上,完全迎合甚至为表"诚意"而更多更主动地满足美方的要求;武器装备实际投入的大幅度削减也导致它们不能及时升级换代,结果留下严重后患。

原苏联国防部部长亚佐夫披露道:"当我们开始削减中程和短程导弹,甚至刚刚开始为其做准备时,美国人便开始派遣自己的代表几乎深入到每个旅。我们只在美国的两家导弹工厂和另外两个地点派出自己的观察员,而美国人却向我们的117个基地派驻了观察员!"②

在处理东欧国家局势问题上,戈尔巴乔夫也完全看西方的眼色行事。对这些国家内政治反对派的猖狂进攻袖手旁观甚至鼓励纵容。

1991年7月1日,华沙条约组织正式解散。具有讽刺意味的是,与这一军事组织相对的北大西洋公约组织,不但没有相应解散,反而在冷战后强化了军事职能,成为当今以美国为首的西方大国欺凌弱国小国、推行强权政治与霸权主义的工具。

应西方和所在国的要求,苏联毫无计划、匆匆忙忙地撤回了驻外国的军队。在醉醺醺的叶利钦指挥下奏响的军乐声中,苏联军队满面羞愧地撤出了在东德的军事基地。

俄罗斯联邦共产党中央委员会主席根·安·久加诺夫:"西方在这个过程中找到的对象就是戈尔巴乔夫、雅科夫列夫和叶利钦这些人。他们缺乏马列主义的理论基础,政治素养和道德品质都很卑劣。就像原子弹三种物质一结合就形成爆炸一样,他们使伟大的国家垮台,经济成就、社会成就丧失,干部队伍瘫痪。对于全体人民来说,谁也没有想到掌握权力的,是这么一些会随时出卖党、出卖国家、出卖人民、出卖同盟者的人。当苏联共产党和全体人民反省过来的时候,为时已晚。"

---

① 〔俄〕尼·伊·雷日科夫:《大国悲剧:苏联解体的前因后果》,新华出版社,2008,第1~2页。
② 《亚佐夫:戈尔巴乔夫在当总书记之前就背叛了苏联?》,《俄罗斯报》2008年9月24日,参见http://versia.ru/articles/2008/sep/24/dmitriy_ yazov。

第五集 "改革"为了谁

列宁指出："要是一下子看不出是哪些政治集团或者社会集团、势力和人物在维护某些提议、措施等等，那总是要提出'对谁有利？'这个问题的"，"公众先生们！别相信空话，最好是看看对谁有利！"[①]

如何评价苏联亡党亡国这一人类历史上的重大事件以及戈尔巴乔夫的"改革"？这是一场历史的大灾难还是一次历史的大进步？列宁的"对谁有利"这一认识问题的方法，依然为我们提供着观察、剖析问题的锐利武器。

那么，以戈尔巴乔夫为首的苏共领导集团所推行的"改革"对谁有利？所制定的路线与政策又在维护哪些人的利益呢？

2010年10月，当摄制组走在莫斯科列宁大街上，无意中发现了这家醒目的咖啡馆——苏联咖啡馆。

走进这家咖啡馆，恍如回到久违的过去。这里的每一幅照片、每一张宣传画、每一张报纸、每一段音乐，无不诉说着那个早已逝去的国家。

苏联咖啡馆经理："在莫斯科一共有五家叫苏联的咖啡馆，我们这家装修是最好的。不光装修最好，员工还来自15个（原）加盟共和国。每个员工一个民族，15个国家15个员工。每个人都会做自己民族的菜，这样一共有15道比较拿手的菜，所以原苏联加盟共和国的人都踊跃来到这里品尝特色的家乡菜。"

从上午10点开门，一直到午夜打烊，生意红火，宾客络绎不绝。人们伴着苏联时期的音乐载歌载舞，找寻着久远的生活。苏联成为俄罗斯人民永远也抹不去的记忆。

苏联对于他们意味着什么呢？

原苏共中央政治局委员叶·库·利加乔夫："什么是苏联？第一，这是一个公正的政权，是工人、农民、知识分子的政权。苏联时代，工人、农民、知识分子代表在议会中占60%，现在议会中一个也没有。第二，苏联意味着经济命脉掌握在国家手中。第三，苏联意味着免费的住房、医疗与教育。第四，苏联制度意味着没有贫贱富贵之分，大家都是平等的。没有超富，也没有贫穷和赤贫。"

俄罗斯高校联合会副主席弗·米可纳列夫："苏联制度从很多方面来讲是一个很好的制度，有很多好的地方。苏联时期社会保障比较好，贫富之间

[①] 《列宁全集》第23卷，人民出版社，1990，第61~62页。

没有太大的差距，人们都相信有着美好的未来。在年轻的时候，人们都相信年纪大了有养老金，所有的退休金都是自己工资的60%~70%。吃的用的价格特别低，你有足够的钱去购买。"

原苏共中央意识形态部部长亚·谢·卡普托："戈尔巴乔夫接手时，苏联是一个超级大国，有军事上、政治上的优势，在东欧、发展中国家中有很大的影响力。而难以想象的是，在他的领导下，这些优势和影响却一夜之间就消失了。那些认为苏联解体是不可避免的观点，只是在为自己的罪行进行辩护。"

苏联亡党亡国后，给广大的苏联人民和俄罗斯人民带来的是什么呢？

原苏联部长会议主席尼·伊·雷日科夫在其著作《大国悲剧》中写道，苏联解体"给俄罗斯造成巨大损失"，"苏联统一的经济空间、国民经济和科学遭到破坏，产生了近千万的失业大军"。①

社会主义制度被摧毁后的十年，俄罗斯没有新建过一个电站，没有建设过一个稍微像样点的大工厂，却有成千上万的现代企业被关闭，被偷抢一空，整个国家全靠苏联时期的老底子过日子。

近些年来，由于世界石油等资源价格暴涨，世界军火市场急遽扩张，俄罗斯经济虽有所恢复，但财富与社会两极分化严重，民族矛盾、社会矛盾不断激化。

民族分裂，种族冲突，恐怖谋杀等暴力事件接连不断。苏联解体使2000多万俄罗斯人被迫留在"境外"，几百万人流离失所。20年代90年代初期，仅塔吉克斯坦就由于社会和民族冲突死亡60万人，上百万人背井离乡。

俄罗斯黑手党无法无天，犯罪猖獗。苏联剧变后十年间各种犯罪案件，尤其是重大犯罪案件剧增。每年由于犯罪造成的失踪人口超过10万人。平均每5分钟就有1人被杀害，平均每10万人中有1000个犯人，这是世界上最高的犯罪比例。

到了20世纪90年代末，俄罗斯人口每年缩减80万左右，俄国一些学者甚至强烈地感受到民族消亡的危机。近些年来，全俄平均预期寿命从70岁降到64岁，男性的平均预期寿命竟降到54岁。

莫斯科大学原副校长、社会学系主任多博林科夫："俄罗斯近年来所遭受的精神和物质损失，无法计量。实际上，所谓的"改革"使俄罗斯全面

---

① 〔俄〕尼·伊·雷日科夫：《大国悲剧：苏联解体的前因后果》，新华出版社，2008，第372、374页。

倒退了几十年，而在精神方面的损失，则更是无法估量。"

"改革"违背人民意愿并产生严重恶果，是从戈尔巴乔夫根本改变苏共的性质、动摇苏共的领导地位开始的。全面抛弃了马克思主义建党原则的苏共彻底背叛了广大人民群众的根本利益。

俄罗斯科学院院士、俄罗斯国立社会大学校长瓦·伊·茹科夫："苏共在'改革'之初就不能再充当领导党和执政党了。支部、区级组织、州级组织等地方党组织，实际上被剥夺了参与制定'改革'政策的权力。所有的决策只在极小一部分人中做出。'改革'的领导者一方面在口头上说全面民主化，而另一方面他们脱离群众的工作作风没有任何改变，反而更加专制。在这期间，苏共中央在老百姓眼中也完全失去了权威性。"

苏共越来越游离于党员和群众的监督之外，不符合党员条件的各种官僚腐败分子、投机钻营之徒混进党内，兴风作浪。

俄罗斯科学院院士、社会政治研究所所长根·瓦·奥希波夫："由于对入党申请者审批的放宽，什么人都可以入党，其结果就是怀着各种私利的人混入党内。鱼烂是先从头上烂起的。从赫鲁晓夫那个时候开始，我们党的领导层就开始腐烂。这些混进党内并企图不断高升的人入党的主要目的是什么呢？入党后，就意味着可以到非洲去狩猎，把自己的儿子、孙子辈安排好，把自己的家庭安排好。共产党的蜕化变质和最终解体，实际上是在家庭这个最基础的层面就发生了。"

在苏共党内甚至在高级领导层，不仅有蜕化变质分子，而且混入了反共反社会主义的阶级异己分子。

原立陶宛共产党中央书记尤·尤·叶尔马拉维丘斯："党出现了分化。有真正的共产党人，也有坚决反对共产党的异己分子。后来，一些反共产党的人退出共产党，组织了其他政党。戈尔巴乔夫和他身边的人干的不是共产党人该干的事。这些人虽然挂着党员的招牌，但骨子里却是反对共产党的。所以，党到最后的灭亡是必然的。"

苏联共产党是苏联人民长期信赖并以之为依靠的主心骨和领导力量，苏共领导地位的丧失使苏联人民彻底失去自己利益的代表者，这就给掌握特权的阶层谋取私利提供了绝好的机会，也由此催生了一个新资产阶级，它成为最终瓦解苏共和苏联的阶级基础和物质力量。

原苏共中央政治局委员叶·库·利加乔夫："我们认为导致苏联解体基本上是主观方面的，首先是上层领导人政治上的变质。他们主要为个人发家致富，想无限制地统治人民。他们后来都成了百万、千万甚至亿万富翁。他们就是以戈尔巴乔夫和叶利钦为代表的那些人，他们的财富是靠掠夺人民财富而来的。他们强烈渴望拥有私人财富，但在当时的苏联党和人民是不允许的。"

1991年，莫斯科上万名大富翁中，大部分人是原来的党政干部。当年6月的一份调查表明，在苏联高层干部队伍中，76.7%的人已经主张走资本主义道路。

这些人为维护自己的既得利益已不惜以瓦解苏联为代价。他们利用自己掌握的各种资本，在此前后，不时掀起瓦解苏联的一个又一个狂潮。

1990年4月，苏联最高苏维埃通过法律，公然允许加盟共和国退出苏联。

截至1990年年底，全苏15个加盟共和国中有5个发表了独立宣言，10个发表了主权宣言。

1991年3月17日，苏联就"是否赞成保持苏维埃社会主义共和国联盟"这一问题进行全民公决，参加投票的人数为1.47亿，占有投票权公民的80%，结果显示，有高达76.4%投票者坚决主张保留苏联。

这表明广大苏联人民热爱自己的祖国，拥护社会主义制度，主张苏联各族人民的团结与国家的统一。即便在社会急剧动荡、人民生活遭受重创的时候，绝大多数苏联人民也表达了维护祖国完整统一的心愿。

但全民公决后仅仅一个多月，戈尔巴乔夫就违背人民的意愿，撇开苏共中央和苏联最高苏维埃，直接与俄罗斯联邦、乌克兰、白俄罗斯等九个加盟共和国的领导人，包括在新奥加廖沃别墅开会讨论新联盟条约草案，准备将国名改为"苏维埃主权共和国联盟"，抛弃了体现联盟国家性质的"社会主义"的字样，并主张各加盟共和国实行各自的税收制度，这就从法律上破坏了联盟国家的统一，为分裂苏联迈出了关键的一步。

8月15日，戈尔巴乔夫公布了即将签署的新联盟条约正式文本的草案。

原《真理报》主编、前国家杜马主席根·尼·谢列兹尼奥夫："戈尔巴乔夫作为一个总统，他是软弱无能的，没有任何政治远见。他当时以为通过签订一个新的联盟条约就可以拯救苏联，但为时已晚。从1990年开始，陆陆续续闹独立的活动在全苏蔓延开来，规模越来越大。格鲁吉亚、阿塞拜疆、波罗的海国家也都纷纷开始闹独立。在这种情势下，运用武力阻止这些活动也十分困难。"

俄罗斯联邦前劳动和社会发展部部长亚·彼·波奇诺克："老百姓是反对苏联解体、赞成保留苏联的，可是'精英阶层'赞成苏联解体。我们看一看，当时各个共和国的领导人，包括波罗的海的、乌克兰的、中亚各个加盟共和国的，他们都希望独立。他们宁愿在农村里做老大，也不愿意在城市里当老二。"

原《真理报》主编、前国家杜马主席根·尼·谢列兹尼奥夫:"当时苏联 15 个加盟共和国,无论从工业基础设施建设,还是从经济、工业化水平来看,俄罗斯苏维埃社会主义联邦共和国是联盟国家的'龙头老大'。俄罗斯的反对派在肢解联盟国家的过程中起了很重要的作用。在反对派里,最大的阴谋家是叶利钦。他当时要做的唯一大事就是肢解苏联,这样他就能成为最大国家的总统。"

新联盟条约本应由该年 9 月召开的苏联最高苏维埃会议批准才能生效。而叶利钦却认为无需国家最高权力机关批准,坚持要在 8 月 20 日签署。

就在新联盟条约签署的前一天,试图挽救国家分裂的"8·19"事件爆发,但很快以失败而告终。这主要是由于事件领导者缺乏坚定正确的信念和坚强的意志,同时也由于戈尔巴乔夫耍弄两面派阴谋。1991 年 3 月 28 日,戈尔巴乔夫在主持的一个会议上决定成立"国家紧急状态委员会"。为阻止分裂国家的新联盟条约的签署,"国家紧急状态委员会"的主要成员在 8 月 18 日特乘飞机面请正在海边休假的戈尔巴乔夫。戈尔巴乔夫听了他们的陈述后说道:"你们采取行动吧!"① 但一当叶利钦掌控局势,从休养地返回莫斯科的戈尔巴乔夫竟推说毫不知情。

"8·19"事件失败后,以叶利钦为首的所谓"民主派"很快掌控了莫斯科的局势,开始加速分裂国家的活动。

原《真理报》主编、前国家杜马主席根·尼·谢列兹尼奥夫:"1991 年是可怕的一年。苏联开始解体。全民公决中有近 80% 的人赞成保留苏联。我作为苏联人当时就宣布,我一定要捍卫苏联的存在。要终结苏联,我是什么时候都不会同意的。但是随着时间的推移,有三个阴谋家,他们偷偷钻到别洛韦日丛林,秘密签订了一个协议,苏联不久就终结了。"

谢列兹尼奥夫所说的"三个阴谋家"就是:俄罗斯联邦总统叶利钦、乌克兰总统克拉夫丘克和白俄罗斯最高苏维埃主席舒什克维奇。

1991 年 12 月 7 日,他们来到位于白俄罗斯别洛韦日国家公园深处的"维斯库利"政府别墅,讨论苏联的未来。

经过不到两天的密谋,他们达成了成立"独立国家联合体"的协定,即"别洛韦日协定"。

协定开宗明义地写道:"我们白俄罗斯共和国、俄罗斯联邦和乌克兰是苏联的创始国,签署了 1922 年的联盟条约。现在,我们将停止苏联作为国

---

① 《卢基扬诺夫:这曾是拯救苏联的绝望一搏》,俄罗斯《独立报》2010 年 5 月 18 日。

际法主体和地缘政治现实的存在。"

就这样，三个苏联地方政权领导人，三个曾经的苏共党员，违背全民公决的意愿，炮制了肢解苏联这个庞大国家的决定。

叶利钦、克拉夫丘克、舒什克维奇宣布："我们三人聚在这里，是为了阻止联盟继续走向崩溃。依据宪法赋予我们的权力，我们签署了关于成立'独立国家联合体'的宣言。"

戈尔巴乔夫对别洛韦日密谋并非一无所知。叶利钦启程赴白俄罗斯之前，已经向戈尔巴乔夫做了暗示，戈尔巴乔夫并没有表示反对。

当得知"别洛韦日协定"签署的消息后，戈尔巴乔夫已明白他的总统宝座已经很不安稳了。但他此时考虑的不是采取措施反击"三个斯拉夫莽汉"摧毁苏联的行动，而是关心自己辞去总统后能否保持每个月4000卢布的退休金和别墅等待遇。

1991年12月25日，是苏联总统存在的最后一天。当时电视台对此前一天是这样记录的。

解说：离传统的圣诞节还有一天。克里姆林宫上空飘扬着两面旗帜，一面是苏联的国旗，一面是代表俄罗斯的双头鹰国旗。尽管联盟国家已被废除，但总统的职务还没有解除，人们都在等他自行离职。卫兵们还在一如既往地履行自己的换岗仪式。

解说：雪天的列宁像显得更为冷峻，像是在洞察这个国家所发生的一切。

记者："你怎么看待戈尔巴乔夫执政，他干得怎么样？"

小伙子："他是一个早就该退下去的人。他让国家变穷了。他唯一做的事，就是建立了一个民主化程度更低的官僚体制。"

姑娘："如果他能辞职，那是正确的，因为他没有很好地履行他的职责。"

戴眼镜中年人："他干了这么多年，全国人民都不满意，现在我们寄希望于叶利钦了。"

这一天，整个苏联出奇地平静。这种平静连戈尔巴乔夫也感到吃惊。此后，他在多种场合多次竭力地洗刷、开脱自己的罪责。

戈尔巴乔夫曾说："我感到很震惊的是，知识分子闭着嘴什么都不说，新闻媒体闭着嘴也什么都不说，大家什么都不说，各个共和国也什么都不说，也就是说这个联盟国家谁都不需要了。人民是需要国家的，但是总得有人站出来表达人民的心声吧。大家都不说话,那我就在想,是不是在这个联盟国家我也没有任何用处了。好像是我在为保留总统职位而奋斗。所发生的这一切都让我感到很震惊,就像死一般的沉寂。"

然而大洋彼岸却一片沸腾。在宣布辞职之前,戈尔巴乔夫与美国总统布什通了电话,依依话别。布什赞扬他"使苏联发生了历史性的转变",而里根称赞他的功绩将"永垂史册"。

苏联亡党亡国,悲愤者与欢呼者竟如此泾渭分明。

俄罗斯科学院院士、社会政治研究所所长根·瓦·奥希波夫:"从大量的材料看出,戈尔巴乔夫采取的方针,把我们引向悬崖,他公开从社会主义国家的领袖变成埋葬共产主义的死敌。"

苏联解体后,以叶利钦为首的民主派接掌了俄罗斯联邦的政权,他们成为"改革"的直接受益者。不仅叶利钦、克拉夫丘克当上了国家总统,舒什克维奇任白俄罗斯最高苏维埃主席,而且有一半原苏联加盟共和国领导人在国家独立后担任总统。

来自俄罗斯科学院的一项权威调查显示:俄罗斯新社会精英许多出自原苏共的官僚阶层,在现有最高领导层这些人占到75%,在政党首领中占57.2%,在议会领导中占60.2%,在政府部门中占74.3%,在地方领导中占82.3%。

另据美国学者的统计,在1992~1993年的100家俄罗斯最大私人企业的所有者中,原先苏联的党政精英、企业和银行的负责人及其家属占了62%。

而据1998年10月俄罗斯杜马私有化结果分析委员会委员利西奇金估计:在"改革"中,"民主派"人士中有70万~90万人得到了好处,其中得到最大甜头的不超过一两千人。

私有化造成社会两极分化严重。1998年,20%的民众手中集中了一半以上的国民总收入,而这其中有大部分集中在200~300个家族手中。他们大量廉价收购国有企业和银行股权,迅速完成了资本集中和对国民经济的控制,形成了俄罗斯首批金融和工业寡头。

在俄罗斯普通民众眼里,寡头就是腐败的代名词。七大寡头掌握着俄罗斯经济近50%的命脉,控制着俄罗斯的银行业、新闻媒体、石油和天然气资源,并同俄罗斯的政权紧密结合。

俄罗斯科学院院士、俄罗斯国立社会大学校长瓦·伊·茹科夫:"现在看看我们各个领域。财政、金融和能源领域的这些大亨们,这些有名有姓的寡头们,查看他们的经历就会发现,他们大都是共产党高级领导人,如霍多尔科夫斯基。他们基本上不需要改变他们居住的地方,连上班的办公室都不需要变更。"

这些拥有巨额财富的寡头们呼风唤雨,左右着俄罗斯的政治和经济大局。

七大寡头之一的别列佐夫斯基:"如果没有政治支持,我们就无法保护我们的资产。俄罗斯最富的一帮人都知道,应该采取一些措施,为俄罗斯的未来负起责任。我们明白,叶利钦周围的'改革'者们无法阻碍共产主义者的脚步,因此我们需要聚集起来共同合作,希望最终获得政权。"

就是这位号称"克里姆林宫教父"的人,在1996年俄罗斯总统选举中,纠合13名财阀联名支持叶利钦。他们利用手中的金钱和掌控的新闻媒体,组织大规模的舆论宣传,竭力阻止俄共领导人久加诺夫当选。

叶利钦竞选成功后,别列佐夫斯基被任命为国家安全会议副秘书长,负责车臣地区的石油运输等工作。

而更多的时候,这些寡头们幕后操纵政府的人事安排和国家的重大决策,就连曾任俄罗斯副总理的盖达尔也无可奈何地说:"在最厉害的时候,俄罗斯政府被7~10个商人左右,他们甚至可以随心所欲地撤换总理。"

那些靠"改革"发财的新贵被统称为"新俄罗斯人",他们过着奢侈糜烂的生活,他们是资本主义化"改革"的支持者和受益者。

与灯红酒绿一掷千金相对照的是,私有化使全体人民的共同财富化为乌有,人民生活状况急剧恶化,民族之间纷争与冲突四起,暴力活动与犯罪猖獗,社会急剧动荡。

"民主派"掌权后,俄罗斯人民是否享有所谓的"民主"呢?

1993年5月1日,数万名群众在十月广场集会。他们打着"不要勉强活着,要有尊严地活着"、"苏维埃社会主义俄罗斯万岁"以及"一切权利归苏维埃"等标语,举行声势浩大的游行。

当人民起来,通过宪法及相关法律要求总统按照人民的意愿行事的时候,遭到的却是无情的镇压。

俄罗斯联邦最高苏维埃与叶利钦的较量日趋白热化。1993年10月,民选总统竟然用坦克和大炮攻击了议会大厦,"人道""民主""自由""平等""博爱"等这些美好的词句和良好的愿望也被这隆隆炮声击得粉碎。

原苏共中央政治局委员、苏联部长会议主席尼·伊·雷日科夫:"1993年的时候,当俄罗斯联邦最高苏维埃开始要求'一切权力归苏维埃'的时候,总统却向那些提要求的人开了炮。自己的最高苏维埃刚表示出不同的意见,就把他们轰了。"

原《真理报》主编、前国家杜马主席根·尼·谢列兹尼奥夫: "在炮轰白宫前,还没有被铁栏杆围起来的时候,人们可以自由进入。在广场上的那些人,后来被机关枪和冲锋枪杀死了,谁也说不清楚当时死了多少人。"

据官方宣布,这场流血冲突造成142人死亡,744人受伤。媒体将其称为"十月事件"。

俄罗斯科学院院士、社会政治研究所所长格·瓦·奥希波夫: "这是人类有史以来议会第一次遭炮轰。就连拿破仑当时也没有用武力解散议会,最多也只是把议员们从议会赶出来。叶利钦下令炮轰议会,可谓开了人类历史之先河。'改革'本应是为了人民,为了国家,为了社会主义。从戈尔巴乔夫上台起,我们研究所每年都进行国家的社会政治经济形势调查。我们的调研报告连续出了18本。通过我们的调研,我们认定戈尔巴乔夫、叶利钦所执行的'改革'路线都是反人民的。"

第六集 "改革"的领导者

这是一处位于莫斯科西南部的著名公墓——新圣女公墓,俄罗斯不同时代的众多名人长眠于此。赫鲁晓夫是唯一一位安葬在这里的原苏共最高领导人。由黑白大理石块左右对垒而砌成的墓碑,象征着他被毁誉参半的一生。距赫鲁晓夫墓不远,是俄罗斯前总统叶利钦的墓。白蓝红石料雕琢而成的墓碑,仿佛一幅飘动的俄罗斯国旗。从黑白人生的赫鲁晓夫,到三色旗时代的叶利钦,浓缩了苏联的一段风云变幻而又曲折苦难的历史。

1985年3月,当戈尔巴乔夫就任苏共最高领导人时,人民曾对他寄予厚望。

普希金语言学院教授德·尼·法捷耶夫: "我现在唯一记得比较清楚的是,那段时间,也就是20世纪80年代初,我们国家领导人为什么一个跟着一个死去。突然有一天上来一个年轻人,戈尔巴乔夫上台了,我们认为很好,年轻人可以带来一些新的活力。"

然而仅仅过了六年零九个多月,苏联就遭遇亡党灭国的悲剧命运。领导和推动苏联"改革"的是一群什么样的人物?他们在苏联党亡国过程中又起了什么作用呢?

作为最高领导人的戈尔巴乔夫无疑是领导苏联最后六年多"改革"的灵魂人物。他的一言一行对整个"改革"以及领导"改革"的苏联共产党有着直接和决定性的影响。

米哈伊尔·谢尔盖耶维奇·戈尔巴乔夫,1931年出生,国立莫斯科大学毕业，长期从事党务工作。

纵观戈尔巴乔夫的履历，他可谓官运亨通，仕途顺达。他39岁任边疆区党委第一书记，49岁当选政治局委员，54岁出任总书记。然而，这位年轻的领导人却没有给苏联和苏联人民带来期盼已久的幸福与安宁。

原苏共中央意识形态部部长亚·谢·卡普托："随便把改革历史梳理一下就会发现，戈尔巴乔夫的任何一项政策都没有落实到底，都是半途而废。1983年、1984年他领导的农业领域的小改革也失败了。大家看一下，改革一开始是实施加速发展战略，接着是科技进步，然后是更多的民主，下一步就是民主社会主义，最后就是消灭社会主义。这些改革在干部队伍中造成了极大的思想混乱。"

原立陶宛共产党中央书记尤·尤·叶尔马拉维丘斯："戈尔巴乔夫执政后不久，破坏国家的进程就开始了。这就像核爆炸和癌细胞扩散一样，一丁点儿爆炸就会波及全国，一丁点儿癌细胞扩散就会危及全身。加上西方势力的操纵，他变本加厉。再后来又遇到国家粮食供应紧张，切尔诺贝利核事故的发生，等等。这些情况表明，他既不能管理国家，更不能拯救国家。"

俄中友协主席、俄罗斯科学院院士米·列·季塔连科："戈尔巴乔夫的'改革'名义上是'改革'，实际上是一项破坏苏联、瓦解苏联的计划。"

戈尔巴乔夫把苏联引向灾难的深渊，决不仅仅是因为他执政能力不强或个人素养不足，根本原因是他早已放弃对马列主义和共产主义的信仰。

原苏共中央书记处书记、前国家杜马副主席瓦·亚·库普佐夫："戈尔巴乔夫说他人生的奋斗目标就是消灭共产主义，他不久前还这么说过。"

原苏共中央政治局委员叶·库·利加乔夫："戈尔巴乔夫直到现在还坚持认为，社会主义失去了发展的潜力，社会主义是不能进行改革的。他自己多次讲过，他在儿童时期就不赞同共产主义。他完全是一个政治上的变节者。"

戈尔巴乔夫还以马列主义有局限性、列宁根本没有建设社会主义的完整纲领为由，彻底否定马列主义的指导地位。苏联解体后他公开声明："共产主义是一种几乎不可能实现的口号"；"俄国的悲剧，就在于马克思晚年时代已经死去的思想，却在20世纪初的俄罗斯被选择"[①]。他为能在改革年代里把共产主义的影响从人们的思想意识中清除而感到非常地荣幸。

原苏共中央书记处书记、前国家杜马副主席瓦·亚·库普佐夫："你看

---

① 〔俄〕戈尔巴乔夫、〔日〕池田大作：《20世纪的精神教训》，社会科学文献出版社，2005，第384页。

看列宁作为领导人时,他什么时候做过对不起党和人民的事?俄罗斯人从来没有想过也根本不相信作为总书记的戈尔巴乔夫能够出卖共产党。苏联共产党有70多年的执政经历,人民任何时候都不会想到共产党总书记会背叛,人民也不忍心这么想,但伤心的时候已经晚了。"

不信仰马列主义、共产主义的戈尔巴乔夫又信仰什么呢?戈尔巴乔夫认为:社会党人与共产党人之间,已不再存在以前使他们分裂的鸿沟;就本质来说"我是社会民主主义者"①。

原苏共中央意识形态部部长亚·谢·卡普托:"所谓的戈尔巴乔夫式的社会主义只是一个口号,他自己都没有一个成形的概念。当时戈尔巴乔夫还提出这样一个口号,就是'多一些社会主义,多一些民主'。这种提法很愚蠢,社会主义到底是有还是没有?多一些还是少一些的提法是胡说。所以当有人提出什么是更多一些的社会主义时,戈尔巴乔夫作为这个提法的倡导者,自己都摊开双手,不知道怎么回答。"

"人道的民主的社会主义"的本质是攻击社会主义对人民的人道和民主,对国内外敌人的专政。戈尔巴乔夫推行的"改革"就是打着"人道"、"民主"特别是"社会主义"的旗号把苏联偷换演变为资产阶级专政国家。

政治嗅觉灵敏的美国政治家布热津斯基早在1989年就点明了戈尔巴乔夫"改革"的实质。他说:"戈尔巴乔夫在'改革'过程中已逐渐走上了修正主义道路……他不仅要改变苏联的经济结构,还要修改苏联制度的思想基础,甚至要在一定程度上改变苏联的政治程序。"他还指出,"在克里姆林宫出现一位修正主义的总书记所造成的影响是巨大的","它特别严重的危险在于瓦解了世界共产主义共同的马列主义理论"。有朝一日,苏共将"丧失对社会的控制","苏维埃联盟随时可能解体"。②

戈尔巴乔夫的世界观、价值观和人生观发生根本转变绝不是偶然的,而是整个历史时代的产物,其思想政治渊源可以追溯到赫鲁晓夫时期。

1956年苏共召开二十大时,25岁的戈尔巴乔夫刚参加工作不久。赫鲁晓夫提出的错误理论,特别是他全盘否定斯大林的做法,给正处在思想成长过程中的戈尔巴乔夫这一代人留下了深刻的烙印。

2001年3月,戈尔巴乔夫在接受俄罗斯灯塔电台采访时就坦白承认:我们是苏共二十大的孩子,苏联20世纪60年代的历史对我们影响很大,年

---

① 《戈尔巴乔夫:我不推卸责任》,俄罗斯《独立报·政治专刊》2010年4月6日。
② 〔美〕兹·布热津斯基:《大失败——20世纪共产主义的兴亡》,军事科学出版社,1989,第65~66、76~77页。

轻时我们是怀着对党的信任和忠诚入党的,但苏共二十大以后,我们的思想开始发生转变。①

俄罗斯科学院院士社会政治研究所所长根·瓦·奥希波夫:"苏联解体不完全是从戈尔巴乔夫时期开始的,而是从赫鲁晓夫时期执行反俄罗斯、反苏联政策时就开始了。我们编写的《苏联改革编年史》这本书所列举的事实,反映出苏联受到的 120 次打击,记录了从赫鲁晓夫到戈尔巴乔夫时期一些具体的材料和数据。"

原苏联最高苏维埃主席阿·伊·卢基扬诺夫:"我认为赫鲁晓夫脱离马列主义正确轨道不是从口头上背离开始的,而是从实践中悄悄开始的。他忘记了列宁的忠告:社会主义政权、社会主义原则的胜利不能保证我们永远不会倒退到反面,倒退到敌人的立场。"

俄罗斯科学院院士、俄罗斯国立社会大学校长瓦·伊·茹科夫:"戈尔巴乔夫的亲信和高官都是两面派、双面人,比如谢瓦尔德纳泽、雅科夫列夫。在他们心里,苏联国家的利益绝不处于首位。这两位倾向西方的人对苏联解体都起了关键作用。"

2011 年 8 月中旬,"8·19"事件 20 周年纪念的前夕,戈尔巴乔夫接受英国《卫报》记者采访,当被问及最后悔的事情时,他不假思索地回答说:"那就是我在试图'改革'共产党的道路上走得太久了。"他认为自己应该在 1991 年 4 月就辞职,并且建立一个民主改革党,因为共产党人阻碍所有必要的'改革'。② 历史学家们认为,这是戈氏首次公开承认他应该在 1991 年 8 月政变的前几个月就退出共产党,1995 年出版的回忆录里他没有谈及这一点。

亚历山大·尼古拉耶维奇·雅科夫列夫生于 1923 年。20 世纪 50 年代末期,他曾被作为重点培养对象派往美国哥伦比亚大学进修。60 年代初进入苏共中央工作,在勃列日涅夫时期担任过苏共中央宣传部第一副部长。

1983 年,戈巴乔夫访问加拿大期间,对时任驻加拿大大使的雅科夫列夫极为赏识。两年后,在戈尔巴乔夫的授意下,雅科夫列夫迅速高升,并很快奠定了他在戈尔巴乔夫智囊团中的首要地位。

原苏联国防部部长亚佐夫回忆说:"在美国学习的是亚历山大·雅科夫列夫。同时与他一起学习的还有后来当过苏联克格勃将军的奥列格·卡卢

---

① 吴恩远:《再论俄罗斯反思历史、重评斯大林思潮》,《世界历史》2006 年第 2 期。
② 《米哈伊尔·戈尔巴乔夫:我应该更早些放弃共产党》,原载英国《卫报》2011 年 8 月 16 日。

金……雅可夫列夫和卡卢金在那时是被策反了的,这就是第五纵队的思想家。后来有一段时间克格勃开始调查雅科夫列夫,戈尔巴乔夫说:'不能动雅科夫列夫!'这我清楚记得。"①

雅科夫列夫混迹于苏共长达数十年,然而他和戈尔巴乔夫一样,早就失去对马列主义和共产主义的信仰。他全盘否定苏联的社会主义实践,恶毒攻击办联共产党和列宁、斯大林等党的领袖。

俄罗斯作家联盟莫斯科组织理事会主席弗·伊·古谢夫:"雅科夫列夫加上他周围的班底,都否定苏联历史,否定苏联国家取得的巨大成就,否定这些巨大成就在国家建设中所起的重要作用。他们的目的就是破坏国家。整个90年代国家悲惨的状况都是他们导致的。"

原苏共中央意识形态部部长亚·谢·卡普托:"在到加拿大做大使之前,雅科夫列夫一直宣称自己是坚定的共产主义者、坚定的列宁主义者,后来他却成为社会主义的出卖者。"

1998年雅科夫列夫曾接受《消息报》采访。当时记者问他:您是共产党培养的干部,有最高的职位,您怎样把自己的职位和反共观点结合在一起?他的回答是:要搞掉苏维埃制度,"有不同的途径,例如采取持不同政见者的办法。但这是没有什么前途的,应当从内部来进行。我们只有一条路——借助极权主义的党的纪律从内部破坏极权主义制度"。②

原苏联驻埃及和土耳其大使埃·古·库利耶夫:"雅科夫列夫在赢得戈尔巴乔夫的信任后,戈尔巴乔夫就把很多领域交给他主管。他给戈尔巴乔夫出的主意都是如何实行民主,他所炫耀的这些东西实际上是在抑制苏联的发展。可他在表面上,还装出了一副爱国的样子。"

原苏共中央政治局委员叶·库·利加乔夫:"雅科夫列夫是个双面人,挂在口头上的马克思主义词句比戈尔巴乔夫还多,实际上他与西方联系密切。他完全是一个双面人,他对戈尔巴乔夫的影响极大。后来,他公开跳出来反对苏联社会主义制度,反对苏共,成为苏联制度的敌人。"

雷日科夫是这样评价戈尔巴乔夫和雅科夫列夫的:他们是"一对凶狠的家伙","整个一生都在以虚伪的面目示人"。"他们一个是'改革'的'设计师',另一个是'改革'的'施工队长',无论在阴险的'创意'上还是在创意的执行上,都是狼狈为奸,互为补充。直到苏联垮台之后,党被

---

① 《亚佐夫:苏联是从内向外有意识地被摧毁的——苏联元帅坚信是第五纵队将国家引向绝路》,俄罗斯《独立报》2010年4月20日。
② 俄罗斯《消息报》1998年6月17日。

禁止活动,这两个家伙才抛去假面具。正是党给了他们成长的道路,而他们却毁掉了党。"①

戈尔巴乔夫推行"改革"的另一个主要帮手是谢瓦尔德纳泽。

爱德华·阿姆夫罗西耶维奇·谢瓦尔德纳泽,格鲁吉亚人,1928年出生。20世纪60年代起从事党务工作,靠吹捧从区党委领导人逐步升为格鲁吉亚共和国第一把手。

谢瓦尔德纳泽与戈尔巴乔夫青年时代就相识。戈尔巴乔夫上台后,他利用这层关系很快得到提升。不仅当上政治局委员,还担任了苏联外交部部长。

谢瓦尔德纳泽善于见风使舵,左右逢源,在他那一头银丝般的白发下蕴藏着别人猜不透的老谋深算,被人们戏称为"高加索银狐"。他走上政坛后,经常张口共产主义,闭口马列主义,而当戈尔巴乔夫主政后便马上更换成另一副政治面孔。

1991年他回答法国电视台记者提问时说:我们在一个时期里有过共产主义理想,并为实现这一理想进行过斗争。后来我慢慢意识到我坚信的东西是不可能实现的,必须改变这一现象。20世纪90年代初的一天,我对戈尔巴乔夫说,我们的制度已腐烂了,必须全部加以摧毁,并自上而下地进行彻底改造。

谢瓦尔德纳泽竭力推动戈尔巴乔倡导的"改革",参与所谓的"新思维"政策的制定和执行。谢瓦尔德纳泽因其坚定的亲西方立场而被视为西方利益集团在原苏共高层内部最可信赖的领导人之一。

原苏联驻埃及和土耳其大使埃·古·库利耶夫:"谢瓦尔德纳泽在苏联解体的过程中起了相当大的作用。从德国轻易撤军,这也是谢瓦尔德纳泽说不清楚的一件事。"

俄罗斯科学院院士、社会政治研究所所长根·瓦·奥希波夫:"东西德合并的时候,西德原先答应支付4000亿美元,而戈尔巴乔夫和当时德国总理谈的时候才要40亿美元,仅为原计划的1%。连德国人都极不理解,最后给加到80亿美元。"

1990年10月1日,两德正式宣布统一。德国政府为酬谢谢瓦尔德纳泽在德国统一中做出的"重大贡献",特意在德国南部疗养胜地巴登为他购买了一处价值1300万美元的豪华别墅。然而,从东德撤出的军团在之后却流离失所,只好栖身在风雪旷野零下二三十度的帐篷中。

---

① 〔俄〕尼·伊·雷日科夫:《大动荡的十年》,中央编译出版社,1998,第313~314页。

在瓦解苏共、埋葬苏联的"领导者"中，叶利钦无疑也是一位重要人物。

原苏共中央意识形态部部长亚·谢·卡普托："如果说戈尔巴乔夫是把整个苏共掩埋了，叶利钦所做的是把苏联整个社会主义制度都给埋葬了。"

鲍里斯·尼古拉耶维奇·叶利钦，1931年出生，俄罗斯人。1961年加入苏联共产党，1976年担任斯维尔德洛夫斯克州委第一书记，1981年当选苏共中央委员。

1985年11月，戈尔巴乔夫调任叶利钦为莫斯科市委第一书记，不久将其提升为政治局候补委员。

1987年10月，叶利钦在苏共中央全会上点名批评利加乔夫和政治局。叶利钦的公然挑战遭到与会者的反击。两个星期后，叶利钦的政治局候补委员、莫斯科市委第一书记职务被解除，后改任国家建委副主任。

叶利钦后来说，"戈尔巴乔夫并没有把我推到荒无人烟的偏僻角落里，也没有把我发配到遥远的异域他乡……相反地，他似乎是很高尚地宽恕我，怜悯我"，"我从来没有把同他的斗争作为自己的目标。不但如此，在诸多方面，我是跟着他亦步亦趋，拆掉了共产主义大厦的一砖一瓦"①。

原苏共中央意识形态部部长亚·谢·卡普托："纵观俄罗斯和苏联的历史，从早期沙皇时代到苏联时期，连续出现两个国家领袖级的破坏者的现象是不曾有的。可以这样说，戈尔巴乔夫为苏联成为资本主义国家准备了土壤，最终是叶利钦实现了。苏联解体后，这两个人相互诋毁，一个说你把苏联埋葬了，另一个说是你把苏共埋葬了。用我的话说，虽然他们互有不同，但完全是一路货色。"

1987年苏共中央十月全会是叶利钦公开反共的开始。从那之后，以激进"民主派"自居的叶利钦，在戈尔巴乔夫或明或暗的支持和配合下东山再起，联合境内外反共反苏的力量，疯狂从事瓦解苏共、分裂国家的活动。

莫斯科市民阿列克谢·别尔曼："人们一开始对叶利钦的期望值很高，把他当成救星，当成上帝，但是他最后做的事情比戈尔巴乔夫更坏，大家对他很失望。不少人原以为他是一位英雄，是一位上帝，结果却是只毛毛虫。"

莫斯科市民亚历山大·贡恰罗夫："叶利钦这个人更糟糕。没有什么意志，也没有什么责任心，在俄罗斯的历史上，没起什么好作用，活像一个恶魔。"

---

① 〔俄〕鲍里斯·叶利钦：《总统笔记》，东方出版社，1995，第19页。

俄罗斯科学院院士、俄罗斯国立社会大学校长瓦·伊·茹科夫:"苏联共产党起初是布尔什维克党,到了后来,它蜕化变成另外性质的党。苏联解体的主要责任应由苏联共产党及其主要领导人承担。"

"改革"的领导者们导致苏联亡党亡国,他们不仅给党、国家、民族和人民带来无尽的灾难,而且也把自己钉上了历史的耻辱柱。

2011年3月30日,西方相关部门及各界人士在英国伦敦皇家阿尔伯特音乐厅为戈尔巴乔夫这位结束冷战的"功臣"举办了盛大的生日庆典。戈尔巴乔夫也陶醉于"改革家"、"自由热爱者"和诺贝尔奖获得者的虚幻光荣之中。但在鄂木斯克州的一个公开场合,戈尔巴乔夫曾被29岁的乌柳科夫猛击了一拳。这个小伙子说:"我想打这个人一记耳光,以惩罚他对国家做过的事。"① 戈尔巴乔夫在莫斯科的一次集会上发表讲演时,也曾被一名男子当头泼了一杯水。泼水者说:"前总统背叛国家、背叛党,对苏联解体负有直接责任。"②

2005年10月18日,雅科夫列夫在饱受病痛折磨后去世,终年81岁。西方和俄罗斯自由派人士对雅科夫列夫的一生大加赞誉,但俄罗斯多数民众认为他是"毁灭国家和党的可耻叛徒"。

1992年,谢瓦尔德纳泽从莫斯科回到已独立的格鲁吉亚。在1995年11月和2000年4月他两次当选总统。几年后,在美国支持的更加亲美的"精英"萨卡什维利等人发动的"玫瑰革命"中黯然下台。他十分无奈地抱怨说:"我是美国政策最忠实的支持者之一,我不明白到底发生了什么事。"③

2007年4月23日,叶利钦因心脏病去世,终年76岁。此时的民意调查表明,自末代沙皇尼古拉二世以来20世纪俄罗斯所有领导人当中,民众对叶利钦的评价最差,甚至排在戈尔巴乔夫之后。愿意生活在叶利钦时代的人只有1%。④

苏联亡党亡国整整20年来,伟大的俄罗斯民族时刻都在反思。

本片以上各集已经对俄罗斯各阶层人士的反思做了反映。但从一定意义上讲,最具说服力的还是那些当年"持不同政见者"的悔恨。

本片开头提到的以坚决反共著称的著名作家马克西莫夫在生前发表的最后一次谈话中再次表示忏悔:"我曾以为共产主义思想是妨碍俄罗斯发展、

---

① 李光:《戈尔巴乔夫退休生活》,《凤凰周刊》2011年14期。
② 《莫斯科集会时被泼水 戈尔巴乔夫:这不是第一次》,中国新闻网,http://www.chinanews.com/news/2005/2005 - 10 - 14/8/638151.shtml。
③ 《别了,谢瓦尔德纳泽》,http://www.gmdaily.com.cn/3_guancha/index.htm。
④ 《苏联人为何"不珍惜"苏联》,《报刊文摘》2008年11月3日。

妨碍其成为伟大强国的唯一重负。这是我巨大的悲剧性错误。我到了老年为此感到深深悔恨。"①

一生大部分时间都是在对斯大林及苏联进行无情批判、20世纪30年代还曾是暗杀斯大林小组成员的作家和学者季诺维耶夫，在目睹了苏维埃制度覆灭后俄罗斯的混乱局面后，感到非常痛心和后悔。他在苏联剧变六七年后即得出这样的结论：斯大林是"人类历史上最伟大的人物之一"，20世纪是"列宁和斯大林的世纪"；"考虑到具体历史条件，考虑到人员等情况，以斯大林为首的领导集团是按照最佳方案行动的。环境本身迫使他们采取那样的行动。"②

当年坚决反共反社会主义的持不同政见者、《古拉格群岛》的作者索尔仁尼琴1994年从美国回到国内后，尽管其政治态度时有反复，但当他从西伯利亚乘火车返回莫斯科，在沿途看到俄罗斯一片败落的景象时，也曾十分痛苦地说："我害了俄罗斯祖国。"1996年，他还发表短篇小说《在转折关头》，通过描写斯大林去世前后的境况，肯定斯大林及在斯大林领导下苏联取得的巨大成就。作者甚至在小说中高呼：俄罗斯"还没有完全明白失去的是一个什么样的伟大人物，还需要再过许多年才能认识到，是斯大林使整个国家开始向未来奔跑"。③

就连俄罗斯总统叶利钦在2000年12月31日的电视辞职讲话中也明确表示："今天对我来说是一个不寻常的日子，我想稍微多谈一点与平时不同的心里话。我想请求你们原谅，我们许多理想都没有实现。我们曾认为很容易的事，做起来却十分艰难。请原谅我，那些认为我们会轻易地从灰色、停滞、极权的过去一下子跃入光明、富裕、文明的未来的人的希望没有实现"；"我也曾认为一切会一蹴而就，在这一点上我太幼稚了……许多人在这艰难的时期受到了震荡，你们每个人的痛楚都引起了我心中的痛楚，多少个不眠之夜，多少次心力交瘁，我真心希望人民能够生活得轻松一些，好一些，我没有比这更重要的任务。"④

2006年2月28日，有着惨痛亡国经历的戈尔巴乔夫对中国记者说，"我给中国朋友的忠告是：不要搞什么'民主化'，那样不会有好结果！千万不要让局势混乱，稳定是第一位的"；谈到苏共垮台，他说，"我深深体会到，改革时期，加强党对国家和改革进程的领导，是所有问题的重中之

---

① 俄罗斯《真理报》1995年3月29日。
② 俄罗斯《苏维埃俄罗斯报》1997年11月22日。
③ 俄罗斯《新世界》1996年第6期。
④ 《叶利钦辞职讲话》，http://www.people.com.cn/item/yeliq/123113.html。

重。在这里,我想通过我们的惨痛失误来提醒中国朋友:如果党失去对社会和改革的领导,就会出现混乱,那将是非常危险的"。①

历史唯物主义认为,人民群众是历史发展的最终决定力量,坚决反对那种以为时代、阶级的代表人物可以随心所欲地决定历史的唯心主义观点,但同时也承认那些时代、阶级的代表人物在历史发展进程中所起的重要作用,甚至在特定条件下和一段时期内所起的决定性的反作用。

梳理戈尔巴乔夫时期"改革"的历史,有这样一条十分清晰的逻辑脉络:苏共党内逐渐形成了脱离、背离和最终背叛最广大人民根本利益的特权阶层和像戈尔巴乔夫等人这样的代表人物。这些领袖人物丧失了对共产主义的信念,主张放弃马列主义的指导地位,全盘照搬西方的理论和制度模式,最终导致苏共74年执政地位的丧失,其结果只能是经济危机,政治动荡,意识形态领域混乱不堪,精神消极颓废,社会矛盾迭出,人民群众遭殃。

从世界"冷战"历史角度看,西方世界"和平演变"战略对苏联亡党亡国也起了十分重要的作用。在苏联亡党亡国的过程中,西方世界和平演变战略这一外因,是通过戈尔巴乔夫、叶利钦这些代理人的内因而起作用的。

在俄罗斯采访的日子,我们听到不少俄罗斯人对社会主义中国改革开放以来取得巨大成就的无比自豪,他们同时也对中国寄托着殷切的期望。

俄罗斯联邦共产党中央委员会主席根·安·久加诺夫:"我想给中国朋友说这么一句话,中国30多年来取得了巨大成就,我希望你们不要忘记苏联解体的原因和苏共衰亡的教训,只有充分总结这些教训,中国人民才能够稳妥地建设自己的国家。"

原苏共中央意识形态部部长亚·谢·卡普托:"我想再次强调,中国成功改革的经验说明,在一个社会主义大国,在保持政治稳定的环境下去实现经济方面的改革是完全有可能成功的。政治体制方面的确有很多问题需要我们解决和完善,但前提是保证社会的稳定。"

俄罗斯科学院院士、社会政治研究所所长根·瓦·奥希波夫:"希望中国避免出现俄罗斯所遇到的问题。中国只有避免出现这一问题,才能强大起来。中俄两国应该加强合作。"

---

① 《戈尔巴乔夫称"民主化"是惨痛失误》,http://www.globalview.cn/ReadNews.asp?NewsID = 7790。

恩格斯说过："没有哪一次巨大的历史灾难不是以历史的进步为补偿的。"① 东欧剧变、苏联解体后，世界社会主义运动和人类进步事业在曲折中顽强前行，在低潮中艰难复兴。我们完全有理由相信，人类的历史发展进程不可逆转，社会主义必将在曲折与苦难中迎来一个又一个绚丽多姿、无比辉煌的春天。

---

① 《马克思恩格斯文集》第10卷，人民出版社，2009，第665页。

取消无产阶级专政必然导致亡党亡国

一 苏联因为放弃阶级分析理论而最终亡党亡国

苏联解体时的美国驻苏大使马特洛克在《苏联解体亲历记》中承认："阶级斗争理论是列宁主义者的国家结构演进观……没有它，冷战的理由就不复存在，一党专政的理论基础也就随之消失。……只要共产党坚持阶级斗争不放，就很难想象共产党会轻易放弃政权上的垄断地位，或者容忍党内派别羽翼丰满。"因此，马特洛克一直采用各种手段促使苏共放弃阶级斗争理论，并进而瓦解苏共和苏联。在这位美国大使看来，当时的苏共总书记戈尔巴乔夫、宣传部部长雅科夫列夫和外交部部长谢瓦尔德纳泽等人都是美国的政治盟友，一开始他们三人总是含蓄地采取行动削弱阶级斗争理论，以故意避开直接争论。直到1988年7月，谢瓦尔德纳泽在苏联高级外交官和学者参加的会议上提出："新的政治思维要在核时代的现实环境中考虑到和平共处。我们完全有理由拒绝承认在和平共处时期存在着一种特殊形式的阶级斗争。"马特洛克称，这正是美国"一直孜孜以求的东西"。

紧接着，1988年8月6日，谢瓦尔德纳泽的讲话受到了主管意识形态工作的苏共中央委员利加乔夫的批评："我们的出发点是国际关系中的阶级特性。……积极参与人类所面临的共同问题的解决，绝不能人为地用来作为停止社会和民族解放斗争的理由。"随后，8月8日，美国大使会见谢瓦尔德纳泽，表示利加乔夫的讲话会给两国关系带来麻烦，使两国关系陷入紧张。美国大使的目的很明确，就是利用美国的影响，"加强他（谢瓦尔德纳泽等人）在苏联国内这场辩论中的地位"。

事情还没过去一周，雅科夫列夫在立陶宛对利加乔夫的讲话做出了回击："马克思主义是从历史观的角度、从所有人类发展的前景出发，是对人类共同利益的诠释……优先考虑人类共同的利益，这个观点很有价值，因为它包含着发展的客观趋势。"这等于披着马克思主义的外衣，用全人类的利益高于一切的"普世价值"观念否定了利加乔夫坚持的马克思主义阶级斗争理论。美国大使当时的反应就是："这是《共产党宣言》以及《资本论》中的马克思主义吗？……当然不是。……如果苏联领导人真的愿意抛弃这个观念，那么他们是否继续称他们的指导思想为'马克思主义'也就无关紧要了。"

然而，由于戈尔巴乔夫站在美国一边，利加乔夫在同雅科夫列夫的战斗中失败了。1988年9月30日，戈尔巴乔夫强行让其亲信麦德维杰夫破格当选为政治局委员，分工主管意识形态工作，实际上取代了利加乔夫。而雅科夫列夫主管苏共中央国际部，利加乔夫被彻底边缘化。1988年12月，戈尔巴乔夫在联大会议上的发言表示单方面裁军，并且接受了"普世价值"，他强调"人类的共同利益"和"自由选择"是放之四海而皆准的原则。戈尔巴乔夫已经完全支持把人类的共同利益作为其对外政策的基石，明确无误地抛弃了阶级斗争观念。

美国大使认为："只要苏联不放弃其制度的意识形态核心——阶级斗争观念，冷战就绝不会停止。而一旦它放弃，该制度自身就不再具有任何理论依据。既然共产主义统治和冷战都建立在共同的意识形态基础之上，那么，只要摧毁了这个基础，两者便都难以存在。"苏联的历史按照美国指引的方向前进：1990年3月13日，苏联人民代表大会修正宪法，建立总统制，修订宪法第六条，实行多党制，在法律上取消了共产党的执政地位。1991年苏联解体。[①]

二 为何放弃阶级斗争理论和人民民主专政必然导致亡党亡国

阶级斗争观念，是社会主义制度得以维系的意识形态核心和理论依据，否定了阶级斗争观念，社会主义制度难以存在。这是美国大使都明白的基本道理。

[①] 〔美〕小杰克·F. 马特洛克：《苏联解体亲历记》，世界知识出版社，1996，第162~169、758页。

阶级斗争理论是马克思主义的基础,其基础是劳动价值论和剩余价值学说。马克思主义理论认为,在实现共产主义并彻底消灭阶级之前,无产阶级和资产阶级之间的利益从根本上看是不可调和的。在经济上,如果资产阶级垄断了生产资料并雇佣无产阶级劳动,那么就必然会剥削无产阶级劳动创造的剩余价值,如果无产阶级消灭剥削夺回自己的劳动果实,资产阶级的私有财产就必然受到"侵犯";虽然在个别时期两者的利益有表面的统一性,例如在共同反对封建统治时期,但从根本看从长远看,两者利益的对立是绝对的,所以在政治上,资产阶级享受充分的民主自由,无产阶级就会被专政;无产阶级享受充分的民主自由,资产阶级就会被限制乃至被专政。资本主义国家,就是资产阶级对无产阶级进行政治上压迫、经济上剥削的资产阶级专政国家。而要消灭这种剥削压迫,必须在经济上建立社会主义公有制、实行按劳分配,而要保障这一经济基础并与其相适应,无产阶级必须在政治上成为统治阶级,这意味着对资产阶级等剥削阶级实行专政,即无产阶级专政。无产阶级领导的劳动人民是一个整体,人民拥有共同的根本利益,因此,无产阶级根本利益的整体性、一致性、一元性,决定只能有一个真正为人民服务的共产主义政党在社会主义国家执政。这是社会主义国家实行共产党的一元化领导而不搞多党制的缘由,共产党归根结底是代表一元化的无产阶级来执政的。

但是在资本主义自由主义意识形态看来,阶级剥削、阶级斗争乃至阶级本身都是不存在的,社会中存在的是一个个不同的群体和个体,所以社会是多元的乃至无限元的,其要害就是否定资本主义生产方式下资产阶级对无产阶级存在剥削。自由主义援引自然法则,认为上天上帝赋予每个个体不可剥夺的神圣权利,这就是宪政民主的超验之维。因为每个个体相互之间、不同群体之间的意志和利益都是不同的,所以需要多元的各种不同的政党代表不同个体、不同群体的利益,让它们之间自由竞争、轮流坐庄,通过这种方式保障每个个体的神圣权力——主要是保障私人财产神圣不可侵犯。按照这种个人主义、自由主义理念,必然呼唤出多党制、三权分立乃至多权分立等制度架构,建立一个所谓"全民性"的国家。美国开国精英如汉密尔顿等为美国设计这种社会制度和主流意识形态,根本目的是使无产阶级和劳动人民"本身将分为如此之多的部分",使无产阶级的"联合即使不是办不到,也是极不可能",这种方法,"可用美利坚联邦共和国来作范例"[1]——这是汉密尔顿当年在《联邦党人文集》中的表白。社会主义共和国阶级斗争的基

---

① 《联邦党人文集》,商务印书馆,1989,第266页。

本理念，是要实现全国劳动人民乃至全世界无产阶级团结起来，而资本主义共和国自由主义理念则力图使无产阶级和劳动人民不断分裂分化，最终变成一盘散沙，这样资产阶级专政就可以永久维持下去了。

自由主义理论中的全民及全人类观念，指的是以个体或小团体为基本单元的全民和全人类，归根结底是否定阶级的存在，这是所谓"普世价值"和"全人类利益"的根本前提，他们所谓的全民、全人类，是否定了阶级存在和阶级斗争的全民、全人类，在资产阶级对无产阶级存在剥削压迫的情况下，其在本质上只能代表资产阶级和帝国主义。在共产主义社会之前，阶级矛盾和大国之间的矛盾，都是不可调和的。"普世价值"观念不符合基本的辩证法和矛盾论。列宁说："对立的统一，是有条件的、一时的、暂时的、相对的。互相排斥的对立的斗争是绝对的，正如发展、运动是绝对的一样。"毛泽东说："有条件的相对的同一性和无条件的绝对的斗争性相结合，构成了一切事物的矛盾运动。"①资产阶级和无产阶级之间的利益从根本上看是对立的，其统一性是相对的、表面的。"普世价值"观念用资产阶级与无产阶级之间利益上表面相对的统一性否定实际上绝对的对立性，是站不住脚的。在否认阶级斗争前提下所谓的"全民""全人类"观念，往往都是资产阶级和帝国主义利益的代言词。在当今时代，说"普世价值"和全人类利益高于一切，跟日本侵华时宣传的大东亚共荣圈是同等性质的东西。

总之，如果共产党放弃了马克思主义的阶级斗争理论，就必然会接受资产阶级的自由主义理论，进而必然否定一元化的党的领导，搞多党竞争、三权分立，进而亡党亡国。苏联戈尔巴乔夫在阶级矛盾、民族矛盾都不可调和的时代，奉行"普世价值"和全人类利益高于一切的观念，最终是牺牲了无产阶级和苏联的利益，实现了资产阶级和帝国主义利益的最大化。这就是当年苏联戈尔巴乔夫的前车之鉴。

三 否定阶级斗争理论不利于正确认识资本主义政治制度，不利于坚持社会主义道路

宪政理论是对资产阶级自由主义政治理论的总结，是与经济上的新自由主义、市场原教旨主义相配套的产品。其内涵包括两点：一是保障个体权利（主要是私人财产），一是限制政府权力。而限权的目的，也是为了防止政府侵犯个体权利，归根结底是保障个体权利。在宪政理论看来，宪法的根本

---

① 《毛泽东选集》第1卷，人民出版社，1991，第333页。

条款就是权利保障条款。宪法的地位高于一切，高于所有个体、团体及政党的意志。由于宪政国家保障所有个体的私人财产和个体权利，所以是全民国家。宪政理论提出宪法是自然法则乃至上帝意志的体现。

然而，资本主义国家、宪政国家本质上实行的是一种反人民反民主的制度，它仅仅是资产阶级的民主和专政。如果占人口大多数的无产阶级和劳动人民组织起来，反抗剥削，向资本家夺回自己的劳动果实，本来这是一个人民民主的过程。然而，在资本主义宪法看来，这等于多数人侵犯了少数人的人权，是"多数人暴政"，所以无产阶级会受到国家机器遵照宪法进行的镇压。资本主义国家机器的职能，主要就是镇压无产阶级革命和无产阶级的解放运动，除此之外还有预防惩罚各种犯罪等。在自由主义和宪政理论看来，无论是革命还是犯罪，都属于对个体权利的侵犯，其意识形态的起始点和制度设计的落脚点，都在个体身上，其基础是个人主义。

马克思主义认为，在资本主义生产关系中，资本家剥削了工人的劳动果实，资本家侵犯了工人的权利。而资产阶级自由主义理论则否认这一切。马克思主义还认为，资本主义国家的宪法根本不是什么上帝和自然法则的体现，而是资产阶级阶级意志的体现。资本主义宪政本质上只能保障资本家的私人财产和生产资料所有权，其保障的是资本家对工人进行剥削的权利。所谓宪政，就是资产阶级专政。资本主义宪法的确高于无产阶级和劳动人民的意志，但是不可能高于资产阶级的阶级意志。同样，社会主义国家的宪法是无产阶级利益和意志的体现。社会主义法治是坚持党的领导、人民当家作主、依法治国三者的有机统一。而在宪政社会里，则是宪法至上，宪法高于人民，宪法体现自然法，宪法高于一切，劳动人民必须服从以保障资产阶级生产资料所有权为实际宗旨的宪法，其宪法本质上只是资产阶级和垄断财团意志和利益的体现。总之，社会主义的人民民主专政和资本主义的宪政难以融合。

社会主义宪法的来源，并非是唯心主义的自然法则和上帝。历史唯物主义的阶级斗争理论认为，随着资本主义生产方式的出现，无产阶级产生了，进而产生了无产阶级的阶级意识，无产阶级组织起来从自在阶级变成自为阶级，进而产生了无产阶级运动和无产阶级革命，最终推翻资产阶级专政，建立无产阶级政权，制定社会主义宪法，建立无产阶级专政的社会主义国家。

社会主义国家机器的职能，当然也有预防惩罚各种犯罪，保障个体合法权利不受侵犯，但是归根结底，它是要保障无产阶级政党领导的人民大众的根本利益不受侵犯，所以要维护社会主义经济政治制度的安全。其意识形态的起始点和制度设计的落脚点，都在阶级身上。

四 放弃阶级斗争理论不利于根本解决党内的腐败变质问题

　　政府公职人员属于国家机器的一部分。公职人员利用公共权力谋私，即官员腐败。在资本主义国家，官商旋转门是非常普遍的现象，其本质上是资本俘获权力，是资本对国家权力的控制。如美国前财政部部长保尔森、前国防部部长拉姆斯菲尔德、前总统小布什、前副总统切尼、前国防部部长罗伯特·盖茨等，本身就是大资本家，而且在任时都曾利用国家权力为自己的企业巧妙地牟取过暴利。美国官员用手中的权力为资本家服务并获得巨额佣金，或者本身就是资本家，这些都是严重的腐败，但是这种腐败侵犯的主要是无产阶级和劳动人民的利益，本质上是在剥削无产阶级的剩余价值，其内在逻辑仍然是资本逻辑的延续。官员追求自身利益最大化，不仅不危害整个资产阶级的利益，反而是资产阶级统治的基础，他们的利益和资产阶级的利益在根本上是相容的。腐败官员自身的利益，和资本主义制度没有根本的矛盾。腐败官员自己的价值观，和资产阶级价值观也完全是统一的，都是个人主义、拜金主义、自由主义。由于以上原因，资本主义国家腐败官员不会主张推翻资本主义制度，为了自身利益，他们会更加维护资本主义制度。资本主义国家的官员包括腐败官员，都是资产阶级的一分子，资本主义国家的反腐败，仅仅是资产阶级的内部矛盾，而不是两大阶级之间的阶级斗争。

　　而社会主义国家则相反。腐败阶层侵犯的恰恰是领导阶级——无产阶级的利益。自阶级产生以来，社会主义是人类历史上第一个统治阶级并非剥削阶级的社会。在社会主义市场经济里，国家官员腐败的情况非常复杂，其中有两种特别显著：一种是为资本家服务获得巨额佣金，另一种则是让自己的家属亲朋或者其他"白手套"以资本家的身份参与市场经济之中，自己当幕后操控者。无论哪一种情况，腐败利益的来源从根本上看，都是在剥削无产阶级和劳动人民的剩余劳动，是资本主义逻辑的延伸，它和整个社会主义制度的内在逻辑是完全对立的。

　　社会主义国家的腐败官员，和社会主义制度及意识形态是水火不容、你死我活的关系，对于无产阶级来说，他们属于阶级异己力量。社会主义国家的反腐败，是一场阶级斗争。资产阶级个人主义、自由主义、拜金主义思想的侵蚀，会加重腐败，而腐败官员则会信奉资产阶级意识形态，并进而复辟资本主义制度。1989 年 9 月，邓小平曾指出："腐败现象很严重，这同不坚决反对资产阶级自由化有关系。"① 在当前社会主义市场经济条件下，应该让无产阶级和劳动人民成为反腐败的主体并监督各级官员。

五 放弃阶级斗争理论，执政党会丧失现实与历史的合法性

当前中国事实上已出现严重的两极分化。按照阶段斗争理论的视角，对于资本家要进行节制和引导，要限制他们对工人的剥削，引导他们走自主创新之路与国外垄断资本竞争，防止他们从自在社会力量变成自为社会力量进而颠覆社会主义国家制度。而在自由主义理论看来，资本家和工人都是同样的公民，都属于同样的国家主人。假如执政党否定了阶级斗争理论，事实上就丧失了对资本家进行制约和限制的理论合法性，这一方面使财富更加集中到少数人手里，另一方面则会丧失无产阶级和劳动人民的支持。当资本家和工人阶级矛盾愈演愈烈的时候，否定阶级斗争理论、奉行自由主义理论的官员，必然会赤裸裸地站在少数资本家一边，这等于挖空了执政党的阶级基础。

帝国主义用"两只手"和平演变中国：一方面，采用各种手段软硬兼施促使执政党放弃阶级斗争理论，接纳资产阶级的新自由主义和宪政理论，推行私有化，使社会两极分化，使新资产阶级产生，使劳动人民遭受剥削，使党内分化出一个官僚买办资产阶级，这是他们的右手。另一方面，则利用底层群众对执政党的不满，煽动"颜色革命"。而要欺骗今天的底层劳动者，用赤裸裸的新自由主义和自由主义意识形态就不合适了，所以香港的一些学者最近鼓吹左翼自由主义、民主社会主义等理论，这些理论貌似容纳底层无产阶级的利益，但是也不反对资产阶级，而是搞阶级调和，其目的就是着眼于动员底层群众参加他们未来发动的"颜色革命"。这是他们的左手。

否定和抛弃阶级斗争理论，会带来三个现实后果：第一，无法阻止和消灭党内产生官僚买办势力的趋势；第二，无法驾驭和限制社会上新生的资产阶级；第三，无法获得无产阶级和劳动人民的支持，夯实党的执政基础。最终结果就是党的蜕化变质和"颜色革命"的必然发生。

中国共产党本身就是阶级斗争的产物。中国共产党从无到有，从发展壮大直至夺取政权，就是依靠无产阶级和劳动人民，与地主阶级和国内外资产

---

① 《邓小平文集》第 3 卷，人民出版社，1993，第 325 页。

阶级等剥削阶级进行斗争的过程，直至推翻三座大山、消灭剥削阶级，建立了社会主义制度。否定了阶级斗争理论，现政权就没有了合法性，执政党也就没有了历史合法性。按照自由主义理论，中共历史上进行的工人运动、农民运动、学生运动、武装起义、土地革命、抗日战争、解放战争、抗美援朝战争等，都变成了中共对中外资本家和地主这些"公民"的"人权侵犯"。

　　阶级斗争可能存在国际、国内、党内三个领域。所谓"以阶级斗争为纲"，就是执政党不仅仅在国际和国内工作方面把阶级斗争当作主要矛盾，还把阶级斗争视作党内工作的主要矛盾，这是我们在特殊时期执行过的错误方针。在共产主义社会之前，国际国内的阶级斗争都是客观存在的，但是并非一直是主要矛盾。我们坚持阶级斗争理论，承认阶级斗争在国内国际范围内的客观存在，并不等于坚持"以阶级斗争为纲"。总之，在当今复杂多变的国际环境下，从上述各个角度看，若放弃阶级斗争理论，最终结果一定是亡党亡国。

（马钟成）

观察世界复杂现象依然离不开阶级分析

革命导师马克思与恩格斯不仅在《共产党宣言》、《哥达纲领批判》和《反杜林论》等著作中阐述了马克思主义的阶级学说,而且在《资本论》等经典著作中揭示了资本主义社会阶级对立的根源和条件,更是进一步在一系列历史著作如《路易·波拿巴的雾月十八日》、《法兰西内战》和《1848年至1850年的法兰西阶级斗争》中,为后人提供了用历史唯物主义观点研究历史、分析每个阶级乃至一个阶级内部各个集团或阶层所处地位及其斗争的范例。阶级观点和阶级分析方法是马克思主义理论宝库中的毋庸置疑的重要组成部分。所以,列宁在介绍马克思学说的内容和特点时指出:"某一社会中一些成员的意向同另一些成员的意向相抵触;社会生活充满着矛盾;我们在历史上看到各民族之间,各社会之间,以及各民族、各社会内部的斗争,还看到革命和反动、和平和战争、停滞和迅速发展或衰落等不同时期的更迭,——这些都是人所共知的事实。马克思主义提供了一条指导性的线索,使我们能在这种看来扑朔迷离、一团混乱的状态中发现规律性。这条线索就是阶级斗争的理论。"①

今天,距马克思所处的年代已过去百余年了,时代面貌发生了许多变化,那么,马克思主义给我们观察世界的这条指导性线索是否依然具有科学指导意义呢?在有些人看来,和平与发展成为世界的主题,世界范围的阶级斗争也随着冷战的结束而远离。我们已经万分幸福地步入了一个没有阶级斗争的桃园仙境,阶级斗争理论这条指导性线索理所当然地被淡化、被遗忘、被摒弃。然而,这不符合当今世界的现实。

---

① 《列宁选集》第2卷,人民出版社,1995,第426页。

一

观察当今世界，依然离不开马克思主义的阶级观点和阶级分析方法。这首先是因为在现今世界上的资本主义和社会主义两种根本性质不同的社会制度、无产阶级和资产阶级两种根本利益对立的阶级之间的较量远未结束。和平与发展成为当今时代的主题，但没有改变资本主义向社会主义过渡时期的根本性质和时代总主题。资本主义和社会主义国家之间在所谓"亲切友好"气氛中频繁发生的文化交流和贸易活动，并不意味着人类已经进入了太平盛世、大同世界。阶级观点和阶级分析法并没有过时，依然是观察世界复杂政治经济意识形态现象的一把钥匙。

随着俄国十月革命的成功和苏联社会主义国家的诞生，科学社会主义在列宁和斯大林领导的俄国无产阶级手中由科学的理论和崇高的理想变成活生生的现实，资本主义一统天下的局面被打破，人类历史进入复杂的、多变的、严酷的资本主义和社会主义两种根本性质不同的制度之间并存、竞争的时代。一个是只有压迫其他国家吞噬国际剩余价值，才能获得滋养自身繁荣与发达的条件，只有掠夺世界人民的劳动成果，才能成为列强；一个是只有摆脱被压迫被剥夺的命运，才能获得新生，只有保卫自己的劳动成果，人民才能过上幸福生活。两种制度，两种阶级之间的冲突，成为不可回避的矛盾。

百年来，同居于一个星球的社会主义和资本主义两种根本性质不同的社会制度之间、无产阶级和资产阶级两种根本利益冲突的势力之间，发生了多少革命与反革命、颠覆与反颠覆、侵略与反侵略、围剿与反围剿的较量和冲突！社会主义制度的诞生、成长、壮大，不是在和平的温室中培育出来的，而是经历了用革命武装抵抗反革命武力威胁和干涉的血与火考验。1871年，世界上第一个无产阶级政权——巴黎公社成立，立即遭到惊恐万分的国际反动派的联合绞杀。1917年，列宁胜利地领导了十月社会主义革命，开辟了人类历史的新纪元，但国际帝国主义马上采取措施，力图制止恐怖的布尔什维主义蔓延。主要帝国主义国家纠集了几十万、上百万军队，发动大规模的联合进攻。新中国成立以后，帝国主义先后在新中国南北两个邻国燃起战火，中国人民不得不进行抗美援朝、援越抗法和抗美援越战争。年轻的、远未成熟的社会主义制度在发达的、占据经济科技优势地位的资本主义体系的包围高压下求生存、求发展，尽管久经磨难，遭遇无数挫折，但并没有被消灭，反而愈发显示进步性并富有生命力。在武装进攻、政治孤立、经济封锁等遏制、扼杀社会主义制度的手段相继失败后，帝国主义国家实施"超越遏制"以"接触促演变"的战略,使得当代世界范围的社会主义与资本主义之间的阶级斗争局势更加复杂和微妙。

万变不离其宗。在当今世界,国际反共反社会主义势力以千百倍的疯狂,联合社会主义国家内部的反共势力,消灭社会主义的意图没有变;现实的社会主义国家将长期处于强大的凶恶的反共反社会主义势力的敌视、压制、演变之中的格局没有变。战争的暴风雨催生了社会主义国家,和平的细雨春风可能消融掉和平建设者的坚强意志。战争是对社会主义的生死考验,和平也是对社会主义的严峻考验。帝国主义对社会主义发动的战争可以威胁社会主义政权,帝国主义对社会主义的和平演变也可以使社会主义运动遭受严重挫折,使社会主义建设成果付诸东流,甚至颠覆社会主义政权。诱导社会主义国家和平演变的甜言蜜语,不是为了社会主义国家的强盛和人民的幸福,而恰恰是为了诱导这些国家走向毁灭。借助社会主义改革开放搞活的政策,西方反共势力对社会主义国家从事的颠覆活动再度升级,在中国的"八九"风波和东欧剧变中,造谣生事,推波助澜,已经到了丧心病狂的程度。即便是对那些已经由社会主义演变为非社会主义的国家,西方势力依然不放心,继续在那些国家搞"颜色革命",继续围堵反西方的力量。在他们看来,这些原对手国家仅仅改变社会主义走向、取消马克思主义、放弃无产阶级专政、甚至共产党下台,都是远远不够的,还必须折断这些国家发展的脊梁,完全纳入到西方发展的轨道,完全屈从于、依附于西方,严防这些国家东山再起而重新成为对手。这才是近年来美国纠集欧洲列强国家围堵俄罗斯的战略空间,支持北约东扩,以及乌克兰问题、叙利亚问题产生的本质根源。即便中东中亚地区的问题解决了,西方还会制造出针对社会主义国家或者原社会主义国家的其他国际热点问题。一旦离开了马克思主义的阶级观点和阶级分析方法,人们将无法看清国际社会发生的这些政治事件的实质。

环顾今日全球,日益密切的经济联系以及日新月异的科技进步,正在为各国经济的发展提供历史机遇。当代中国,几乎没有人反对开放政策。中国人民已经形成了这样的共识:当今的世界是开放的世界,孤立起来闭关自守是不可能的。中国要加快发展,要注意学习世界各国的先进经验。如果有争论的话,也仅仅集中在怎样开放的问题上,而不是集中在要不要开放的问题上。对外开放不是免费的午餐。从理论上说,落后的社会主义中国追赶世界先进国家,具有后发优势,也就是直接吸收先进国家已经发展出来的高科技成果,可以迅速地实现现代化。但是,现实并非如此。对于西方发达资本主义国家来说,绝对不愿意在瓦解苏联之后,再培养出一个强大的社会主义对手,不管这个对手叫中国,还是叫俄罗斯,或者什么"金砖"国家。尽管对社会主义国家技术封锁的"巴黎统筹组织"已经被取消了,但是,西方一些反华势力出于围攻社会主义中国的战略考虑,严防新技术流入社会主义中国,实质上的禁运、限制和歧视从来没有停止过。

  冷战结束多年了,但这个世界并不太平。苏联解体后,西方敌对势力用各种方式和手段对坚持社会主义制度的中国实行"西化""分化"的战略,企图颠覆中国共产党的领导和中国的社会主义制度,最终将中国纳入国际垄断资本的统治,纳入资本主义的轨道,变成资本主义的附庸国。这些年来,他们不断借助人权、民主、民族、宗教问题和台湾问题等发难于我。我国发生的数起暴恐事件中,不断闪烁西方反华反共势力的鬼怪魅影。如同老虎一定要吃人一样,他们的这种政治图谋不会因为美妙的外交辞令的粉饰而有丝毫的改变。我们与国内外各种敌对势力之间的渗透与反渗透、颠覆与反颠覆的斗争将是长期的、复杂的。西方敌对势力向中国灌输阶级观点已经过时的论调,打出所谓的"民主""自由"牌,实质上是要实现他们"西化""分化"中国的图谋。难道这不是国际阶级斗争在我国的表现吗?正如恩格斯所言:"一切历史上的斗争,无论是在政治、宗教、哲学的领域中进行的,还是在其他意识形态领域中进行的,实际上只是或多或少明显地表现了各社会阶级的斗争"。[①] 我们在社会制度和意识形态等方面都与西方国家完全不同,这就决定了我们同西方国家的较量和斗争是不可调和的,因而必然是长期的、复杂的,有时甚至是十分尖锐的。西方国家不论是从战略格局上来说,还是从意识形态上来说,都绝不会希望看到像我们这样一个社会主义大国顺利实现和平和发展的。而它们的目的就是要搞垮我们的领导、颠覆我们的社会制度。我国有十三亿多人口,南北东西政治经济文化基础差别很大,与西方政治发展渊源存在巨大差异,强力推行西方那一套三权分立、多党制,肯定水土不服,天下大乱。如何在资本主义生产关系占据世界主导地位的情况下,在与资本主义打交道的过程中,既坚定不移地实行改革开放,吸收外国的管理经验、科学技术和资金,又防止西方敌对势力的侵袭,坚决抵制和粉碎西方敌对势力搞渗透、颠覆、和平演变的政治图谋,保持社会主义的巩固和发展,的确是高难度的与社会主义命运攸关的历史性、战略性课题。如果放弃用阶级分析的方法,把一场事关中国特色社会主义事业生死存亡的阶级斗争看成由于互不了解而造成的一些误会,就等于自己解除思想武装,实际上是取消了回击反共反社会主义势力进攻的自卫权,取消了中国人

---

① 《马克思恩格斯文集》第 2 卷,人民出版社,2009,第 469 页。

民坚定走中国特色社会主义道路的选择权,取消了中华民族实现伟大复兴的发展权。

最大危险在于意识不到的危险。毋庸置疑,我们是进入了和平发展的时代,但和平并不等于安全,没有战争的状态是和平,没有受到威胁的状态才是安全。在你死我活的战争状态中,社会主义者往往能直观地感受到帝国主义的威胁,而在将改革开放定为国策的社会主义和平建设时代,人们往往不容易觉察到每时每刻来自帝国主义的和平演变和颠覆活动,而真正的危险性也在这里。西方敌对势力教导我国国内的一批应声虫们,妖魔化马克思主义的阶级观点和阶级分析方法,这只是瓦解中国人民和世界人民的斗志,反对中国人民和世界人民一道拿起马克思主义阶级观点和阶级分析方法的武器,而他们却一直没有放松对社会主义国家疯狂地搞阶级斗争,一直没有放松对不愿意屈从于西方指挥棒的一切爱好和平的人士和国家大肆搞阶级斗争。

我国实行改革开放政策以来,西方敌对势力以国际贸易和国际文化交流为掩护,向我国输入西方价值观,着力培养西方价值观的传播者和代言人。近几年来,频繁发生了西方敌对势力以威逼利诱手段策反我国大学生、外交人员,向我国的军队科研、银行商务、国家安全等部门大肆渗透的案件。一些教师、学者、网络写手,呲必中国,"端共产党的饭碗,砸共产党的锅"。香港回归祖国后,敌对势力将香港当作对中国内地进行颠覆、渗透的桥头堡。2014 年发生的非法"占中"闹剧,就是香港少数激进团体在外部势力怂恿支持下,打着"民主化"旗号,围绕行政长官普选问题,精心策动的一场"颜色革命"。随着我国前所未有地靠近世界舞台中心、前所未有地接近实现中华民族伟大复兴的目标,西方反共反华势力对我国的渗透破坏活动愈加猖獗,加紧实施高校讲坛、网络平台上"文化冷战"和"政治转基因"工程。意识形态领域的斗争,铸魂与"蛀"魂、固根与"毁"根,爱国与卖国的较量,将空前尖锐、激烈和复杂。从国家安全面临的威胁来看,主要存在国家被侵略、被颠覆、被分裂的危险,改革发展稳定大局被破坏的危险,中国特色社会主义发展进程被打断的危险。如果忌讳、刻意回避马克思主义的阶级观点和阶级分析方法,对发生在眼前的阶级现象置若罔闻,那简直是黑白不分、是非不明的糊涂虫!简直是被西方价值观俘虏的应声虫!

针对西方敌对势力在攻击社会主义制度时经常挥舞起"人权""民主"的大棒,邓小平同志曾一针见血地指出:"他们那一套人权、自由、民主,是维护恃强凌弱的强国、富国的利益,维护霸权主义者、强权主义者利益的。"[①]

---

① 《邓小平文选》第 3 卷,人民出版社,1993,第 345 页。

江泽民同志也曾指出:"世界上从来就没有什么抽象的超阶级的民主,也没有什么绝对的民主。民主的发展总是同一定的阶级利益、经济基础和社会历史条件相联系的。"① 只有用马克思主义的阶级观点和阶级分析方法,才能对西方贩卖的"普世价值"的分析达到如此深刻准确的程度。可见,在我们抵制和反对西方资产阶级思想渗透时,马克思主义的阶级观点和阶级分析方法是必须坚持而不能丢弃的重要思想武器。

二

观察当今世界,之所以依然离不开马克思主义的阶级观点和阶级分析方法,还因为存在着霸权主义恃强凌弱的战争及其对发展中国家的残酷掠夺。如果离开了阶级斗争观点和阶级分析方法,人们无法把握包含全球两大矛盾即南北矛盾和东西矛盾的变化及其规律,无法说明当今世界存在的阶级现象。

自从哥伦布开辟新航路以来,世界成为世界历史,大致形成资本流向世界、利润流归西方的局面。所谓资本流向世界,是说具有发达工业的欧洲资本主义国家在海外殖民扩张,人们如潮水一般地涌向北美、南美和亚非,源源不断地获得发展资本主义所需要的资金、原料、市场、劳动力,促进了宗主国的经济扩张和国家建设。马克思说:"美洲的发现、绕过非洲的航行,给新兴的资产阶级开辟了新天地。东印度和中国的市场、美洲的殖民化、对殖民地的贸易、交换手段和一般商品的增加,使商业、航海业和工业空前高涨,因而使正在崩溃的封建社会内部的革命因素迅速发展。"② 所谓利润流归西方,是说资本主义像章鱼一样,把资本的触角伸展到世界各个角落,吮吸落后国家人民的血汗,榨取落后国家人民的利润和宝贵资源。资本来到世间,从头到脚,都滴着血和肮脏的东西。贡献了血汗的殖民地或半殖民地国家,没有获得发展的红利,得到的是贫困、饥饿、疾病和悲凉,而作为占领者和压迫者的西方国家,掠夺、占有发展中国家的发展成果,获得了繁荣、富裕、享乐和奢靡。正如代表发展中国家利益的一些学者所指出的:发展中国家之所以不发达,是因为有发达国家的发达;发达国家之所以发达,是因为有发展中国家的不发达。

对于发达的资本主义来说,只有不断地变落后国家为殖民地或者半殖民

---

① 江泽民:《论党的建设》,中央文献出版社,2001,第215页。
② 《马克思恩格斯选集》第1卷,人民出版社,1995,第273页。

地,压迫落后国家的人民,获取资源,才能发达;对于落后国家来说,只有摆脱殖民地半殖民地的境地,人民获取自由解放,才能获得发展的基础条件。在 20 世纪,社会主义革命在一些国家取得成功,有力地打击了国际垄断资本统治的旧秩序。受社会主义革命的成功所鼓舞的被压迫民族,掀起了风起云涌的民族民主革命运动,对帝国主义及其代理人进行"革命",大量的殖民地和半殖民地国家成为拥有独立主权的国家,废除了少数资本主义列强国家强加的大量的屈辱的不平等条约,有效管理和控制外国资本的输入,掀起不结盟运动和南南合作运动,极大改变了资本流向世界而利润流归西方的世界格局。帝国主义的生存的一个重要依据就在于侵略和掠夺,革除其掠夺的社会基础或者旧的世界秩序,就等于破坏了帝国主义的发展基础。社会主义国家和民族独立国家,必然成为帝国主义建立国际旧秩序的严重障碍,这就形成了在全球范围内发生的内在的、必然的、不以人的意志为转移的东西矛盾和南北矛盾,也就造成了党的十八大指出的"世界仍然很不安宁","霸权主义、强权政治和新干涉主义有所上升"[①] 的局面。

当今世界,谁都无法否认,存在着少数亿万富翁骄奢淫逸的生活方式与第三世界的无数饥民在死亡线上痛苦挣扎境况的鲜明对比。党的十八大还提出"全球发展不均衡加剧"的判断。人类社会已经进入了经济全球化时期,但这并没有缩小南北国家经济上的差距,反而越来越大了。在 2014 年世界经济论坛冬季达沃斯会议举行的前夕,世界经济论坛发布报告认为,长期贫富差距扩大将是未来十年最可能造成严重全球性危害的风险。慈善机构乐施会发布的一份报告显示,世界最富有的 85 个人拥有的 1.7 万亿美元财富,相当于世界收入较低的一半人口拥有的财富之和。乐施会执行董事维尼·比扬依玛表示:"时值 21 世纪,占世界一半人口的 35 亿人拥有的财富居然仍不比一小撮富得流油的精英人士拥有的多,这简直令人难以置信。"目前,美国拥有 3 亿人口,占世界人口的 4.5%,但其 GDP 近十年来一直占世界的 25% 左右,而撒哈拉以南非洲地区占世界人口的 11%,GDP 只占 1%。在当今世界,全球有 28 亿人每天的生活费不足 2 美元,这个数字几乎占世界人口的一半。其中更有 12 亿人每天的生活费不足 1 美元,缺失干净的饮水,疾病缠身,苦苦为生存而挣扎。资产阶级的辩护士们鼓吹人生来就是自由平等的,可是,富国如日本人均寿命高达 82 岁以上,而安哥拉人均寿命仅有 38.1 岁。能够解释清楚全球发展不均衡加剧现象的有力武器,不是资产阶级的自由平等博爱那一套说教,而是马克思主义的阶级观点和阶级分析方

---

① 《十八大以来重要文献选编》(上),中央文献出版社,2014,第 36 页。

法。即便是比较客观一点的西方学者,也不得不承认马克思的阶级学说并没有过时。美国《时代》周刊网站在2013年3月25日刊登题为《马克思的复仇:阶级斗争如何塑造世界》一文,文章认为,马克思不仅诊断出资本主义的缺陷,而且诊断出这些缺陷导致的后果。如果决策者找不到新的办法确保经济机会的公平,全世界的工人可能真的团结起来,通过阶级斗争维护自身利益。文章称,在自由贸易和自由创业的繁荣时代,卡尔·马克思认为的确定历史方向的阶级斗争似乎消失了。资本主义似乎正在实现诺言:在财富和福利方面把每个人提升到新的高度。这也许只是过去的想法。全球经济陷入漫长危机,世界各地的工薪层承受着失业、债务和收入迟滞的重负,马克思对资本主义的犀利批判——即这套制度天生不公,有自我毁灭的倾向——无法被轻易摒弃。

当今世界,谁都无法否认,还存在着高额费用支撑着的庞大军队、警察队伍和足以摧毁地球若干次的核武库。根据斯德哥尔摩国际和平研究所发布的2013年世界军费开支报告,从2012年开始,世界军费开支总和出现了21世纪以来的首次负增长,但2013年的世界军费开支总和高达17470亿美元。美国军费开支长期居世界首位,2011年,高达7113亿美元,2013年为6402亿美元。① 2014年美国军费预算为6125亿美元,比排在其后的10个国家的国防预算的总和还要多,占世界总军费开支的40%左右。在强大的经济和科技实力的支持下,美军向世界展示了一个令人眩目的"超级武库",不仅数量十分庞大,科技含量也是前所未有。它其中供养着19支航空母舰编队,而全世界其他国家总共才12支;拥有数量最多、装备最先进的飞机和潜艇,拥有世界上最大的核武库,还具有使美军迅速抵达全球任何地方的能力。正是因为有着强大的军力作为后盾,美国在推行单极全球战略为己谋利时一向态度蛮横,置国际准则于不顾,甚至不惜发起战争与他国兵戎相见。除了庞大的军队外,当今世界还存在装备精良训练有素的庞大的警察队伍,还有防范严密的监狱。军队、警察、监狱是阶级统治的工具,大量存在的军队、警察和监狱,每时每刻都在证明当今世界存在着阶级统治和阶级压迫。

当今世界,谁都无法否认,还存在着庞大的谍报机构,从事跟踪、暗杀和策反,并每时每刻监听着敌对国家乃至盟国。美国前情报人员斯诺登向媒体提供机密文件表明,美方"棱镜"计划的监听对象,除法国和意大利等欧盟国家外,范围还扩大至日本、墨西哥、韩国、印度、土耳其等国。只要

---

① 李大鹏:《美国削减军费开支,世界军费开支总和保持负增长》,《中国青年报》2014年9月14日。

有相应的电子邮件地址,美国情报机构可以对任何人进行监控,下至平民百姓,上至法官、总统。美国国家安全局的监视项目每天会搜集近 50 亿份电话记录,分析涉及个人确切下落和旅行地点的个人私密数据。这些引发被监听的德法等欧洲国家领导人的强烈不满,也在美国国内引发了激烈讨论,并促使美国总统奥巴马做出限制政府监听权限的决定。斯诺登还披露,美国国家安全局在中国、德国、韩国等多个国家派驻间谍,并通过"物理破坏"手段损毁、入侵网络设备。当然,重点监控对象是中国,在北京设有"定点袭击前哨站",持续攻击清华大学的主干网络以及某电讯公司香港总部的计算机,该公司拥有区内最庞大的海底光纤电缆网络,由此可以侵入众多国家的网络终端领域进行大规模的窃听并监视全球所有人的个人资料和秘密。西方国家经常炒作"中国黑客威胁论",事实上,"棱镜门"证明了美国才是"举世皆知的最大网络窃密者",是最大"黑客帝国"。与此相应的是,2012 年 3 月 19 日,中国国家互联网应急中心在发布的《2011 年中国互联网网络安全态势报告》中指出:2011 年美国以 9500 多个 IP 地址控制中国境内近 885 万台主机,有 3300 多个 IP 控制境内 3400 多家网站。[①] 在 2014 年 11 月 20 日的首届世界互联网大会上,中国国家互联网应急中心负责人透露了一组颇为惊人的数据:美国已经控制我国内地共计 6118 个网站,这一数据占所有控制我国网站国家和地区来源的第一位。根据该中心监测,2014 年上半年我国境内被植入后门网站中,有 48.8% 是被境外 IP 地址所控制。显然,西方敌对势力将互联网看作输出其价值观和制度模式,对我国进行思想文化渗透,甚至策动"颜色革命"的利器。西方豢养了大量网络职业黑手,在网上大肆传播反华反共言论,诋毁和批判中国主流意识形态和民族文化,宣扬新自由主义、历史虚无主义,极尽渲染、刻意放大我国改革开放过程中不可避免的各种问题之能事,甚至制造各种社会谣言,煽动不辨是非的人们抵触、仇视我国的根本政治经济制度。这是资本主义和社会主义之间发生的没有硝烟的激烈的有时甚至是你死我活的交锋和搏杀。

如果说殖民地时代光天化日之下肆无忌惮地掠夺杀戮的血污还没有清洗干净的话,那么,披上"普世价值"华丽马甲的当代帝国主义者们在 21 世纪又粉墨登场了。在西方将其所谓的自由、民主、平等、博爱包装上"普世价值"彩衣向世界人民传销时,确实让一些不明事理的人们神魂颠倒,好像西方强盗们贩卖非洲黑奴、屠杀美洲印第安土著、火烧中国圆明园之类的让人痛彻肺腑的悲惨场景没有发生一样。他们信誓旦旦地声称,"普世价

---

① 李艳玲:《扣准社会脉搏是凝聚改革共识的重要前提》,《求是》杂志 2013 年第 2 期。

值"将给世界人民带来幸福的西方文明,这也确实忽悠了一批喝了西方赏赐的糊涂汤而不明事理的庸人,但同最响亮的最漂亮的词句相对应的到处都是最可怜的现实。按照西方自由、民主、平等、博爱建立的世界秩序竟然是一幅让人极度失望的讽刺画!民主化作美军炸弹刺刀下的阿富汗和伊拉克人民的呻吟。经历了1997年亚洲金融风暴和近年来的席卷西方的金融危机的全世界人民发现,西方标榜的自由成为西方金融大鳄对世界人民血汗财富的残暴洗掠。如果丢弃马克思主义阶级观点和阶级分析的方法,我们能够看穿"普世价值"华丽的外表,将其内涵和本质说清楚吗?

  与高呼"世界充满爱"的浪漫诗人或歌唱家不同,活跃在国际舞台上的现实的清醒的政治家们,不论是社会主义国家的领导人,还是资产阶级的政治家,都宁愿相信"国家间只有共同的利益,没有永远的朋友"。国际社会有相当数量的在"友好气氛中"签订的"友好条约",有些是属于个别国家间友好历史传统或者具有友好基础的表达,有些未必就是真正的"友好"关系的体现,而仅仅是双方特定阶段实力较量结果的文字上的确认,是竞争关系的暂时调整。领导人的握手、问候致意,体现的是领导人之间的个人关系,未必能够代表国家关系。只要是以政治家的身份履行职责或者不是头脑发昏的话,无论是资产阶级的政治家还是无产阶级的政治家,都把国家利益置于个人的好恶之上。

  反面教员很可爱,可爱之处在于不领薪水却孜孜不倦地启发人民觉悟,起到了正面教员起不到的作用。尼克松是冷战时期的一位著名的美国政治家,以反共反社会主义为己任,以现实主义的大胆决策而著称。就是这位资产阶级的政治家,清醒地认识到现实世界存在着冷酷的阶级现象。他认为,那种以为和平可以用衬衫或者汽车上贴"要爱情,不要战争""不要用战争杀死我们的孩子"口号来实现的想法和做法,实在过于天真。然而,尼克松认为,不幸的是"并不是全部有用的白痴都在街上为和平而游行或鸣喇叭,他们中的一些人还在我们的大学里教书,一些人在为报纸撰写专栏文章,一些人在电视上高谈阔论"。[①]

  历史是一个可怜的旧货堆,其间充斥着各种被撕毁的条约。尼克松嘲笑那些无视阶级现象的人们:"天真的理想主义者还在坚信不疑地认为,国宴、辞藻华丽的祝酒、含着眼泪的拥抱、庄严的签字仪式就是外交的本质。他们过于信任领导人之间的友好关系,每当他们从电视晚间新闻中看到两位'从前的'敌手在一起面带笑容、互相碰杯时,他们的心就激动不已。"那

[①] 〔美〕尼克松:《真正的和平》,世界知识出版社,1999,第7页。

些受到严格的逻辑训练,应该披露世界真相引领社会理性思考的新闻媒体,也用极其无聊的自欺欺人的手段介绍所谓"富有成效的会晤"的成果,极力渲染会晤的友好氛围。他们尽量搜集会谈双方微笑欢笑握手拥抱的镜头用以宣传,如搜集在一次会晤中发生了多少次微笑、握手,一共签署了多少协议,研究祝酒词中有多少表达友好合作的字眼,为了弄明白"友好"的程度,还要研究用来修饰"友好"的副词和形容词的使用频度,用多年前的教科书上提供的一些新闻公式,对比另外的一些会晤,计算此次会晤是否成功,然后发布新闻,宣称此次会晤取得了多么辉煌的成功。这些把戏也许能够吸引观众的眼球,增加报纸电视的卖点或者看点,但经历了国际社会若干重大会晤的尼克松对此嗤之以鼻,揭露并嘲弄那些天真的新闻记者和读者:"其实,这些新闻记者和他们的读者很可能对领导人坐下来解决重大问题时所实际发生的事情知之甚少,甚至一无所知。在照相机前,领导人都是携手并肩追求和平的朋友,但关起门来时,他们便恢复了本来的面目:侵略者、受害者、猫、老鼠、鹰、小鸡、赢家、输家。"[1] 一个资产阶级的政治家以如此冷静现实的眼光看待当今世界存在的严酷的阶级斗争现象,难道不应该让世界人民提高警惕吗?

三

改革开放是决定当代中国命运的关键一招,也是决定能否实现"两个一百年"奋斗目标、实现中华民族伟大复兴的关键一招。这就意味着,如果改革出现了颠覆性的、全局性的、不可逆转的错误,必将折断中华民族复兴腾飞的翅膀。不改革死路一条,改革路线出现严重失误的改革也是死路一条。改革既可以使一个民族强盛,也可以使一个国家崩溃。苏联革命是中国人民革命的一面镜子,苏联改革也是中国改革的一面镜子。苏联解体和东欧剧变是国际共产主义运动历史上重大的事变,虽然它已过去20余年了,但人们对它的性质、根源仍众说纷纭,歧见杂陈。

我们要问:如果离开了阶级斗争观点和阶级分析方法,如何透彻地洞察苏联东欧演变历史进程各种要素的内在联系及其表现出来的尖锐形式?如何准确地把握激烈角逐的各派政治势力的阶级基础和阶级意向?如何彻底地揭示当时的苏联领导人和理论界所鼓吹和奉行的民主社会主义路线的阶级实质?如何深刻地分析国内外诸种因素影响下的社会上各种矛盾所形成的合

---

[1] 〔美〕尼克松:《真正的和平》,世界知识出版社,1999,第16页。

力？如果执政的苏联共产党能够坚持马克思主义的阶级和国家学说，勇敢地与国内外阶级敌人做顽强的斗争，那么，一个由列宁亲自创建的拥有近两千万成员的伟大的党怎么能一夜间悄无声息地垮台？一个曾经战胜凶残无比的德国法西斯的庞大的国家何至于顷刻间灰飞烟灭？反过来，我们难道不应该从苏共自我解除马克思主义阶级观点和阶级分析的理论武器，导致亡党亡国的惨痛经历中吸取血的教训吗？

领导苏联改革的苏共总书记戈尔巴乔夫，在1987年提出指导改革的"新思维"。而所谓改革的"新思维"，恰恰是放弃了马克思主义的阶级观点和阶级分析方法。

资产阶级的思想家往往将资产阶级的阶级要求包装成为全人类的意志，"标榜自己不是某一特殊的阶级的代表，而是整个受苦人类的代表"①。空想社会主义者拥有这样的思维特点，是源于他们的理论不彻底、不成熟；当代资产阶级的辩护士声称代表全人类利益，则一定是施展了反共反人民的欺骗伎俩；而共产党的领导人在阶级社会里声称为全人类利益而工作，则毫无疑问地是对无产阶级利益的背叛，是对马克思主义阶级观点和阶级分析方法的放弃。在阶级社会里，马克思主义从来不抽象地谈论"人"的问题，而是根据人们在社会经济结构中的地位不同，直接将现实的人划分为不同的阶级和阶层，再按照不同时代、不同地点的阶级和阶层的利益要求、力量对比等具体情况，确定联合哪个阶级或者阶层，依靠哪个阶级或者阶层，制定科学的路线方针政策，实现无产阶级利益的最大化。戈氏的"新思维"以毁灭性武器的存在为由，提出国际舞台上的阶级对抗有了客观限度，"把全人类利益置于时代的至高无上的地位"，实现"当代世界的阶级原则和全人类原则相互关系的新概念的转变"。戈氏在"回忆录"中自白道："我们重新掌握全人类的价值观念，不是把它作为某种阶级方面异己的东西，而是作为正常人应有的正常的东西来掌握。"②他将"人类"与"阶级"割裂和对立起来，把马克思主义的阶级原则、阶级分析斥为"非正常"的东西。

西方反共老手们注意到，早在当上总书记前，戈尔巴乔夫的思想与正统马克思主义就已有所不同了。美国中央情报局和国务院高级官员、曾经直接参与苏联东欧情报收集与分析工作的美国特工雷蒙德·加特霍夫在回忆录中说，他在1984~1985年通过阅读苏联报刊，接触苏联访问学者，已经意识到戈尔巴乔夫和其他几位领导人的讲话里开始出现这种真正的"新思想"。

---

① 《马克思恩格斯选集》第3卷，人民出版社，1995，第720~721页。
② 〔俄〕戈尔巴乔夫：《真相与自白》，社会科学文献出版社，2002，第238页。

1986年苏联共产党第二十七届大会上,马克思列宁主义意识形态几乎完全被抛弃。过去苏联意识形态认为和平时期仍然存在阶级斗争,而戈尔巴乔夫在报告中几乎没有提到阶级斗争,号召"为了建立一个无所不包的国际安全系统",必须走合作之路。苏共纲领新修订稿中不准继续保留把不同社会制度国家和平共处视为"阶级斗争的特殊形式"这一提法。认为在核战争这个更加可怕的危险面前,"属于不同社会制度的国家也可以并且应当为了和平和解决全人类的全球任务进行合作"。据戈尔巴乔夫回忆录中说,此时的他十分重视关于世界是相互联系、相互依存的关系的提法,那种人为地将世界分割为相互对立的集团的做法是何等的荒谬。[①] 加特霍夫认为,戈尔巴乔夫在1986年2月底的苏联共产党第二十六次代表大会上的讲话是苏联意识形态关键的转折点,"那次党代会把'新思维'确定为党的路线","大胆地甚至是惊人地提出新的看法。最重要的是抛弃作为冷战基础的马克思列宁主义——斯大林主义的教条。"斯大林之后,苏联也提出过和平共处避免战争的说法,但西方认为那只是修修改改,并没有彻底抛弃阶级斗争观点,"但是现在,戈尔巴乔夫发出了完全不同的声音:他不是讲两个相互斗争的阵营,而是讲'正在形成一个相互依赖、在许多方面是整体的世界'。"[②] 此次会议后不久,他又花了两周时间在莫斯科了解基层思想动态,发现人们已经接受了戈尔巴乔夫"新思想"。他提醒美国人,要充分认识到这种新变化。

基辛格也注意到戈尔巴乔夫思想与以往苏联共产党意识形态的差异,断定"戈尔巴乔夫是第一位完全摒弃阶级斗争、并且宣称和平共处本身就是目标的苏联领袖。虽然戈尔巴乔夫也在继续申言东西方之间意识形态的不同,但国际合作的需求已超越了它。它(和平共处)之所以存在,不是当做走上共产主义必胜道路中的一个阶段,而是因为对全体人类福祉有贡献。"[③]

相比之下,美国原驻苏联大使马特洛克稍微迟钝了些,他已经注意戈尔巴乔夫的"新思想"有逐渐修正马克思阶级斗争学说的种种迹象,但认为需要进一步观察。直到1988年7月26日,看到《真理报》上的谢瓦尔德纳泽的讲话:"新的政治思维要在核时代的现实环境中考虑到和平共处。我们有充分理由认为在和平共处时期不存在什么特殊形式的阶级斗争。……两种

---

① 〔俄〕戈尔巴乔夫:《戈尔巴乔夫回忆录》上卷,社会科学文献出版社,2003,第341页。
② 〔美〕雷蒙德·加特霍夫:《冷战史——遏制与共存备忘录》,新华出版社,2003,第361~362页。
③ 〔美〕基辛格:《大外交》,海南出版社,1998,第762页。

对抗性制度的斗争已不再决定当今时代的走向。"他喜不自禁地说:"我一直孜孜以求的东西终于呈现在我的眼前。阶级斗争这个决定对外政策实质的理论被官方人士宣布予以放弃。"他马上将此情况报告华盛顿,并且评论说:"如果苏联领导人真的抛弃这个观念,那么他们是否继续声称他们的指导思想为'马克思主义'也就无关紧要了。"① 1987年,戈尔巴乔夫出版了《改革与新思维》,1988年5月,苏联共产党第十九次代表大会召开前夕,戈尔巴乔夫抛出了一个大会议题"论纲"。马特洛克读到"论纲"时,高兴地说:"新内容比比皆是,我兴奋不已","有些'议题',似乎是从美国宪法中翻译过来的。除了'社会主义'这个词外,文件与《共产党宣言》、甚至与《资本论》几乎没有一点联系"。他立即向美国总统汇报并保证:"我对总统说如果这一切都是真的,苏联将以一个崭新的面目出现在世人面前","我敢说共产党一党专政将会很快寿终正寝"。② 历史已经证明,马特洛克对戈尔巴乔夫的分析是正确的。

丧失了马克思主义的阶级观点必然走向丧失马克思主义的阶级立场的邪路。无产阶级政党从诞生那天起,一直没有停止过与国内外敌人的较量,是在战胜各种困难的过程中成长壮大起来的。无产阶级政党之所以能够克服困难,是因为掌握一个法宝,那就是时刻保持与人民群众的血肉联系,坚定地依靠最广大的人民群众,从群众中获取战胜困难的勇气和方法。这个法宝只有真正的无产阶级政党能够拥有,因为无产阶级政党本来就是从劳动人民群众中产生的,无产阶级的领袖本来就是人民群众的代表。人民群众本身具有无穷的创造力,蕴涵着无穷的智慧。历史是人民群众的历史,社会主义革命需要人民群众的广泛参与,同样,社会主义改革也需要人民群众大规模投身其中。如果说人类利益高于一切的"新思维"是放弃了马克思主义的阶级观点的话,那么,在改革过程中,苏联共产党领导人唯西方马首是瞻,在改革是为哪个阶级利益服务、应依靠何种阶级力量的关键问题上出现了重大失误。

在苏联改革过程中,至少有这样几种基本阶级力量起着作用:一是广大的城乡工农群众,他们人数众多,但没有职权,他们希望通过社会主义的改革使苏联更加强盛,人民生活得到更大改善;二是党内官僚集团,他们充斥着党和国家的大大小小职位,背叛了共产党人的理想信念,与社会上的投机分子一道,利用改革中饱私囊,不惜出卖苏联;三是西方反共反苏势力,引

---

① 〔美〕小杰克·F. 马特洛克:《苏联解体亲历记》,世界知识出版社,1996,第169页。
② 〔美〕小杰克·F. 马特洛克:《苏联解体亲历记》,世界知识出版社,1996,第138页。

导苏联改革走向邪路,希望苏联共产党下台、苏联崩溃。共产党走出改革困境的唯一出路就是警惕和排除西方势力对改革方向的干扰,紧紧依靠国内人民,与人民一道共渡难关,而不是模糊阶级立场,求助于西方国家。

在戈尔巴乔夫当选苏联共产党总书记初期,还比较注意深入国内群众,深入基层。据戈尔巴乔夫办公厅主任博尔金回忆,那时的戈尔巴乔夫曾经视苏联人民为自己的力量根基,到全国的许多地方去视察,了解国情。1988年,苏联经济改革遇到一些困难,戈尔巴乔夫本应深入人民群众,集中人民群众的智慧,在人民群众中寻找战胜困难的办法,但他不再相信国内人民的力量,而是频繁出国,向西方寻求治理苏联的良方。戈尔巴乔夫不但直接乞求西方的物质援助,还照搬西方制定的苏联改革方案。他的信条是"国际社会支持我国改革的问题具有极其现实的意义",寄希望于西方,以"在最艰难的危机时刻确保我国获得有力的经济支持"。① 国家越来越困难,矛盾越来越尖锐,戈尔巴乔夫更加减少国内视察的计划,国外出访也日趋频繁。有一段时间,戈尔巴乔夫在国外访问的时间比在国内巡视的时间还长,苏联人民只能从他出访的电视节目中寻找自己总书记的形象。苏联国内形势越紧张,国外就越高唱赞歌。博尔金说:"戈尔巴乔夫在国内不得人心,但他在很大程度上从西方的吹捧和支持中得到补偿。"② 从 1989 年开始,苏联党内和国内形势像雪崩一样地急剧恶化。戈尔巴乔夫不是不知道国内形势的变化,不可能不知道国内人民情绪的变化。但他需要掌声欢呼声麻醉自己。在国内只有埋怨和冷落,他只好到国外特别是从西方国家那里获取热烈欢迎。在苏联东欧社会主义大家庭面临分裂之际,这位苏联共产党领导人干什么去了呢?博尔金说:"这段时间里,出国访问、会见西方国家首脑成了苏联总统的主要工作,西方舆论认为戈尔巴乔夫是一个具有新思想、不按照自己前任的教条行事的人,他很快成了西方人崇拜的偶像。他们不断地塞给他各种名目的奖金,向他颁发金质奖章,授予他种种荣誉称号,在电视、报纸和杂志上为他做宣传,巧妙地满足着他的自尊心。……他们(西方国家的老百姓)不明白苏联人民为什么对这个人持冷漠态度:他开创了一项多么好的事业,却在自己的国家里受到严厉的批评。"③ 1989 年苏联经济困难加剧,戈尔巴乔夫梦寐以求的是参加西方七国集团会议,挤进西方富国俱乐部,获得西方对苏联改革的支持。1 月 18 日,他连续会见了洛克菲勒、德斯坦、

---

① 〔俄〕戈尔巴乔夫:《戈尔巴乔夫回忆录》下卷,社会科学文献出版社,2003,第 1050 页。
② 〔俄〕瓦列里·博尔金:《震撼世界的十年——苏联解体与戈尔巴乔夫》,昆仑出版社,1998,第 121 页。
③ 〔俄〕瓦列里·博尔金:《戈尔巴乔夫沉浮录》,中央编译出版社,1996,第 178 页。

中曾根、基辛格等西方政界要人或者经济界名流。戈尔巴乔夫向他们谈论苏联进入世界市场的前景、参与世界经济联系的方式、多边合作的规划、吸收苏联参加各种国际经济组织活动的条件等。他迫切希望与西方首脑商谈，参加西方七国集团会议。戈尔巴乔夫这样做，是遵照国家敌人的指令，在敌人面前投降了，不经过战斗就将人民的利益出卖了，将一个有能力自卫的国家放弃了。当然，戈尔巴乔夫也得到了应有的报应。他背离、出卖了苏联劳动人民的利益，人民痛恨他、远离了他，他后来参加俄罗斯总统竞选时得到的票数少到简直可以忽略不计的程度，有长相类似戈尔巴乔夫的俄罗斯公民竟然被人误以为是戈尔巴乔夫本人而在街头遭到痛打。他涂脂抹粉，花枝招展，将热情的脸面送往西方，可是，搞垮苏联后的西方政要们对已经没有使用价值的戈尔巴乔夫不再感兴趣，最后无情地抛弃了他。

痛定思痛。如果当年苏共不放弃马克思主义的阶级观点和阶级分析方法，坚定地站在无产阶级的立场上，团结和带领国内工农群众共克时艰，奋发有为，警惕和抵御资产阶级的和平演变，那样一个伟大的党、伟大的国家何至于在一夜间灰飞烟灭？执政的共产党如果不愿意失去历经千辛万苦获取的统治地位，就必须牢记马克思主义的阶级观点和阶级分析方法，借助它研究和分析各派政治势力的阶级基础和阶级意向，正确区分和处理人民内部矛盾和敌我矛盾这两类不同性质的矛盾，明确阶级立场，坚持同最广大人民站在一起，始终把实现好、维护好、发展好最广大人民根本利益作为一切工作的出发点和落脚点，制定和真正落实促进最广大多数劳动人民而不是少数剥削者幸福安康的国家发展战略。

四

要不要用马克思主义的阶级观点和阶级分析方法观察世界复杂现象的问题，本不应存疑，因为这是我党早已明确解决的问题。党在《关于建国以来党的若干历史问题的决议》中指出："由于国内的因素和国际的影响，阶级斗争还将在一定范围内长期存在，在某种条件下还有可能激化。"[1] 这就明确地肯定了当今世界依然存在阶级斗争的条件。现行宪法的表述是："在我国，剥削阶级作为阶级已经消灭，但是阶级斗争还将在一定范围内长期存在。中国人民对敌视和破坏我国社会主义制度的国内外的敌对势力和敌对分子，必须进行斗争。"党的十八大通过的新党章也有类似的文字上的表述。

---

[1] 《三中全会以来重要文献选编》（下），中央文献出版社，2011，第169页。

只要阶级斗争还在一定范围内存在，只要当今世界存在阶级现象，马克思主义的阶级观点和阶级分析方法就没有过时。这种观点与方法始终是我们观察社会主义与各种敌对势力斗争的复杂政治现象的指导性线索，是我们观察当今世界政治经济意识形态现象的一把钥匙。看待世界各国的政治制度模式，必须坚持马克思主义政治立场。马克思主义政治立场，首先就是阶级立场，进行阶级分析。有人说这已经落后于时代了，这种观点是不对的。马克思主义认为，资本主义国家的政治制度是以私有制为基础的，资本决定着社会政治机器的运转，不论是君主立宪制还是议会制、总统制，都没有改变资本主义国家政治统治的本质。我们是马克思主义者，对待政治问题，不能只看现象，不看本质，而要善于透过现象看本质。

用马克思主义的阶级观点和阶级分析方法观察世界复杂现象，与"以阶级斗争为纲"有严格的区别。在改革开放新时期，我党停止"以阶级斗争为纲"的口号，遵循一切从实际出发，理论联系实际，实事求是，在实践中检验真理和发展真理的思想路线，现在，我们主张用马克思主义的阶级观点和阶级分析方法观察世界复杂现象，同样遵循了党的这条科学的思想路线。我们承认当代世界的政治经济生活中存在阶级现象，承认国际社会存在阶级斗争的因素，并主张用阶级观点和阶级分析方法分析阶级现象和阶级斗争，但并不是要求人们违背社会主义初级阶段的理论和政策，重复曾经发生的"以阶级斗争为纲"的错误，把国际交往活动中不属于阶级斗争的问题仍然看作是阶级斗争，并不是要求人们将过去熟悉的用来解决国内阶级矛盾的大规模急风暴雨式群众性斗争的旧方法和旧经验照搬到对当今世界复杂的国际关系的观察和研究进程中来，也不是把马克思、恩格斯、列宁、斯大林著作中关于阶级斗争的某些论断教条化。对当今世界现实存在的阶级现象既不能夸大，重犯"阶级斗争扩大化"的错误，也不能对客观存在的阶级现象视而不见，避而不谈，更不能认为马克思主义的阶级观点和阶级分析方法已经过时而将其抛弃。阶级现象是不依赖于人们的意志的客观存在。提出用阶级观点和阶级分析方法观察社会、考察当今时代的阶级现象，不是无中生有地挑起阶级矛盾，恰恰相反，而是在风云变幻的世界格局中，头脑清醒地把握阶级力量对比的变动，主动处理不同利益相关方之间的矛盾，为我国的社会主义现代化建设事业营造和平发展的良好环境。掩盖阶级现象，回避阶级分析，在客观上无法躲避阶级之间的矛盾和差异，只能使阶级关系紧张，矛盾加剧，丧失解决的余地而使问题一发而不可收。

用马克思主义的阶级观点和阶级分析方法观察世界复杂现象的问题，要求人们既要分析人类社会的阶级历史，更要研究当今世界出现的新情况、新特点。马克思主义的阶级观点和阶级分析方法是科学。科学是经得起考验的。只要地球上还存在着阶级和阶级斗争，马克思主义的阶级观点和阶级分析方法就会富有生命力。即使进入了共产主义社会，阶级已经成为历史的陈迹，但是历史学家在研究几千年阶级社会的历史时，仍然要以阶级观点和阶级分析方法作为指导性的线索，否则，就无法发现历史规律性的线索。与马克思生活的年代相比，当今世界的阶级关系已经发生变化。对当今世界总的形势的研究，离不开马克思主义的阶级观点，当然不是停留在原来的认识水平上。在当代的资本主义社会里，除无产阶级和资产阶级两大对立阶级之外，还存在大量的中产阶级，工人阶级又有"白领"和"蓝领"之分。就全球整体而言，一方面，经济全球化、文化多样性、社会信息化背景下不同制度的国家之间的合作、人民之间的交往向全方位多层次拓展。另一方面，世界格局呈现出许多不稳定、不确定因素，各国加紧调整发展战略，力图抢占国际分工的制高点，综合国力竞争空前激烈。粮食安全、能源资源安全、网络安全等问题突出，强化军事同盟、加剧军备竞赛的倾向回潮，国际恐怖主义、民族分裂和极端宗教势力猖獗，地区热点和局部冲突频繁发生。现今世界阶级关系出现的这些新特点、新情况，只是给马克思主义阶级观点和阶级分析方法提供了更加丰富、更加复杂的分析材料，而不能成为取消马克思主义阶级观点和阶级分析方法的依据。

由于多年来刻意回避马克思主义的阶级观点和阶级分析方法，所以，如今一旦有人使用了哪怕是一丁点儿关于阶级观点和阶级分析方法的字眼，有些人不是大梦初醒，幡然醒悟，而是像被闪电强力击穿了多年已被西方固化的思维僵势，发出阵阵惊悸与痉挛式抽搐乃至昏厥。其实，阶级斗争学说不是马克思创立的，但是将阶级的存在仅仅同生产发展的一定历史阶段相联系，并论证阶级斗争必然导致无产阶级专政，这个专政不过是达到消灭一切阶级和进入无阶级社会的过渡，这是马克思的贡献。马克思赋予阶级斗争学说以完备的科学形态，并使之成为马克思主义科学思想体系的重要组成部分。

今天，我们正处在全世界范围从资本主义向社会主义过渡的伟大历史时代。我们所进行的斗争是极其复杂和艰巨的，在斗争中我们一时一刻也离不开科学理论的指导。莫将沉香当柴烧。老祖宗不能丢，马克思主义的阶级观点和阶级分析方法仍是观察当今世界复杂现象的指导性线索。

（王传利）

三　欧美观点
扫描篇

发达资本主义国家共产党如何
认识阶级和阶级斗争?

阶级和阶级斗争问题,是马克思主义理论的基础问题。坚持阶级分析和阶级斗争理论,也是以马克思主义为思想指导的无产阶级政党与其他类型政党相区别的一个重要标志。20世纪70年代至80年代,一些倡导"欧洲共产主义"的共产党,虽然出于西方社会复杂的斗争环境考虑,用"工人阶级领导权"等提法替代了"无产阶级专政",但从未放弃阶级和阶级斗争理论,一直捍卫马克思主义阶级和阶级斗争学说的正确性。苏联解体、东欧剧变20多年来,有些发达国家共产党的思想理论变革幅度比较大,但无论是以"马克思列宁主义"还是以"马克思主义"为意识形态指导思想的共产党,都反对阶级斗争"消失论""过时论",坚持用阶级观点和方法解析当代社会重大理论和现实问题,在有关阶级、阶级斗争和阶级意识等问题上提出了一些既坚持基本原理,又与时代发展及各国实际相结合的新认识和新思考。

一

21世纪以来,美国共产党对阶级和阶级斗争的认识不断深化和发展。在世纪之交的相关报告中,美共强调指出,过去党与其他社会力量的联盟之所以薄弱,一个很重要的原因就是对阶级的认识过于僵化和静止。"阶级的概念应该是开放和富有弹性的,僵化的阶级概念从来都不合适,特别是在政治、经济形势和意识形态迅速变化的时候,这一问题显得更加突出。"美共认为,阶级斗争是历史发展的主线。当然,历史过程极端复杂,除阶级斗争外,其他形式的斗争也在历史上留下了痕迹。阶级斗争和其他社会斗争混合交织，相互联系、相互作用。阶级斗争的纯粹形式仅体现在高度的理论抽象中，越接近实践，阶级斗争就越复杂。

在2006年美国共产党二十八大报告中，美共关注阶级斗争和民主斗争的密切联系，认为阶级斗争虽然往往从经济斗争开始，但经济斗争只是阶级斗争的部分内容，更重要的是要使工人阶级和其他社会力量逐步确立起社会主义意识。在美国和整个世界进行的民主斗争，一直都在致力于扩大全体劳动者的民主权利。阶级斗争与民主斗争紧密相关，一切具体的阶级斗争都是民主斗争的组成部分，民主斗争使工人阶级与其他阶级联合起来，共同反对资产阶级。

在近年发表的一篇阐释21世纪社会主义政党理论和立场的文章中，美共主席萨姆·韦伯继续强调"要坚持阶级和阶级斗争"。他指出，"虽然的确存在着在某种程度上重塑了资本主义经济、政治和文化的某些差异，但我们必须长期地、认真地研究阶级差异、阶级对抗和阶级斗争问题"。他批评大众话语中阶级和阶级斗争观点的消融，指出学术界和一些进步左翼人士一直在忙于将阶级问题缩小化，一方面，他们以反对阶级还原论和经济决定论为借口，另一方面，又试图允许多重决定因素论的存在。在韦伯看来，虽然"我们应当反对阶级还原论、经济决定论以及对历史进程进行简单化解释的做法，但如果不回归到历史唯物主义的分析方法和阶级斗争的范畴中去，我们就不会取得任何进步"。韦伯尤其强调列宁的阶级理论对工人运动的指导意义，他指出，"随着工人阶级在斗争过程中逐渐发展成为广泛运动的领导者，以及权力的问题变得尤为突出，当我们这个运动回归到阶级的概念或历史唯物主义中去，或者说对列宁的理论贡献和政治生涯产生新的兴趣时，人们不应该感到惊讶。因为在20世纪和21世纪，没有一个人能够与列宁对于阶级、民主、联盟政策、民族性、权力和社会主义革命等问题的贡献相比肩"。

二

日本共产党前主席不破哲三一直强调阶级斗争的重要性。在2004年日共中央委员会的发言中，不破哲三明确指出当今社会阶级斗争依然尖锐地存在，强调对于任何问题，重要的是从阶级斗争的立场进行思考。此次会议后，针对有读者对"阶级斗争"一词在当代社会的适用性提出的质疑，《赤旗报》在回应中表达了日共在这个问题上鲜明的政治立场，指出"阶级斗争""劳动者阶级的历史使命"等社会科学用语，如果不加说明地使用，大多数时候是很难被理解的。然而，即使不用"阶级斗争"一词，要表达财界、大企业与国民之间的斗争，以及分别代表他们利益的自民党与共产党之间的斗争的话，从内容上看也还是表现为"阶级斗争"。所谓阶级，是指根据在社会生产体制中所占地位的不同、是否拥有生产资料等标准将人划分为不同的集团。如同奴隶社会区分为奴隶主和奴隶、封建社会区分为地主和农民、资本主义社会区分为资本家和劳动者一样，在阶级社会中通常会有两大阶级，并且彼此相互对立。历史就是在这种对立和斗争中发展前进的，这就是日本共产党的社会观、历史观。在现代社会，代表着不同阶级利益的集团会结成政党，阶级斗争以政党间尖锐斗争的形式表现出来。当然，在职场中展开的谋求工资提高、争取劳动条件改善的斗争，以及在意识形态领域的运动也都是阶级斗争的一部分。不破哲三在中央委员会上的发言，明确强调了在当今的现实政治中，党的斗争具有"阶级斗争"的性质。因为即使是在战后的日本，日本共产党在发展的过程中，也一直受到来自以财界为中心的统治势力的各种手段的打压。而粉碎这种打压的斗争就是阶级斗争，也是考验日共力量和价值的最大的舞台。"阶级斗争"本身不会消失，也不会过时。在近年的访谈中，不破哲三继续坚持阶级视角的重要性，他说："任何人思考社会形势时，总是要考虑到不同经济地位的人的利益和活动，例如大公司、工人、中小型企业、劳动者和农民。不管他喜不喜欢'阶级'这个词语，社会研究都要从这一角度出发，这已是司空见惯的事了。"

三

　　法国共产党对阶级和阶级斗争问题的认识，经历了一个变化和调整的过程。法共在 20 多年的理论变革进程中一直没有否定阶级斗争的提法。但在 20 世纪 90 年代法共"新共产主义"改革的初期，曾提出阶级斗争是渐进的、缓慢的、形式多样的，而暴力革命已经过时。2003 年，在玛丽-乔治·比费全面主持党的工作以后，虽仍然继续坚持"新共产主义"改革方向，但其思想理论很大程度上重新走向"激进化"。同年举行的法共三十二大，重新阐释了"新共产主义"理论的阶级斗争观，纠正了暴力革命不适应新时期共产主义运动的观念，明确提出阶级斗争并不过时。法共在分析法国阶级阶层的现状时指出，法国工薪者总数在增长，产业工人并未消失，而技术人员、干部和教师等职业占就业人口的多数。法共认为，法国阶级阶层的新特点表现为人们工作的区域性流动越来越频繁，职业定位不再单一，行业之间、劳动组织之间以及职业技术等级之间存在着越来越多的相互渗透。

这些情况从表面上看造成了阶级意识的涣散，但事实上，一些现实的差距和歧视，如体力劳动和脑力劳动的差距、工资与劳动的差距、失业与社会保障的差距、侨民与种族歧视等，正在越来越多地唤醒人们的阶级阶层意识和阶级斗争意识。阶级斗争没有被超越，它正在走向更加广泛和持久的方向，法共必须坚决成为法国社会中被剥削被压迫阶级和阶层的最大支持者，必须用这些理论反抗资本主义。

法共尤其强调，暴力形式的阶级斗争并非没有可能。在资本主义全球化条件下，资产阶级联合成为强大的社会力量，阶级斗争是共产党人和争取解放的人们必须运用的方式。正是因为以前对阶级斗争的认识存在偏差，导致在法共历史上的一些关键时期，过于相信与社会党的联合，过于看重渐进式改革路线，未能果断地进行阶级斗争，使得党的主动性和积极性受到抑制，从而一次次地失去了宝贵的发展机遇。法共强调过去曾经有过的那种敢于斗争的精神应当重新被激活，对过去不能正视的问题应当敢于面对。

四

另一变革幅度较大的西班牙共产党，也旗帜鲜明地宣称阶级斗争消失的观点是错误的。在西共看来，在当前阶段，资本主义仍然在寻求完善其统治机制的方式，试图摧毁被统治阶级各种形式的组织力量。作为其对立面的工人阶级必须从主观和客观上推动资本主义体制的改进。从这个角度来说，阶级斗争不会也绝不可能消失。

西共用阶级分析方法考察了当代工人阶级的新变化，指出尽管内部结构发生了很大变化，但以出卖劳动力为生的当代工人阶级队伍在不断扩大，他们仍然是发达国家社会群体的主要组成部分。当代工人阶级存在方式愈益多样化。福特式大规模工作模式，即生产线工人尽管存在，但服务部门的工人已成为大多数。此外，西班牙还分布着大量小产业部门，尤其是在建筑行业，大企业向这些小产业部门进行业务外包的现象非常普遍。这种企业运作模式，使工人受到转包商和大企业的双重压榨。同时，一种建立在人力资本基础上的新的剥削形式已经确立起来：工人需要通过出卖早年在资本主义教育体制中学到的知识来获得赖以维生的薪水。因此，工人阶级从事体力生产的旧观念已经过时了，资本主义创造出了一个广泛的工人阶级，它们在体力和脑力上都受到剥削。

西共认为，当前阶级斗争面临的主要问题是阶级意识问题。阶级意识不是一种抽象的理论，而主要是由生产和服务过程中形成的产业行动和集体的社会政策一致性决定的。阶级意识不仅作为捍卫工人吁求和权利的工具,而且作为社会政治干预经济和社会现实的手段推动了阶级斗争,是革命以及摆脱人剥削人状况的先决条件。然而,在苏联解体后,随着新自由主义经济和价值观成为政治主导,党的阶级意识或批判意识出现极大消退,极大破坏并否定集体意识的自利的个人主义盛行。共产党的这种变性和肢解,将使党的意识形态成为各种左翼思想的大杂烩,实质上是一种自我毁灭过程,在实践中造成了西共党员人数的显著减少及其在劳工运动中社会影响力的下降。因此,进行阶级意识宣传以促进阶级意识复兴,是有效开展阶级斗争的必要条件。

五

以坚持传统社会主义理论为代表的希腊共产党,是马克思阶级和阶级斗争理论的坚定捍卫者。在《共产党宣言》发表160周年的一篇纪念文章中,希共高度赞扬马克思、恩格斯和列宁在阶级、阶级斗争理论上的历史贡献,批驳当代阶级界定标准庸俗化的各种"冒牌理论",指出"工人阶级终结""科技发展消除资本主义私人占有制""后工业和非物质社会"等理论的实质,是试图以"正在兴起的大众和青年"取代"工人阶级"作为"革命主体",进而反对阶级运动和阶级斗争。在希共看来,这种认识与将资本主义的问题视为新自由主义管理的后果,将新自由主义而非资本主义制度视为斗争目标,将所谓调控全球市场作为解决资本主义危机的替代政策,与以全球化为借口逃避进行国内斗争等行为是一致的。在激进运动和被压迫人民的反抗日益发展的当代希腊社会,这种倾向非常危险,将导致进步力量妥协。希共强调自己90多年的发展史就是阶级斗争的历史,希共在经济危机下组织的几十次总罢工,都是通过阶级工会"全国工人斗争阵线"将阶级导向的社会力量组织起来进行的。希共致力于成为一个"全天候政党",其前提就是坚持自己的阶级基础,与工人和人民建立起密切联系。

六

葡萄牙共产党从分析当代世界形势出发阐释了阶级斗争的必要性。葡共认为,从历史进程看,我们正处于由十月革命开辟的从资本主义向社会主义过渡的时代。但从中短期看,我们也处于反革命和社会回归的时代。这种国际环境具有两个基本特征:一方面是社会主义在20世纪末的挫败和革命力量的削弱，由于作为资本主义制衡力量的强大社会主义体系消失，整个世界受到剥削性、压迫性和进攻性资本主义的冲击，受到资本过度生产和资本过度积累危机的冲击；另一方面，随着愈益金融化、投机性、寄生性大资本的多层面的暴力进攻，当前资本主义正面临世界范围的经济危机。尽管我们仍然处于革命退潮和力量积累的时代，但这一世界形势表明，作为"创造性历史雕塑家"的阶级斗争在任何地方都不可能停止。阶级斗争呈现出一些新的形式，且在近些年表现得越来越尖锐和激烈。在世界各地，由于对劳工更大程度地剥削，对工人和人民通过斗争所获权利的报复性破坏，各种抗议运动蓬勃发展。在发达国家和资本主义体系的外围国家，大规模的斗争、罢工和群众游行活动不断发生。而在资本主义不平衡发展规律框架下，随着美国的相对衰落以及其他大国和重要地区力量的兴起，我们正在经历一个各方力量重新结盟的过程，这将重构世界经济和政治版图，产生新的问题、矛盾和机会，从而对革命力量的坚定性和创造性构成挑战，对共产党的政治和意识形态构成挑战。在这种复杂、动荡的全球形势下，葡共强调从本国具体实际出发探索革命和斗争道路的重要性，主张摆脱与现实不相协调的陈词滥调和预先构想的解决答案，积极回应日益紧迫的阶级斗争问题。

七

总之，发达资本主义国家共产党的普遍看法，是认为马克思主义关于阶级和阶级斗争的理论并没有随着时代的变迁而丧失生命力和说服力，强调在当代世界依然需要遵循阶级和阶级分析方法来认识、解决问题。同时，它们对阶级和阶级斗争等问题的认识也不是固守教条、僵化不变，而是将其运用到本国本党的具体斗争实践中，从实际情况出发来考察、分析当代资本主义的阶级结构和阶级斗争，从而很大程度上丰富和发展了马克思主义的阶级和阶级斗争学说。尽管这些认识和思考主要是依据当代资本主义的政治、经济和社会状况做出的，但发达国家共产党的立场、观点、方法及其宽广的国际视野，为当前国内关于阶级和阶级斗争问题的争论提供了可资借鉴的有益启示。

（于海青）

经济和社会危机：当代资本主义与阶级斗争

阶级斗争的两个方面：来自上层和外部的阶级斗争与来自下层的阶级斗争

通常情况下，人们认为阶级斗争是工人为了工人阶级利益所进行的斗争，而忽略了同样值得注意的（在我们这个时代更为重要的）由统治阶级通过国家来组织和指挥的阶级斗争。

新自由主义政策的整套内容，从所谓的"财政紧缩措施"到公私领域雇员的大量解雇、大量财富向债主的转移，都是以牺牲劳动者利益为代价，为了增强国会各部门的权力、财富和地位而设计的。在这里借用一下马克思的观点，来自上层的阶级斗争是历史开倒车的动力，即攫取和摧毁以前由下层工人阶级斗争取得的进步。

来自上层和外部的阶级斗争是在会议室、股票市场、中央银行、政府部门和议会中进行的。决策者们来自统治阶级、是信得过的人。做出大多数战略决策的人是非选举产生的高级职员和越来越多的地方金融机构（比如货币基金组织、欧洲中央银行和欧盟委员会），他们代表着债主、股票持有者和大银行的利益。

来自上层的阶级斗争，直接目的在于增强统治阶级的财富集中，增加工人退税及减少公司税额，有选择地实施一些规章制度，以助长金融投机活动，降低工人家庭的退休金、健康和教育的社会支出。另外，来自上层的阶级斗争旨在使资本的集体权力最大化，它通过劳工组织、社会运动和劳资谈判中工人权力的限制性法律而得以实现。换句话说，阶级斗争渗透到除工厂和严格意义上的经济领域之外的许多场所。关于紧急援助的国家预算拨款是阶级斗争的场所，银行是抵押持有者和家庭、债权人和债务人之间阶级斗争的场所。

在严峻的危机期间，政治制度和政策的统治阶级性质变得透明，来自上层的阶级斗争在广度和深度上进一步加剧。国库中数万亿美元的公共财政被转移用来救助银行家，数千亿美元的社会减支被强加到工人身上，涉及所有经济领域。在经济衰退期间，来自上层的阶级斗争以倾尽全力的战斗方式，通过使工人变穷、攫取数十年增长的收入以及先前来自下层阶级斗争获得的利益来拯救资本。

来自下层的工人阶级斗争，从关于工资、社会福利的工厂罢工到保护社会立法或防止威胁生活标准的大罢工，规模不等。在关键时刻，面对体制崩溃、毁灭性的战争和独裁统治，来自下层的阶级斗争在方法、参加者和成果上变化很大，主要依赖于造成阶级冲突的社会经济和政治背景。在当代，引人注目的是阶级斗争在不同国家和地区之间、帝国主义债权国工人和新殖民主义债务国工人之间的不平衡发展。来自下层的阶级斗争在一些更充满活力的资本主义国家——比如南非——正在加剧（那里的工人已经遭受了长时间的残酷剥削，还经历了与占支配地位的一党精英相联系的、具备统治力的亿万富豪新阶层的出现）。

阶级斗争，资本主义危机：统治阶级的进攻

伴随资本主义经济危机的是经济的下降、日益增加的破产威胁和对国家补贴的强烈需求。在资本家、银行家、债权人与工人、债务人和食利者之间根本不存在共同（即使不相等地）分享财富的任何基础。对日渐萎缩的资源的竞争加剧了分享日渐缩小蛋糕的冲突。统治阶级，面对你死我活的生存斗争，想方设法、竭尽全力进行反击，以确保自己的财富需要得到满足，国库公款专门被用来偿还其债务和推动利润恢复。统治阶级的战斗规定了谁为危机埋单，谁将从危机恢复中获益。反过来，危机是对资本主义经济体制暂时的威胁，在危机复苏过程中，统治阶级反攻倒算，以政治、经济、社会为托词，颠覆半个多世纪的劳动和社会进步。资产阶级斗争拆除了社会安全网络，削弱了整个福利资本主义的法律思想基础。"紧缩"被用来掩饰统治阶级对国库公款的夺取，它所带来的任何社会后果并不被在意，"紧缩"政策的实施是来自上层阶级斗争的最高形式，因为它建立了独断的、单边的资本权力，决定着现在和将来工资和利润之间、就业和失业之间、债权国和债务国关于利息和本金之间的分配问题。

随着危机在债务国中的加深，统治阶级加强了它与工人、雇员和小企业阶层间的斗争。首先，帝国主义债权国（在欧洲表现为三驾马车：欧盟委员会、国际货币基金组织和欧洲中央银行）通过掌控国家推翻宪法秩序，然后颁布宏观和微观的社会经济政策法令，颁布就业、工资和财政政策法令，颁布现在和未来国家收入分配（在帝国主义债权人和当地工人之间）法令。阶级斗争已经走向全球。地区组织，如体现着成员国之间形式上平等的欧洲联盟，日益显露出他们自己在帝国主义中心、在占支配地位的银行之间，聚敛财富的帝国主义机构的性质。

危机时期来自下层的阶级斗争

工人组织，比如行业工会、退休者协会等，面对统治阶级公开的、有攻势的全力战争未能做好应对准备。数十年来，他们习惯于通过劳资谈判、偶尔短时间的罢工，来保证待遇的改善。他们的党派（无论工党或社会民主党，都既忠实于资本主义利润，又忠实于社会福利）深陷于资本主义秩序之中。在危机的压力之下，他们抛弃劳工，接受统治阶级的方案，强加统治阶级"紧缩"的观点。劳工被抛弃，工人阶级本身没有国家管理权，没有可靠的政治盟友。行业工会仅仅局限于日常问题和他们最接近的会员，忽视了众多失业者，尤其是年轻的失业者和工人。来自下层的阶级斗争缺乏领导、远见、组织以及统治阶级拥有的国家资源，无法发起反击。来自下层的阶级斗争起初是防御性的，用来拯救剩余劳动合同，抢救就业或减少失业。正在进行的阶级斗争存在的根本问题是行业工会和工人们未能认识到阶级斗争的可变性。统治阶级的整体斗争策略远非涨工资和盈利报告，还包括对劳工生活、工作、住房、退休金、医疗和教育条件的正面攻击。劳资双方的社会条约的执行完全被统治阶级丢在一边。它要求所有的社会要求无条件让步，夺取国家的行政特权，来贯彻实施收入和政治权力的大规模再集中。

在这些条件下，流行于欧洲和美国的、被称作来自下层的阶级斗争是什么？存在于新帝国主义债权中心和工人阶级债务地区的阶级斗争较以前发展得更为不平衡了。就规模、需要和强度而言，最先进的斗争形式存在于希腊、葡萄牙、西班牙、意大利以及水平稍次一点的法国和爱尔兰，最落后的工人阶级斗争形式存在于美国、加拿大、德国、英国、斯堪的纳维亚半岛及低地国家。在"金砖国家"中间，南非的阶级斗争正在加剧，而印度、俄罗斯和巴西的阶级斗争程度稍差一点。

每个地区的问题都明显是不同的。在中国，工人阶级正要求改变社会经济状况，且工资、工作条件、住房和医疗状况正获得切实改善。在巴西，工人阶级已经改善了贫困水平和失业状况。在南非，矿工们尽管遭到国家血腥的屠杀，但他们的报酬得到了提高。

在其他大多数地区，阶级斗争是防御性的。在很多情况下，减少失业，保障劳动权利、社会保险和稳定就业的阶级斗争是失败的。

工人阶级斗争在英美国家是最弱的，在这些国家，传统的阶级斗争和大罢工也是最弱的。他们的行业工会减少会员资格，行业工会领导人同资产阶级政党关系密切。

阶级斗争：案例研究

过去十年，社会福利和公共服务增长最持久、最成功的地方是拉丁美洲。在那里，资本主义危机引发广泛的阶级武装斗争，推翻了新自由主义政体，限制了资本投机和对帝国主义中心债务的偿还。接着，民族主义政体重新调节国家收入，用来资助就业和社会立法。连续的民众起义和政治干预，其结果是在大多数民族主义－民粹主义政权中，通过选举减轻危机，维持不断提高工人阶级利益的政策。

相比之下，在南欧，资本主义的崩溃引发帝国主义债权人领导的资产阶级的进攻。他们强迫实施最倒退的新殖民主义政权，进行野蛮的阶级战争——尽管有组织的工人阶级采取防御性战略，并在现存的资本主义国家体制框架内进行大规模的社会动员，但随后没有政治攻势、没有根本的政治变革及社会进攻的产生。所以说，革命运动不是前进，而是倒退了。每次防御性的斗争至多不过是暂时延缓了社会倒转，激起来自上层的阶级斗争的不可遏制的发展。统治阶级强迫偿还数十年的债务，同时还掠夺为未来所做的预算拨款，其结果必然降低工资水平和社会支付能力。新的就业合同按照能使资产阶级掌控更大财富而设计。经由上层阶级斗争强迫实施的政策说明了福利计划和社会就业合同是资产阶级的缓兵之计，一旦他们夺取行政特权和通过行政法令取得统治地位，最后必然被抛弃。

虽然西方金融阶级已脱离困境，银行已取得盈利，但实体经济仍处于停滞状态。工人阶级通过思考和武装斗争已经意识到，劳资双方谈判已是名存实亡。西方国家，尤其是帝国主义债权银行国，可以不经任何选举人授权或广大代理人的要求而掌权。政党议会选举从外表来看（实为空壳）依然存在。行业工会，从大多数斗争实例来看，举行几乎是仪式上的抗议，只是做做样子而已，他们完全被帝国主义统治阶级银行家和他们的政治伙伴所无视。欧洲经济的三驾马车戴上耳塞和眼罩，对着工人们高唱"大紧缩"；大街上，贫民们"够了""够了"的咒骂响彻行政大厦。

关于阶级斗争两方面的反思

令人遗憾的是，帝国主义国家的统治阶级已经从马克思的名言"阶级斗争是历史的动力"当中，比劳工运动和他们的官僚阶层学到更多东西。他们是马克思真正的好学生。

统治阶级把来自上层和外部的阶级斗争作为主要战略武器，向工人阶级发起现代史上最全面、最猛烈的进攻。他们推翻了数十年的社会立法以及在工资和就业方面所取得的成果，显著地降低了工人生活标准，建立了未来几十年能够持续、深入转移财富的新框架。

劳工和左翼这些人，拒绝承认阶级斗争是政治行动的中心环节，已经遭到应有的惩罚。来自上层的持续的阶级斗争表明：每一个社会权利被否定，每一个经济资源遭受长期大规模的掠夺，是没有约束和极限的。新的激进的统治阶级思想意识已经出现，宣告任何有价值的东西都应该被拿走，且必将被拿走，从而将贫困的工人降格到屈辱地步。

来自下层阶级斗争的参与者面对新的极端的思想意识和做法，继续采用老一套的办法，迎合对方所谓的"务实""合意"的时代以及有限的阶级斗争要权衡利弊得失的说辞。他们不能认识到这些激进的改变，是结构性的和先天的。工人运动之所以拒绝面对新阶级或现实，一方面是他们未能预见，另一方面是他们断然抛弃事实。阶级斗争，按照劳工官僚最时髦的说法，已被劳资双方共同利益基础上的"新式务实谅解"所取代。

值得关注的一点是具有重要作用的新社会阶层人员的大量涌现。这些人员包括：具有重要职权的非选举高级职员，如类似于帝国主义总督的欧洲三驾马车，干着掠夺债务国财富的勾当；大量的失业青年，他们占到25岁以下工人总数的一半以上；多部门未被社会劳动法规保护的低收入临时工；大部分收入下降的中产阶级，尤其是工作在公共部门的雇员和专业人士，有的失去工作职位、退休津贴，还有的面临着延迟退休，处在"无产化"的过程中；倒闭的小企业主（小资产者），面临着失业以及储蓄和资产的损失；人数日益下滑的熟练和半熟练工人，面临着解雇、报酬和社会福利减少的问题。

上述社会阶层所面临的日益恶化的物质条件不可能通过工厂行业工会和劳资双方谈判得到改变，只有通过政治——政体的改变来解决，即通过将财源由偿还债务转到增加就业的生产性投资上得到改变。所谓的欧元区,实际上是资本主义世界中纳贡的"迷你帝国"。历史已经证明,改革帝国是一项无用的事业。

作为反对方的政治派别,按照目前的构成,只有在帝国主义框架内才能得到维持和运行,它不能有组织地推翻统治阶级进攻所带来的变化。统治阶级进攻的历史遗产和新体制薄弱环节的暴露要求新的政治运动必须考虑失产者,即下降的中产阶级、小企业主和工人的具体要求,大量绝望的失业青年的迫切要求。很显然,对于数百万无家可归者和破产者,议会斗争和选举政治解决不了问题。

从短期来看,最可能做得到的措施是加强处于附庸地位的国家工人间的国际团结。像美国、德国、英国以及北欧诸国等帝国主义国家的工人仍然被他们尊敬的统治阶级束缚着。未来的出路在于加强广大受剥削、受排挤、受掠夺的人们内部和之间的联系。虽然已失去一切,但他们终于认识到只有通过阶级斗争,才能挽回自己的人性和体面的生活。

(作者:宾汉姆顿大学荣誉退休教授詹姆斯·佩特拉斯,译者:中国社会科学院马克思主义研究院博士后张俭松)

阶级斗争或卷土重来

美国《时代》周刊网站2013年3月25日刊登题为《马克思的复仇：阶级斗争如何塑造世界》一文，文章认为，马克思不仅诊断出资本主义的缺陷，而且诊断出这些缺陷导致的后果。如果决策者找不到新的办法确保经济机会的公平，全世界的工人可能真的会团结起来，通过阶级斗争维护自身利益。

文章称，在自由贸易和自由创业的繁荣时代，卡尔·马克思认为的确定历史方向的阶级斗争似乎消失了。资本主义似乎正在实现诺言：在财富和福利方面把每个人提升到新的高度。这也许只是过去的想法。全球经济陷入漫长危机，世界各地的工薪层承受着失业、债务和收入迟滞的重负，马克思对资本主义的犀利批判——即这套制度天生不公，有自我毁灭的倾向——无法被轻易摒弃。

贫富差距不断加大

马克思的理论是，随着世界财富集中在少数贪婪者手中，将引发经济危机并加剧富人和工人阶级的冲突，资本主义制度将不可避免地使大众陷入贫困。马克思写道：在一极是财富的积累，同时在另一极是贫困、劳动折磨、受奴役、无知、粗野和道德堕落的积累。

文章称，越来越多的证据表明，他或许是对的。令人悲哀的是，很容易找到相关数据证明越来越富的是富人而非中产阶级和穷人。华盛顿经济政策研究所2012年9月开展的一项研究指出，2011年，全职男性工薪族的年收入中值为 48202 美元，比 1973 年还低。根据经济政策研究所的计算，1983～2010 年，美国增加的财富有 74% 流向最富裕的 5% 人群，占总人口 60% 的底层民众的财富却减少了。难怪一些人回过头来重新评价马克思这位 19 世纪的德国哲学家。

这并不是说马克思就完全正确。但当前日益扩大的不平等所产生的后果却正如马克思所预言的：阶级斗争又回来了。全世界的工人都越来越愤怒，要求从全球经济中得到公平的回报。从美国的国会大厅到雅典街头再到中国南方的生产线，资方与劳方不断升级的矛盾开始影响政治和经济局势，这种矛盾自 20 世纪以来前所未见。这场斗争的结局将影响全球经济政策的发展方向，福利国家的未来，以及从华盛顿到罗马等地由谁来主持政府。

马克思如果健在，他会说什么？纽约新学院大学的马克思主义经济学家理查德·沃尔夫说：我早告诉过你们类似的话，当前收入差距导致的激烈矛盾是我这辈子从来没见过的。

阶层矛盾明显加剧

文章认为，美国各经济阶层之间的矛盾显然在加剧。围绕如何解决财政赤字问题的党派之争在很大程度上就是阶级斗争。当贝拉克·奥巴马总统谈到对最富裕的美国人增税以填补预算亏空时，保守派抗议说要发动一场针对富人的"阶级斗争"。

但共和党自己也在搞某种阶级斗争。共和党的计划实际上是通过降低社会福利，把调整的重负转嫁给中产和较为贫穷的阶层。把共和党刻画为对工人阶级麻木不仁是奥巴马竞选连任的重要战略。奥巴马批评说，共和党的候选人米特·罗姆尼对于美国经济只有"一点计划"，那就是"确保社会最顶层的那部分人按另一套游戏规则行事"。

尽管双方各有冠冕堂皇的辞令，一些迹象显示，这种新的美国阶级偏见已经转变成有关美国经济政策的争论。"涓滴"理论（即政府对商人与富人阶层减税并提供经济优待可在整体上改善经济并最终使贫困阶层生活改善的理论）强调 1% 的人获得成功也将使 99% 的人受益，但这套理论经不起严密推敲。美国进步研究中心主任戴维·马德兰认为，2012 年总统大选使人们重新聚焦中产阶级的重建，以及寻找另一套经济模式以实现这个目标。他说："思考经济的整个方式正在发生翻天覆地的变化。"

文章称，这场新的阶级斗争的猛烈程度在法国甚至更为突出。2012 年 5 月，金融危机和预算削减使很多普通人更加明显地体会到贫富差距，他们投票支持社会党的弗朗索瓦·奥朗德。奥朗德曾经宣布："我不喜欢富人。"事实证明他言行一致。他获胜的关键在于承诺从富人那里获取更多以维持福利国家。为避免像其他一些欧洲决策者那样为降低预算赤字而大幅缩减开支，奥朗德计划把所得税提升至75%。这个想法被宪法委员会否决，但奥朗德正在策划推出类似的措施。

与此同时，奥朗德让政府重新向普通人倾斜。他取消前任实施的不得人心的延迟退休年龄的决定，把某些工薪层的退休年龄降回到60岁。在法国，有很多人希望奥朗德更进一步。某非政府组织的发展事务负责人夏洛特·布朗热说："奥朗德的税收提案无疑是第一步，代表政府承认当前这种形式的资本主义已经变得极不公平且机能失常，不进行深刻的改革就可能发生内爆。"

文章指出，奥朗德的方式激起了资产阶级的反对。在资本流动性越来越强的世界，阶级斗争的武器也发生变化。一些法国富人拒绝出钱而选择移民，同时带走急需的工作岗位和投资。

马克思预言或成真

文章称，马克思如果健在，预言的就是这么一个结果。有迹象表明，全世界的劳动者对自己黯淡的前景越来越失去耐心。在马德里和雅典等城市，无数人走上街头，抗议居高不下的失业率以及让情况更糟的紧缩措施。

不过，到目前为止，马克思笔下的革命尚未实现。工人们或许面临共同的问题，却没有团结起来解决它们。比如，美国的工会成员在经济危机中不断减少，而轰轰烈烈的"占领华尔街"运动也以失败告终。巴黎大学的马克思主义专家雅克·朗西埃说，抗议者不是像马克思预言的那样打算取代资本主义，而只是想改革它。他解释说："阶级冲突今天带来的是修补现有体系的呼吁，即通过重新分配财富使这个体系在长远看来更可行，也更有持续性。"

尽管有这样的呼声，但当前的经济政策继续激化阶级矛盾。债务缠身的欧洲各国政府在失业率上升、增长迟滞的情况下大幅缩减社会福利。多数情况下，政府选择修复资本主义的手段都进一步强化了资本主义。罗马、马德里和雅典的决策者面临债券持有人的压力，他们要求取消对工人的保护并进一步放开对国内市场的限制。《工人阶级的妖魔化》一书的作者欧文·琼斯把这称作"自上发起的阶级斗争"。

文章认为，没有什么力量阻挡这场斗争。全球劳动力市场的出现削弱了发展中世界的工会。自撒切尔夫人和里根实施自由市场革命后，被拉向右边的政治左派尚未设计出可靠的替代路线。朗西埃说："几乎所有进步的或左翼的党派都在某个时刻为金融市场的崛起扩大以及福利体系的倒退做出贡献，以证明自己有改革的能力。我认为，任何国家的工党或社会党或政府对当前经济体系进行大幅度重组的可能性很小，更不用说彻底变革这种体系了。"

（美国《时代》周刊网站2013年3月25日文，原标题：《马克思的复仇：阶级斗争如何塑造世界》）

阶级斗争思想在西方回归

在全球化的最后阶段，在不平等和危机日益加剧，在经济增长模式走到尽头的背景下，阶级斗争思想在西方回归。这次不仅是新马克思主义分析家，甚至索罗斯[①]等金融家和社会学家都对西方社会正在发生的问题发出了警告。关于阶级斗争、冲突或战争的说法再次成为分析热点。

阶级冲突成最大紧张来源

美国曾经是在社会方面颇为乐观的国家。仅在几年以前，一些调查结果还显示，30%的美国人认为自己属于10%的最富阶层。今天，根据皮尤研究中心的最新调查结果，69%的美国人认为，阶级之间的冲突是社会中最大的紧张来源，远甚于种族之间的冲突或移民与美国人之间的冲突。这一比例比2009年高出了19个百分点，而且主要集中在中等收入人群。索罗斯在接受美国《新闻周刊》采访时指出，阶级斗争即将来到美国。但在很多情况下，阶级冲突与贫富冲突被混淆了。

因为紧张关系是存在于富人和穷人之间的，确切地说，是最富的人和最穷的人之间。"占领华尔街"运动和其他城市运动是99%的人与1%最富的人之间的对抗。美国的不平等现象在加剧，《纽约时报》的一篇报道指出，美国的社会流动性在减弱，从而削弱了"机会社会"的思想。

斯洛文尼亚哲学家、马克思主义者斯拉沃伊·日热克曾发表文章谈到此

[①] 即乔治·索罗斯，美国著名金融投资家、慈善家、社会活动家。——编者注

类抗议活动。他说："这些不是无产阶级的抗议。而是抗议可能变成无产阶级的威胁。""现在能够在一个稳定的岗位上被剥削已经成为一种特权。当拥有一个长期的工作本身是一项特权的话，谁还敢去罢工呢？"

日热克谈到了新资产阶级的涌现，他们已经不是生产资料的所有者，而是拿工资的管理者。他说："传统意义上的资产阶级正在消失，涌现了一批工薪劳动者，他们是根据自己的才能可以赚得更多的管理者。"他指出，这些新资产阶级包括各种各样的专家，如管理人员、医生、律师、记者、知识分子和艺术家。他认为，没有资产阶级的经理资本主义这一中国模式是替代模式。

美国经济学家迈克尔·斯彭斯在美国《外交》杂志上发表文章指出，直到十年前，全球化对西方社会的影响还是好的。发达社会的中产阶层和劳动者都从中受益，虽然工资没有增加，但能够获得更便宜的商品。但随着新兴经济体获得增长，工业化社会的活动迁往新兴经济体，不仅影响到劳动者阶层的就业和工资收入，也影响了相当一部分中产阶层，他们现在感觉自己是全球化和新技术的失败者。

不平等现象遍及欧美社会

近年来不平等现象的加剧并不是美国独有的现象，而是几乎所有欧洲社会都存在的，失业增加和全球化带来的日益强烈的不安全感起到了推动作用。今天，不仅是所谓的劳动者阶层，美国和欧洲的中产阶层也感到自己成了全球化最后阶段、危机和新技术的失败者。

后工业时代已经越来越不平等了。实际上，美国的不平等现象达到了几十年来的最高水平。美国保守派社会学家查尔斯·默里在其最新著作中指出，美国50年前就存在贫富差距，但并不像现在这么严重，也不会带来如此迥异的行为方式。在默里看来，"阶级"这个词并不能真正有助于理解这种深刻的分裂。默里指出，美国社会已经分为上层和下层两个部落，在收入和社会行为上有着巨大的差异。

也有人强调了大西洋两岸中产阶级面临的危机。以法国为例，社会学家卡米耶·珀尼在2009年出版的一部著作中对"失去阶级意识"的现象发出了警告。这种现象是对社会地位下降的一种恐惧。随着危机的加剧，它不仅影响到了"感觉无法抵抗地在走下坡路"的大众阶层，也影响到了"不稳定和没落"的中产阶层。失去阶级意识会引发挫败感，并产生政治影响。珀尼指出，失去阶级意识者倾向于支持专制和重建传统和民族价值观。面对坚持继续实行已经不奏效的财富和机会重新分配进程的左派趋势，会产生社会的右倾化。显然，在法国，投给让-玛丽·勒庞领导的国民阵线的选票大部分来自于传统意义上的工人阶级。

近年来，随着新兴经济体特别是中国的崛起，全球化首次不仅影响到低收入阶层的工资，还影响到发达经济体中产阶层的就业和收入，并造成政治上的影响。美国学者弗朗西斯·福山在美国《外交》杂志上撰文，对自由民主主义能否在中产阶层没落的情况下存活下来提出了疑问。他说："全球化资本主义现在的形式正在摧毁中产阶层的社会基础，而它也是自由民主主义的基础。"他指出，实际上也不存在一个可替代的意识形态选择，因为唯一的竞争模式是中国模式，但它并不利于向亚洲以外地区输出。

（作者：美国学者安德烈斯·奥尔特加）

财政悬崖大战基本上是一场阶级斗争

中间派关于财政预算"大妥协"(Grand Bargain)的幻想从来不曾有变成现实的机会。即便有了据说已经达成的某种协议,关键参与人员还是会很快背弃协议,很可能就在共和党人下一次入主白宫的时候。

原因在于,现实情况是我们的两个主要政党已经就美国社会的未来形态展开了激烈斗争。民主党人想要传承"新政"(New Deal)和"伟大社会"纲领(Great Society),也就是社会安全福利(Social Security)、联邦医疗保险(Medicare)和联邦医疗补助(Medicaid),并添加其他发达国家都在实行的一项政策:大致上保证全民享有基本医疗保健。共和党人则想要逆转前述的所有政策,为大幅削减富人税赋让路。是的,这基本上是一场阶级斗争。

财政悬崖之争只是这场斗争当中的一场战役。可以说,此役以民主党人的战术性胜利告终。问题在于,这会不会是一场代价巨大的惨胜,为将来的更大失败埋下了伏笔。

为什么说这是一场战术性胜利呢?主要是因为它并没有导致福利削减。

这绝不是预料之中的事情。2011年,奥巴马政府据称曾愿意提高联邦医疗保险的受益年龄下限,接受这个糟糕又残酷的政策主张。这一次,政府也愿意通过改变生活成本调整准则来削减社会安全福利,这个主张没有那么糟糕,但却仍然会带来很多困难,很可能还会导致政治灾难。然而,这种情况最终没有出现。那些进步人士一直担心奥巴马总统在基本原则上进行妥协的愿望过于强烈,现在终于松了一口气。

从进步人士的角度来看,这次的协议还有一些实实在在的积极方面。扩大失业救助福利的政策得到了一年的延展,此项政策对于很多家庭来说都是巨大福利，还能大幅度改善经济前景（这笔钱将会被支出，因此能够在一定程度上保护就业）。针对低收入家庭的其他福利政策也得到了五年的延展，但遗憾的是，工资税减免政策期满未续，将会给工薪家庭和创造就业机会的努力带来损害。

进步人士对这项法案的最大抱怨是，奥巴马对富有阶层课征的税收少于预期——接下来十年中的新增税收大约是6000亿美元，而不是8000亿美元。然而，若以正确眼光看待，这不算是多大的事情。这样说吧：对未来十年国内生产总值的合理估计是200万亿美元左右。因此，即便征税数额符合预期，它仍然只会占据国内生产总值的0.4%；事实表明，这个比例会降到0.3%。不管怎样，这都不会给仍将持续进行的收支大战造成太大不同。

而且，成绩不只是共和党于几十年来第一次赞成了增加税收，即将生效的税制改革［包括和奥巴马医改（Obamacare）相关的新增税收，以及这项新法案］还会带来收入差距显著减小的整体效果，收入水平位于前1%的人群所受打击会比中等收入家庭大得多，前0.1%的人群更是如此。

既然如此，很多进步人士——包括我自己在内——为什么感到非常担忧呢？因为我们担心即将到来的对抗。

根据政治常规，共和党目前没有什么议价能力。由于民主党控制了白宫和参议院，共和党不能通过法案；由于医疗改革（近年来最紧要的进步政策）已经成为法律，共和党似乎不会有很多讨价还价的筹码。

但共和党依然持有破坏的力量，特别是通过拒绝提高债务上限来进行破坏——此举可能会引发金融危机。而且，共和党已经清楚表明，他们计划使用自身的破坏力量来榨取重大的政策让步。

目前，总统称自己不会在此基础上进行协商，这么做是对的。威胁说不如意就要伤害数千万无辜的受害者——归根到底，这就是共和党的策略——这不该被看作是合法的政治策略。

危急时刻到来之际，奥巴马会不会坚持自己的反讹诈立场呢？在2011年的债务上限对抗中，他曾经胆怯退缩。在财政悬崖协商的最后几天中，他也明显地表现出了不愿意让期限截止的态度。由于错过债务上限截止日期的后果可能会更加糟糕，这意味着政府的决心可能会在对抗之下动摇。

因此，如我所说，财政悬崖之争只是在战术意义上以白宫略胜告终。然而，这样的胜利一不小心就会在短短数周之内转化为失败。

（作者：美国学者保罗·克鲁格曼）

美国需要阶级斗争

富豪统治 vs 大众民主

  1987 年我见到了最高法院大法官威廉·布伦南（William Brennan）。当时，为了纪念宪法奠定 200 周年，我正在做一档宪法研究的十二集电视节目。那时候，他在法院的时间比任何同事都长，并且写了将近 500 份多数意见，其中许多都涉及平等、投票权、种族隔离、新闻自由——特别是在纽约时报诉沙利文案中——等根本问题。

  这些判决引来了全国范围的抗议。他说他从不把这些针对他的仇视和愤恨放在心上。不过，他后来透露，他的母亲说，一直都喜欢他在新泽西法院的那些判决，但很疑惑为什么他现在去了最高法院就"不能一样行事了呢？"，他回答道："我们必须履行义务。不管大众如何反应，我们要保障少数人的权利。"

  尽管是一个自由派，布伦南大法官也担心政府规模过大。当他说现代科学可能在造一个"弗兰肯斯坦"（Frankenstein）的时候，我问："怎么会这样？"他环顾了一下房间回答道："我们现在讲的就可能被人偷听了。就我所知，科学已经能做成这种事情了，透过这些窗帘、窗户把什么东西放置进来，记下我们的谈话。"

  那是个还没有网络的年代，也没有大规模的监听搅乱每个政府部门的工作。我多么希望他还在——还在最高法院！

  我对布伦南的采访是那个十二集节目中的一集。另一集涉及他听说的 1967 年的一个案子。一个名叫哈里·凯伊西安（Harry Keyishian）的教师因不愿签署纽约州的效忠誓言被开除。布伦南当时裁定，效忠誓言和其他反颠覆罪的州成文法违反了第一修正案中对学术自由的保护。

我找到凯恩西安并采访了他。布伦南大法官看了那期节目，很着迷地看着他裁决的名字背后的真人。记者纳特·亨托福（Nat Hentoff）一直负责跟踪报道布伦南的工作，写道："在此之前，他可能没有见过任何诉讼当事人。但当一个案子上来，他会设法去将心比心。"看着凯恩西安的采访，他说，"这是我第一次见他。直到现在，我才知道如果做出另一种裁定，他和其他教师会失去一切。"

直到任期的最后，当他在伦奎斯特法院写异议书时，布伦南被问及是否气馁。他笑着说，"我们都知道——国父们也知道——自由是个脆弱的东西。你不能放弃。"他也没有放弃。

金主阶级和黑钱

历史学家普鲁塔克很久以前就警告过我们，如果对会破坏选举的巨大财富的力量不加限制，会发生什么。"买卖选票泛滥"，"金钱开始决定选举。之后，腐败在法院和军队蔓延；最后连利剑都被金钱奴役时，共和国就臣服于皇帝的统治了"。

我们还没有皇帝，不过我们却有罗伯茨法院，不断地给金主阶级特权。

我们还没有皇帝，不过我们有这样一个参议院，就像政治学者拉里·巴特尔斯（Larry Bartels）的研究所揭示的那样，"比起对中产阶级选民的意见，参议员们很明显对富裕阶层选民反应更积极，而收入分配最底层三分之一选民的意见则对唱票表决结果没有显著的数据影响。"

我们还没有皇帝，不过我们有一个极右派统治的众议院，他们由源源不断流入的黑钱滋养着，这都要感谢最高法院在联合公民诉联邦选举委员会案中送给富人的大礼。

我们还没有皇帝，不过两党中的一个现在被激进分子掌控着，他们参与了一场压制老人、年轻人、少数族裔和穷人投票的运动；而另一个曾是普通劳工的支持者，如今却被自己与金主阶级的联合弄得虚弱不堪，只能象征性地抵抗那些让美国日益败坏下去的力量。

社会批评家乔治·蒙比尔特（George Monbiot）最近在《卫报》上评道：

> 我不会责备人们抛弃了政治……当政府－公司的联盟绕过了民主还

愚弄了投票程序，当一个未改革的政治体系确保了党可以买卖，当（主要党派的）政治家干看着公共服务被肮脏的阴谋私掠，这个体制还剩什么值得我们参与？

为什么领取食品券的人数创了纪录？因为美国的穷人数量创了纪录。为什么美国人民跌入深渊？因为深渊就在那里！在这个富裕的国家里，仍有2100万美国人在找寻全职工作，其中许多人正在失去失业保险。而金融行业人士赚到了前所未有的利润，大笔大笔地花在竞选上，以保证一个符合他们自己利益的政治规则，并要求政府进一步缩紧开销。同时，大约4600万美国人生活在贫困线之下，除了罗马尼亚，没有一个发达国家孩童的贫困比例比我们更高。而西北大学和范德堡大学的研究发现，最富有的美国人几乎没有支持政治改革来减少收入不公的。

阶级特权

听着！你听到的是社会契约被撕碎的声音。

十年前《经济学人》杂志——他们可不是马克思主义者——警告："美国正在固化为欧洲一样的阶级社会。"《哥伦比亚新闻评论》最近的头条写道："民主和黑暗的社会秩序之间的分界比你想象的小。"

我们真的快要把自己的民主输给唯利是图的阶级了。就像我们靠在科罗拉多大峡谷的边缘等着人抡起一脚。

20年前，当我采访布伦南大法官前在他屋子里私下聊天时，我问他怎么会持自由派观点的。"是因为我邻居。"他说。1906年，他出身于爱尔兰移民家庭，镀金年代的严苛带给他亲人和邻居的艰难困苦，他目睹了"各种苦难，人们不得不挣扎地活着"。他从未忘记那些人和他们的挣扎，他相信这是我们共同的责任，来创造一个国家，能让他们都获得平等的机会去过上体面生活。"如果你对此有所怀疑，"他说，"就读读宪法的序言。"

他接着问我如何形成自己对政府的理解（他知道我在肯尼迪和约翰逊政府里待过）。我不太记得确切的回答了，但我提醒他我出生在大萧条时期，我父母一个四年级辍学，一个八年级辍学，因为他们都要去摘棉花养家。

我记得，在我生命头11年里，富兰克林·罗斯福是总统。我父亲爱听广播"炉边闲谈"，好像听福音一样；我哥哥因《退伍军人权利法案》

(G. I. Bill）上了大学；我是公立学校、公共图书馆、公园、公路和两所公立大学的受益者。我当然认为对我好的，也会对别人都好。

那是我告诉布伦南大法官的大致内容。如今，我希望自己能够再和他进行一次对话，因为那时我忘了提，也许是我所知的关于民主的最重要的教训。

1950年我16岁生日那天，我去得克萨斯州东部小镇的日报工作，我在那里长大。这是一个根据种族划分的小镇——2万人口，一半白人，一半黑人——你可以得到关爱，受到良好教育，接受宗教熏陶，却完全不知道仅仅一街之隔的其他人的生活。不过，对初出茅庐的记者来说，这是个好地方：小到你可以驾驭，大到让你每天够忙还能学到新东西。很快我就时来运转。一些编辑室的老员工有的去度假有的请了病假，于是我被派去报道现在被称为"家庭主妇的抗议"（Housewives' Rebellion）的事件。15个小镇的妇女（都是白人）决定不支付她们家佣（都是黑人）的社会保障预扣税。

她们争论说社会保障是违背宪法的，强行征收是无代表税收，并且——这是我最喜欢的部分——"要求我们收这税与要求我们收垃圾无异"。她们雇了一个律师——正是前国会议员戴斯（Martin Dies, Jr.），其因在20世纪30~40年代政治迫害期间任非美调查委员会主席时的所为而闻名，或者说臭名昭著。他们上了法庭，然后败诉。毕竟，社会保障不违宪。他们不情愿地缴了税。

我的报道被美联社转了，并在全国范围内传开。一天，执行总编斯宾塞·琼斯（Spencer Jones）把我叫了过去，指着美联社滚动新闻。屏幕上正是我们报纸报道的"抗议"活动。我看到了我的名字，就这样定住了。不管怎样，从学校到政坛和政府，我一直都在报道阶级战争。

那些得克萨斯州马歇尔市的女人是先锋。她们不是坏人，她们常去教堂，她们的孩子是我的同学，她们中许多人热衷于社区事务，她们的丈夫是镇上的经济支柱和职业阶层。她们都很值得尊敬，是积极向上的公民，所以我花了很久去思考，是什么让她们做出这种反抗。很久以后，有一天我明白了，她们只是不能超越她们自己的（阶级）特权来看问题。

她们对其家庭、俱乐部、慈善组织和教会格外忠诚，换句话说，她们忠于自己的同类——她们将民主仅限于和她们一样的人。那些黑人妇女洗衣服，给家里做饭，打扫卫生间，给孩子擦屁股，整理丈夫的床。可她们也会逐渐老去，失去丈夫，独自面对岁月的摧残。那么多年的劳动只留下额头上的皱纹和关节上的疤痕。若没有协同保障体系来保证她们辛勤劳作换来的微薄报酬，她们无以为生。

美国未完成的事业

无论如何,这是美国最古老的故事:这是一场斗争,意在决定"我们人民"(所代表的)这种精神,究竟是一份政治契约里所深植之物,或仅仅是伪装成神圣的一出荒唐表演,被有权有势者利用以他人的牺牲来维持他们自己的特权生活。

我要声明,我没有关于政治和民主的理想化概念。记住,我为林登·约翰逊(Lyndon Johnson)工作过。我也没有浪漫化"人民"。你应该读一读我在右翼网站上的信件和帖子。我理解得克萨斯州的那些政治家,他们谈到立法机关时会说:"如果你认为这些家伙是坏人,那你应该看看他们的选民。"

一个为所有公民服务(某种意义上的社会正义)的社会,和一个将其制度变成了巨大骗局的社会,两者之间的区别与理想或是浪漫毫无关系。这是民主和金主统治的区别。

布伦南大法官在最高院任期的最后时刻,做了一次切中要害的演讲,他说:

> 对于穷人,少数族裔,被刑事指控的人,那些在技术革命中被边缘化的人们,误入歧途的青少年,还有城市里的多数人……我们还没有正义,平等的、切实的正义。丑陋的不公继续在抹黑我们的国家。我们显然在斗争的开始阶段而不是在其结束阶段。

就是这样。150年前,亚伯拉罕·林肯站在葛底斯堡鲜血浸染的战场上,呼吁美国人继续"未完成的伟大任务"。林肯所说的"未完成的事业",和美国建国一代时的一样。迄今仍然如此:为《独立宣言》的允诺注入新的生命,并且保证这个共同体仍然是那个值得那么多人为之牺牲的共同体。

(作者:美国学者比尔·莫耶斯)

上帝偏爱的百分之一

——关注经济平等就是期盼阶级斗争

米特·罗姆尼已成为自由放任的资本主义（unchecked capitalism）的典型代表，这似乎是一个令他欣然接受的角色。他向美国全国广播公司（NBC）节目主持人马特·劳尔表示，对经济平等的关注实际上就是关注阶级斗争。

罗姆尼认为，"当美国总统支持将美国人分裂为相互对立的99%与1%之时，这种做法便足以在国内掀起一股全新的思潮，它与'上帝庇佑下的统一国家'（one nation under God）这种美国传统观念之间存在着根本矛盾"。

罗姆尼谈到一个具有重要意义的话题，虽然这也许并不是他的本意。"上帝庇佑下的国家"这一观念有着崇高的来源，它起源于亚伯拉罕·林肯在葛底斯堡演说中所许下的愿望："此国度，在上帝的庇佑之下，当永世长存。"然而，在林肯之后数十年间，这个概念在政治演说中彻底消失。但在20世纪中期，它以一个截然不同的面貌重新出现——企业领袖和保守派牧师利用其攻击罗斯福新政。

在大萧条时期，大企业的声誉随着股价的暴跌而破灭。企业领导人们疯狂地采取措施来挽救其公共形象，并同时对倡导福利国家制度的"温和社会主义"（creeping socialism）给予打击。尤其是美国自由联盟，其资金来源于杜邦公司和通用汽车公司等此类企业，该组织曾以十分富有侵略性的方式捍卫了资本主义。然而，大多数人仍否定了它的努力，并仅视之为服务于其自身利益的宣传手段。一位民主党官员曾开玩笑称，这个组织本应该被称为"美国玻璃纸联盟"（American Cellophane League），原因有二，"首先它是杜邦公司的产物，其次它能被人一眼看穿"。

这些商人们意识到自己需要依靠他人，所以他们采取了一种新策略——利用慷慨的财政资助来获取那些具有同情心的牧师们的拥护。毕竟，正如一位企业大亨所言，选票表明了"在美国各种利益集团中，牧师在塑造公众舆论方面比其他任何群体都更具影响力"。

詹姆斯·费菲尔德是洛杉矶第一公理会教堂的牧师，他率先开始支持信仰和自由企业这两者之间的新结合。他写道："资本主义是来自上帝的祝福，这种能带来如此之多共同利益与幸福的体制，必定会在万能之神的支持下繁荣不衰。"

在费菲尔德牧师看来，基督教与资本主义非常相似，因为在这两种体制中，个人的沉浮都仅仅取决于其自身。他同时认为，福利国家的体制违背了《十诫》中的绝大多数内容。这种体制会导致对联邦政府的盲目崇拜，鼓励美国人垂涎并盗取他人财物，并最终通过那些永远无法实现的承诺来为这种行为做伪证。

在整个20世纪30~40年代，费菲尔德牧师和他的助手们推演出一种融合了保守宗教、经济和政治的新理论，一位评论家适当地赋予了它一个神圣的美称——"基督教自由主义"（Christian libertarianism）。费菲尔德将他的理论体系提炼为一个简单但强有力的词语——"上帝庇护之下的自由"（freedom under God）。在企业赞助者和美国商会等商业游说集团的全力支持下，通过个人演说、每周电台广播和月刊等方式，费菲尔德的神圣资本主义信条迅速传遍全美国。

1951年，竞选在以美国独立纪念日为主题的盛大庆典中达到高潮。前总统赫伯特·胡佛和道格拉斯·麦克阿瑟大力宣传保守派全明星组织委员会，其中包括名流如沃特·迪士尼和前总统罗纳德·里根，但大部分成员都是商界巨头，如康拉德·希尔顿、詹姆斯·潘尼、哈维·凡士通和霍华德·皮尤等。

在一次大规模的公关活动中，他们鼓励社区通过"上帝庇护之下的自由"的主题仪式来纪念美国独立日，并用整版的报纸广告来宣扬信仰与自由企业之间的密切联系。他们还举办了一场以此为主题的全国性布道比赛，用奖金吸引牧师们参赛。在电影制片人塞西尔·B.戴米尔协助下制作的"上帝庇护之下的自由"全国广播节目，由吉米·史都华主持并在CBS上播出，这档节目推动了无数的地方性活动。

最终，这些组织者们终于相信他们已经造成了持久性的影响。他们自夸道："'上帝庇护之下的自由'已经被添加到'自由'的词汇表中，成为一个新的术语。"不久以后，所有美国人都会认为自己的国家处在"上帝之庇护下"。确实，1953年，美国总统艾森豪威尔主持了第一个以"上帝庇护之下的政府"为主题的总统祷告早餐，并试图通过种种途径推动公众宗教崇拜。1954年，随着这股"上帝庇护之下的意识觉醒"浪潮横扫全国，国会正式将这一词组添加到效忠誓词中。

最后，罗姆尼正确地指出，对贫富差距的抱怨与"上帝庇护之下的统一国家"的观念是相互矛盾的。但这一矛盾的存在只是因为，在早期时代如此主张的美国人只有那"1%"而已。

(作者：美国学者凯文·克鲁斯)

索罗斯新论述：全球阶级斗争不可避免

连年的经济衰退导致世界正步入新的"易错年代"，投资大鳄索罗斯又发新论，称行走暴乱和全球阶级斗争不可避免。

索罗斯甚至认为目前的危机可与苏联解体和大萧条媲美。

索罗斯在世界达沃斯经济论坛发表演讲之前曾表示，目前的市场形势使其感到困惑，这在其职业生涯中是从未出现过的；同时，他认为一场流血的暴力危机将无法避免，最坏的情况可能会导致金融体系的崩溃。

1992年9月15日的那个"黑色星期三"，索罗斯成功狙击英镑，这一场汇兑之战也使索罗斯闻名于世，被世人誉为"险些使得英国央行破产的人"。这位投资大鳄计划在达沃斯论坛演讲上，向世人提出严厉警告——他认为，2012年希腊违约可能性"很大"。他还将指出，除非欧洲领导人付出更多努力，否则欧元体系很可能会崩溃，同时会给世界其他地区带来灾难性影响。

索罗斯还将此次危机与苏联解体和大萧条作比，还表示，传统观念中靠市场自身力量来避免动乱的想法将不再适用。

他向《新闻周刊》表示："欧元必须要生存下去，一旦欧元分崩离析，欧洲，乃至整个世界都将无法承担这个灾难性后果。我不是在跟你开玩笑。现在的情形是我有生以来头一次遇到。我们正面临着发达世界的一次大规模紧缩。"

"最好的结果是大范围的通货紧缩，最坏则是金融体系的崩溃。我们的思维必须要从'理性年代'走向'易错年代'，以便对现在的问题有一个正确的解读。"

索罗斯警告，除非失业和债务问题得以解决，否则暴力动乱将不可避免，而这将导致公共自由权被腐蚀和集权国家的形成。

当记者提及美国的骚乱时，索罗斯表示："是，是，是！这是经济衰退的一个原因，为了维持法律秩序也应该被强力镇压，但是这一举措若走了极端，则可能会催生一个高压政治体系，这种社会体系难免导致个人自由被限制得更多。"

（作者：美国《每日电讯报》前记者罗莎）

阶级斗争勇士——玛格丽特·撒切尔

40多年前,当我还是一个英国高中生的时候首次听说玛格丽特·撒切尔。那时她是希斯保守党政府的教育大臣,她因取消英国学生在学校的免费牛奶供应而臭名昭著。

"Margaret Thatcher, milk snatcher"(玛格丽特·撒切尔,牛奶抢夺者)成为那十年间最广为人知的政治口号之一。

在那之后,撒切尔在我心目中的形象越来越差。

1975年,在希斯被大罢工赶下台、工党上台一年后,撒切尔成为反对派领袖并促使英国政治急剧右转。

4年后,她成为英国第一位、迄今为止唯一一位女首相。在接下来的11年半里,她实行野蛮的新自由主义政策,急剧削减社会支出、给富人减税、减少对金融部门的干预、打击工会,给社会带来巨大的贫穷与不公。

在尝试引入人头税从而导致了一场大规模的拒缴税运动、示威与骚乱后,她最终在她党内成员的压力下被迫辞职。

我去看了《铁娘子》这部电影,原本以为它会很糟,但它比我想的要好得多。

部分原因是因为梅丽尔·斯特里普(Meryl Streep,本片主演)对撒切尔作为首相、蹒跚的老妇时的形象让人信服的演绎以及一些回忆镜头。这些回忆镜头使用了20世纪80年代时的一些政治大事件中的纪录片片段,包括她的政策引起的几次罢工、游行及暴乱。

这些事件对一个美国观众来说可能是混乱的,因为它们未按时间顺序来呈现,大多数美国人都不知道这些事件的背景。

这部电影不是为了歌颂撒切尔或证明她的政策正确——它花了更多精力来刻画她的心理及性格。但这仅取得了部分成功。

我们看到，她继承了她父亲的中产阶级偏见。她父亲曾是个杂货商，后来成为一个小镇的市长，她在那里长大。她继承的这些偏见使她对惠及穷人与工人阶级的政府项目一直持反对态度。

我们也看到了她在成长中遭遇了根深蒂固的性别歧视，但她的应对办法是变得更像统治阶级中那些开始时不把她当回事的男人。她成为政治家，却支持伤害广大妇女的政策。

她成为了一个坚定保卫英国资产阶级的勇士，用种族主义与民族主义来推进工作。《铁娘子》掩饰了很多这类事情。例如1979年她为选举而鼓动起了反移民种族主义怒火。

在任职的起初几年她非常不受人欢迎，但她于1982年英阿马岛战争时激起了民族主义。英国19世纪夺得那些岛屿，它们无战略或经济价值，上面仅有几百居民，英国没有主权，但撒切尔以巨大的代价，派出大军重新夺回它们，在这过程中杀死了数百名阿根廷人。

电影给人的印象是撒切尔是个按原则办事的人，但这是她为了再次赢得选举而精心计算的一次政治赌博。她成功了，部分原因是反对方工党也跟着撒切尔支持战争。

斯特里普在电影中也表现了部分撒切尔的傲慢与无情，如她对为改善监狱条件而进行绝食斗争的爱尔兰政治犯饿死无动于衷。

她忽视了人头税将是政治自杀这一忠告，她的傲慢最终成了她失败的原因。她自己的党内高官们认识到她已那么不受欢迎，她必须得走，否则保守党下届选举就没戏了。

一些评论家说这部电影以一种赞同（同情）的方式表现了一个将死的老妇人。我认为不是这样。我觉得这部电影降低了她的声望。

（作者：菲尔·加斯珀/英国）

四　观点商榷与网络热议篇

关于当前我国阶级斗争问题的若干理论思考

阶级和阶级斗争问题是马克思主义理论中的基本问题。在我国社会主义初级阶段，是否还存在阶级和阶级斗争，执政的共产党如何应对阶级斗争，以及如何看待阶级斗争与社会稳定、经济建设之间的关系等问题，更是重大的理论和现实问题。

一 阶级和阶级斗争是一种自然历史现象

在1848年出版的《共产党宣言》中马克思与恩格斯写道："至今一切社会的历史都是阶级斗争的历史。"[①] 40年后，在1888年的英文版中，恩格斯根据当时人类学和历史学等学科的最新进展对这一论断进行了修正，肯定了人类文明之初无阶级社会的存在，但仍强调这一论断对于阶级社会仍然是普遍适用的。可以说，阶级斗争的观点贯穿在马克思主义创始人的一生当中。

阶级斗争的前提是社会划分为几个不同的阶级。一定的阶级总是与一定的生产方式联系在一起的。历史唯物主义指出，物质生产是人类社会存在和发展的基础，对社会的发展起最终决定作用，它也决定着阶级的产生和划分。虽然阶级这一概念并非马克思和恩格斯首创，但他们在著作中广泛使用了这一概念。尽管没有给予阶级这一概念以明确的定义，但他们都是联系具体的生产方式和经济关系来说明一定的阶级的。最突出的成果是马克思在《资本论》这一巨著中对资本主义社会的三大阶级即资产阶级、无产阶级和地主阶级的研究，马克思正是从三大阶级各自在社会生产中的地位和作用说

---

① 《马克思恩格斯选集》第1卷，人民出版社，2012，第400页。

明这些阶级之所以成为这些阶级及其相互关系的。恩格斯在1888年版的《共产党宣言》中则专门加注对无产阶级和资产阶级进行定义："资产阶级是指占有社会生产资料并使用雇佣劳动的现代资本家阶级。无产阶级是指没有自己的生产资料，因而不得不靠出卖劳动力来维持生活的现代雇佣工人阶级。"[①] 本着同样的精神，列宁对阶级做出如下的一般定义："所谓阶级，就是这样一些大的集团，这些集团在历史上一定的社会生产体系中所处的地位不同，同生产资料的关系（这种关系大部分是在法律上明文规定了的）不同，在社会劳动组织中所起的作用不同，因而取得归自己支配的那份社会财富的方式和多寡也不同。所谓阶级，就是这样一些集团，由于它们在一定社会经济结构中所处的地位不同，其中一个集团能够占有另一个集团的劳动。"[②] 马克思、恩格斯以及列宁的论述都表明，阶级首先而且主要是一个经济范畴，是同生产关系联系在一起的政治经济学范畴，它不同于以收入多少来划分的阶级或阶层概念。

阶级是人类社会发展到一定阶段的产物，它也会随着社会生产的进一步发展而失去存在的条件。马克思在《德意志意识形态》、恩格斯在《反杜林论》、《社会主义从空想到科学的发展》以及《家庭、私有制和国家的起源》等重要著作中分析了阶级产生和消亡的条件。恩格斯指出："社会分裂为剥削阶级和被剥削阶级、统治阶级和被压迫阶级，是以前生产不大发展的必然结果。只要社会总劳动所提供的产品除了满足社会全体成员最起码的生活需要以外只有少量剩余，就是说，只要劳动还占去社会大多数成员的全部或几乎全部时间，这个社会就必然划分为阶级。"[③] 综合马克思、恩格斯的有关论述来看，阶级的存在与两点密切联系，一个是私有制，一个是分工。恩格斯甚至认为，"分工的规律就是阶级划分的基础"[④]。由此可见，阶级的存在并不是一个所谓伦理问题，而是一个深刻反映着人类社会发展内在逻辑和矛盾的问题。

由阶级产生的条件可以反过来推断阶级消亡的物质条件，那就是社会生产的充分发展。只有在社会生产高度发展的基础上，才有可能为全体社会成员提供足够的必需品，使占有别人的剩余劳动成为多余；才能大大缩短社会成员的必要劳动时间，为社会成员的全面自由发展创造前提条件，同时为消除固定的旧式社会分工、为消灭阶级提供条件。否则，就如马克思所说，

---

① 《马克思恩格斯选集》第1卷，人民出版社，2012，第400页。
② 《列宁选集》第4卷，人民出版社，2012，第11页。
③ 《马克思恩格斯选集》第3卷，人民出版社，2012，第669页。
④ 《马克思恩格斯选集》第3卷，人民出版社，2012，第669页。

"全部陈腐污浊的东西又要死灰复燃"①。

阶级的消亡和阶级斗争的停止以物质生产的高度发展为前提,同时也是同一定的社会形态演进联系在一起的。从社会形态和社会制度前提看,只有在共产主义社会,在全部生产资料为社会占有、全部劳动者无差别地占用生产资料因而消灭了私有制之后,商品和货币才会退出历史舞台,阶级和剥削才能最终消亡,而连同阶级一起消亡的,还包括阶级斗争和国家。而消灭阶级和剥削、消除阶级斗争,就是从资本主义到共产主义之间的过渡时期的历史任务。

自从人类进入阶级社会,阶级斗争也就开始产生。在阶级社会中,一般来说,经济上占支配地位的阶级同时也是政治和思想意识形态上占统治地位的阶级。② 统治阶级是阶级社会生产资料的主要所有者和社会生产的主要组织者,是占主导的生产方式的代表者。而在生产方式中不占有生产资料的劳动者阶级(他们有时甚至作为生产资料被占有),就是直接为统治阶级所剥削和统治的阶级,阶级斗争首先是在这两个阶级之间进行的。除此之外,还有统治阶级与其他阶级之间的斗争,以及这些阶级各自内部的斗争,这些斗争在一定时期可以成为社会阶级斗争的主要方面。

从阶级斗争所围绕的具体内容和斗争目标上讲,阶级斗争有经济斗争、政治斗争以及思想理论和意识形态斗争等形式。1874 年恩格斯在《〈德国农民战争〉1870 年第二版序言的补充》中在评述德国工人运动时写道:"自从有工人运动以来,斗争是第一次在其所有三个方面——理论方面、政治方面和实践经济方面(反抗资本家)互相配合,互相联系,有计划地推进。"③ 恩格斯在这里明确指出了工人阶级与资产阶级斗争的"三个方面"及其关系,这对于我们观察现实的阶级斗争有重要的指导意义。在阶级斗争的这几种形式中,政治斗争可以说是阶级斗争的最高形式④,因为政治是经济的集中表现,政治同经济相比不能不占首位⑤;政治斗争从根本上以国家政权为目标,而国家政权则是阶级斗争最有力的工具,它还是"一切革命的根本问题"⑥。

---

① 《马克思恩格斯选集》第 1 卷,人民出版社,2012,第 166 页。
② 《马克思恩格斯选集》第 1 卷,人民出版社,2012,第 178～179 页。
③ 《马克思恩格斯选集》第 3 卷,人民出版社,2012,第 37 页。
④ 王沪宁等主编《政治的逻辑——马克思主义政治学原理》,上海人民出版社,2004,第 67 页。
⑤ 《列宁选集》第 4 卷,人民出版社,2012,第 407 页。
⑥ 《列宁选集》第 3 卷,人民出版社,2012,第 86 页。

二 社会主义初级阶段的执政党与阶级斗争

面对阶级和阶级斗争，普通个人也许会有形形色色的困惑，也许会有动摇，但是作为一个在社会主义国家长期执政并有志于继续长期执政的政党，我们党对阶级斗争问题应该有科学的认识和明确的立场，不应有半点含糊。

1. 执政党要切实地从理论上重视阶级斗争

执政党在理论上不能也不应该回避阶级斗争问题，这是由执政党的思想基础、阶级性质和现实的阶级斗争需要所决定的。

中国共产党是以马克思主义理论为指导的政党，阶级斗争理论是马克思主义的基础理论，它对于整个阶级社会都是适用的。否定这一理论，也就否定了历史唯物主义和马克思主义，这必将危及执政党的意识形态安全。实际上，阶级斗争理论是无产阶级专政理论的必要前提，否定了阶级斗争理论，也就摧毁了社会主义国家无产阶级政党掌握政权的理论基础，因此资产阶级学者和其他形形色色的意识形态家们对这一理论无不欲先除之而后快。据美国最后一任驻苏联大使马特洛克自述，他在观察苏联演变的过程时把苏共领导人放弃阶级斗争理论作为转变的关键步骤，并把苏共领导人放弃这一理论作为与苏联改善关系的条件。[①]

由于公开否定阶级斗争理论意味着理论上的正式决裂，这对执政党来说风险过于巨大，因此在现实中更大的危险是口头上承认这一理论而在实践上将其束之高阁。然而，一个政党不可能做到一方面宣布自己的指导理论是马克思主义，另一方面又回避这一理论得出的必然结论。这样做的结果只能是对马克思主义采用功用主义的态度，损害这一理论的科学实质和逻辑整体，执政党的指导理论也将走向折中与混乱，失去其在意识形态方面的科学性和说服力。

回避阶级斗争理论，放弃阶级分析方法，其危害在于诱使执政党忽视自己的阶级基础、模糊自己的阶级立场。理论是行动的先导，是指引实践的旗帜。如果阶级斗争理论在执政党的理论体系中偃旗息鼓，执政党就会在阶级斗争问题上丧失清醒的理论认识，在制定具体政策时阶级意识就会发生模糊，在依靠谁、为了谁、谁受益的问题上就会走入歧路，在发生阶级矛盾的

---

① 〔美〕小杰克·F. 马特洛克：《苏联解体亲历记》，世界知识出版社，1996，第176页。转引自周新城《我们为什么要坚持阶级斗争理论》，http://www.mzfxw.com/e/action/ShowInfo.php?classid=11&id=23488。

时候也完全有可能出现阶级立场错置的情况。而执政党在具体的阶级斗争实践中采取什么样的立场，是这个党和国家阶级性质的鲜明体现，它必然深刻影响着现实的人心向背，从而最终影响执政党的执政地位。实际上，正是当前阶级斗争多发的态势要求执政党正视阶级斗争，研究社会主义初级阶段阶级斗争的历史及现实根源，认清阶级斗争的各种形式，从理论上制定处理阶级斗争问题的总方针。

由于阶级斗争理论在马克思主义理论和执政党整个理论体系中具有基础性地位，发挥着"防火墙"的作用，回避阶级斗争理论也会使执政党失去对其他形形色色的理论和意识形态的鉴别力和战斗力，从而加剧理论和意识形态阵地的丧失。在现实中，部分领导干部和党员在思想观念中自觉或不自觉地淡化了阶级斗争概念，放弃了阶级分析方法，其后果已颇有显现。近年来马克思主义在意识形态领域的指导地位不断被侵蚀，而剥削阶级的理论和意识形态在中国大行其道，可以说是有恃无恐：马克思主义的劳动价值论被否定，政治经济学在大学校园里被边缘化，而帮助资产阶级发财致富的西方经济学理论炙手可热，宣扬资产阶级剥削有理甚至是公开为地主阶级翻案的言论沉渣泛起，频频招摇过市而没有遭到有力驳斥，在中国共产党最高党校的讲台上甚至还出现了要为马克思学说的棺材钉上最后一枚钉子的言论！在政治方面，马克思主义的民主理论、保障人民群众实现民主权利的理论被打入冷宫，各种超阶级的国家和民主理论充斥着课堂，推崇集权、权威乃至个人迷信的威权主义被大肆宣传……这种思想状况进一步发展的前景是什么？20世纪80年代末苏联的教训可谓殷鉴不远。[1]

2. 执政党要在阶级斗争中明确自己的工人阶级属性

明确执政党的阶级性质，是由社会主义初级阶段的历史性质决定的。在社会主义初级阶段，既然存在阶级和阶级斗争，既然还是阶级社会，那么国家不可避免地仍将是阶级斗争的工具，掌握国家政权的执政党的阶级性质问题仍然是一个现实的不可回避的问题。执政党并不是在社会的真空中存在，它存在于阶级社会，就必然要同各个阶级发生关系，在爆发阶级斗争的时候不可避免地要表明自己的立场。执政党对现实存在的阶级斗争不闻不问或者采取骑墙态度（从而形成独立于社会各阶级之外的表象），这在短期内也许是可行的——实行波拿巴主义的法兰西第二帝国就是这样的[2]，但从长期来

---

[1] 曹长盛、张捷、樊建新：《苏联演变进程中的意识形态研究》，人民出版社，2004。
[2] 曹浩瀚：《重构马克思的波拿巴主义理论——对第二帝国历史的研究》，《马克思主义与现实》2014年第6期。

看是无法持续的。

　　坚持中国共产党的工人阶级性质，是由党领导的事业决定的。《中国共产党章程》明确规定，中国共产党是中国工人阶级的先锋队，她以中国工人阶级作为自己的阶级基础。中国共产党领导的中国特色社会主义建设，"是社会主义而不是其他什么主义，科学社会主义基本原则不能丢，丢了就不是社会主义"，而科学社会主义是追求无产阶级解放的事业，无产阶级是实现这个事业的主要依靠力量。具体就中国特色社会主义而言，工人阶级"是全面建成小康社会、坚持和发展中国特色社会主义的主力军"，"必须紧紧依靠工人阶级发展中国特色社会主义"。[①] 可以说，中国共产党和中国特色社会主义的命运与中国工人阶级的命运是紧密联系在一起的。工人阶级有地位、有力量，它的先锋队力量也就强大，社会主义事业就兴旺；工人阶级边缘化、贫困化，工人缺乏生气和活力，工人阶级的政党也会变得虚弱，社会主义也就名存实亡。脱离了工人阶级这个基础，中国共产党就不再是工人阶级政党，中国共产党领导的中国特色社会主义也就不可能是科学社会主义，中国共产党的执政地位也就失去了理论和道义的基础。

　　坚持执政党的工人阶级基础是掌控阶级斗争全局的需要。随着工业化程度的提高，工人阶级在中国社会中的地位不是降低了，而是提高了。当前中国具有世界历史上规模空前的产业工人队伍，中国工人阶级同信息化时代的社会大生产紧密联系在一起，是社会物质财富的主要创造者，因此他们可以在政治上成为领导阶级。只要共产党能紧紧依靠这个阶级，获得工人阶级的支持，中国特色社会主义也就有了保证稳定的压舱石，中国共产党就有了抵御各种风险的最强大的保护林，就能够从容应对各种矛盾和挑战。反之，如果中国共产党离开了这个阶级基础，漠视这个阶级的利益，原本良好的局面也可能丧失。

　　执政党的阶级性质要体现在具体的路线、方针和政策中，也要体现在各种形式的阶级斗争中，尤其是要体现在与广大工人阶级及其他劳动者阶级密切相关的经济斗争场合。当前国内各个阶级之间的力量很不平衡，历史造成的现实是工人阶级（尤其是雇佣工人阶级）面临着沉重的经济压力，受教育程度也不高，缺乏一些必要的政治权利，更缺乏组织性，这使得他们在与资产阶级等其他强势阶级或集团的斗争中常处于劣势地位。如果执政的共产党在阶级斗争中不给予他们适当的支持，即便是采取中立态

---

① 《习近平谈治国理政》，外文出版社，2014，第22、45页。

度，那么斗争的结局也往往是工人的失败，这自然会导致包括工人（他们与农民又有着千丝万缕的联系）阶级在内的劳动阶级对执政的共产党的疏远，长期下去他们必将寻求能在政治上支持和代表自己的新的政治力量。①

当然，应该承认，社会主义市场经济条件下巩固和增强执政党的工人阶级基础还面临着若干困难甚至存在悖论，还需要我们在实践中进行艰苦的探索。例如，在市场经济条件下，在私人资本主义大量发展的情况下，在资本家的工厂里为资产阶级劳动、在生产过程中被资产阶级支配的工人阶级，如何成为执政的共产党的社会基础，何以在政治上领导这个国家？资产阶级承担着发展生产、管理工厂的职能，掌握着大量的社会资本，是经济发展的重要推动力量，执政党在推动经济发展时需要部分依赖资产阶级，在这种情况下政治上依靠工人阶级是否可能？这些问题并非中国特色社会主义才有，是东方社会主义运动中普遍存在的问题；它们的存在绝非偶然，而是有着深刻的社会历史根源。苏俄新经济政策时期这个问题就有所显现，列宁提出的一些思路和做法，包括坚持公有制的主体地位、鼓励发展集体经济、保障人民的民主权利、工会要维护工人利益、增强党与工人阶级的直接联系等②，在今天仍然有现实意义。

3. 执政党要坚持阶级斗争与统一战线的辩证统一

在中国特色社会主义的阶级斗争中，资产阶级和工人阶级之间的矛盾具有基础性地位，对阶级斗争的全局有深刻的影响。这个问题解决好了，阶级斗争就处于可控范围之内，就无碍于中国特色社会主义事业的大局。在这个基础上，对于其他的阶级斗争，包括经济领域中其他阶级之间的斗争，政治和理论意识形态领域的斗争，则可以根据不同的斗争形式采取相应的应对办法。而社会主义初级阶段特殊的历史方位，决定了以工人阶级为基础的执政党对待资产阶级的方针有自己的特色，概括来说，就是需要坚持阶级斗争与统一战线的统一。

首先，社会主义初级阶段的性质和无产阶级政党的执政地位决定了阶级斗争的方向不是进行新的革命。因此与革命时期利用阶级矛盾、发动阶级斗争进行对抗性斗争不同，这时执政党应该力图借助国家政权的力量，在维护工人阶级和其他劳动人民利益的前提下，尽量缓和阶级矛盾，为经

---

① 前不久全国总工会副主席提出境外敌对势力"与工会争夺职工"的问题，表明本文的有关分析绝非虚妄之谈。遗憾的是，在一些群体性事件中，一些地方政府非但不支持工人农民等劳动者阶级的合理要求，反而用自己所掌握的国家机器为有产阶级保驾护航，这种行为只能是"为渊驱鱼"。

② 曹浩瀚：《列宁革命思想研究》，中央编译出版社，2012，第322~325页。

济建设创造良好的社会环境,这是执政党对待阶级矛盾和阶级斗争应有的基本方略。①

其次,在当前的历史阶段,工人阶级及其政党与资产阶级斗争的直接目标并不是消灭资产阶级。如前所述,由于中国的社会主义脱胎于经济文化相对落后的半殖民地半封建国家,生产力水平总体低下,工业化正在起步,这决定了资本主义还具有生命力和进步性,在经典意义上的社会主义实现以前,还需要一个与资本主义经济成分共同发展的时期。② 这也意味着,在这一历史阶段,社会主义与资本主义谁胜谁负的问题并不是通过历史上的斗争已经一劳永逸地解决了的问题,而是要在长期的工业化和现代化的过程中、在阶级力量的此消彼长过程中通过艰苦斗争才能最终回答的问题。这里的困难在于,在这个过程中工人阶级不能通过简单地运用"剥夺剥夺者"的办法来对待资产阶级。工人阶级与资产阶级的斗争,更多的是围绕具体经济利益进行,这种经济斗争完全可以在法律的框架下解决,只要作为统治阶级即工人阶级和执政党意志体现的法律已经预先规定了在这个历史阶段工人阶级维护自身利益所能达到的总尺度。③ 而在国家层面,执政党与资产阶级的斗争主要围绕着经济政策的目标进行,因此无产阶级政党要在利用资本主义的力量来发展生产力、加快社会主义建设的同时对资本主义加强监督和调节。④

最后,无产阶级政党在领导建设社会主义的过程中,需要坚持无产阶级的主力军作用,同时也要积极发挥其他社会阶级和阶层的作用,也就是说,需要建立新时期的统一战线。在社会主义初级阶段,资本主义经济成分的发

---

① 当前一些学者常常谈起从革命党到执政党的转型问题。中国共产党成为执政党之后,对待阶级斗争的态度与上台执政前应该有所不同,这是显而易见的。但是,这种转型不应该从执政之后抛弃阶级斗争理论、否定阶级斗争存在的意义上去理解,这种理解的错误性和危害性前面已经论及,这里不必重复。

② 在共产党的领导下发展资本主义,这看似矛盾,但在马克思主义的理论逻辑下并非不能加以解释,对于走非资本主义道路的国家来说尤其如此。列宁在新经济政策时期就明确指出,新经济政策就是发展资本主义,但它是无产阶级专政下的资本主义,是国家资本主义。按照毛泽东曾经的说法,新民主主义实际上就是在共产党的领导下发展资本主义。

③ "权利决不能超出社会的经济结构以及由经济结构制约的社会的文化发展"(《马克思恩格斯选集》第3卷,人民出版社,2012,第364页)。尚没有完成工业化的社会主义国家在处理资本家与工人之间的经济纠纷时,执政党对工人阶级的利益应具体维护到何种程度,这是一个需要在实践中进一步探索的问题。我国当前的有关法律(如《劳动法》)基本上体现了现阶段我国所能实现的工人阶级的利益限度,也能够保障其他阶级的合理要求,因此可以看作是调整阶级关系较为合适的准绳,是执政党处理阶级斗争的基本依据。

④ 在这方面列宁同样为我们留下了丰富的思想遗产,参见蔡亚志《源头活水——列宁利用资本主义思想与当代中国》,新华出版社,2008。

展固然使中国社会出现阶级分化,但在全球政治经济竞争(尤其是在与西方资本主义国家竞争)的背景下,中国各阶级之间仍有一定的共同利益,各阶级之间的矛盾有可能最终并不以对抗性的、毁灭性的方式来解决。这其中最大的共同利益就是顺利实现中国的(社会主义)工业化和现代化(中华民族的复兴是其自然结果),这是亿万中华儿女的共同利益。对国内的资产阶级来说,中国特色社会主义的国家政权还是它们与国际垄断资本进行竞争时不可或缺的依靠力量,就此而言新生的资产阶级仍有求于国家,这是执政党得以建立跨阶级统一战线的经济基础。

基于以上几点,如果资产阶级在政治上接受工人阶级和共产党的领导、不觊觎政治权力而埋头于经济事务,将资产阶级与工人阶级之间的矛盾主要限制在经济领域,那么工人阶级与资产阶级之间斗争的目标将是具体的经济利益,从而不存在推翻资产阶级,因为资产阶级在政治上并不占统治地位,并没有掌握政权;也不存在消灭资产阶级,因为在工业化尚未完成的阶段,还需要资产阶级发挥进步作用。在这种情况下,如果资产阶级服从工人阶级国家的监督,那它仍然可以被看作是中国特色社会主义的积极力量,是"人民"的一部分,在政治上将其称为"中国特色社会主义事业的建设者"也就具有了依据。[①]

三 关于阶级斗争的两个问题辨析

在本文的最后,笔者将就有关阶级斗争问题的争论中比较流行的两种观点略加辨析。

1. 阶级斗争与社会稳定

观点①:"搞阶级斗争"会撕裂社会、影响稳定。

应该承认,这种担忧有一定的历史心理基础。在改革开放以前相当长的一段时间内,我们党在理论上和实践上都对阶级斗争有一定的误解,"阶级斗争扩大化"不但干扰了经济建设的顺利进行,还破坏了社会主义民主与法治,影响了社会的稳定。一些干部和群众的基本权利得不到应有的保障,不少人饱受各种政治运动之苦,部分人看到阶级斗争一词就自然而然联想到"气势汹汹""杀气腾腾"等令人不安甚至是恐怖的词语。有这种心理是情有可原的。

---

① 在这个意义上,毛泽东提出的社会主义社会两类矛盾(人民内部矛盾和敌我矛盾)的学说仍有一定的参考意义。

但是应该明确,以往"阶级斗争扩大化"错误的根源并不在于阶级斗争理论本身,而是源于对当时阶级矛盾状况的错误认识,并采取了不合适的斗争形式。

首先,对当时阶级矛盾的历史必然性怀有浪漫但是错误的理解。在1956年对资本主义工商业和个体手工业改造完成之后,毛泽东同志在实践中逐步注意到中国社会两条道路的斗争还没有停止,社会主义和资本主义谁胜谁负的问题还没有根本解决,"小生产在每时每刻地产生着资本主义"。但是,他忘记了马克思的"两个决不会"①的原理,忽视了两个主义谁胜谁负的问题从根本上是由中国落后的社会生产状况决定的,解决这个问题的根本在于通过发展社会生产来为社会主义创造物质基础,单靠思想教育和政治运动是无法解决的。建立在"一大二公"基础上的计划经济体制,一方面促进了重工业化的快速推进,另一方面也难免压制了社会的活力,为官僚行政主义提供温床。在其完成任务之后,必然要进行改革,这就要求允许商品经济和资本主义的适度发展。实际上,即便是在克服这种官僚主义,激发社会活力的过程中,也离不开资本主义经济的一定发展②。然而发展资本主义却是毛泽东划定的红线(甚至还一度把批判矛头指向"资产阶级法权"),这就堵塞了从根本上解决这个问题的途径。

其次,把现实的社会矛盾同潜在的阶级矛盾等同起来,导致人们陷入理论上的迷茫和实践中的混乱。在阶级消亡之前,社会生产将在对立中发展。由于堵塞了资本主义的发展,这一时期社会对立必然会在计划经济体制中通过其他形式表现出来。毛泽东敏锐地意识到了这种新的矛盾,也看到了对立路线的逻辑后果,但是他把逻辑上的结论错误地当成现实的矛盾主题。他用"走资本主义道路的当权派"来定义政治上的对手。但是在现实中并不存在雇佣工人剥削资产阶级,大多数国人尚未经过资本主义充分发展的洗礼,因此被动员起来的人们很难把握这一斗争对象。当毛泽东提出有资产阶级在党内时,刘少奇就合乎逻辑地向他提出了谁是资产阶级走资派的问题。③ 刘少奇尚且有此困惑,普通的干部和群众可想而知。群众在认定资本主义当权

---

① "无论哪一个社会形态,在它所能容纳的全部生产力发挥出来以前,是决不会灭亡的;而新的更高的生产关系,在它的物质存在条件在旧社会的胎胞里成熟以前,是决不会出现的。"《马克思恩格斯选集》第 2 卷,人民出版社,2012,第 3 页。
② 列宁在实行新经济政策谈到商品流通和资本主义商业的好处时就提到了他们对破除官僚主义的作用。参见《列宁选集》第 4 卷,人民出版社,2012,第 510 页。
③ 王光美、刘源等:《你所不知道的刘少奇》,河南人民出版社,2000,第 115~116 页。转引自王也扬《"以阶级斗争为纲"理论考》,《近代史研究》2011 年第 1 期。

派时的困难加剧了对资本主义理解的混乱,阶级斗争在实践上演变为由一些偶然矛盾引发的群众间的派性斗争,而这反过来又损害了阶级斗争这一概念的科学性和严肃性。如今一些人对阶级斗争的恶感与当时的混乱不无关系。

最后,没有认识到不同形式的阶级矛盾应采取不同的斗争形式。阶级斗争包括经济斗争、政治斗争和思想意识形态斗争三个方面,对不同形式的阶级矛盾应该采用不同的斗争手段。改革开放前阶级斗争理论和实践的一个重大失误,就是将各种斗争混淆起来,斗争的手段简单化、片面化。大量原本属于经济领域的限制与反限制、监督与反监督的斗争被导向政治和思想领域,实际上是把政治斗争作为阶级斗争的主要形式。过于频繁地用政治斗争的手段来处理阶级矛盾,这对理论和意识形态领域的危害尤甚。在"文化大革命"时期,斗争进一步失范而跃出法治轨道,有的甚至走向荒谬。

在新的历史条件下认识和处理阶级斗争问题,必须认真汲取改革开放前的重大失误带来的经验教训。我们不能把对阶级斗争理论的不当理解和错误运用当作阶级斗争理论本身来批判,不能用新的认识错误来代替旧的错误。在"狼真的来了"——阶级斗争已经成为突出的社会现实的情况下,重弹所谓阶级斗争分裂社会、导致社会不稳的老调,无论其初衷如何,在实践上都有可能沦为既得利益集团的帮凶,遮蔽人们对阶级斗争及其根源的科学认识。阶级和阶级矛盾是客观的社会存在,分裂社会的并不是阶级和阶级斗争理论,社会的分化、分裂是社会生产发展到这一阶段不可避免的产物,是社会生产借以发展的形式,"阶级"这一概念只是将社会的分化和分裂在思维上加以标记而已;阶级斗争是阶级矛盾自然发展的结果,是阶级社会进行自我调节的机制之一;阶级斗争是社会各阶级的当事人由于现实中的利益矛盾而产生的对立和冲突,导致社会不稳定的并不是什么人为制造的阶级斗争理论,而是正在不断进行着的各阶级间的阶级斗争本身,是由于不能正确认清自己的阶级基础而制定的错误路线和政策。历史的一个讽刺是,执政党在理论上淡化处理阶级斗争问题的近若干年,正是中国的阶级矛盾迅速发展和阶级斗争集中爆发的时期。因此,正是现实的需要要求我们认真地研究阶级和阶级斗争问题,为应对阶级斗争提供科学的理论指导,只有这样才能实现社会的持续发展和长治久安。

2. 阶级斗争与经济建设

观点②:"搞阶级斗争"会冲击经济建设,干扰改革发展的大局。

一般都认为，改革开放是在否定"以阶级斗争为纲"的前提下实现的。但由此是否可以得出经济建设与阶级斗争互不相容、搞经济建设必须淡化阶级斗争的结论呢？

　　显然不能。否定"以阶级斗争为纲"只是否定了把脱离经济发展、干扰日常生产的政治性的阶级斗争置于各项工作的中心，否定把对资产阶级（或"走资产阶级的当权派"）以及对威胁国家政权的政治和意识形态势力的斗争置于各项工作的中心，它的姊妹篇是"以经济建设为中心"——"其他工作包括党的政治工作，都是围绕着这个中心工作，并为这个中心工作服务的；不能再搞任何离开这个中心工作，损害现代化建设的'政治运动'和'阶级斗争'了"[①]；"除非发生大规模外敌入侵，无论在什么情况下都不能动摇这个中心"[②]。否定"以阶级斗争为纲"并不否定也不可能否定阶级矛盾和阶级斗争的存在。

　　有部分人对"以经济建设为中心"和否认"以阶级斗争为纲"有一种似是而非的认识，那就是把阶级斗争和经济建设作为相互独立的概念并列起来，甚至制造二者之间的人为对立。实际上，稍加分析就不难发现，经济建设本身完全有可能包含着阶级矛盾，本身就可能会引起经济形式的阶级斗争。[③] 人类的任何生产活动都是在一定的生产方式下进行的，都是生产力和生产关系的矛盾统一。经济发展在意味着物质生产力的发展和产出增加的同时，也包含着生产力为谁所有的问题[④]；经济增长过程中不仅涉及生产与消费、投资与储蓄的关系以及产业各部门之间有比例按计划发展的问题，也涉及利润与工资（以及税收）之间的分配问题，这就决定了经济发展本身就包含着阶级关系的发展。[⑤] 在对抗性的生产关系下，经济发展的过程同时也是阶级矛盾发展的过程，正如马克思所指出的："没有对抗就没有进步。这是文明直到今天所遵循的规律。到目前为止，生产力就是由于这种阶级对抗

---

① 《把全党工作的着重点转移到现代化建设上来》，《人民日报》1978 年 12 月 25 日。
② 《十四大以来重要文献选编》（上），人民出版社，1996，第 14 页。
③ 列宁在苏俄实行新经济政策之初就指出，新经济政策是新形式的阶级斗争。例如他谈到租让制时指出："租让也是一种斗争形式，是阶级斗争在另一种形式下的继续，而决不是用阶级和平来代替阶级斗争。"《列宁选集》第 4 卷，人民出版社，2012，第 506 页。
④ 《马克思恩格斯选集》第 1 卷，人民出版社，2012，第 861 页。
⑤ 由于中国改革开放的特殊性，在我国经济发展过程中还存在着一种特殊的阶级斗争过程，即所有制结构的转变过程。所有制结构反映着资本主义经济成分与非资本主义经济成分之间的力量对比，对资产阶级与工人、农民等劳动者阶级之间的关系有着深刻的影响。关于这一斗争我们在围绕着最后的国有企业的改革所进行的激烈博弈中可以清楚地看到。

的规律而发展起来的。"① 我国改革开放过程中阶级矛盾和阶级斗争的发展已经证明了这点。

  经济建设过程内在地包含着阶级矛盾和阶级斗争，这就要求我们为了保证经济的快速健康发展必须妥善处理阶级矛盾和阶级斗争。通俗地说，经济发展包括两方面，一方面是把蛋糕做大，另一方面是把蛋糕分好，在这里，分蛋糕的过程就是阶级利益博弈的过程。显然，做蛋糕和分蛋糕之间是辩证联系的。蛋糕的分配做得不好，也就难以将蛋糕持续做大。从过去几十年的经济发展历程来看，我国在这方面的教训可以说是非常深刻的，它至今仍然困扰着我们。学界公认，我国长期存在着劳动者收入比重过低的问题，这已经成为影响中国经济结构转型的重要制约因素。劳动者收入在初次分配中占比过低，是造成我国贫富差距持续扩大的重要原因，它反映在近些年来我国基尼系数的长期居高不下，甚至已经超过了国际公认的警戒线。这意味着社会贫富差距过大和分配不公已经危及社会稳定，在这种情况下遑论经济的持续发展了。劳动者为了维护自己的利益、为了在经济快速发展的过程中争得自己应得的那一份收益但却不可得时就不得不进行斗争。南方一些省市频繁发生的劳资纠纷，尤其是工人为提高工资而进行的罢工运动，就是这种阶级矛盾和斗争的表现。这为我们提供了经济发展过程中阶级矛盾处理不好将演变为公开的阶级斗争从而影响经济发展（有时甚至还影响社会稳定）的鲜活案例。因此，"以经济建设为中心"不但与阶级斗争不排斥，相反，在经济发展过程中应特别注意处理好阶级矛盾，要采取正确的阶级路线来化解矛盾、缓和斗争，只有这样才能保证经济的持续发展。

（曹浩瀚）

---

① 《马克思恩格斯全集》第 4 卷，人民出版社，1958，第 104 页。

评析《坚持人民民主专政，并不输理》一文引起的反响

2014年9月23日，《求是》杂志社旗下的《红旗文稿》刊发了中国社会科学院院长王伟光的署名文章，题目为《坚持人民民主专政，并不输理》（以下简称《坚持》）。

《坚持》一发表，立刻在学术理论界、各阶层和普通人民群众中引起了极大反响，如一石激起千层浪，社会各界纷纷参与讨论和议论，一时间各种观点纷呈，掀起了思想界和意识形态领域激烈交锋。总的来看，《坚持》得到大多数人的支持，尤其是得到了老干部、各级领导和中共党员、基层群众的普遍支持。只有少数人对此进行歪曲、攻击、人身漫骂，他们情绪化的语言淹没了理性的讨论。

一 正面评价

1. 关于《坚持》的理论意义与现实意义

《坚持》有很强的理论意义和现实意义。文章从国家和无产阶级专政学说的学术层面入手，分析其理论依托、基本观点，着重介绍了我国人民民主专政建立的理论与实践。《坚持》强调，中国特色社会主义国家仍处于马克思主义经典作家所判定的历史时代，人民民主专政的核心问题是工人阶级通过它的先进组织——共产党掌握国家政权，人民民主专政新型国家的阶级工具职能，其范围和作用会逐步缩小、减少，而公共服务职能会逐步扩大、加重；但在某些特殊情况下，阶级工具职能又有可能加重、加大。不少读者指出：《坚持》符合马克思主义、毛泽东思想、邓小平理论，符合宪法、符合党章，符合中央精神和习近平同志讲话精神，观点正确，

是非清楚，立场明确，态度鲜明。

一种观点认为，《坚持》一文出现的背景及其主旨都非常明确。《坚持》开篇明示，党的十八届三中全会明确提出全面深化改革的总目标是完善和发展中国特色社会主义制度，推进国家治理体系和治理能力现代化，这就涉及社会主义国家制度、国家治理体系、民主与专政及其实现形式等重大问题。《坚持》一文作者在解释为什么要写此文时写道：国家与专政问题是一个被资产阶级的学者、作家和哲学家弄得最混乱的问题。在一些人眼中，一提到国家，总是冠以全民的招牌，把资产阶级国家说成是代表全民利益的、超阶级的国家，而把无产阶级国家说成是邪恶的、暴力的、专制的国家……某些别有用心的人打着反对专政的幌子，把一切专政都说成是坏的，根本不提还有资产阶级专政，只讲资产阶级民主，把资产阶级民主粉饰为"至善至美"的反专制、反一党制、超阶级、超历史的、普世的民主，其实质是反对社会主义制度的无产阶级专政（在我国是人民民主专政）。显然，在持这样观点的学者看来，《坚持》之所以引起如此大的反响，关键在于该文阐释了马克思主义关于人民民主专政的理论，适应改革开放以来中国特色社会主义实践的需求，具有很强的现实针对性。

另一种观点认为，《坚持》从国际斗争讲到国内一定范围内存在的阶级斗争，并把国际斗争上升到马克思主义理论的高度，富有新意。《坚持》的新意，是将这种斗争归结为"社会主义与资本主义两大力量生死博弈"。

还有一种观点认为，《坚持》符合马克思主义、宪法、党章、习主席讲话精神，证明了党的理论正确及我党应坚持的底线。持该观点的学者认为，《坚持》完全符合马克思主义、毛泽东思想和邓小平理论，符合我国宪法和中国共产党的党章规定。《坚持》阐述人民民主专政理论，基本观点与邓小平的观点一致，与马克思主义关于国家的学说和观点一致，与我国宪法的相关规定一致，因此该文有很强的理论意义。也有学者指出，《坚持》基本上是在呼应习近平总书记之前的一系列讲话。习近平主席多次强调，要运用马克思主义的立场、观点、方法分析解决问题。而《坚持》对"这个时代仍贯穿着无产阶级与资产阶级、社会主义与资本主义阶级斗争的主线索"的分析正是在用马克思主义的立场、观点、方法分析问题。因此，要维持中共执政地位的历史合法性，要进行现实中的意识形态斗争，要推进社会主义改革、消除两极分化、改善民生、获得人民支持、夯实中共执政的阶级基础，都必须坚持和强调科学社会主义和马克思主义阶级斗争理论。

2. 关于人民民主专政

《坚持》重新分析了人民民主专政的必然性和必要性。很多学者认为,《坚持》一文对以下观点分析得相当到位:第一,指明了人民民主专政及国家治理体系的领导和主体;第二,坚持了民主和专政的辩证统一;第三,分析了人民民主专政的两大具体任务;第四,全面提出人民民主专政的基本要义。"

一种观点认为,《坚持》强调坚持人民民主专政就是坚持邓小平理论,"一个中心,两个基本点"是党在社会主义初级阶段的基本路线。这个基本路线是邓小平提出来的,是邓小平理论当中最核心的内容。

另一种观点认为,强调人民民主专政其实是马列主义毛泽东思想的ABC,是任何一个共产党员都应该懂得的基本常识。然而我们不得不承认,由于种种原因,即便是这么普通的道理也已经变成久违的东西,所以作为体制内的精英,特别是作为中央委员、中国社会科学院院长,王伟光敢于将它理直气壮地表达出来,着实让人有点意外,也格外令人敬佩。

还有一种观点认为,《坚持》重提人民民主专政,正是解决现实问题的良策。

3. 关于一定范围内存在的阶级斗争

《坚持》一文有明确的马克思主义坚定立场,对国际国内局势走向有着非常准确的判断,从而对人民民主专政和阶级斗争的关系做了精辟的分析,也对国内外反动势力表达了庄严的警戒和威示。

一种观点认为,阶级斗争理论是马列主义毛泽东思想的精髓。但现在对马克思主义阶级斗争理论有些忽略了。

另一种观点认为,新时期的阶级斗争应当在理论界加以研究,形成国家的底线思维。《坚持》重申一定范围内存在的阶级斗争是在捍卫宪法党章,就是捍卫中国共产党的领导和中国特色社会主义。党的十八大新修订的《中国共产党章程》规定,由于国内的因素和国际的影响,阶级斗争还在一定范围内长期存在,在某种条件下还有可能激化,但已经不是主要矛盾。捍卫宪法党章的爱国民主力量,不仅是今日中国社会的最大正能量,而且代表了今日中国政治的最大公约数。

还有一种观点认为,站在多数人的立场,站在公平正义共同富裕的高度,为国家的长久健康发展,就一定会选择支持王伟光。站在少数人的立场,站在自私自利个人发财的角度,为个别利益集团谋发展,就一定会选择反对王伟光。这本身就是阶级斗争。

二 反面意见

第一，少数人质疑《坚持》的理论意义和现实意义。他们认为，在研究全面推进依法治国之际，王院长大谈特谈阶级斗争，国家消亡，强化专政，似乎离题太远。

第二，极个别人质疑人民民主专政中的人民与工人阶级的关系。持这种观点的学者认为，"人民"的概念与"工人阶级"是完全不同的。"人民民主专政"是毛泽东对马克思"无产阶级专政"理论的发展或修订，二者有明显区别。

第三，少数宪政派和右翼自由化精英攻击《坚持》重提一定范围内的阶级斗争的正确立场和观点。他们认为，从头到尾，《坚持》一文充斥着上了年纪的中国人耳熟能详的革命术语，仿佛让人穿越回"马克思主义经典作家所判定的"无产阶级专政年代。

对以上质疑，有网民回应，《坚持》一文道理清楚，观点明确，但一些别有用心的人任意曲解文章本意，歪曲事实，断章取义，乱扣帽子，大打出手，把不属于《坚持》的帽子硬扣在作者头上，加以攻击。他们攻击的不仅是《坚持》，而往往还有马克思主义正确观点。把主张坚持人民民主专政，诬蔑为反对改革开放；把在一定范围内讲阶级斗争硬打上"以阶级斗争为纲"的标签。

三 争论的根源

一种观点认为，争论的根源是因为反对者没有好好读文章。根子里是看待世界的思维方式存在问题。歪曲原意，以点带面；攻其一点，不及其余。种种僵化、机械、形而上学的思维方式正是导致这次争论产生的根源。

另一种观点认为，之所以这篇文章能引起如此的轩然大波，有人害怕提一定范围内的阶级斗争是真的，提的人是可以上达天庭的高官让害怕提的人更不爽是真的，害怕提的人也有非同凡响的力量也是真的。

还有一种观点认为，长期对马克思列宁主义毛泽东思想实行边缘化政策，摸到玄珠的人自然希望阶级斗争完全熄灭，不再提对少数敌对分子的专政，让广大民众甘心接受他们的剥削而不知道反抗。这就是为什么王伟光一提一定范围内的阶级斗争，一提人民民主专政，就像空中炸响一声惊雷，吓得各路牛鬼蛇神纷纷出笼的内在原因。

四 几点启示

第一，加强网管舆控，确保网上舆情可管可控。

20世纪80年代初的真理标准问题大讨论都是在平面媒体上的讨论，是学者之间的讨论，几乎与普通民众没什么关系。这次大讨论就不同了。《坚持》一发表，立即引发网络热议。微博"短平快"，是媒体中的轻骑兵，左派、右派、中间派一时之间在微博上争先议论，大谈自己的看法。博客就可以稍事理性分析，道理也讲得深些，透彻些。平面媒体自然也不甘落后，《环球时报》《学习时报》《光明日报》等相继发表了一些讨论文章，气氛热烈，群情激昂。但是，我们遗憾地看到，许多言论是情绪性的发泄，没有理性、冷静、客观的分析，有的只是谩骂，是不负责任的，甚至有网民进行人身攻击。网络言论明显是鱼目混珠、泥沙俱下。这些谩骂有针对王伟光院长的，更多的是左派和右派在网络空间相互谩骂。这样非理性的讨论不利于"真理越辩越明"，反而成为一种无政府主义的混乱局面，不可能有一个各方都能接受的讨论结果。对此，我们必须加强网上舆情管理。要大力提倡理性发言，要尊重客观事实，尊重辩论对手，不能口无遮拦、出口成"脏"，或者强词夺理，血口喷人。要采取不同策略对待不同网上舆情，营造清朗的网络空间。领导干部要解决好"本领恐慌"问题，真正成为运用现代传媒新手段新方法的行家里手。要依法加强网络社会管理，加强网络新技术新应用的管理，确保互联网可管可控，使我们的网络空间清朗起来。特别是对谩骂攻击诬蔑应采取法律措施，加以取缔管制。

第二，组织各级领导干部特别是高级干部学习和研读经典著作，努力把马克思主义哲学作为他们的看家本领。

这次大讨论，也暴露出许多问题。问题之一是许多人是非不分，认识不清。一些反对《坚持》的人就是共产党员。他们对共产党的性质不应该不了解，对马克思主义的国家学说也不陌生，可是他们就是反对"一定范围内的阶级斗争"。有许多人是从"文化大革命"中过来，经历过"文化大革命"的人，对一定范围内的阶级斗争有一种恐惧，是可以理解的，但这是一种情绪，情绪不能代替理性分析。不能因为对一定范围内的阶级斗争感到恐惧，就固执地认为没有阶级斗争，这不是一种实事求是的科学态度。各级领导干部特别是高级干部应该克服这种恐惧心理，客观、冷静地对待阶级和阶级斗争这一事实。弄清楚"谁是我们的朋友，谁是我们的敌人"，如何团结朋友，如何打击敌人，这才是重大的理论问题。我们的学者、领导、党员干部还需要认真学习，提高认识。学习马克思主义、列宁主义、毛泽东思想、邓小平理论，学习中国共产党章程，学习中华人民共和国宪法，学习马克思主义的国家学说和阶级斗争理论。

第三，重视意识形态斗争，保护支持因坚持真理受到围攻的同志。

在意识形态领域，我们不搞无谓争论，但牵涉大是大非问题，牵涉政治原则问题，绝不能含糊其辞，更不能退避三舍。对意识形态领域那些恶意攻击党的领导、攻击社会主义制度、歪曲党史国史、造谣生事的言论，要敢抓敢管，敢于亮剑，着眼于团结和争取大多数，有理有利有节开展舆论斗争，帮助干部群众划清是非界限、澄清模糊认识。

王伟光同志发表了正面言论，发表了支持党和政府的言论，结果却受到围攻，而且有些围攻充满污言秽语、不堪入耳，鲜见有大声声援和支持的。这是很不正常的现象。在事关党和国家命运的政治斗争中，所有领导干部都不能只当旁观者。面对攻击党和政府、否定社会主义制度的言论，我们的理论工作者、宣传思想文化工作者，要以高度的责任感，以实际行动进行有力回击，当冲锋陷阵的战士。各级党委及宣传思想文化部门，要组织力量对错误思想观点开展旗帜鲜明的批评，及时支持那些因为坚持真理而被围攻的同志。

第四，进一步加强对马克思主义阶级斗争理论、人民民主专政理论等重大基础理论的研究。

讨论中一个很大的争议就是如何划分阶级，以什么标准划分阶级，如何看待今天一定范围内存在的阶级斗争，要不要坚持马克思主义阶级分析方法，要不要坚持人民民主专政，这就需要对马克思主义的阶级学说等基础理论进行深入研究。对"人民民主专政"也需要进行深入研究。如何保障并实现人民"最广泛的民主"？人民的民主如何实现？通过什么途径实现？人民之中还有没有阶层？这些不同阶层的民主权力又如何保障？如何实现？对敌人实行专政，如何专政？通过什么方式专政？如何防止专政扩大化？这些都需要深入研究。我们认为，在这里，无论如何是绕不过"法治"的。不论是"民主"还是"专政"，都必须通过法治实现。正如《坚持》强调的那样："坚持人民民主专政，保障社会主义民主，必须加强社会主义法制建设。"

（马琰谂）

也谈"坚持人民民主专政,并不输理"

——同肖枫先生商榷

最近拜读了肖枫先生与中国社会科学院王伟光院长商榷的文章《要全面认识不断发展无产阶级专政理论——与中国社科院院长王伟光商榷》[①](以下简称"肖文")。肖枫同志是一位在全国有影响的学界前辈,从事党的对外关系工作研究,对马克思主义和世界社会主义运动有着深入的了解。笔者作为学界晚辈和年轻学者,本不敢对肖老先生的文章指手画脚,只是在阅读了他的"商榷"一文后,如鲠在喉,觉得有必要说点什么。

一 把引发这场争论的责任全推给王院长一方很不公道

王伟光的文章《坚持人民民主专政,并不输理》(以下简称"王文")一经发表,便在网络上遭到一群右翼学者、"公知"的疯狂围攻,他们扬言要对王院长"像审判纳粹分子一样审判",威胁要"绞死"他,让他"死在断头台上"。且不论王院长的文章观点有无过错,仅就这种杀气腾腾、无法无天的辱骂恐吓,不仅严重违背探讨学术问题应遵循的起码准则,而且其言论也为我国法律所不容。部分学者、网络舆论暴露出来的暴戾蛮横等极不正常情况,理应遭到知识界理论界广泛一致的强烈谴责。然而肖先生作为学界有影响的专家,非但没有任何的微词和批评,反而在文章一开头便指责

---

① 肖枫:《要全面认识不断发展无产阶级专政理论——与中国社科院院长王伟光商榷》,《世界社会主义研究动态》2014年第10期。

"王文"的种种"不是",说这是"经作者(王伟光)借题发挥而衍生出来的问题","与作者(王伟光)的个人发挥和论证方面的严重缺失有密切关系","王院长这种讲法,把正确的东西讲歪了,使人思想更混乱"。

笔者以为,王伟光院长尽到了一名学者和领导干部应尽的责任,站在马克思主义的立场上,写了一篇他认为应该写的文章,阐述党的基本理论基本观点,这本无可厚非。倒是这群学者、"公知"挑起了事端,极尽辱骂威胁恐吓之能事。他们中有不少人可谓作恶多端,经常攻击不合他们胃口的文章和作者。王院长只是受到他们侵犯的众多受害者之一。因此,从事理上讲,"肖文"全然不提这帮学者、"公知"的问题,反而把引起争论的责任一股脑儿地推给王院长一方,仅以轻飘飘的一句"固然与当前社会环境和舆论场运作有直接关系"带过,既失公允,也不地道。而且"王文"的分析和结论并没什么过错,不存在"借题发挥""把正确的东西讲歪了,使人思想更混乱"的问题。

笔者认为,王院长运用马克思主义的阶级观点和阶级分析方法,是重申了我国坚持人民民主专政的必要性和现实意义。马克思认为,在共产主义社会到来之前的整个社会主义时期,无产阶级专政不可避免。我国还处在社会主义初级阶段,生产力水平总体不高,经济基础也不是纯粹的公有制,还存在广泛的社会分工,仍然存在阶级差别和阶级分化。国际上,资本主义仍居主导地位,以美国为首的西方国家长期奉行对我国西化分化的战略,冷战结束后更是把中国当作和平演变的主要对象,我国国家安全形势面临严重威胁和严峻挑战。我国宪法党章关于"阶级斗争还在一定范围内存在,在一定条件下可能激化"的论断仍然是正确的。坚持人民民主专政就是要理直气壮,按照邓小平的话讲就是"并不输理"。

"王文"阐明的道理完全符合马克思主义原理原则,完全符合党章宪法的规定和精神,完全符合十一届三中全会以来党的路线方针政策。学者、"公知"攻击它"复辟'文化大革命'""鼓动底层造反""违反党的政治纪律""否定邓小平理论和党的基本路线",纯属子虚乌有、胡编乱造。受谴责的不该是王伟光,而是这帮学者、"公知"。他们公开否定社会主义条件下还存在阶级矛盾、阶级斗争,有意混淆阶级斗争、人民民主专政同"以阶级斗争为纲""文化大革命"的原则界限,蓄意制造重提阶级斗争、人民民主专政就是要"把中国拉回过去"等舆论,借此恐吓不明真相的群众和民营企业家,煽动他们仇视、敌视人民民主专政这一国体的情绪,否定党在社会主义初级阶段的基本制度,刻意营造对立对抗的气氛,破坏社会和谐稳定,所包藏的祸心和政治意图不难洞察。此事件的发生表明,我国意识形态领域仍存在马克思主义同反马克思主义之间复杂尖锐的阶级斗争,说明"坚持人民民主专政,并不输理"这句结论并没有过时。这场争论和斗争的实质,作为资深的马列主义专家的肖先生不会看不到,然而他绝口不提。他的立场究竟站在哪边,很令笔者怀疑。

二 不能因为"王文"引用不少"上百年前经典作家的论述",就简单地对其扣上"僵化教条"的帽子,需要具体分析文章针对的是什么问题

"肖文"指出:"坦诚地说,王院长文章在方法论上是僵化教条的。它几乎满纸皆是上百年前经典作家的论述,鲜有从当前世情、国情、党情出发的实际分析和论证,与其说文章是从实际出发的,不如说是从本本和原则出发的。""肖文"还说,"马克思主义的国家和无产阶级专政学说,不是凝固不变而是不断发展的理论",还列出邓小平说的"马克思去世以后100多年,究竟发生了什么变化,在变化的条件下,如何认识和发展马克思主义,没有搞清楚"这段话,教导"忠诚的马克思列宁主义者,在新的历史条件下既要坚持不丢'老祖宗',又要努力讲出'老祖宗'没讲过的新话",最后批评"王院长的文章在方法论上是与此南辕北辙的,因此问题不少,将事情搞砸了"。

笔者对"肖文"这个扣帽子式的结论深不以为然。既要坚持"老祖宗不能丢",又要讲"老祖宗没说过的新话",把坚持马克思主义同发展马克思主义统一起来,这是基本常识。但仅仅列举这些原则性的结论和"大道理"还不能解决问题,还需要联系具体情况做具体分析。一篇文章是否引用经典作家的论述,引用多少,要看作者讨论什么问题、说明什么问题。如果讨论说明的是实际问题、具体问题,满纸皆是"上百年前经典作家的论述",机械套用,严重脱离实际,这当然不行,就要犯"本本主义"、教条主义的错误。如果文章是阐释马克思主义的基本理论、基本观点,尤其是当这些基本理论、基本观点遭到错误解读或被别有用心者歪曲攻击时,从马克思主义的"本本和原则"出发,运用马克思主义的"本本和原则"批驳错误观点和谬论,还原被歪曲了的真相,正本清源,就不是从"本本和原则"出发的"僵化教条"。

运用马克思主义的"本本和原则"阐述马克思主义的基本理论、基本观点,澄清错误观点和模糊认识,是马克思主义者宣传马克思主义、教育干

部群众的一个常用方法。针对考茨基严重歪曲和篡改马克思主义关于无产阶级革命和无产阶级专政的理论，为了揭穿这位披着马克思主义外衣实质是反马克思主义的叛徒嘴脸，提高无产阶级和人民群众识别真假马克思主义的能力，推动当时欧洲和世界无产阶级革命事业的发展，列宁在《无产阶级革命和叛徒考茨基》这篇重要著作中，引用了不少马克思、恩格斯的重要论述，逐条驳斥了考茨基的错误观点。特别是在《国家与革命》这篇光辉著作中，为了阐明马克思主义的国家学说和无产阶级在革命中的任务，为了详细说明这个学说被人忘记或遭到机会主义歪曲的那些方面，列宁在文章中大量引用马克思、恩格斯著作中的原话进行阐述和批驳。按肖先生的说法，这些原话皆是经典作家几十年前说过的"老话"。我们是不是因此批评列宁"僵化教条"呢？

邓小平的那句名言"坚持人民民主专政，并不输理"，其实也是在引用马克思100多年前说过的"老话"，也是在马克思主义原理的基础上提出来的。他说："依靠无产阶级专政保卫社会主义制度，这是马克思主义的一个基本观点。马克思说过，阶级斗争学说不是他的发明，真正的发明是关于无产阶级专政的理论。历史经验证明，刚刚掌握政权的新兴阶级，一般来说，总是弱于敌对阶级的力量，因此要用专政的手段来巩固政权。对人民实行民主，对敌人实行专政，这就是人民民主专政。运用人民民主专政的力量，巩固人民的政权，是正义的事情，没有什么输理的地方。"①。

王伟光院长文章的主旨是想澄清长期以来一些人对人民民主专政即无产阶级专政这一马克思主义基本理论的错误认识，是要回击一些人对此问题的肆意歪曲和严重篡改。为了"从理论上说清楚马克思主义国家学说，进而说清楚马克思主义关于无产阶级专政、毛泽东思想关于人民民主专政的正确观点，划清历史唯物主义和历史唯心主义的界限"，"需要我们重温马克思主义国家学说的主要内容和基本观点，恢复马克思主义国家学说的本来面貌"。运用马克思主义的基本理论包括经典作家的重要思想，阐明"坚持人民民主专政，并不输理"的理论渊源和科学根据，"王文"的梳理和概括是客观准确的。肖先生仅仅因为"王文"坚持从"本本和原则"出发，阐明马克思主义的基本道理，就简单地认为是在重复过去的"老话"，斥之为"僵化教条"，这是不讲道理。

长期以来，马克思主义的基本观点和方法，特别是阶级观点和阶级分析方法，几乎被学界普遍视为不好轻易触及的禁区。谁要是运用这个观点和方

---

① 《邓小平文选》第3卷，人民出版社，1993，第379~380页。

法分析问题,就会遭到不少人的嘲笑甚至围攻。笔者曾运用此观点和方法剖析一度猖獗的"普世价值"和"宪政民主"思潮,就因此遭到不少网络"公知""大V"及身份不明网友的谩骂。"王文"的一大贡献,就是打破了这个本不该存在的所谓"禁区"。在共产党领导的社会主义国家,坚持并运用马克思主义的观点和方法,包括阶级观点和阶级分析方法,认识世情国情党情,不仅不输理,而且很有必要。改革开放以来,我国意识形态领域一直存在马克思主义同反马克思主义思潮之间的尖锐激烈的斗争,特别是近年来出现的七股反马克思主义思潮。反马克思主义思潮的一个特点,就是不断地变换旗号,改头换面,具有一定的迷惑性,但万变不离其宗。要揭穿它们,最锐利的思想武器就是马克思主义的阶级观点和阶级分析方法。运用这一武器就不难看清其否定党的领导和社会主义制度的本质。

三 "肖文"以自己的思维习惯和著文偏好裁量"王文",在国家、专政、暴力革命等问题上提出不适当的批评

"肖文"批评"王文""只强调'暴力专政'这一面,而忽视国家的'社会职能'",因而"是片面的"。马克思主义认为,国家具有阶级统治和社会管理的双重职能,而且阶级统治即阶级专政绝不仅仅是暴力和强制,这是马克思主义的一个基本道理,甚至可以说是常识。事实也是如此,"王文"已经提到"无产阶级专政具有两个基本职能和属性,一是……二是具有组织生产、发展经济、协调关系、保证公平、繁荣文化、统一道德、提供保障等公共服务职能,具有公共服务的属性"。而如果按照肖先生的逻辑,肖先生的看法却是片面的。因为马克思主义还认为,国家的社会管理职能归根结底是服从服务于阶级统治这个根本职能的,任何国家的社会管理职能无不因此打上阶级的烙印("王文"提到了这点)。肖先生的文章自始至终只强调社会职能这一面,不提社会职能从属阶级统治职能、服务阶级统治职能的另一面,这是不是也有片面性呢?而肖先生用自己的思维习惯和著文偏好批评"王文"还不止这一处。

肖先生一方面承认阶级、阶级斗争是客观存在的社会现象,甚至还要求马克思主义者要理直气壮地讲专政"就是独裁",似乎对专政的认识比谁都坚决彻底;但另一方面又批评"王文"不顾"从20世纪50~60年代过来的人对'阶级斗争'这个词已有的刻骨铭心的政治记忆",在"很久没怎么提"的情况下又强调"专政",重提"阶级斗争",认为"这种讲法是令人

瞠目结舌的"。笔者对肖先生的逻辑甚为不解。既然肖先生承认阶级、阶级斗争是客观存在的社会现象,甚至提倡讲专政,那么,"王文"重提这个观点就不应该令他"瞠目结舌",相反,得到肖先生的赞许才合乎逻辑。

肖先生还批评王伟光"没能说清楚他重提阶级斗争,不等于倡导阶级斗争,更不等于主张'以阶级斗争为纲'"。诚如前文提到的,"王文"是严格按照十一届三中全会以来党的路线方针政策去解释有关问题的,至今党的路线方针政策并没有把阶级斗争划为谁都不能讲的禁区,我国现行宪法和党章中也都有阶级斗争的提法,党的历史问题决议也明确把肯定一定条件下、一定范围内存在的阶级斗争同"文化大革命"中"以阶级斗争为纲"的错误严格区分开来。这些是无须解释的问题。但到了肖先生那里,却变成王院长"重提阶级斗争",且怪罪王院长没有解释重提阶级斗争"不等于倡导阶级斗争,更不等于主张'以阶级斗争为纲'"。肖先生由此认为"王院长文章在这方面是有严重缺失的"实属勉强。

四 需要正确认识十月革命道路的普遍意义同无产阶级革命道路多样化的关系

肖先生批评十月革命道路是放之四海而皆准的普遍真理"太绝对了"的观点,是站不住脚的。暴力革命是无产阶级革命的根本道路,十月革命道路具有普遍意义,这是马克思主义的基本原理,也是国际共产主义运动的一条基本经验。这条原理和经验所蕴含的道理很简单:统治阶级一般是不会主动放弃自己的政权,只有用革命的暴力反抗反革命的暴力,才能推翻反动阶级的统治,建立属于本阶级的政权。无论是封建地主阶级反抗奴隶主阶级的反动统治,资产阶级反抗封建地主阶级的反动统治,抑或是无产阶级反抗资产阶级的反动统治,都是如此。人类至今的历史说明,依靠暴力取得政权,是政权更迭、先进阶级战胜落后阶级的一条根本道路,古今中外概莫能外。无产阶级要取得革命的胜利,必须坚持暴力革命的原则,这是一条为无数的经验和血的教训证明了的历史铁则。从这个意义上说,十月革命开辟的道路是放之四海而皆准的普遍真理。当然,在革命力量占据绝对优势的情况下,不排除也有和平取得政权的可能,但这往往是以暴力革命的胜利成果作为前提和基础的。

无产阶级革命运用暴力手段取得政权,是就无产阶级革命的一般规律而言,不等于说无产阶级在任何情况任何条件下都只能走暴力革命的道路。与此观点相反,马克思主义认为,无产阶级是否采取暴力革命手段,取决于革命的客观形势是否具备，革命的主客观条件是否成熟。在革命的主客观条件尚不具备、还不成熟的情况下，无产阶级就不宜发动武装斗争，否则欲速则不达，反而有损革命事业的发展。在此情况下，无产阶级可以从事议会斗争，利用议会的讲坛，揭露反动阶级的本质，教育人民群众，积蓄革命力量，为取得反抗资本的最后胜利而进行"决战的那一天"做准备。因此，暴力革命同议会斗争并不是完全对立的。恩格斯认为，无产阶级夺取政权是一个革命过程。在这个过程中，根据阶级斗争条件的变化，无产阶级政党应当充分利用一切斗争形式，包括合法的和非法的、和平的和暴力的。在一定历史时期，无产阶级的斗争形式不排除由一种形式为主迅速转移到以另一形式为主的可能。所有这些变化都由当时的情况和条件来决定。

恩格斯同时也认为，议会斗争并不能从根本上解决无产阶级革命的任务，它只是服务于无产阶级进行到"决战的那一天"的策略需要，而非无产阶级革命的本质。因此，恩格斯在晚年虽然高度肯定了德国共产党在当时条件下进行议会斗争的必要性和重要意义，但他把议会斗争严格限制在德国党在一定历史范围内的斗争策略。1895年4月，他在致保·拉法格的信中明确指出："我谈的这个策略（指议会斗争，引者注）仅仅是针对今天的德国，而且还有重大的附带条件。对法国、比利时、意大利、奥地利来说，这个策略就不能整个采用。就是对德国，明天它也可能就不适用了。"①

恩格斯还坚决反对并严厉批评迷信资产阶级议会，把议会斗争看成无产阶级夺取政权的唯一途径等错误倾向。他明确指出："我们的主要任务就是不停地促使这种力量增长到超出现政府制度的控制能力，不让这支日益增强的突击队在前哨战中被消灭掉，而是要把它好好地保存到决战的那一天。"②肖先生说"事实上恩格斯晚年非常明确论述了工人阶级用暴力与和平手段夺取政权的两种可能性"，显然只讲了其一，没讲其二。恩格斯虽然肯定了议会斗争，但恩格斯并不奢望这种斗争方式能够帮助德国党取得政权，更没有因此动摇、否定暴力革命是无产阶级夺取政权的一般规律。

至于各国党究竟是选择暴力革命还是议会斗争，如何进行暴力革命或议会斗争，应当根据本国情况自主决定、自主探索，别国党无权干涉。实践证明，暴力革命包括议会斗争的形式并不是千篇一律的。中国革命的道路就不同于俄国。如果不顾别国实际，粗暴干涉别国党的内部事务，剥夺别国党自主探索本国革命道路的权利，对无产阶级革命事业只有百害而无一利。这在

---

① 《马克思恩格斯全集》第39卷，人民出版社，1974，第436页。
② 《马克思恩格斯选集》第4卷，人民出版社，1995，第523页。

国际共产主义运动的历史上是有沉痛教训的。因此，邓小平指出："欧洲共产主义是对还是错，也不应该由别人来判断，……人家根据自己的情况去进行探索，这不能指责。"①"我们走的是十月革命的道路，其他国家再走十月革命的道路就难了，因为条件不一样。"②

然而邓小平的上述论断被肖先生误解或曲解为："意味着现在和未来社会主义的发展方式必将呈现'多样化'的趋势，不宜将'十月革命道路'（即资本主义体制外暴力革命的道路）'绝对化''唯一化'"；"这就是说，在马克思主义'国家与专政'学说中，关于'打碎旧的国家机器'的说法，不宜作为'放之四海而皆准的普遍真理'来宣扬"。邓小平从来没有因为时代的变化，要求无产阶级放弃革命原则，否定十月革命道路，相反，邓小平充分肯定十月革命的胜利"是列宁把马克思主义的原理同俄国革命的实践相结合的结果"③。高度评价列宁在俄国干成了十月革命是"真正的伟大的马克思主义者"④，认为中国革命走的是"十月革命的道路"，只不过"采取与十月革命不同的方式"⑤。

肖先生还以"现在美国枪支泛滥成灾"，来"说明美国国家政权并不害怕老百姓'有武装'"，以此作为他提出的"当今发达资本主义国家的形势确实不同于马克思、恩格斯所处的时代了，必须正视现实，要有新思维、新思路，不能再去照抄照搬当年经典作家说过的话"的论据，进而质疑恩格斯所说的"掌握国家大权的资产者的第一个信条就是解除工人的武装"⑥。事实是，美国民众私人合法拥有的所谓武装，基本都是手枪、猎枪、步枪之类的小型武器，而且美国的法律对枪支的使用有着严格的规定。同美国统治集团拥有世界上最先进的武器和最强大的军队这个国家武装相比，美国民众手里的这些武装同"烧火棍"差不多，对美国统治集团的政权构不成任何威胁。这是美国政府能够容忍民众合法拥有杀伤力有限的小型武器的一个原因。可以想见，假如美国民众拥有世界先进武器并组织起来，对美国资产阶级政权构成严重威胁，美国统治集团还会袖手旁观吗？还会对民众的武装不害怕吗？还会不把解除工人武装作为第一信条吗？历史上的美国共产党并没

---

① 《邓小平文选》第 2 卷，人民出版社，1994，第 319 页。
② 《邓小平年谱（一九七五——一九九七）》（下），人民出版社，2004，中共中央文献出版社，第 1254 页。
③ 《邓小平文选》第 3 卷，人民出版社，1993，第 27 页。
④ 《邓小平文选》第 3 卷，人民出版社，1993，第 292 页。
⑤ 《邓小平文选》第 3 卷，人民出版社，1993，第 254 页。
⑥ 《马克思恩格斯选集》第 3 卷，人民出版社，1995，第 3 页。

有武装，但仅仅因为党的力量和影响增强了，威胁到美国两党轮流执政，就遭到美国统治集团的残酷迫害，这个事例不就很能说明问题吗？

应当看到，时至今日，巴黎公社革命关于打碎旧的国家机器的历史经验并未过时。苏联解体、东欧剧变后有两个国家的三个共产党经由议会道路成为执政党。其中摩尔多瓦的共产党人党连续执政八年。尽管共产党靠议会道路上台执政有积极意义，比如能够扩大党的影响，提升党的地位，改善民众生活，上台比不上台要好，但同时要看到这条道路存在严重局限性。由于不能打碎旧的国家机器，共产党上台后既不能改变国家政权的性质，也不能保障自身长期执政的地位。这种以承认本国的资本主义制度为前提的所谓执政，同暴力革命摧毁旧的国家机器、建立人民政权的无产阶级专政完全不是一回事。靠议会道路上台只能实现形式上的执政，不能从根本上建立共产党领导的社会主义政权，更谈不上完成共产党人肩负的历史使命和奋斗目标。在资本主义仍主导当今世界的时代，议会道路不能取代无产阶级革命。

五 要把"王文"中有关"生死博弈""主线索"的论述，放在资本主义终究要被社会主义所取代的历史长河中考量，同时不能因为对外关系的需要就放弃或抹杀学术研究求真务实的基本功能

肖先生批评"王文"中的一段话："今天，我们中国特色社会主义国家仍然处于马克思主义经典作家所判定的历史时代，即社会主义与资本主义两个前途、两条道路、两种命运、两大力量生死博弈的时代，这个时代仍贯穿着无产阶级与资产阶级、社会主义与资本主义阶级斗争的主线索。"

首先，"王文"自始至终没有主张把过去暴力革命的那一套重新翻腾出来，"不顾现实地一概笼统地强调'斗争'"，恢复"'阶级斗争一抓就灵'之类过时的思维和观念"。这只是肖先生自己在文中对此类倾向表示担忧。其次，"王文"中的"生死博弈""主线索"等论述，是就人类社会发展的一般规律和总的发展趋势讲的。肖先生没有看懂或错会了"王文"中有关"生死博弈""主线索"的论述。按照唯物史观的基本观点，资本主义终究要为社会主义所取代。1917年俄国十月社会主义革命的胜利，开启了资本主义向社会主义过渡的新时代，目前人类社会依然处在这个大的时代。尽管20世纪末出现了苏联解体、东欧剧变这样的历史性曲折，但资本主义终究要被社会主义取代的历史总趋势并没有改变。正如邓小平所说："封建社会代替奴隶社会，资本主义代替封建主义，社会主义经历一个长过程发展后必

然代替资本主义。这是社会历史发展不可逆转的总趋势,但道路是曲折的。资本主义代替封建主义的几百年间,发生过多少次王朝复辟?所以,从一定意义上说,某种暂时复辟也是难以完全避免的规律性现象。一些国家出现严重曲折,社会主义好像被削弱了,但人民经受锻炼,从中吸收教训,将促使社会主义向着更加健康的方向发展。因此,不要惊慌失措,不要认为马克思主义就消失了,没用了,失败了。哪有这回事!"① 进入21世纪以来,西方世界普遍爆发的金融危机、经济危机、"占领运动"等政治、社会危机,充分证明了唯物史观揭示的这一原理仍然是颠扑不破的真理。

主张用两大阶级、两个主义之间的斗争和较量,作为观察和分析当今人类社会的"主线索",并非是"王文"作者的发明。阶级观点和阶级分析是唯物史观观察和分析人类社会特别是阶级社会的一个基本观点和方法。列宁曾经指出:人类社会现象纷繁复杂,看似混沌一片,无法把握,但"马克思主义提供了一条指导性的线索,使我们能在这种看来扑朔迷离、一团混乱的状态中发现规律性。这条线索就是阶级斗争的理论"②。列宁还指出:"必须牢牢把握住社会划分为阶级的事实,阶级统治形式改变的事实,把它作为基本的指导线索,并用这个观点去分析一切社会问题,即经济、政治、精神和宗教等等问题。"③。运用阶级观点和阶级分析方法,把两大阶级、两个主义之间的斗争和较量,作为认识我们所处的历史时代的一条"主线索",是符合历史唯物主义的。

对中国特色社会主义的历史方位要有清醒的认识。就自身来说,我们处在社会主义社会的初级阶段,就世界范围来说,则处在资本主义向社会主义过渡的时代,而且是初始的时代。在这样的特殊时期,中国社会主义事业的发展绝不会一帆风顺。国际上,社会主义的力量远远弱于资本主义,我们是在资本主义的包围中进行社会主义现代化建设,面临着来自西方排华反共势力的诸多威胁和挑战。进入21世纪以后,这种威胁和挑战不断加剧。虽然世界的矛盾多得很、大得很,中国同西方世界的矛盾和斗争也错综复杂,但说到底还是两大阶级、两个主义、两种制度之间的矛盾和斗争。较量和斗争的结果决定着人类社会发展的基本态势。

客观存在这类矛盾和斗争,并不意味着我们党和国家的一切工作都要以此为重点,以此为中心。还要看这类矛盾和斗争在世界矛盾体系中、在我国

---

① 《邓小平文选》第3卷,人民出版社,1993,第382~383页。
② 《列宁选集》第2卷,人民出版社,1995,第426页。
③ 《列宁选集》第4卷,人民出版社,1995,第30页。

社会矛盾体系中的地位。应当看到，冷战结束以后，中国推进改革开放需要和平的国际环境，而西方发达国家也愿意同中国发展友好合作关系。在这样的时代背景下，我国的对外工作当然没必要突出"意识形态化"，强调两大阶级、两个主义、两种制度之间的矛盾和斗争，避免引起不必要的误解和对抗，这是毫无疑问的。但同时不能出于对外工作的需要，就否定马克思主义的基本原理、基本观点，否定世界范围还存在两大阶级、两个主义、两种制度之间的矛盾和斗争这一客观存在的现象，否定这一马克思主义观察和分析人类社会发展趋向的"主线索"。

肖枫先生长期从事我们党对外工作研究，从外交、对外关系方面着手考虑问题情有可原。但要明白一个基本的道理，即外事外交活动同学术研究活动不完全是一回事。外事外交服务于内政、服从国内工作的需要，强调以国内工作大局为重。但学术研究是一种求知求真的认识活动，以揭示事物发展变化的规律为己任。客观世界是什么样的，学术研究就要完整真实地把它反映出来。显然不能因为对外关系的需要就放弃或抹杀学术研究这一基本功能。如果是这样，我们党的最终理想和奋斗目标也不能坚持了，因为共产党人最终是要革资本主义命的，要把资本主义扔进人类历史的垃圾堆。

关于什么是专政、专政有哪些职能，毛主席有明确论述，社会主义条件下专政有对内对外两个基本职能："专政的第一个作用，就是压迫国家内部的反动阶级、反动派和反抗社会主义革命的剥削者，压迫那些对于社会主义建设的破坏者，……专政还有第二个作用，就是防御国家外部敌人的颠覆活动和可能的侵略。"① 我国现行宪法明确规定，对敌视和破坏我国社会主义制度的国内外的敌对势力和敌对分子，必须进行斗争。

私营企业主作为新生的社会阶层，不可避免存在凭借生产资料的所有权无偿占有雇佣劳动者剩余劳动的问题，这是坚持马克思主义基本原理必然要得出来的结论，对此不必讳言，更不能否定。与此同时还要看到，这个阶层是改革开放以后我们党坚持并完善社会主义初级阶段的基本经济制度必然会产生的一个结果，坚持社会主义初级阶段的基本经济制度总体上符合我国国情，有利于促进我国社会主义社会生产力的发展，而且这个阶层总体是拥护党的领导和社会主义制度的，他们的劳动和智慧也有力地促进了中国特色社会主义事业的发展。对于这个阶层在社会主义初级阶段的意义和贡献不能全盘否定。我们党视其为中国特色社会主义建设者，是一个正确的政治判断和结论，不能也不会把私营企业主纳入"专政的对象"。另外，在全党全社会

---

① 《毛泽东文集》第 7 卷，人民出版社，1999，第 207 页。

大力倡导依法治国的新时代，专政的对内职能的实现形式也在发生根本变化。完全可以运用法律这个武器，惩治敌视和破坏我国社会主义制度的国内外的敌对势力和敌对分子。一些人以为一提专政，一提阶级斗争，就要回到过去搞群众性阶级斗争，重搞划定阶级成分、公私合营、财产充公那一套。宣扬这类观点的人，要么出于无知，要么别有用心。

（汪亭友）

正确认识阶级斗争和人民民主专政

《坚持人民民主专政,并不输理》[①]一文发表后,围绕这篇文章的讨论成为学界的一个热点。真理越辩越明,积极健康的学术争鸣有助于交流看法和辨别是非,从而推进对现实的认识和对理论的理解。但是在讨论中也存在一些乱扣帽子、乱贴标签的现象,这是很不严肃的。马克思主义学者应当直面争论,阐述正确观点,引导理论争论,宣传和捍卫马克思主义。

最近,看到蓝蔚青教授的一篇《讲阶级斗争和无产阶级专政理论不能离开特定的历史语境——对重大理论不能作简单化的分析和口号式的表态》[②]的文章(以下简称"蓝文"),深感"蓝文"提出的一些观点值得商榷。

一 当今中国坚持人民民主专政是"时空穿越"吗?

"蓝文"以邓小平1992年南方谈话为据,认为邓小平使用"专政"的概念,与马克思和列宁最初使用"专政"概念时突出用革命的暴力保卫新政权是同一个意思。他截取了邓小平这样一段话:"历史经验证明,刚刚掌握政权的新兴阶级,一般来说,总是弱于敌对阶级的力量,因此要用专政的手段来巩固政权。"[③] 所以,"蓝文"认为,如果脱离了"刚刚掌握政权"

[①] 王伟光:《坚持人民民主专政,并不输理》,《红旗文稿》2014年第18期。
[②] 蓝蔚青:《讲阶级斗争和无产阶级专政理论不能离开特定的历史语境——对重大理论不该作简单化的分析和口号式的表态》,《世界社会主义研究动态》2014年第11期。
[③] 《邓小平文选》第3卷,人民出版社,1993,第379页。

这个历史语境，在当今社会仍然把一定范围内存在的阶级斗争作为坚持无产阶级专政的主要依据，那就难免给人"时空穿越"的感觉。

那么，邓小平果真认为只是"刚刚掌握政权"时才需要"专政的手段"吗？让我们来看一下邓小平这段话的原文："依靠无产阶级专政保卫社会主义制度，这是马克思主义的一个基本观点。马克思说过，阶级斗争学说不是他的发明，真正的发明是关于无产阶级专政的理论。历史经验证明，刚刚掌握政权的新兴阶级，一般来说，总是弱于敌对阶级的力量，因此要用专政的手段来巩固政权。对人民实行民主，对敌人实行专政，这就是人民民主专政。运用人民民主专政的力量，巩固人民的政权，是正义的事情，没有什么输理的地方。我们搞社会主义才几十年，还处在初级阶段。巩固和发展社会主义制度，还需要一个很长的历史阶段，需要我们几代人、十几代人，甚至几十代人坚持不懈地努力奋斗，决不能掉以轻心。"① 这是邓小平1992年在武昌、深圳、珠海、上海等地的讲话。在专政问题上，邓小平说过很多类似的话："我不止一次讲过，稳定压倒一切，人民民主专政不能丢。你闹资产阶级自由化，用资产阶级人权、民主那一套来搞动乱，我就坚决制止。马克思说，阶级斗争不是他的发现，他的理论最实质的一条就是无产阶级专政。无产阶级作为一个新兴阶级夺取政权，建立社会主义，本身的力量在一个相当长时期内肯定弱于资本主义，不靠专政就抵制不住资本主义的进攻。坚持社会主义就必须坚持无产阶级专政，我们叫人民民主专政。在四个坚持中，坚持人民民主专政这一条不低于其他三条。理论上讲清楚这个道理是必要的。"② 从中不难看出，"坚持社会主义就必须坚持无产阶级专政"才是邓小平的一贯思想。所以，《坚持人民民主专政，并不输理》一文说："人民民主专政是我国社会主义国家政权的实质和主要内容，坚持人民民主专政是我国社会主义制度的基本保障，是中国特色社会主义必须坚持的一个基本原则。"这完全坚持了马克思列宁主义、毛泽东思想、邓小平理论，并没有离开历史语境。作为负责任的理论工作者，我们在证明自己的观点时，不能根据自己的需要对原著的相关内容进行剪裁，这样做不仅会使自己无法做出正确的判断，还会误导广大读者。

另外，对于无产阶级专政的"专政"职能的理解，"蓝文"也有失偏颇。《坚持人民民主专政，并不输理》一文很清楚地指出："无产阶级专政具有两个基本职能和属性，一是担负对内镇压被统治阶级、对外抵抗外来侵

---

① 《邓小平文选》第3卷，人民出版社，1993，第379~380页。
② 《邓小平文选》第3卷，人民出版社，1993，第364~365页。

略的阶级工具职能,具有鲜明的阶级属性;二是具有组织生产、发展经济、协调关系、保证公平、繁荣文化、统一道德、提供保障等公共服务职能,具有公共服务的属性。"而"蓝文"认为专政的职能主要在于暴力,他认为随着新政权的巩固,专政职能已降到次要地位,因此,《坚持人民民主专政,并不输理》一文使他产生了"时空穿越"之感。可以看到,这只是"蓝文"作者的片面理解而已,在马克思主义者那里,无产阶级专政从来都是两个基本职能的统一。

二 坚持一定范围内存在阶级斗争,坚持人民民主专政,并不等于"以阶级斗争为纲"

"蓝文"将承认存在阶级斗争与"以阶级斗争为纲"相混淆。事实上,《坚持人民民主专政,并不输理》一文的主旨符合我们党"一个中心,两个基本点"的社会主义初级阶段的基本路线,并非是要走向"以阶级斗争为纲"。认真阅读邓小平的著作可以看出,邓小平对待阶级斗争和人民民主专政的一贯立场是:对社会主义社会中的阶级斗争要有恰当的估计,既不能夸大也不能缩小;坚持四项基本原则,其中坚持人民民主专政这一条的地位不低于其他三条。

《坚持人民民主专政,并不输理》一文正是要在理论上讲清楚这些道理。但此文的发表,却被扣上了"以阶级斗争为纲"的帽子。我们在历史上犯过"以阶级斗争为纲"的错误,但绝不能将马克思主义的阶级观点、阶级分析方法同"以阶级斗争为纲"一起否定了。

然而,在一些人那里,"两个基本点"变成了"一个基本点",只讲以经济建设为中心,不讲坚持四项基本原则,甚至将坚持四项基本原则等同于"以阶级斗争为纲"。在中国,处于社会主义初级阶段的历史方位与发展社会主义市场经济的现实需要,阶级和阶级差别并没有完全消失。在这种现实情况下,坚持马克思主义阶级观点,对阶级状况进行客观分析,是制定正确政策的需要,而不是为了重回"以阶级斗争为纲"。对马克思主义阶级观点和阶级分析方法,应当根据现实情况进行合理运用,而不能谈阶级分析就色变。

"蓝文"提出,"党的代表大会对当今中国社会的阶级和阶级斗争这个重大理论问题一贯持非常慎重的态度","连续五届党代会报告没有从阶级斗争角度阐释和论证人民民主专政,丝毫没有影响我国坚持人民民主专政"。但是,还要看到,我们党和国家始终一贯坚持"阶级斗争还将在一定范围内长期存在"这一基本观点。我国宪法明确指出：在我国，剥削阶级作为阶级已经消灭，但是阶级斗争还将在一定范围内长期存在。中国人民对敌视和破坏我国社会主义制度的国内外的敌对势力和敌对分子，必须进行斗争。从邓小平到习近平，一直这样讲：在社会主义社会，阶级斗争还将在一定范围内长期存在，在某种条件下还可能激化。既要反对把阶级斗争扩大化的观点，又要反对认为阶级斗争已经熄灭的观点。我们党在这一问题上不存在丝毫的偏离和犹疑。我们党没有将阶级斗争年年讲、月月讲、天天讲，的确体现了我们党"对当今中国社会的阶级和阶级斗争这个重大理论问题一贯持非常慎重的态度"。我们党自改革开放以来一直强调以经济建设为中心，绝不能走封闭僵化的老路。"以阶级斗争为纲"曾经给党和人民带来了惨痛的教训，但是，我们同时也看到，否定阶级斗争的代价依然会很惨痛，我们绝不会走改旗易帜的邪路。

三 坚持一定范围内存在阶级斗争、坚持人民民主专政离开了"历史语境"吗？

"蓝文"承认阶级斗争理论是科学社会主义理论的基本问题，同时，"蓝文"作者提出了一个重要观点，即"要正确理解阶级斗争理论以及与之相关的无产阶级专政理论，绝不能离开一定的历史语境"，"绝不能做令人遐想的简单化的分析和口号化的表态"。

但是，笔者认为，结合当前的世情、国情、党情，《坚持人民民主专政，并不输理》一文提出的关于一定范围内存在的阶级斗争和人民民主专政的认识是对当前国际国内现实的深刻把握和警醒态度，有着认识论上的积极意义。在世界上依然存在社会主义与资本主义两种社会制度的历史时代，不能"只谈问题，莫问主义"。社会主义与资本主义在根本制度、阶级力量、价值目标等方面存在根本对立，为什么现在有些人完全不能接受说两种社会制度是根本对立的呢？在帝国主义、霸权主义依然存在的条件下，事实上，没有无产阶级专政，我们就不可能保卫从而也不可能进一步建设社会主义。

所以，对人民民主专政不能做简单化的分析和口号化的表态，而应当真正以阶级分析的视角看待中国的现实。"蓝文"的看法是，对这种有争论的重大理论问题，"在基本形成共识之前，不要在媒体上公开宣传"。事实上，《坚持人民民主专政，并不输理》一文发表后引起的理论喧嚣，令很多人意外。这种现象在以马克思主义为指导思想的社会主义国家，难道不让人感到很不正常吗？！

人民民主专政是中国的国体，人民民主专政若动摇，社会主义的中国必然将国之不存。这是一个明显的道理，这是一条最基本的马克思主义原理，但现在却成为一些人指责的目标。一些人认为坚持人民民主专政，就是搞"独裁"，搞"镇压"，就是"反对人权"，就是"压制自由"，就是"抗拒宪政民主的世界潮流"。其原因何在？就是因为曾经的"以阶级斗争为纲"让人心有余悸吗？不是！中国改革开放以来产生了一批西方经济政治理论的追随者，这些人不能接受《坚持人民民主专政，并不输理》一文的理论阐述和现实分析，才以"扣帽子""贴标签"的方式表达反感和不满。然而，在现实的矛盾和冲突让人迷惑之时，坚持阶级斗争理论的视角能更清楚地辨清它们。

当前，一方面是国内外敌对势力不断制造敌对言论和行动，另一方面是一些人不敢旗帜鲜明地提阶级、阶级斗争和人民民主专政，这在很大程度上降低了马克思主义的可信度。马克思主义者绝不能做"令人遐想的简单化的分析和口号化的表态"，应当旗帜鲜明地拨开话语迷雾，正视我国已经存在的一定范围内的阶级斗争及影响，正视国内外敌对势力的经济政治诉求，肯定阶级分析的必要性，以正确认识工人阶级、广大劳动人民的实际状况和诉求，促进社会公平公正。

（苑秀丽）

社会主义国家职能必须与
国家本质保持一致

最近,由上海社会科学院国外社会主义研究中心、上海社会科学院中国马克思主义研究所主办的《世界社会主义研究动态》2014年第11期刊登了浙江大学边鹏飞教授的一篇论文《恢复马克思主义国家学说的本来面貌——国家的基本功能是激化阶级矛盾还是抑制冲突?》。该文就如何全面准确地理解马克思、恩格斯关于国家含义及其作用的科学论述,对中国社会科学院院长王伟光发表的《坚持人民民主专政,并不输理》一文提出商榷。

边教授在文中着重就恩格斯有关国家含义及其作用的论述谈了几点认识:首先,国家的基本作用不是激化阶级冲突,而是"抑制冲突",把不可避免的冲突控制在有序的范围内。维护社会稳定是国家的基本职能。其次,恩格斯关于"无谓的斗争"的提法值得高度关注。最后,国家实质上是为统治阶级服务的工具。国家体现了统治阶级所需要的"秩序"和"稳定"。如何确立这种"秩序"和"稳定"?无非是两手。一手是暴力,在暴力统治下的相对"平静";另一手是妥协、让步、改良等。边教授认为这三点的解读是马克思主义关于国家的历史作用和意义的本意。

无疑,从历史上看,对于任何一个国家来说,维护社会稳定都是这个国家的基本职能。但是,不同历史发展阶段上的国家有着不同的阶级本质。就国家的阶级本质来说,社会主义社会的国家与封建社会的国家以及资本主义社会的国家有着根本不同。国家职能是从属于国家本质并与国家本质保持一致的,如果脱离国家本质,单纯地谈论"维护社会稳定"这一国家职能,就不能够透过现象看清本质,得出的结论亦是不全面、不科学的,将偏离马克思主义国家学说的本意。

一　社会主义国家职能必须与国家本质保持一致

马克思曾在《关于林木盗窃法的辩论》一文中揭示了资产阶级国家的实质及其作用，体现出国家作用、职能是从属于国家本质并与国家本质保持一致的思想。针对林木所有者一方面以受害人身份要求获取对私人利益的赔偿，另一方面又利用自己的立法者身份，打着"公众惩罚"的名义，企图将自己的私人利益公共化、获取更大利益的这一现实，马克思指出："整个国家制度，各种行政机构的作用都应该脱离常规，以便使一切都沦为林木所有者的工具，使林木所有者的利益成为左右整个机构的灵魂。一切国家机关都应成为林木所有者的耳、目、手、足，为林木所有者的利益探听、窥视、估价、守护、逮捕和奔波。"① 马克思所做的这些分析表明，资产阶级国家的作用及其职能是维护资产阶级利益，是从属于资产阶级本质的，即使国家以"一种虚幻的共同体的形式"，以"公共利益"代表的姿态出现，也掩饰不了国家为资产阶级利益服务这一实质，国家的资产阶级本质决定了资本主义国家的作用与职能。

只有从国家的本质出发才能认清国家的作用和职能。对此，马克思针对当时资产阶级政府试图解决的赤贫问题，非常明确地批评了各种政党、政治活动家将社会赤贫的根源归结于行政措施不当的错误观点。这些政党、政治活动家认为"祸害的原因不在于国家的本质"，正如马克思尖锐指出的，"所有的国家都认为原因在于行政管理机构偶然或有意造成的缺欠，于是它们把行政管理措施看作改正国家缺陷的手段"，而"国家永远不会认为社会缺陷的原因在于'国家和社会结构'"。② 在马克思看来，资产阶级国家的本质决定了资本与劳动对立。如果不改变国家的资产阶级性质，仅仅从行政措施上入手是无法从根本上解决社会赤贫问题的，这样会割裂国家的作用、职能与国家本质的关系，看不到国家作用、职能与国家本质的从属性、一致性联系，不仅无法找到导致资本主义社会赤贫出现的根本原因，更无从谈起能够从根本上解决问题。

如果仅从恩格斯有关国家起源的论述中将国家的基本职能归结为"抑制冲突"，不仅不能恢复马克思主义国家学说的本来面貌、全貌，还将起到误导作用，掩盖国家的阶级本质。可以说，无视或者忽视国家的阶级本质，

---

① 《马克思恩格斯全集》第 1 卷，人民出版社，1995，第 267 页。
② 《马克思恩格斯全集》第 3 卷，人民出版社，2002，第 385～386 页。

仅看到"抑制冲突"、维护社会稳定这些不同性质国家所共有的基本职能，是不全面的，是不能系统科学地理解马克思主义国家学说的，甚至还将一叶障目，看不到资本主义国家与社会主义国家的本质区别，这将对我们社会主义国家的实践起到误导作用。

马克思有关国家作用、职能与国家本质保持一致的思想提醒我们，作为社会主义国家，我们的国家职能必须与国家本质保持一致，社会主义国家的本质不能忘。对此，我们国家的宪法在总纲第一条中就明确规定了我们的国体和基本制度："中华人民共和国是工人阶级领导的、以工农联盟为基础的人民民主专政的社会主义国家。社会主义制度是中华人民共和国的根本制度。"人民民主专政，作为马克思主义国家和无产阶级专政学说与中国具体实践相结合的一种无产阶级专政形式，从根本上体现了我们社会主义国家的本质，因此，必须坚持人民民主专政，并以此为基础行使和完善国家职能，真正做到依宪治国、依宪执政；同时，必须使国家职能更好地为坚持、维护人民民主专政发挥作用，这样才能确保我们国家不走上改旗易帜的邪路。这也正是王伟光同志撰写《坚持人民民主专政，并不输理》一文的题中之义。

二 坚持人民民主专政是维护我国社会稳定的根本

从国家的基本职能是"抑制冲突"、维护社会稳定的观点出发，边教授开出了维护社会稳定的"良方"。他认为："国家体现了统治阶级所需要的'秩序'和'稳定'。如何确立这种'秩序'和'稳定'？无非是两手。一手是暴力，在暴力统治下的相对'平静'。另一手是妥协、让步、改良等。"并以我国封建社会封建主向农民的让步、第二次世界大战后资产阶级向工人的让步换取稳定繁荣作为例证，由此认为这种解读是马克思主义国家的历史作用的本意，对当前我国仍具有重大理论和现实意义。试问，在以此作为例证的同时，是否对上述国家的阶级性质加以了考虑？是否认清了让步的阶级实质？直接搬用到我们社会主义国家建设的实践中是否妥当正确呢？无论是封建主向农民的让步还是资产阶级向工人的让步，其实质都是剥削阶级向劳动人民的妥协、让步，而我们作为社会主义国家，其阶级性质是工人阶级领导的、以工农联盟为基础的人民民主专政，如果要妥协、让步，只能向资产阶级、剥削阶级让步，向少数敌对分子让步，这是与我们人民民主专政的本意相违背的。

不仅如此，对于一个领导人或者政党如何维护社会稳定，边教授在引用恩格斯评论靠政变上台的路易·波拿巴反动政权时所说的"内部安宁为充分发展新的工业繁荣提供了保证"之后，提出了这样的观点："历史和现实的经验反复证明，一个聪明的国家领导人或政党，就是善于在不同的利益群体间，寻求某种利益结合点，达成妥协，使社会在某个时期内处于相对或暂时的稳定状态。"然而，马克思却是这样评价波拿巴的："这个人所负的这种充满矛盾的使命，就可以说明他的政府的各种互相矛盾的行动。这个政府盲目摸索前进，时而拉拢这个阶级，时而又拉拢另一个阶级，时而侮辱这个阶级，时而又侮辱另一个阶级，结果使一切阶级一致起来和它作对。……波拿巴想要扮演一切阶级的家长似的恩人。但是，他要是不从一个阶级那里取得一些什么，就不能给另一个阶级一些什么。正如吉斯公爵在弗伦特运动时期由于曾把自己的一切财产变成他的党徒欠他的债务而被称为法国最该受感激的人一样，波拿巴也想做法国最该受感激的人，把法国所有的财产和所有的劳动都变成欠他个人的债务。他想窃取整个法国，以便将它再赠给法国，或者说得更确切些，以便能够用法国的钱来收买法国，因为他作为十二月十日会的头目，就不得不收买应归他所有的东西。"① 马克思对波拿巴这个"聪明"的反动领导人做出了如此的评价，不禁使我们要问，一个善于玩弄权术的、反动领导人身上有哪些经验值得借鉴，是否能够借鉴，如真要借鉴，对于一个代表着先进生产力、先进文化、最广大人民根本利益的政党——中国共产党及其领导人来说意味着什么呢？

具体到我们国家的稳定问题，边教授提到了邓小平同志的相关论述，并说邓小平同志一再强调"稳定是压倒一切的"。当我们翻阅邓小平文选，可以看到邓小平同志的原话是这样说的："稳定压倒一切，人民民主专政不能丢。"② 而边教授在强调"稳定是压倒一切的"的时候，却偏偏把"人民民主专政不能丢"这句话给丢掉了。对此，我们不得不把边教授商榷王伟光同志文章的原话再还给边教授："而只是点了书名或人名后，则根据自己的需要对原著相关内容进行裁剪、复述。这种做法，使没有读过或读不懂原著的广大读者，特别是青年朋友弄不清楚"，"这种做法对如此重大的主题论文，恐怕欠严肃，欠妥当"。

维护社会稳定是社会主义国家不可推卸、义不容辞的责任和义务，社会主义国家不仅要维护社会的和谐稳定，更要实现共同富裕。从我国当前所处的社会主义初级阶段的客观历史阶段出发，如何在日趋复杂多变的国内外经济政治形势中，维护社会的根本稳定并向共同富裕逐步迈进呢？对此，邓小

---

① 《马克思恩格斯选集》第1卷，人民出版社，2012，第771~772页。
② 《邓小平文选》第3卷，人民出版社，1993，第364页。

平同志从马克思主义的国家与无产阶级专政学说出发,给以了旗帜鲜明的回答:"我不止一次讲过,稳定压倒一切,人民民主专政不能丢。你闹资产阶级自由化,用资产阶级人权、民主那一套来搞动乱,我就坚决制止。马克思说,阶级斗争不是他的发现,他的理论最实质的一条就是无产阶级专政。无产阶级作为一个新兴阶级夺取政权,建立社会主义,本身的力量在一个相当长时期内肯定弱于资本主义,不靠专政就抵制不住资本主义的进攻。坚持社会主义就必须坚持无产阶级专政,我们叫人民民主专政。"① "马克思主义理论和实际生活反复教育我们,只有绝大多数人民享有高度的民主,才能够对极少数敌人实行有效的专政;只有对极少数敌人实行专政,才能够充分保障绝大多数人民的民主权利。所以,在当前条件下,使用国家的镇压力量,来打击和瓦解各种反革命破坏分子、各种反党反社会主义分子、各种严重刑事犯罪分子,以便维护社会安定,是完全符合人民群众的要求的,是完全符合社会主义现代化建设的要求的。"② 可见,坚持人民民主专政才是维护我国社会稳定的根本。

三 意识形态领域的阶级斗争更值得警惕

自王伟光同志在其所发表的《坚持人民民主专政,并不输理》一文中从马克思主义国家与无产阶级专政学说、从党的文件出发讲了一讲"阶级斗争"、谈了一谈"人民民主专政"以来,有关阶级斗争的问题在理论界掀起了轩然大波,有些人更是将王伟光同志提及的由历史时代客观决定的"国际领域内的阶级斗争是不可能熄灭的,国内的阶级斗争也是不可能熄灭的"视为"以阶级斗争为纲"的重提。

对此,边教授也从恩格斯"无谓的斗争"的提法值得高度关注的角度阐发了对"文化大革命""10年动乱"的认识,认为"'以阶级斗争为纲'就是把马克思关于阶级斗争学说引向极端……,发生的无序的、无休止的'无谓的斗争',几乎断送了我国社会主义的大好河山"。我们姑且不说恩格斯是在讲远古时代国家起源时才提及"无谓的斗争",也不讲恩格斯所处时代资产阶级是如何通过暴力对无产阶级施行专政以避免"无谓的斗争",仅从边教授作为一位已处耄耋之年、经历过"文化大革命"的老人来说,其对"文化大革命"所带来动荡的感触之心是可以体谅的,其情是可以理解

---

① 《邓小平文选》第3卷,人民出版社,1993,第364~365页。
② 《邓小平文选》第2卷,人民出版社,1994,第373~374页。

的。由此，边教授提出的各级掌权者要"牢固树立'以人为本'的观念"的希冀称得上是美好的。

但是，阶级斗争是客观存在的。不仅国家存在本身就意味着阶级和阶级斗争的存在，而且邓小平同志曾针对"社会主义社会的阶级斗争"指出："社会主义社会中的阶级斗争是一个客观存在，不应该缩小，也不应该夸大。"[1] 虽然阶级斗争现在不再是我国国内的主要矛盾，但我国在"文化大革命"结束之后，阶级斗争事实上仍此伏彼起，长期存在，包括政治和意识形态领域的阶级斗争，有时还非常激烈突出，如"零八宪章"等事件。西方宪政民主、新自由主义、历史虚无主义等思潮在思想文化领域的渗透和漫延，无一不是各派政治力量的较量，或者是意识形态领域阶级斗争的反映。所以说，阶级斗争扩大化和阶级斗争熄灭论，都不可取。

当前，有关阶级斗争的言论能够引发如此多的争论甚至人身攻击，正是意识形态领域阶级斗争日趋激烈的一个缩影，也恰恰说明了"阶级斗争"是存在的。不仅如此，自党的十八届三中全会以来，围绕政府与市场关系、混合所有制改革等事关社会主义道路、方向、前途问题展开的激烈争论，更反映出意识形态领域中阶级斗争形势的严峻性，其中各种反马克思主义、非马克思主义的观点甚嚣尘上，这不仅恰好是"阶级斗争存在的结果"[2]，而且更值得警惕和担忧的是，"因为有些分歧今天在近视的人看来只是'理论上的分歧'，明天就会被资产阶级用来达到他们反革命的目的"。[3] 此外，意识形态领域的阶级斗争还具有多元性、隐蔽性、复杂性等特点，如果掉以轻心，尤其是对正处于"三观"形成期的青少年来讲，其危害是深远的，势必会在将来对我国的发展方向、前途造成影响。因此，维护意识形态领域的稳定也是维护社会稳定的重要内容之一，在这个领域也要发挥国家应有的职能作用，使其与我们社会主义国家的本质相一致，诚如习近平同志所强调的那样，"意识形态工作是党的一项极端重要的工作"，[4] 因此牢牢把握意识形态工作的领导权是十分必要的。

（杨　静）

---

[1] 《邓小平文选》第2卷，人民出版社，1994，第182页。
[2] 《马克思恩格斯全集》第7卷，人民出版社，1959，第537页。
[3] 《列宁选集》第4卷，人民出版社，2012，第239页。
[4] 《习近平谈治国理政》，外文出版社，2014，第153页。

附 录

《苏联解体亲历记》节选[*]

美国前驻苏大使马特洛克亲历了苏共亡党和苏联解体的重大历史事件,他在撰写并于1996年公开出版的回忆录《苏联解体亲历记》中披露,在苏联解体前,苏共高层曾发生过关于阶级斗争理论的争论。而美国采用各种公开或隐秘的活动,支援和加强了西化派在苏联内部这场辩论中的地位和力量,最终迫使和诱导苏共抛弃了阶级斗争理论,进而顺利瓦解了苏联。

此文摘自当时美国驻苏大使小杰克·F. 马特洛克的公开回忆录《苏联解体亲历记》,虽然不涉及其秘密活动,但从美国大使积极公开地介入这场争论的相关活动来看,对这场关于阶级斗争的理论争论,其秘密活动的干预程度应该更加深入。

驯服军队

…………

苏联军事学说的改变始自1988年。以前的军事思想是基于这样的概念,即以攻击行动来"抗击侵略"。举例来说,按以前的理论,当战争在欧洲爆发之后,苏联将立刻向英吉利海峡进军。苏联这种战争规划以西方"侵略"为前提。事实是这一前提只是一种自我安慰,如果苏联政治当局决定发动战争,什么军事路线、军事训练、军事部署都不起作用。

1988年与1989年这两年,苏军参谋人员开始使戈尔巴乔夫早在1986

---

[*] 〔美〕小杰克·F. 马特洛克:《苏联解体亲历记》,世界知识出版社,1996。

383

年就使用的一个模棱两可但富有启发的术语具体化,"合理充分"渐渐变成了"防卫充分"。这一术语被进一步解释为威慑敌人战略进攻并击退来犯之敌至边境为止所必需的军力总和。

阿赫罗梅耶夫元帅从美国返回后,在一份军方报纸《红星报》上撰文,称苏军中至今仍有很多人是"旧观念的囚徒",他自己极力主张以武器质量的提高来弥补其数量的削减,主张改变军事训练指导思想,以适应一种纯粹的防御理论,而且,他还认为苏联军队机构的精简也应付诸实施。

一些变化很快在苏军的训练与演习中体现出来。但除非对军队进行大幅度削减,军事部署有根本性改变,否则这些进展很快就会付诸东流。不管怎样,与假想敌保持同等水平军事力量的观念在 1988 年底已经失去了思想基础。军事学说的这种变化明确表明苏联承认在核时代试图维持军事力量优势是危险的。没有认识上的这种转变,是不太可能达成即将到来的裁军协议的。

阶级斗争与历史的"垃圾箱"

只改变军事学说还不足以使西方相信戈尔巴乔夫真心准备结束冷战,尚需其他方面出现转变。其中最重要者莫如马克思主义的阶级斗争学说。

阶级斗争理论是列宁主义者的国家结构演进观及同西方发生冷战所依据的中心概念。没有它,冷战的理由就不复存在,一党专政的理论基础也就随之消失。

根据马克思的理论,基于各自在生产方式中所处的地位,社会被分成了不同的阶级。各阶级为在社会中取得支配地位,注定就要发生斗争,而最终的胜利者将是人数众多并处于被剥削地位的阶级,即无产阶级。在此基础上,它将建立其对社会的专政,消灭其他阶级,最终在地球上建立一个共产主义天堂。

共产党作为无产阶级的唯一权威代表被赋予对全社会实行专政的权力。可以想象,1917 年布尔什维克革命之后的苏联就是如此,只是纯粹的共产主义阶段尚未来到,但曙光常在。

用这条阶级斗争理论来处理与非无产阶级专政国家的关系,其含义是很明显的。这些国家可能还处在"资产阶级"或"封建地主阶级"的统治之下,这种统治注定要被胜利的无产阶级所推翻。因此任何与非共产主义政府的联合或合作安排只能是暂时的,一旦其策略依据消失,就要摒弃这种联合或合作。核时代所需的和平共处并不意味着在国际范围内阶级斗争的结束,只是表明当时有必要采取战争之外的斗争方式。

20 世纪 70 年代,西方与苏联之间曾出现过短暂的缓和期,即使这时,

《苏联解体亲历记》节选

勃列日涅夫领导集团也向苏联公众清楚表明，1972年反弹道导弹之类的军控协议的签订并不意味着阶级斗争理论有所改变。那时经常出现的口号是"在意识形态领域没有什么缓和期"。虽然上层官员在亲近属于"资产阶级"的西方人，但是苏联社会作为一个整体是封闭的，政府采取措施防范西方思想的腐蚀，如严禁出国旅游，控制新闻媒介，干扰外国电台广播，等等。

不仅如此，这种以阶级斗争为纲的思想观念还为支持非洲、拉丁美洲和亚洲的革命斗争以及1979年进军阿富汗提供了决策的理论基础。尽管现实与这个理论并不相符，但上述行动却被勃列日涅夫集团看作是为了阶级的团结而采取的，因而也是合法的行动。如果上述行动能够成功，那就会增强他们的实力，提高他们的威望。他们认为这是历史赋予他们的使命，要他们实现全世界无产阶级的愿望。

由于亲身经历过苏联70、80年代坚持阶级斗争理论所带来的后果，我注意到了逐渐修正或废除这一理论的种种迹象。在这一理论真正由官方抛弃之前，表明我们之间关系好转的任何变化都可能是虚幻的，最多也是暂时的。只要共产党坚持阶级斗争不放，就很难想象共产党会轻易放弃政权上的垄断地位，或者容忍党内派别羽翼丰满。因此改变苏联国内政策的风险很大。

一开始，戈尔巴乔夫、雅科夫列夫和谢瓦尔德纳泽三人总是含蓄地采取行动，以削弱这一理论，仿佛是故意避开直接的辩论。政策上的变动隐含在"新思维"这个模糊不清的词语里。它的确切含义有待于一步一步地剖析才会清楚。但是到了1988年夏，随着雅科夫列夫与利加乔夫在国内问题上的紧张关系不断升级，在阶级斗争问题上的辩论终于走向了公开化。

谢瓦尔德纳泽1988年7月就国际事务召开了一次由苏联高级外交官和学者参加的吹风会，主要是告知与会者苏联在其外交方式与实质内容上的一些变化。这次会议不让外国人参加，但《真理报》登载了谢瓦尔德纳泽开场白的概要。7月26日吃早饭时，我打开《真理报》，很快浏览了该文。下面这段话一下子跃入我的眼帘：

> （外交部部长谢瓦尔德纳泽）在他的讲话中说，新的政治思维要在核时代的现实环境中考虑到和平共处。我们有充分理由认为在和平共处时期不存在什么特殊形式的阶级斗争。所谓的共处是建立在不侵犯他国领土、尊重他国主权及国家独立、不干涉内政等等这样一些原则之上的。它不能等同于阶级斗争。两种对抗性制度的斗争已不再决定当今时代的走向。现今，起决定作用的，是我们依靠先进科学、现代化设备和尖端技术来加快物质财富生产与合理分配的能力，以及我们开发和保护

那些人类生存所必不可少的资源的能力。

我一直孜孜以求的东西终于呈现在我的眼前。阶级斗争这个决定对外政策实质的理论被官方人士宣布予以放弃。如果苏联领导层普遍接受这个改变，那么在未来的几个月内，我就可以听到其他领导人，当然包括戈尔巴乔夫，发表类似的言论。

然而，事与愿违，谢瓦尔德纳泽的立场非但没有得到加强，反而出现了驳斥的言论。就在外交部那次会议之后不久，利加乔夫访问了高尔基，这是位于伏尔加河上的一座古城，因它是该地区国防工业的中心，所以禁止外国人参观。传统上该城称作下诺夫哥罗德，不过至今还未恢复旧名。利加乔夫利用这次访问的时机发表言论，驳斥谢瓦尔德纳泽的观点。《真理报》8月6日报道了利加乔夫的讲话，利加乔夫在讲话中最直言不讳地维护着"阶级斗争"这个传统思想：

> 我们的出发点是国际关系中的阶级特性。在这个问题上的任何其他解释只会造成苏联人民以及国外朋友们的意识混乱。积极参与人类所面临的共同问题的解决，决不能人为地用来作为停止社会和民族解放斗争的理由。

利加乔夫是想鱼和熊掌兼而有之：方便时就一起解决"共同问题"，平时只要有可能就推行冷战策略。

外国大使们一般不把一场意识领域里的争辩写进自己的报告里，这不是一个合适的话题。尽管我们的使馆人员向华盛顿详细地报道了莫斯科在意识领域里的辩论，但似乎只有研究共产主义事务的专家们给予了重视。对于天性讲究实际的美国政客来说，这种争辩没有什么意义，只不过是穷究一些深奥的理论问题而已，与真实生活没有明显的瓜葛。在他们看来，这种争辩就像中世纪神学家们的唠叨，不会伤及他人，只是徒费时间而已。讲究实际的人们最好不要理睬。

在这种态度下，我们从未接到任何指示，要求我们同苏联官员一起探讨或阐明共产主义思想的一些观点，不过，我们一点也不感到奇怪。只是，我总觉得这场辩论的结果将会决定事态发展的命运。我想让苏联领导人知道我们中有些人对事态的发展非常感兴趣，并认为其结果将会影响我们对戈尔巴乔夫改革诚意的信心。因此，我决定下一次遇到谢瓦尔德纳泽时一定与他探讨这个问题，不是作为官方的探询，而是个人之间的交流。

《苏联解体亲历记》节选

事有凑巧，为了向谢瓦尔德纳泽传递国务卿舒尔茨的一些口信，我在8月8日就与他见了一面。会见是在晚上进行的。这时，谢瓦尔德纳泽不像白天那么忙碌（他是出了名的夜猫子，常开夜车）。我说完正事，就把谈话引向那个话题，并解释说向华盛顿阐明莫斯科发生的事情是我的职责，因此表述时我要力求精确。我说我已把他的有关阶级斗争的讲话作为一个可喜的迹象向华府做了汇报，可现在我又注意到了利加乔夫在高尔基的言论，我不知道他的观点是否代表着整个苏联领导层的看法。我请他帮忙，使我对目前的形势有个更清晰的理解。

谢瓦尔德纳泽向来不喜欢搪塞敷衍，但是在这个问题上，他还是有点不习惯与我进行讨论，这毕竟是国家内部的争辩，他在座椅里不自在地挪动着身体。他向我保证说戈尔巴乔夫的观点具有权威性，戈尔巴乔夫已明确说过他们压倒一切的任务是避免核战争。阶级斗争是在国家内部出现的东西。他评论说利加乔夫的言论肯定是指这个意思。

我根据《真理报》的报道向他说明，利加乔夫很清楚地指出阶级斗争是作为"处理国际关系的指导原则"。于是，谢瓦尔德纳泽避开我的话题，间接地肯定了这种争论，他说道："好吧，你们的政府领导人不也常常出尔反尔吗？温伯格与舒尔茨的观点有时就不一致。"他在最后向我担保说苏联政府对用和平的方式来解决争端抱有坚定的信心。

我向谢瓦尔德纳泽提及利加乔夫的讲话，目的并不是为难他，而是为了加强他在苏联国内这场辩论中的地位，不过前提是他得利用我的看法，向他的同僚们挑明说，美国了解这种争辩的含义，继续坚持阶级斗争理论会使两国之间的关系改善变得步履艰难，我认为这么做没有什么不妥。

究竟会不会出现这种情况，我当时心里也没谱。然而，就在一周之内，亚历山大·雅科夫列夫在立陶宛的维尔纽斯对利加乔夫的讲话做出了反应（没有指名）。他对这条马克思主义的基本原则重新做了明确的解释。他用哲学术语作掩饰，而且不时选用复杂的句型，不通过反复的阅读不能完全掌握它的含义。

而且，只言片语的摘引也无助于理解。下面引用的这段话是他争论的中心部分，我在翻译成英语时力求做到准确：

防止核威胁、以和平的名义裁军、以安全的名义相互信任与合作、关心人类的生存——所有这些都是当今世界所要完成的任务。但是如果我们在历史的范畴里进行思考，完成上述任务只是公正地、民主地、合理地解决人类面临的所有其他问题的一个主要的、最根本的前提。这些问题包括：减少饥饿，维护生命赖以存在的地球环境，合理利用地球上远非取之不竭的资源。

人类共同利益不是哪一位思想家在象牙塔中通过苦思冥想而假设出来的抽象的哲学范畴。在我们这个时代，当整个地球似乎已小得不可思议之时，当人类的命运与历史只要按一下按钮就会结束时，当不用几个时辰全球50亿人便对某一事件家喻户晓时，这个人类的共同利益就是具体而又生动的了。

这些确是全人类的利益所在。这也是我们的利益所在，因为我们是人类的一部分，而且还是推动人类社会进步的最重要的因素之一。把人类凝结在一起的正是这些利益，这意味着它们能够超越几个世纪以来阻碍人类文明发展的那些力量，即分裂、矛盾、对峙以及战争。正是这种共同利益将使对立各方走到一起，因为当哲学的、抽象的、历史的分类与纯粹实践的、世俗的、日常经验的东西融合在一起之时，这种共同利益便使个人的利益融入到了大家的利益里。

因此，马克思主义是从历史观的角度、从所有人类发展的前景出发，是对人类共同利益的诠释。它不是只考虑哪一个国家或哪一个阶级、民族、社会团体的利益。它把那些受剥削的社会最底层的利益放在首位，并在特定的社会结构里将之单独作为一个阶级划分出来，以承担解放人类的历史使命，我们能说社会主义的缔造者们是以这个阶级的利益来对抗所有其他阶级的利益吗？当然不能。

优先考虑人类共同的利益，这个观点很有价值，因为它包含着发展的客观趋势。它要求放弃僵化的世界观、国家观、民族观。它有助于我们现实而又理智地把政体不同的国家之间的共处看成是历史的要求，是国际主义者追求全球发展的体现。

这是《共产党宣言》以及《资本论》中的马克思主义吗？用雅科夫列夫的话来说，当然不是。因为马克思的的确确把"无产阶级"的利益凌驾于其他阶级的利益之上。而且，这一基本理论还导致了他的许多其他错误。如果苏联领导人真的愿意抛弃这个观念，那么他们是否继续称他们的指导思想为"马克思主义"也就无关紧要了。这已是一个在别样的社会里实行的别样的"马克思主义"。这个别样的社会则是我们大家都能认可的社会。人类的确有它的共同利益，如果苏联领导人能认识到他们的利益也包含在其中，那么冷战就会成为历史。

…………

《苏联解体亲历记》节选

一条新的"普遍原则"

以我们探讨过的上述国内大辩论为背景,东西方关系迅速实现了和解。戈尔巴乔夫在国内进行政治改革的决定,既要求也有助于同西方建立友好关系。毕竟,人们不可能在支持建立法制国家的同时依然抓住"阶级斗争"理论不放,正如人们坚持阶级斗争观念就不可能结束冷战一样。

利加乔夫尽管过去一直维护——现在仍在维护——"阶级斗争"观念,但他似乎并不反对苏联为改善与西方的关系而采取的大部分具体步骤。他与戈尔巴乔夫的分歧在于后者拥护政治体制改革,要求推行更加激进的经济改革措施。利加乔夫曾一度赢得了对叶利钦的胜利,但却正在输掉同雅科夫列夫的一场战斗。

戈尔巴乔夫1988年12月在联大会议上的发言标志着苏联这一年在国内外发展变化的顶峰。他单方面宣布削减苏联军队的举措,证明他已掌握了苏联军队。就在几个星期之前,包括总参谋长阿赫罗梅耶夫在内的军方高级将领还在坚持一定要经过谈判协商之后才能答应裁军,而且要求这种裁军必须是双方的。可见,当时的戈尔巴乔夫已经完全支持把人类的共同利益作为其对外政策的基石,明确无误地抛弃了阶级斗争观念。

在他的这个发言里,还有一句非常关键的话:"选择的自由是条普遍原则;它不应该有任何例外。"

…………

戈尔巴乔夫的战略

…………

越来越经常听到的一种批评是,戈尔巴乔夫没有明确的前进方向。正如利加乔夫和雷日科夫在回忆录中所指责的那样,他已把政策置于情感之中,对于政策意欲实现的目标则不明确或者说不理解。就在离开莫斯科对意大利和梵蒂冈进行国事访问并准备同布什总统在马耳他举行首脑会晤的前夕,戈尔巴乔夫发表了一篇回应这种批评的长篇文章。

文章的题目是《社会主义思想和革命性的改革》,刊登在1989年11月26日即周日的《真理报》头三版上。文章的署名为"米·戈尔巴乔夫",没有官衔,表明文章代表的是他个人的观点,没有经过政治局讨论。我读了这篇文章,戈尔巴乔夫自1987年十月革命周年讲话和《改革》一书发表的两年来,思想变化之大深深打动了我。文章一方面仍表示坚持"社会主义",但另一方面,戈尔巴乔夫把这个词的内涵做了新的界定,其内容与其说是属于列宁和斯大林的"社会主义",毋宁说更接近于西方的社会民主。

一开始,他承认自 1985 年执政以来他的观点已经发生了变化。他声称:"我们开始从不同的角度看待许多事物。"接着,他解释道:

> 起初我们以为,改革基本上只是一个纠正我们社会机体中的个人歪风、完善已经发展了的制度的问题,而今我们要说,必须从根本上重塑整个社会制度,从经济基础到上层建筑……(包括)改革产权关系、经济机制和政治制度,同时改变社会的精神和道德风气。

接着,他既排除了保存现有的计划经济的可能性,也排除了接受资本主义的可能性。其取代方案是主张创建一个"人道的、自由的和理性的社会",他声称这是一个与"马列主义理论相联系"的社会。这样的社会将排除"官僚集权主义",有利于"劳工集体自愿联合会"管理。工人将拥有其使用的生产工具,农民将成为其土地的主人。

在政治方面,他的目标是建立一个平民社会和一个法制国家。"民主和自由"被誉为"伟大的人类文明价值观",它只需再加一项"社会主义的内容"就会成为合适的目标。考虑到强硬派会反驳说西方民主不是真正的(也即经济的)民主,他指出,虽然他的目标是创造真正的民主,但经验表明形式上的民主也很重要。

这一公式间接但明白无误地否定了传统的共产主义论点,即"资产阶级"民主不是真正的民主。戈尔巴乔夫似乎是说,民主就是民主,如果我们必定要有民主的话,就必须在西方民主的基础上重塑我们的政治体制。接着,他话锋一转又指出,社会主义的理想不得不同"经过时间考验"的代议制民主"机制"相结合,包括立法、行政和独立的司法明确分立。

他的结论是,共产党在"新的社会体制"中将起"一种特殊作用",因为它是苏联社会的"政治先锋队"。但这也要求它停止计划经济,并进行自身内部改造。他坚持认为在"目前社会变革的复杂阶段",维持一党制度是"有利的",但他警告说,党本身必须发展思想上的多元化和竞争,并扩大公开性。戈尔巴乔夫虽未称赞叶利钦在过去两年里一直表达的那种思想,但却沮丧地写道,作为一个整体,社会正迈向民主,而党始终落在

《苏联解体亲历记》节选

后面。

　　抚卷沉思，我多了一些勇气，少了几分气馁。我生性乐观，通常更多关注的是注入空瓶里的水，而不是还有多大空间没有灌满。我不能说戈尔巴乔夫究竟是给改革目标的瓶子注入了20%、还是40%、抑或60%的水。可以肯定的是，瓶子中仍留有很大的空间。但看得出戈尔巴乔夫正在从经验中学习。由于他所遇到的困难，他的目标正变得更趋于激进而非谨慎。

　　这篇论文避而不提阶级斗争，其基本的民主制度概念与西方也没有什么两样。然而，戈尔巴乔夫的经济观念却相当混乱。充斥于他1987年"周年"讲话中的那种教条式马克思主义公式已经荡然无存；现在他模模糊糊地选择了集体所有制和集体经营思想，并继续坚持捍卫作为一般概念的"社会主义"。他没有指出走向市场关系制度的重要性，也根本没有承认没有私有财产权就不可能有政治民主。

　　当然，我不能奢望即使是最有眼光的苏联领导人在1989年会撰文为资本主义辩护。如果戈尔巴乔夫真的这样做了，那么他苏联领导人的位置也就不会维持多久了。他对西方社会民主半推半就的心态在当时也许只能走到那一步。

....

戈尔巴乔夫的遗产

....

　　戈尔巴乔夫在对外政策方面也留下了重要的遗产。不过短短几年，他就从一个传统民族主义的、排外的、苏联偏狭观念的教条主义卫道士，变成了一个为人类普遍价值而战的战士。他抛弃了阶级斗争观念，这对克服由布尔什维克革命所造成的孤立、敌对和同外部世界的长期紧张关系是必不可少的。

　　只要主要大国不处于苏联的直接控制之下，第二次世界大战后的冷战就是不可避免的。只要苏联不放弃其制度的意识形态核心——阶级斗争观念，冷战就决不会停止。而一旦它放弃，该制度自身就不再具有任何理论依据。既然共产主义统治和冷战都建立在共同的意识形态基础之上，那么，只要摧毁了这个基础，两者便都难以存在。

....

西方的作用

....

戈尔巴乔夫并不是生活在一个抽象的世界里，我们也如此。没人能说出需要有多少自由（假如自由能够测量）才足以推翻这一制度，也没有人能肯定地说，这一制度根本不会显示出它改变其自身的意外能力。那些发动改革的领导人毕竟是共产党人，尽管他们受到西方政策的鼓励，但他们之所以采取改革路线，是出于其自身的原因和利益。愤世嫉俗的人一直不相信，受到苏联制度制约的领导人能够理解真正的改革，更不用说坚持改革了。很多愤世嫉俗者拒绝承认所发生的变化。但是，不管他们如何看待，戈尔巴乔夫出现了，谢瓦尔德纳泽、雅科夫列夫和叶利钦出现了，其他许多改革者也出现了。像杰斐逊那样的民主主义者是难以产生的，但是很多人更接近托马斯·杰斐逊，而不是约瑟夫·斯大林。

改革——如果可行的话——是他们的事情，不是我们的事。如果他们能够取得改革的成功，那不会有损于美国或西欧，即使他们希望继续称自己为共产主义者，并把他们的制度称为社会主义。

结束共产党在苏联的统治并非美国政策的明确目标，我们应该承认，美国和其他民主国家是促成这一结果的主要因素。……如果我们要确认某一个人应对苏联共产党统治的瓦解负责，那么这个人只能是米哈伊尔·戈尔巴乔夫。毕竟是他所坚持的改革最终把共产党从统治地位拉下来，他拒绝同意使用武力去维护旧制度。

....

附：苏联亡党亡国路线图（资料摘自《苏联解体亲历记》）

1987 年

6 月 25～26 日　戈尔巴乔夫在苏共中央全会上将民主化和经济改革挂钩；雅科夫列夫进入中央政治局。
9 月 10 日　叶利钦和利加乔夫在政治局发生冲突。
9 月 12 日　叶利钦致信戈尔巴乔夫抱怨利加乔夫并提出辞呈。

1988 年

5 月 27 日 提倡民主化和法制化的苏共十九大"论纲"发表。

6 月 28 日 戈尔巴乔夫在苏共十九大讲话中建议进行广泛的政治改革，包括公开选举和成立新的立法机构。

7 月 25 日 谢瓦尔德纳泽在苏联外交部会议上，反对将阶级斗争作为外交政策的基础。

8 月 5 日 利加乔夫在高尔基市的一次演讲中捍卫阶级斗争学说。

8 月 12 日 雅科夫列夫在立陶宛维尔纽斯的一次演讲中宣扬"人类的共同利益"。

9 月 30 日 利加乔夫和切勃里科夫获得新任命，雅科夫列夫主管苏共中央国际部。

10 月 1 日 戈尔巴乔夫当选为苏联最高苏维埃主席团主席，取代安德烈·葛罗米柯就任国家名誉主席。

12 月 7 日 戈尔巴乔夫在联合国发表讲话，宣布单方面裁军，强调"人类的共同利益"和"自由选择"是放之四海而皆准的原则。

12 月 7 日 戈尔巴乔夫在总督岛会见里根和当选总统布什。

1989 年

3 月 26 日 苏联人民代表大会举行选举；叶利钦在莫斯科大获全胜。

5 月 25 日 苏联人民代表大会第一次会议召开，选举戈尔巴乔夫为最高苏维埃主席和国家主席。

5 月 29 日 阿列克谢·卡扎尼克退出新的苏联最高苏维埃，以便由叶利钦补缺。

6 月 4~18 日 波兰大选揭晓，反共的团结工会运动取得压倒性多数票。

7 月 1 日 戈尔巴乔夫发表电视讲话，对民族冲突发出警告。

7 月 6 日 戈尔巴乔夫在斯特拉斯堡欧洲理事会发表演说，宣称苏联不会阻止东欧改革。

1990 年

2 月 4 日 改革派组织的群众示威吸引了 10 万人参加。

2 月 5~7 日 苏共中央委员会批准党纲草案，决定修正宪法第六条，消除党对政治权力的垄断。

3 月 13 日 苏联人民代表大会修正宪法，建立总统制，修订宪法第六条，以消除共产党对政治权力的垄断。

3月14日　戈尔巴乔夫在苏联人民代表大会上当选为苏联总统。

8月9日　苏联部长会议宣布私有企业和雇佣工人合法化。

8月15日　戈尔巴乔夫发布命令，恢复亚历山大·索尔仁尼琴和其他著名政治流放犯的公民身份。但索尔仁尼琴拒绝接受。

10月9日　苏联最高苏维埃通过立法，确立多党制。

10月19日　苏联最高苏维埃批准向市场经济过渡计划，大多数经济学家对它是否行得通感到怀疑。

1991年

4月4日　俄罗斯最高苏维埃投票授予叶利钦巨大权力。

6月12日　叶利钦在大选中以57.3%的多数当选为俄罗斯联邦总统。

6月20日　美国大使警告戈尔巴乔夫提防一次夺权阴谋。

7月20日　叶利钦发布命令，禁止政府机关里的党派活动；共产党官员将此举视为致命的威胁。

8月17日　克留奇克夫、帕夫洛夫和亚佐夫与几名高级党政官员达成协议，要求戈尔巴乔夫向他们暂时让出权力，如遭拒绝，将对他实施隔离控制。

8月18日　戈尔巴乔夫拒绝一特派代奉团劝他授权采取严厉措施的要求。午夜前夕，副总统亚纳耶夫同意接管政权，签署命令接管总统权力。

8月19日　"紧急状态委员会"宣布掌权。叶利钦声明此种接管是非法政变。

8月21日　政变企图失败；戈尔巴乔夫回到莫斯科。

8月24日　戈尔巴乔夫宣布终止共产党活动，辞去苏共中央总书记职务。

12月25日　戈尔巴乔夫在电视上发表辞职演说，俄罗斯国旗取代了克里姆林宫上空的苏联国旗。

附　记

参加本课题研究与本专著撰写的学者（按姓氏笔画排序）：

于海青　中国社会科学院副研究员
马　援　中国社会科学院科研局局长
马钟成　北京华夏文化交流促进会研究部主任
王伟光　中国社会科学院院长、学部主席团主席
王传利　清华大学教授
刘志明　中国社会科学院研究员
李慎明　中国社会科学院原副院长、研究员
朱继东　中国社会科学院国家文化安全与意识形态建设研究中心副主任兼秘书长
汪亭友　中国人民大学副教授
余　斌　中国社会科学院研究员
宋丽丹　中国社会科学院助理研究员
罗文东　中国社会科学院研究员
苑秀丽　中国社会科学院副研究员
周新城　中国人民大学教授
杨　静　中国社会科学院副研究员
姜　辉　中国社会科学院研究员
徐海燕　中国社会科学院副研究员
侯惠勤　中国社会科学院教授

梅荣政　武汉大学教授
曹治瀚　中央编译局马恩列斯著作编译部资料处副处长、副编审
郭彦林　北京工商大学讲师
谭扬芳　中国社会科学院副研究员

参加本课题组研究的主要成员（按姓氏笔画排序）：

王立强　李慎明　朱继东　单　超
秦益成　曹苏红　傅军胜

中国社会科学院世界社会主义研究中心
中国话语权研究课题组

相关链接
更多信息请查询：www.ssap.com.cn

世界社会主义研究丛书

研究系列

社会主义：理论与实践（精）
李慎明 主编
2001年4月

社会主义的历史、理论与前景（上下册）
靳辉明 主编
2004年5月

且听低谷新潮声：21世纪的世界社会主义前景
李慎明 主编
2005年2月

古巴社会主义研究
毛相麟 著
2005年10月

美国民主制度输出
刘国平 著
2006年8月

戈尔巴乔夫的改革与苏联的毁灭
谭索 著
2006年9月

当代资本主义国家共产党
聂运麟 等著
2007年11月

苏联演变的原因与教训
周新成 张旭 著
2008年2月

美国保守主义及其全球战略
姜琳 著
2008年3月

民主社会主义思潮批判
周新城 著
2008年4月

变革与转型时期的社会主义研究
聂运麒 著
2008年5月

执政党的经验教训
李慎明 等编
2008年5月

帝国主义历史的终结
王金存 著
2008年6月

十月革命与当代社会主义
李慎明 主编
2008年11月

叶利钦的西化改革与俄罗斯的社会灾难
谭索 著
2009年6月

美元霸权与经济危机
李慎明 主编
2009年7月

欧洲社会民主主义的转型
何秉孟 姜辉 张顺洪 编著
2010年5月

国际金融危机与当代资本主义
李慎明 主编
2010年6月

国际金融垄断资本与经济危机跟踪研究
何秉孟 主编
2010年7月

世界在反思：国际金融危机与新自由主义全球观点扫描
李慎明 主编
2010年7月

"颜色革命"在中亚——兼论与执政能力的关系
赵常庆 主编
2011年1月

历史在这里沉思：苏联解体20周年祭
李慎明 主编
2011年9月

信仰危机与苏联的命运
蔡文鹏 著
2011年12月

世界在反思之二——批判新自由主义观点全球扫描
李慎明 主编
2012年2月

相关链接

更多信息请查询：www.ssap.com.cn

研究系列（续）

美国中亚战略20年：螺旋式演进
杨鸿玺 著
2012年9月

"改革新思维"与苏联演变
李瑞琴 著
2012年9月

世界在动荡、变革、调整
李慎明 主编
2012年11月

世界在反思（3）：当代资本主义评析
李慎明 主编
2012年12月

探索与变革：资本主义国家共产党的历史、理论与现状
聂运麟 主编
2014年6月

世界格局与我国安全战略
李慎明 主编
2014年9月

世界社会主义和左翼思潮：现状与发展趋势
李慎明 主编
2014年10月

谈如何正确看待斯大林
张捷 著
2015年3月

社会主义是人类历史发展的必然
李慎明 主编
2015年5月

尼泊尔共产党（毛主义者）的历史执政及其嬗变研究
汪亭友 著
2015年6月

参考系列

全球化与现代资本主义
[古巴] 菲德尔·卡斯特罗 著
王玫 等译
2000年11月

古巴雄狮卡斯特罗的青少年时代
[古巴] D.施诺卡尔
P.A.塔维奥 编
宋晓平 杨仲林 译
2000年11月

改革年代：苏联东欧与中国——戈尔巴乔夫现象
[澳] 科伊乔·佩特罗夫 著
葛志强 马细谱 等译
2001年6月

第三次世界大战——信息心理战
[俄] B.A.利西奇金
Л.A.谢列平 著
徐昌翰 等译
2003年9月

论意识操纵
[俄] 谢.卡拉-穆尔扎 著
徐昌翰 等译
2004年2月

苏联的最后一年
[俄] 伊·麦德维杰夫 著
王晓玉 姚强 译
2005年1月

大元帅斯大林
[俄] 弗拉基米尔·卡尔波夫 著
何宏江 等译
2005年9月

富国陷阱
[英] 张夏准 著
肖炼 倪延硕 等译
2009年1月

俄罗斯、中国与世界
[俄] A.P.雅科夫列夫 著
孟秀云 孙黎明 译
2007年5月

参考系列（续）

文明的对话
[保]亚历山大·利洛夫 著
马细谱 等选译
2007年9月

欧洲社会主义百年史
[英]唐纳德·萨松 著
孟秀云 孙黎明 译
2008年1月

幻想破灭的资本主义
[日]伊藤诚 著
孙仲涛 等译
2008年6月

总司令的思考
[古巴]菲德尔·卡斯特罗 著
徐世澄 宋晓平 等译
2008年1月

世界规模的积累
[埃及]萨米尔·阿明 著
杨明柱 杨光 李宝源 译
2008年11月

富国陷阱（修订版）
[英]张夏淮 著
肖炼 倪延硕 等译
2009年1月

富国的伪善
[英]张夏淮 著
严荣 译
2009年1月

苏联的最后一年（增订再版）
[俄]罗伊·麦德维杰夫 著
王晓玉 姚强 等译
2009年6月

从"休克"到重建：东欧的社会转型与全球化-欧洲化
[法]弗朗索瓦·巴富瓦尔 著
陆象淦 王淑英 译
2010年3月

卡斯特罗语录
[古巴]萨洛蒙·苏希·萨尔法蒂 编
宋晓平 徐世澄 张颖 译
2010年6月

资本主义为什么会自我崩溃？
[日]中谷岩 著
郑萍 译
2010年7月

英国共产主义的失落
[英]拉斐尔·塞缪尔 著
陈志刚 李晓江 译
2010年8月

解体：二十年后的回忆与反思
李慎明 主编
栗瑞雪 等译
2011年12月

新自由主义的兴衰
[巴]特奥托尼奥·多斯桑托斯 著
郝名玮 译
2012年2月

资本主义全球化及其替代方案
[英]莱斯利·斯克莱尔 著
梁光严 译
2012年3月

亲历苏联解体：二十年后的回忆与反思
李慎明 主编
张树华 等译
2012年5月

捍卫苏联的最后一搏："国家紧急状态委员会"反对戈尔巴乔夫
[俄]根纳季·亚纳耶夫 著
胡昊 译
2012年11月

帝国的消亡：当代俄罗斯应从中汲取的教训
[俄]叶·季·盖达尔 著
王尊贤 译
2013年1月

资本主义十讲（插图版）
[法]米歇尔·于松 著
沙尔博 插图 潘革平 译
2013年4月

全球化资本主义与日本经济
[日]鹤田满彦 著
张迪 译
2013年4月

美国社会主义传统
[美]约翰·尼古拉斯 著
陈慧平 译
2013年11月

相关链接

更多信息请查询：www.ssap.com.cn

参考系列（续）

资本主义还有未来吗？
伊曼纽尔·沃勒斯坦 等著
徐曦白 译
2014年4月

苏联军队的瓦解
[美]威廉·奥多姆 著
王振西 钱俊德 译
2014年7月

欧洲激进左翼政党
[英]卢克·马奇 著
于海清 王静 译
2014年9月

多极世界与第五国际
[埃]萨米尔·阿明 著
沈雁南 彭姝祎 译
2014年11月

苏共二十大："秘密报告"与赫鲁晓夫的谎言
格雷弗弗 著
马维先 译
2015年1月

西方情报机构与苏联解体
戴维·阿贝尔兰·埃德利 著
孙成昊 张蓓 译
2015年1月

相互竞争的经济理论：新古典主义、凯恩斯主义和马克思主义
[美]理查德·沃尔夫 [美]斯蒂芬·雷斯尼克 著
孙来斌 王今朝 杨军 译
2015年6月

五十年战争：世界政治中的美国与苏联（1941~1991）
[英]理查德·克罗卡特 著
王振西 钱俊德 译
2015年10月

马克思的阶级概念
[日]渡边雅男 著
李晓魁 译
2015年11月

皮书系列

2005年世界社会主义跟踪研究报告——且听低谷新潮声（之二）
李慎明 主编
2006年3月

世界社会主义跟踪研究报告——且听低谷新潮声（之一）
李慎明 主编
2006年5月

2006年世界社会主义跟踪研究报告——且听低谷新潮声（之三）
李慎明 主编
2007年3月

2007年世界社会主义跟踪研究报告——且听低谷新潮声（之四）
李慎明 主编
2008年3月

世界社会主义跟踪研究报告（2008~2009）——且听低谷新潮声（之五）
李慎明 主编
2009年3月

世界社会主义跟踪研究报告（2009~2010）——且听低谷新潮声（之六）
李慎明 主编
2010年2月

世界社会主义跟踪研究报告（2010~2011）——且听低谷新潮声（之七）
李慎明 主编
2011年3月

世界社会主义跟踪研究报告（2011~2012）——且听低谷新潮声（之八）
李慎明 主编
2012年3月

世界社会主义黄皮书 世界社会主义跟踪研究报告（2012~2013）
李慎明 主编
2013年5月

世界社会主义黄皮书 世界社会主义跟踪研究报告（2013~2014）
李慎明 主编
2014年3月

居安思危·世界社会主义小丛书

忧患百姓忧患党：毛泽东关于
党不变质思想探寻
李慎明 著
2012年7月

"普世价值"评析
汪亭友 著
2012年7月

戈尔巴乔夫与
"人道的民主的社会主义"
王正泉 著
2012年7月

古巴：本土的可行的社会主义
毛相麟 著
2012年7月

新自由主义评析
何秉孟 李千 著
2012年7月

俄国十月社会主义革命
陈之骅 著
2012年7月

西方世界中的社会主义思潮
姜辉 于海青 著
2012年7月

当代拉丁美洲的社会主义思潮与实践
徐世澄 著
2012年7月

民主社会主义评析
周新城 著
2012年7月

历史虚无主义评析
梁柱 著
2012年7月

越南社会主义定向革新
谷源洋 著
2013年5月

中国特色社会主义理论与实践
罗文东 著
2013年5月

居安思危：苏共亡党的历史教训
（八集党内教育参考片解说词）
李慎明 总撰稿
2013年5月

全球化与共产党
卫建林 著
2013年5月

怎样认识民主社会主义
徐崇温 著
2013年5月

俄罗斯的私有化
张树华 单超 著
2013年5月

查韦斯的"21世纪社会主义"
朱继东 著
2013年5月

苏联历史几个争论焦点的真相
吴恩远 著
2013年5月

毛泽东对新中国的历史贡献
李捷 著
2013年5月

毛泽东与马克思主义中国化
李崇富 著
2013年5月

《共产党宣言》与世界社会主义
靳辉明 李瑞琴 著
2013年5月

马克思主义与社会主义的历史命运
王伟光 著
2013年5月

忧患百姓忧患党：毛泽东关于
党不变质思想探寻
（修订版·大字本）
李慎明 著
2013年7月

马克思主义与社会主义的
历史命运（大字本）
王伟光 著
2013年8月

谈谈民主、国家、阶级和专政
王伟光 著
2015年1月

中国经济体制改革的方向问题
刘国光 著
2015年1月

抽象的人性论剖析
有林 等著
2015年1月

中国道路和中国模式
侯惠勤 著
2015年1月

社会主义在探索中不断前进
周新城 著
2015年1月

列宁帝国主义论及其当代价值
顾玉兰 著
2015年1月

老挝：在革新中腾飞
柴尚金 著
2015年1月

建国后毛泽东对中国法
治建设的创造性贡献
迟方旭 著
2015年1月

西方文明东进战略与
中国应对
李艳艳 著
2015年1月

俄罗斯联邦共产党
二十年
刘淑春 著
2015年3月

图书在版编目(CIP)数据

国家、阶级、民主与专政:中国话语权研究.1/中国话语权研究课题组著.—北京:社会科学文献出版社,2015.12
(世界社会主义研究丛书·研究系列)
ISBN 978-7-5097-7656-8

Ⅰ.①国… Ⅱ.①中… Ⅲ.①新闻工作-研究-中国
Ⅳ.①G219.2

中国版本图书馆CIP数据核字(2015)第130762号

世界社会主义研究丛书·研究系列75
国家、阶级、民主与专政
——中国话语权研究之一

著　　者/中国话语权研究课题组

出 版 人/谢寿光
项目统筹/祝得彬
责任编辑/张苏琴　安　静

出　　版/社会科学文献出版社·马克思主义理论编辑部(010)59367004
　　　　　地址:北京市北三环中路甲29号院华龙大厦　邮编:100029
　　　　　网址:www.ssap.com.cn
发　　行/市场营销中心(010)59367081　59367090
　　　　　读者服务中心(010)59367028
印　　装/北京季蜂印刷有限公司

规　　格/开　本:787mm×1092mm　1/16
　　　　　印　张:25.5　字　数:449千字
版　　次/2015年12月第1版　2015年12月第1次印刷
书　　号/ISBN 978-7-5097-7656-8
定　　价/98.00元

本书如有破损、缺页、装订错误,请与本社读者服务中心联系更换

▲ 版权所有 翻印必究